本成果受到中国人民大学 2019 年度"中央高校建设世界一流大学(学科)和特色发展引导专项资金"支持

Supported by the 2019 Fund for Building World-Class Universities (Disciplines) of Renmin University of China

人大哲学文丛

第二辑

A General History of Modern Chinese Philosophy

中国近现代哲学通史

宋志明 / 著

中国社会科学出版社

图书在版编目(CIP)数据

中国近现代哲学通史 / 宋志明著 . — 北京：中国社会科学出版社，2022.9

(人大哲学文丛)

ISBN 978-7-5227-0703-7

Ⅰ.①中… Ⅱ.①宋… Ⅲ.①近代哲学—哲学史—中国②哲学史—中国—现代 Ⅳ.①B25②B26

中国版本图书馆 CIP 数据核字(2022)第 141216 号

出 版 人	赵剑英	
责任编辑	朱华彬	
责任校对	谢　静	
责任印制	张雪娇	

出　　版	中国社会科学出版社	
社　　址	北京鼓楼西大街甲 158 号	
邮　　编	100720	
网　　址	http://www.csspw.cn	
发 行 部	010-84083685	
门 市 部	010-84029450	
经　　销	新华书店及其他书店	

印　　刷	北京君升印刷有限公司
装　　订	廊坊市广阳区广增装订厂
版　　次	2022 年 9 月第 1 版
印　　次	2022 年 9 月第 1 次印刷

开　　本	710×1000　1/16
印　　张	35
插　　页	2
字　　数	455 千字
定　　价	148.00 元

凡购买中国社会科学出版社图书，如有质量问题请与本社营销中心联系调换
电话：010-84083683
版权所有　侵权必究

中国人民大学哲学文丛编委会

编委会主任：郝立新
编委会顾问：陈先达　张立文　刘大椿　郭　湛
编委会成员(以姓氏笔画为序)：
　　　　　　马俊峰　王宇洁　王伯鲁　牛宏宝
　　　　　　刘晓力　刘敬鲁　李秋零　李　萍
　　　　　　张文喜　张风雷　张志伟　罗安宪
　　　　　　段忠桥　姚新中　徐　飞　曹　刚
　　　　　　曹　峰　焦国成　雷思温　臧峰宇

总　　序

中国人民大学哲学院创办于 1956 年，它的前身可追溯至 1937 年创建的陕北公学的哲学教育。1950 年中国人民大学命名组建了马列主义基础教研室哲学组，被誉为新中国哲学教育的"工作母机"。中国人民大学哲学院是国内哲学院系中规模最大、学科配备齐全、人才培养体系完善的哲学院系，是国家文科基础学科（哲学）人才培养和科学研究的重要基地，也是中国人民大学"双一流"建设的重点单位。人大哲学院为新中国哲学发展和哲学思想研究的进步做出了不可磨灭的贡献，始终站在哲学发展的前沿。

人大哲学院拥有年龄梯队完整、学科齐全、实力出众的学术共同体。在人大哲学院的发展历程中，一代代学者兢兢业业，勤勉求实，贡献了一大批精品学术著作等科研成果，他们不但在学术界赢得了极高的声誉，同时也获得了积极的社会反响，成绩有目共睹。

近年来，随着哲学院人才队伍的充实完善与学科建设水平的逐步提升，优秀的学术新著不断涌现，并期待着与学界和读者见面。为展现人大哲学院近年来在各个专业方向中取得的丰硕成果，哲学院策划了这套《中国人民大学哲学文丛》（简称《文丛》），借助中国社会科学出版社这一优秀的学术出版平台，以丛书的形式陆续出版这些优秀的学术新著。

《文丛》所收录的著作都经过了严格的学术审查和遴选，作者来自哲学院的各个研究方向，以中青年学者为主。他们既有各相关领域颇具影响力的专家和学者，同时也有正在崭露头角的学界新秀。这些著作集中反映了人大哲学院的研究传统、学术实力和前沿进展。

哲学作为一门重要的人文基础学科，不但对人类永恒的经典思想问题进行着深入研究，同时也一直积极而热烈地回应着国家发展与时代变迁所提出的新问题、新挑战。当前，中国社会的发展日新月异，这为中国学术思想的推进既提供了难得的机遇，也提出了诸多新的理论问题。而与国际学术界交流与合作的日趋深入，则为中国学术的发展与进步贡献了有益的参照和经验。人大哲学院不但始终坚持对经典哲学著作和哲学问题的持续研究和推进，而且积极展开与国际学术界的对话与合作，与此同时还保持着对中国社会现实的关注和思考。因此，我们一方面需要坚守已有的研究传统，同时还要对新的思想问题和社会形势贡献自己的回答。有鉴于此，《文丛》所收录的作品既有传统的哲学史研究，以及对经典著作的整理与诠释，同时也有结合当前中国社会状况而进行的理论研究与前沿探索。相信《文丛》的出版不但能够全面展现人大哲学院的最新学术研究成果，同时也有助于推进中国哲学研究的发展与进步。

《文丛》的出版受到中国人民大学中央高校建设世界一流大学（学科）和特色发展引导专项资金支持，在此深表感谢。

《中国人民大学哲学文丛》编委会
2019 年 3 月 1 日

目　录

自序：中国哲学开新篇 …………………………………（1）

总论：中国哲学新形态

第一章　转型更张 ……………………………………（11）
　第一节　特定语境 ………………………………………（11）
　　一　千年未有之变局 …………………………………（11）
　　二　新式学人的出现 …………………………………（13）
　第二节　资源扩大 ………………………………………（16）
　　一　西学东渐 …………………………………………（16）
　　二　西方哲学东渐 ……………………………………（18）
　　三　中西哲学会通 ……………………………………（20）
　第三节　话题更新 ………………………………………（23）
　　一　中国向何处去？ …………………………………（23）
　　二　客观世界如何解释？ ……………………………（24）
　　三　知识系统如何更新？ ……………………………（24）
　　四　人格观念如何更新？ ……………………………（25）

第二章　学科独立 ……………………………………（26）
　第一节　学科意识 ………………………………………（26）
　　一　现代意识的自觉 …………………………………（26）
　　二　对哲学的新认识 …………………………………（30）

第二节 多种资源 (39)
  一 固有的资源 (39)
  二 外来的资源 (41)
第三节 基本格局 (44)
  一 现代新儒家思潮 (44)
  二 中国实证哲学思潮 (45)
  三 中国马克思主义哲学思潮 (46)
第四节 主要问题 (46)
  一 人生价值观念如何树立？ (47)
  二 科学知识如何获取？ (48)
  三 中国社会如何改造？ (49)
第五节 理论特色 (50)
  一 时间短促，内容丰富 (50)
  二 思想交锋，论战频仍 (51)
  三 融汇中西，综合创新 (51)

近代：中西会通

第三章 关注进化 (55)
第一节 历史观转向 (55)
第二节 康有为的"三世进化"说 (58)
  一 其人其书 (58)
  二 如何从进化审视历史？ (62)
  三 如何从进化展望大同？ (66)
第三节 严复的"天演之学" (68)
  一 其人其书 (68)
  二 怎样理解进化的意涵？ (71)
  三 如何以天演论醒世？ (74)
第四节 章太炎的"俱分进化论" (76)
  一 其人其书 (76)
  二 进化与革命兼容吗？ (78)

三　进化的向度如何？……………………………（80）
　第五节　孙中山的"突驾"论………………………（82）
　　一　其人其书…………………………………………（82）
　　二　进化与天然力的关系如何？……………………（84）
　　三　进化与人为力的关系如何？……………………（86）
第四章　直面世界………………………………………（89）
　第一节　本体论转向…………………………………（89）
　第二节　康有为的元学………………………………（93）
　　一　"元"何以成万物之本？………………………（93）
　　二　"元"何以成价值的依据？……………………（96）
　第三节　谭嗣同的"以太—仁"说………………（100）
　　一　其人其书………………………………………（100）
　　二　"以太—仁"何以成本体？…………………（103）
　　三　"仁—通—平等"何以成价值目标？………（106）
　第四节　严复的"质力相推"说…………………（108）
　　一　本体可以思议吗？……………………………（108）
　　二　为何说"非质无以呈力"？…………………（109）
　　三　为何说"非力无以呈质"？…………………（111）
　第五节　章太炎的二重本体论……………………（112）
　　一　什么是"阿屯"说？…………………………（113）
　　二　什么是"真如"说？…………………………（117）
　第六节　孙中山的进化本体论……………………（118）
　　一　进化怎样表现于物质过程？…………………（119）
　　二　进化怎样表现于精神层面？…………………（121）
第五章　知行新解……………………………………（125）
　第一节　知行观转向………………………………（125）
　第二节　谭嗣同的"贵知"说……………………（128）
　　一　知行何者为贵？………………………………（128）
　　二　业识如何转成智慧？…………………………（130）

第三节 严复的"实测"说 …………………… (131)
  一 如何从"夸多识"迈向"尊新知"？ ………… (132)
  二 如何把握经验原则？ ……………………… (136)
  三 如何把握逻辑原则？ ……………………… (139)

第四节 章太炎的"贵行"说 …………………… (144)
  一 革命能开民智吗？ ………………………… (144)
  二 知行何者为先？ …………………………… (146)

第五节 孙中山的"知难行易"说 ……………… (147)
  一 知行的新内涵是什么？ …………………… (148)
  二 知行关系怎么摆？ ………………………… (151)
  三 知行如何分任？ …………………………… (155)

第六章 探索新人 …………………………………… (158)

第一节 人性观转向 ……………………………… (158)

第二节 康有为的"大同博爱"说 ……………… (162)
  一 如何求乐免苦？ …………………………… (162)
  二 何谓博爱之德？ …………………………… (163)
  三 何谓大同之道？ …………………………… (165)

第三节 谭嗣同的"冲决网罗"说 ……………… (166)
  一 仁的第一义是什么？ ……………………… (166)
  二 怎样冲决伦常之网罗？ …………………… (167)

第四节 严复的人学思想 ………………………… (169)
  一 如何自强保种？ …………………………… (170)
  二 何谓"合群之道"？ ……………………… (171)
  三 如何"鼓民力开民智新民德"？ ………… (173)

第五节 梁启超的新民说 ………………………… (176)
  一 其人其书 …………………………………… (176)
  二 维新从何做起？ …………………………… (179)
  三 怎样破除心奴？ …………………………… (181)
  四 怎样树立公德？ …………………………… (183)
  五 怎样培养独立自由人格？ ………………… (186)

六　怎样发扬冒险尚武精神? ……………………………(188)
第六节　孙中山的国民说……………………………………(190)
　　一　怎样从进化的维度看? ………………………………(191)
　　二　怎样从互助的维度看? ………………………………(192)
　　三　怎样从大同的维度看? ………………………………(195)

现代：综合创新

第七章　广义现代新儒家 ……………………………………(203)
　第一节　概述………………………………………………(203)
　　一　形成原因 ………………………………………………(204)
　　二　发展历程 ………………………………………………(211)
　　三　基本类型 ………………………………………………(228)
　第二节　冯友兰的新理学……………………………………(234)
　　一　其人其书 ………………………………………………(234)
　　二　"理世界"为何是本体? ………………………………(236)
　　三　"人生境界"怎样划分? ………………………………(244)
　第三节　贺麟的新心学………………………………………(252)
　　一　其人其书 ………………………………………………(252)
　　二　心理如何合一? ………………………………………(254)
　　三　何谓新式儒者人格? …………………………………(260)

第八章　狭义现代新儒家 ……………………………………(271)
　第一节　梁漱溟的新孔学……………………………………(271)
　　一　其人其书 ………………………………………………(272)
　　二　"大生命"为何是本体? ………………………………(273)
　　三　"三量"的认识何在? …………………………………(279)
　　四　怎样把握"三路向"的文化观? ………………………(282)
　　五　怎样确立"求诸内"的价值观? ………………………(285)
　第二节　熊十力的新唯识论…………………………………(291)
　　一　其人其书 ………………………………………………(291)
　　二　怎样确立"体用不二"论? ……………………………(293)

三　怎样确立"性体呈露"说？……………………（302）
　第三节　唐君毅的超越论……………………………（307）
　　一　其人其书………………………………………（307）
　　二　何谓"道德自我"？……………………………（308）
　　三　如何区分"心灵九境"？………………………（310）
　第四节　牟宗三的存有论……………………………（315）
　　一　其人其书………………………………………（316）
　　二　何谓"道德的形上学"？………………………（317）
　　三　内圣能开出新外王吗？………………………（325）

第九章　中国实证哲学……………………………………（328）
　第一节　概述…………………………………………（328）
　　一　发展历程………………………………………（329）
　　二　学术特色………………………………………（333）
　　三　相关的社会思潮………………………………（340）
　第二节　胡适的实用主义思想………………………（346）
　　一　其人其书………………………………………（346）
　　二　为何关注工具理性？…………………………（349）
　　三　实在与经验的关系怎样？……………………（353）
　　四　为何说"真理是工具"？………………………（357）
　　五　"实证"怎样成为"方法"？……………………（362）
　第三节　丁文江的科学主义思想……………………（366）
　　一　其人其书………………………………………（366）
　　二　科玄论战是怎样掀起的？……………………（368）
　　三　科学万能吗？…………………………………（370）
　　四　科学与人生观的关系如何？…………………（374）
　　五　"唯觉"与"存疑"的关系如何？………………（377）
　第四节　张东荪的多元主义认识论…………………（383）
　　一　其人其书………………………………………（383）
　　二　唯觉主义说得通吗？…………………………（386）

三　如何看待"非存在的感相"与"潜在的条理"?
　　　　………………………………………………………………（390）
　　四　如何看待"直观的格式"与"判断的格式"?
　　　　………………………………………………………………（396）
　　五　如何看待"经验的概念"? ……………………………（400）
　　六　如何看待"以心为本位的中间阶段论"? ……………（402）
第五节　金岳霖的客观主义知识论 …………………………（405）
　　一　其人其书 ………………………………………………（405）
　　二　主观主义说得通吗? …………………………………（410）
　　三　"所与"为何是"客观的呈现"? ……………………（412）
　　四　怎样纳"所与"于"意念图案"? ……………………（416）
　　五　怎样把握思议原则和归纳原则? ……………………（421）
　　六　怎样把握知识的真假定义和标准? …………………（426）

第十章　中国马克思主义哲学 …………………………………（432）
　第一节　概述 …………………………………………………（432）
　　一　马克思主义传入中国 …………………………………（432）
　　二　中国选择马克思主义哲学的逻辑必然性 ……………（440）
　　三　中国马克思主义哲学思潮的发展历程 ………………（443）
　第二节　李大钊和陈独秀对唯物史观的传播与理解 ………（447）
　　一　其人其书 ………………………………………………（447）
　　二　李大钊接受唯物史观的思想底色是什么? …………（449）
　　三　李大钊如何理解唯物史观? …………………………（455）
　　四　陈独秀如何理解唯物史观? …………………………（459）
　第三节　瞿秋白对辩证唯物论的传播与理解 ………………（463）
　　一　其人其书 ………………………………………………（463）
　　二　马克思主义传播在中国怎样掀起第二次高潮?
　　　　………………………………………………………………（464）
　　三　瞿秋白如何把握马克思主义理论体系? ……………（465）
　　四　瞿秋白如何理解辩证唯物主义? ……………………（467）

第四节　李达和艾思奇对新哲学的绍述与推广 (476)
　　一　其人其书 (476)
　　二　马克思主义传播在中国怎样掀起第三次高潮？ (478)
　　三　李达怎样使新哲学规范化？ (480)
　　四　艾思奇怎样通俗化推广新哲学？ (490)
第五节　郭沫若、侯外庐对新哲学的学术运用 (495)
　　一　其人其书 (496)
　　二　郭沫若为什么对儒学既同情又批评？ (499)
　　三　侯外庐怎样看待儒学？ (506)
第六节　毛泽东哲学思想的中国特色 (511)
　　一　其人其书 (511)
　　二　马克思主义传播怎样迈入中国化阶段？ (512)
　　三　毛泽东思想哲学创新之处何在？ (514)
　　四　中国哲学怎样完成现代变革？ (519)

余论：续写新篇

第十一章　接着讲 (527)
　第一节　坚持正确方向，把握发展契机 (528)
　第二节　回应中国实证哲学，化理论为方法 (531)
　第三节　回应现代新儒家，化理论为德性 (533)

第十二章　讲新意 (537)
　第一节　适应现代化，走自己的路 (537)
　第二节　适应全球化，拓展发展空间 (539)

主要参考书目 (543)

后记 (547)

自序：中国哲学开新篇

本书接着《中国古代哲学通史》讲，是该书的姊妹篇。

在近代，中国人把中外两种思想资源结合起来，开创出中国哲学的新篇章。近代以来，中国哲学面临的思想资源，不再是中国传统文化一种，而是中外文化两种。人们常常把"思想资源"同"思想"混为一谈，其实二者是有区别的。"思想资源"属于过去时。已经故去的古人或外国人所提供的思想资源，只供活着的人选择，他们不再具备思想能力。至于活着的人怎么选择，他们无能为力。"思想"永远属于现代时。只有活着的人，才能利用前人提供的思想资源，根据社会实践的需要，打造出新思想。"思想资源"是常量，"思想"是变量。哲学史其实就是"思想资源史"，研究前人曾经是如何思想的，为活着的人打造新思想提供帮助。

自近代以来，西方文化在中外两种资源中无疑处在强势，中国传统文化相对处在劣势。鉴于这种情况，有的学者概括出"中学西学之争"模式。长期以来，这种模式占主导地位。大多数教科书都是按照这种模式来写的。在我看来。这个"争"字，并不准确。二者没有争的必要，并不存在谁胜谁负的问题。西方文化不吸收中国传统文化的长处，便不能在中国扎根；中国传统文化不吸收西方文化的长处，便不能突破旧有范式。事实上，中国近代思想家在致力于两种资源的融会贯通，力求打造出新的思想形态。无论对于中国传统文化，还是对于西方外来文化，近代思想家都不是照着讲的，而是接着的，并且讲出了新意。有的学者批评近代思想家，说他们"不伦不类、不中不西"，我不敢苟同。如果近代人刻意讲究"伦"、刻意讲究"类"，或者刻意讲究"中"、刻意讲究"西"，他就讲不出新意来。对于这样的人，不必写入哲学史。不伦不类、不中不西，恰恰是近代哲学的特色之所在。只讲中学，或只讲西学，那是教条主义者，或者称冬烘先生，并不能成为思想家。真正的思想家，并不受前人所提供的思想资源的限制。他们敢于想前人所未想，敢于说前人所未说。只有这样的人，才无愧于思想家的称号。后人作为近代哲学史的研究者和学习者，关键在于抓住他们的创新之处，抓住他们同古代学人相区别的地方。本书不着眼于"争"，转而着眼于"合"。发扬什么，摒弃什么，已经丧失思想能力的古人无能为力，洋人无能为力，只有具备思想能力的近代人自己说了算。有如孩子，他固然是双亲结合的产物，但基因如何继承或变异，双亲说了不算，只有孩子自己说了算。

广义的西方文化，无疑包括马克思主义在内。马克思主义属于西方文化的另类，长期处在非正统地位。从1919年开始，也就是从中国现代开始，马克思主义传入中国。至此，中国哲学所面临的思想资源变成了三种：中国传统文化、西方正统文化和马克思主义。中国化马克思主义不是"马克思主义在中国"，而是中国"的"马克思主义。在中央党校流传着这样一句话："两个老祖宗都不能忘。马克思主义的老祖宗马克思不能忘，中国文化的老祖宗孔夫子也不能忘。"我赞成这种说法。在中国语境中，现代哲学家把马克思主义同中国优秀传统文化结合起来，同中国社会实践结合起来，创造出有中国特色的马克思主义哲学，勾勒出中国现代哲学的主线。有的学者不赞成主线论，强调现代新儒家和中国实证哲学家也有贡献。我无意否认他们的贡献，可是，他们的学说还只是一种说法或想法而已，并未付诸实施。只有马克思主义哲学才真正改变了中国人的精神面貌。称之为主线，当之无愧。中国马克思主义哲学不但是一种说法或想法，更重要的还是一种做法。

按照我的理解，中国哲学史可以分为古代、近代、现代三个组成部分。从公元前5世纪到1840年，为中国古代。在古代，哲学尚未成为独立学科，乃是"一切学之学"，可以作广义的哲学史表述。从1840年到1919年，为中国近代。在近代，哲学处在过渡阶段，也未成为独立学科。准确地说，近代中国只有思想家，并无哲学家，难以独立成章。只有到了中国现代，也就是从1919年到1949年，中国才出现专业哲学家，哲学才成为独立学科。才可以作狭义的哲学史表述。至于1949年以后，则属于中国当代，尚处在发展过程中，还没有定型，还不能做哲学史表述，只好暂付阙如。坊间也有人试图写当代中国哲学史，其实只能罗列一些事实，我以为都是不成功的。关于古代，我写过一本书，叫作《中国古代哲学通史》；关于近代和现代，合在一起写，就是此书。我所说的古代、近代和现代，都是哲学史意义上的，并不是指社会形态的变迁。

我把中国古代哲学史概括为三个阶段，即奠基期、展开期和高峰期；把中国近代哲学史概括为四个转向，即历史观转向、本体论转向、知行观转向和人性论转向；把中国现代哲学史概括为现代新儒家、中国实证哲学、中国马克思主义哲学三大思潮。中国近现代哲学有别于古代，必须采取与古代相区别的表述方式。在近代，应当把思想家同四个转向结合在一起加以表述；在现代，应当把哲学家同三大思潮结合在一起加以表述。这正是本书所采取的基本思路。本书力求做到以下几点。

第一，突破那种"冲击—反应"的表述模式。这种模式过分强调西方哲学的刺激作用，把中国近代哲学的转型，完全看成中本书的起点为1840年，以鸦片战争爆发为标志性事件；终点放在1949年，以中华人民共和国成立为标志性事件。按照通常的说法，1949年以后，中国历史发展迈入当代阶段，已不属于本书陈述的范围了。从1840年到1949年，共计109年时间，在中国历史长河中不算长，可是十分重要，因为处在中国社会形态的转型期。对于这段历史区间应如何称谓，史学界大致有两种说法。一种说法认为，从1840年到1919年为近代，而从1919年到1949年为现代。现代的起点以五四运动为标志性事件，终点以中华人民共和国成立为标志性事件。另一种说法认为，从1840年到1949年，统称为近代就可以了，不必区分近代和现代，因为在这一历史区间，中国社会的性质没有变，都处在半封建半殖民地状态。本书基本上采用前一种说法，认为还是把近代和现代区别开来为宜，故称为《中国近现代哲学史通论》。需要说明的是，本书所说的"近现代"，并不是从"社会形态变迁史"的意义上说的，而是从"哲学思想演变史"的意义上说的。与古代相比，这一时期的中国哲学，确实表现出不同于以往的时代特征，并且获得了新的理论形态。仔细考察，近代哲学与现代哲学有比较大的差异，还不能笼统而谈。故本书把中国近代哲学及现代哲学同中国古代哲学区分开来，把中国近代哲学同中国现代哲学区分开来。

从"哲学思想演变史"的视角看，有必要作"古代""近代""现代"的区分。1840年鸦片战争之前，中国哲学基本上保持着独立发展的态势，尚未受到西方哲学全面而根本的影响，可统称为"中国古代哲学"。16世纪利玛窦等西方传教士来到中国，曾对西方学术思想有所介绍，但影响力十分有限，不能改变中国哲学独立发展的态势。东汉时期印度佛教传入中国，固然发生较大的影响，但并未从根本上改变中国固有哲学的理论形态。佛教渐渐融入中国固有哲学系统，实现了中国化，成为中国古代哲学的组成部分。具有悠久历史的中国哲学，并没有因佛教的传入而佛教化，哲学思维方式没有因佛教的传入而发生根本变化。在古代，哲学尚未成为独立的学科，故而我们只能做广义的哲学史陈述。近代虽有变化，但仍有过渡性质，未完全褪去传统色彩。先进中国人尚未意识到哲学学科的本来意义，往往把哲学同各种科学混为一谈。他们还不是专门的哲学家。对于他们来说，哲学思考还仅仅是副业而已，未成为主业。只有到了现代，哲学才发展成为独立的学科。

本书把中国近代和现代合在一起讲，故首先从总论谈起。总论以"中国哲学新形态"为主题。

有类似的说法。具有数千年历史积淀的泱泱大国，竟然败在来自遥远欧洲的岛国，被迫签下南京条约，真是亘古未有的奇耻大辱，这不能不使有识之士产生强烈的心灵震颤！

鸦片战争失败以后，中国社会经历着急剧的转型，逐渐变成半殖民地半封建社会。由于外国资本主义的侵入，中国原有的、自给自足的自然经济逐渐解体，促使商品经济有了迅速的发展。但是，西方帝国主义列强入侵中国的目的，并不希望中国发展成为资本主义国家，而是要使中国永远成为他们的半殖民地和殖民地。这意味着，帝国主义不可能成为中国社会形态转型的推动力，而只能成为阻力。对于新经济因素，清政府的态度是矛盾的。他们作为失败者，自然会萌生富国强兵的愿望，希望改变中国积贫积弱、被动挨打的现状。因此，他们可以容忍洋务派，做发展近代工业的尝试，做建立新式军队的尝试。光绪皇帝甚至接受了维新派的变法主张，搞了短暂的"百日维新"。即便是作为顽固派代表的慈禧太后，1905年也不得不表示接受新政，派载泽等五大臣出洋考察各国宪法，为改制立宪做准备。但是，清政府毕竟以自然经济为基础，因而对新经济因素的容忍是有限度的，当他们觉得手中的政权受到威胁的时候，会毫不犹豫地予以扼杀。清政府对于帝国主义的态度，也是矛盾的。他们当然不希望任人宰割，可是又拿不出御敌的良策，只得一次次吞下失败的苦果。为了镇压人民的反抗，他们竟然与帝国主义相勾结，甚至无耻地宣称："量中华之物力，结与国之欢心。"诚如陈天华所说，清廷已经堕落成了"洋人的朝廷"。

帝国主义和封建主义构成中国社会转型的两大阻力。不排除这两种阻力，中国社会不可能实现转型。在近代中国，帝国主义与中华民族的矛盾，封建主义与人民大众的矛盾，构成社会的主要矛盾，其中帝国主义与中华民族的矛盾为最主要矛盾。为了反抗帝国主义和封建主义，中国人民发动了太平天国农民革命运动、义和团运动、戊戌变法运动、辛亥革命运动。辛亥革命推翻了封建帝制,在形式上建立了中华民国,可是没有改变半殖民地半封建社会的状况。其实,所谓"半殖民地半封建社会",就意味着中国已经成为一个破产的社会:旧体制已经失效,而新体制尚未建立起来。与此相应,旧的思维方式已经失效,而新的思维方式尚未成熟。处在这种语境中的先进中国人,必须努力探索建立新社会形态的途径,努力探索重铸中国人精神世界的途径。不过,由于忙于解决挽救民族危亡的迫切问题,他们来不及在哲学上作深入而细致的理论工作,不可能建立起完整而严谨的哲学体系。"从一八四〇年的鸦片战争到一九一九年的五四运动的前夜,共计七十多年中,中国人没有什么思想武器可以抗御帝国主义。旧的顽固的封建主义的思想武器打了败仗了,抵不住,宣告破产了。不得已,中国人被迫从帝国主义的老家即西方资产阶级革命时代的武器库中学来了进化论、天赋人权论和资产阶级共和国等项思想武器和政治方案,组织过政党,举行过革命,以为可以外御列强,内建民国。但是这些东西也和封建主义的思想武器一样,软弱得很,又是抵不住,败阵下来,宣告破产了。"① 尽管如此,他们毕竟为中国哲学添加了新内容,推动了中国哲学的转型。

二 新式学人的出现

中国哲学在近代的转型,与新式学人的出现,可以说是同步发生的。倘若没有新式学人的出现,哲学转型也就无从谈起。所以,我们在考察中国哲学转型的时候,不能不注意到新式学人队伍在近代成长的情形。

中国近代新式学人出现于 1860 年前后。他们当中有洪仁玕

---

① 《毛泽东选集》第 4 卷,人民出版社 1991 年版,第 1513—1514 页。

(1822—1864)、容闳（1828—1912）、王韬（1828—1897）、冯桂芬（1809—1874）等人。洪仁玕曾与族兄洪秀全策划起义，事发后逃往香港。在港期间，他结识传教士理雅各，学习西方近代科学知识和政治理论。1859年，他辗转来到天京（今南京），被洪秀全封为干王。他写出《资政新篇》，呈送洪秀全，建议实行改革，大力发展工商业，与西方国家通商，发行纸币，设立邮局、报馆、医院，准许私人投资，承认专利权，要求把太平天国建成一个近代资本主义国家。洪秀全读后，表示出相当的认同，做了许多批示。可惜，当时的天国已无法把洪仁玕的这些设想付诸实施了。容闳1854年毕业于美国耶鲁大学，1855年回国，是中国第一个留学归来的新式学人。1860年，他向洪仁玕提出武备、政制、银行、教育等7项改革建议，得到太平天国领导层的认可，可是并未得以实施。1863年，他又找到曾国藩，试图借助这位"中兴名臣"，实现自己"西学东渐"的理想，也没有成功。另一位有影响的新式学人是王韬。他曾在外国人办的上海墨海书馆当过10年编辑，有深厚的西学学养，也分别向清廷官吏和太平天国提出过改革建议。再一位有影响力的新式学人是冯桂芬。他撰写了政论集《校邠庐抗议》，批评政治、军事、经济、财政、吏治、科举等各方面弊端，要求学习西方，实行变法。他后来投身洋务运动，成为李鸿章的幕僚。

在洋务运动中，为了培养急需的人才，开办了一些洋务学堂，还采取了派遣留学生等措施。1862年，奕䜣在北京建立同文馆，李鸿章在上海和广州建立同文馆。1870年，曾国藩、李鸿章上奏朝廷，建议派出公费留学生，获得批准。1872年，第一批学童官费留学生派往美国，其中只有詹天佑、欧阳赓读到大学毕业，大部分人未及学成便被撤回中国。从1875年到1885年，中国政府还派遣6批留学生到西欧英、法、德等国学习，著名的翻译家、思想家严复就在其中。由于这些举措，新式学人的队伍逐渐扩大。

　　1895年甲午战争战败以后，中日签订马关条约。消息传来，正在北京应试的一批年轻举子，疾首蹙额，慷慨激昂，他们在康有为和梁启超的策动下，联合一千三百余人，公车上书，要求拒绝和议，提出振兴国力的种种构想。这一事件反映出，中国新式学人已经作为一支队伍，出现在中国的政治舞台。

　　1898年，戊戌变法仅行百日，便被慈禧扼杀。谭嗣同等"戊戌六君子"牺牲在菜市口，为改革事业付出了生命的代价。康有为提出的各项改革措施，几乎全部被废止，可是兴办新式教育这一项居然被保留下来了，京师大学堂以及其他新式学校得以继续办下去。新式学人队伍增长的态势，并未因戊戌变法失败而衰弱，反而有所加强。1905年，清政府颁布上谕："著自丙午科为始，所有乡会试一律停止，各省岁科考试亦即停止。"[①] 废除科举制度，也就等于砸碎了培育旧式学人的温床，接受新式教育便成为读书人的唯一选择，于是涌现出一股出国留学的热潮。由于日本离中国较近，费用较低，大部分留学生选择了日本。据统计，1900年在日本的中国留学生仅有100人左右，可是到1906年，竟激增到15000人以上，翻了上百倍。戊戌变法失败后，康有为、梁启超等维新派人士避难于日本，孙中山、章太炎也选择日本为居留地。一时间，日本成为中国新式学人最集中的地方，遂形成了适合于讲中国近代哲学的语境。他们在那里学习和研究西学，组织政治团体，办刊物，写小册子，宣传自己的政治主张，从事政治活动或革命活动，思想十分活跃，对学术研究亦抱有极大热情。改良派的主要思想阵地是《新民丛刊》，梁启超担任主编；革命派的主要思想阵地是《民报》，章太炎担任主编。在旅日的新式学人中间，涌现出一批近代著名的思想家，其中有康有为、

---

① 舒新城编：《中国近代教育史资料》上册，中华书局1928年版，第66页。

二　西方哲学东渐

中国学者接触西方哲学的历史，可以追溯到17世纪。1631年，来华传教的耶稣会士傅泛际意译、李之藻达辞的《名理探》，开宗明义，首论"爱知学原始"，写道："爱知学者，西云斐录琐费亚，乃穷理诸学之总名。译名，则知之嗜；译义，则言知也。"又说："译名，则言探取凡物之所以然，开人洞明物理之识也。"不过，那时西方哲学，并未真正传入中国，"爱知学"的译名也没有流传开来。西方哲学真正传入中国，发生于中国近代，应当从严复算起。严复在翻译西方近代社会科学著作的时候，同时把西方哲学的一些思想介绍到中国来。在他的论著中，出现了笛卡儿、培根、赫胥黎、斯宾塞等西方近现代哲学家的名字，并且简要地介绍了他们的观点。1906年，他在《寰球中国学生报》上发表《述黑格儿惟心论》一文，介绍了德国古典哲学家黑格尔的学说，并且使用了"唯心论"这一哲学术语。他还使用了哲学术语"先验论"，将其音译为"阿菩黎诃黎"，认为先验论相当于中国哲学中的"心成之说"。除此之外，他把归纳法译为"内籀"，把演绎法译为"外籀"。正如蔡元培所说："五十年来，介绍西洋哲学的，要推侯官严复为第一。"① 贺麟表示认同蔡元培的论断，也在《当代中国哲学》一书中写道："谈到介绍西方哲学，大家都公认严幾道是留学生中与中国思想界发生关系的第一人。"②

严复虽为中国介绍西方哲学的第一人，可是他却没有使用"哲学"这个译名。"哲学"这个词是日本学者西周翻译的。他曾留学荷兰，回日本后传播西方学术。他将science译为"科学"，意即"分科之学"，是以具体问题为研究对象的学问；将philoso-

---

① 《蔡元培全集》第4卷，中华书局1984年版，第351页。
② 贺麟：《五十年来的中国哲学》，辽宁教育出版社1989年版，第25页。

phy译为"哲学",意即"诸学之统辖",是以世界总体为研究对象的学问。中国学者黄遵宪最早在《日本国志》(1895年初刻本)中使用"哲学"一词,后来在新式学人中间逐渐流传开来,一直沿用到现在。除了"哲学"以外,新式学人还从日文中接受了大量的哲学术语译名,如唯物论、辩证法、真理、知识、本质、现象等。中国新式学人之所以很顺畅地接受这些哲学术语译名,是因为这些译名已经融入了中国元素。如哲学中的"哲",来自《尚书·洪范》中的"明作哲"的提法,孔子也说过"泰山其摧乎,哲人其萎乎"。"辩证法"同中医中的"辨证施治"有关,"唯物论"其实是《易传·序卦》中"盈天地之间者唯万物"的缩语,而本质、现象、知识、真理等都来自中译本的佛教典籍。

旅日的中国新式学人,运用从日文引进的哲学术语,向中国思想界介绍西方哲学思想。例如,《大陆》第2期上发表《唯物论二巨子(底得娄、拉梅特里)之学说》①,介绍法国百科全书派哲学家狄德罗、拉美特里的哲学思想。1906年,章太炎在《民报》发表《无神论》,称赞斯宾诺莎的泛神论,批评康德的不可知论。后来又在该刊发表《建立宗教论》,称赞康德的范畴说和时空说,批评物自体学说。在章太炎的论著中,还提到黑格尔、洛克、培根、费希特等西方著名哲学家的观点。从1901年到1903年,梁启超在日本发表《西儒学案》,介绍培根、霍布斯、笛卡儿、洛克、斯宾诺莎、卢梭、孟德斯鸠、边沁、康德等人的哲学思想,已经有了西方哲学简史的模样了。他还在《新民丛报》上发表《近世第一大哲康德之学说》,比较系统地介绍康德的生平和学说。王国维在旅日期间,开始学习康德哲学和叔本华哲学,曾写了一首《康德像赞》:

---

① 张枬、王忍之编:《辛亥革命前十年间时论选集》第1卷上册,生活·读书·新知三联书店1960年版,第412页。

的哲学，就是好的哲学或者对的哲学；反之，凡是禁锢智慧的哲学，就是坏的哲学或者错的哲学：不必问其出自西方，还是出自中国；也不必问其在时间上是新，还是旧。如王国维所说："学无新旧也，无中西也，无有用无用也。"（《观堂别集·国学丛刊序》）西方哲学流派纷呈，有对有错，有好有坏，不可以笼统地一概而论；中国哲学亦是如此。只有那些善于利用中西两种资源，融会贯通，独立思考，大胆创新的学人，才可以称得上思想家，才有资格被写入哲学史。至于那些只是宣传西方某种现成学说而没有独到见解的人，不能算是思想家，至多算是宣传家。可以把他们写入传播史，而不必写入哲学史。在中国近代哲学史上有影响的学者，并不是西方哲学的宣传家，而是有原创力的思想家。他们既向西方哲学寻找真理，也向中国固有哲学寻找真理。无论西学抑或中学，对于他们来说，都是可资利用的思想资源，并不是必须照着讲的范本。对于西方哲学，他们没有全盘接受，而是有选择的。例如，严复创立的天演哲学，并非照着达尔文或者赫胥黎、斯宾塞讲，而是一种综合创新的讲法。无论对赫胥黎，还是对斯宾塞，他都有所批评。我们不能指责中国近代思想家不忠实于某种西方学说的原义，因为他们没有这种义务，也没有这种必要。不中不西，亦中亦西，恰恰是中国近代思想家可贵的品格。他们对于中学有批评，也有吸收，并非全盘否定。例如，严复对于荀子"人能群"的思想，表示认同；章太炎花很大气力开发佛教唯识宗的思想资源。中国哲学中自强不息、实事求是、经世致用等精神传统，对中国近代思想家依然保持强劲的影响；变易、理、气、知、行、仁、大同等固有哲学范畴，仍旧是他们离不开的工具。对于中国古代哲学来说，中国近代哲学既是一次成功的转型，也是合乎逻辑的发展。不能武断地切断二者之间的内在联系。

第三节 话题更新

中国近代哲学的转型，集中体现在思想家所探讨的哲学话题有了质的变化。中国古代哲学以天人关系为基本问题，哲学家围绕着这个基本问题探讨了治乱问题、群己关系问题、体用关系问题、此岸与彼岸关系问题、理事关系问题以及理气关系、理心关系、理欲关系、理物关系、心物关系、道器关系、义利关系、两一关系、知行关系等问题。与古代哲学家相比，近代思想家的问题意识有了根本的不同。已经超出了上述问题的论域，他们着重探讨以下新的问题。

一 中国向何处去？

这个问题包含着两个方面，一是如何摆脱落后挨打的困境，挽救民族的危亡？二是如何化解与发达国家之间的差距，赶超世界发展的潮头？从对这个问题的关注反映出，先进的中国人已经清醒地意识到，中华民族在世界民族之林中不再处于领先位置，而是处在落后位置；而落后就必然挨打，则是一个不争的事实。在未同西方列强发生战争之前，中国在东方世界一直处在领先位置，深受周边各个国家的敬重，被视为值得仿效的天朝大国。对于这时的中国，自然不存在向何处去的问题。鸦片战争以后，中国不仅屡屡败于西方列强，而且大败于一向不被中国人放在眼中的日本，早已失掉了天朝大国的尊严。在这种情况下，中国人不能不认真考虑一下向何处去的问题。清醒的落后意识激发出强烈的自强意识，中国必须尽快扭转落后状态，求强求富，方能自立于世界民族之林。在思考"中国向何处去"的问题时，思想家的历史观发生了转型，由传统的变易历史观转到进化发展的历史观，从求稳定的诉求转到求发展的诉求。在近代思想家的哲学话语中,"进化"是一个使用频率相当高的词语。关于这种转型的具体情形,本书第三章将专题绍述。

二 客观世界如何解释?

这个问题与"中国向何处去"的问题密切相关。因为要解决"中国向何处去"的问题,要谋求中国社会的发展,必须以认识客观世界为前提,因而必须突破中国古代哲学天人合一的哲学思维方式。在天人合一的哲学思维模式中,人与客观世界被视为一个有机的整体,哲学家虽然涉及如何解释客观世界的问题,但不会以这个问题为主题。在中国古代哲学中,解释世界和解释人生两个话题是合在一起讲的,并且以理想主义为主导,更为关注意义的世界或价值的世界如何建立的问题,而不大关注客观世界如何解释的问题。这种情况,到近代发生了变化,思想家开始把眼光从意义的世界或价值的世界,转向现实的客观世界;从理想主义为主导,转向以现实主义为主导。他们不再局限于天人合一的哲学思维模式,开始选择主客二分的近代哲学思维模式,开始关注客观世界如何解释的理论问题,努力寻求解释世界的本体论理念。他们的世界观有了变化:从四海之内的天下观念,拓展到全球范围的世界观念;从阴阳和合的天地观念,拓展到由无数星球构成的浩瀚宇宙观念。为了解释客观世界,他们一方面开发古代哲学中元气、太极等资源,另一方面从西方思想库中引入以太、阿屯、元质、引力与斥力等有自然科学色彩的元素,并且采用旧瓶装新酒的方式,把二者融会贯通,以推动本体论观念的转型。关于这种转型的具体情形,本书第四章将专题绍述。

三 知识系统如何更新?

在传统的天人合一的哲学思维模式中,由于哲学家一般不把客观世界作为主要的认识对象,因而不大重视工具理性如何培育的问题，而特别重视价值理性如何培育的问题。与此相关，在中国传统的知识系统中，实用性的"闻见之知"不被重视，而价值性的"天德良知"受到格外的关注。这样的知识系统，显然不能适应"中国向何处去"的诉求，也不能适应"客观世界如何解释"的诉求，必须加以更新。近代思想家不再像古代哲学家那样看重价值的知识，而把目光转向实用的知识，从而推动了知行观的转型。关于这种转型的具体情形，本书第五章将专题绍述。

四　人格观念如何更新？

由于传统的天人合一的哲学思维模式以整体主义为主导，因而特别重视人的群体性，而不大重视人的个体性；特别重视人格的理想性，而不大重视人格的现实性。传统的人格理念，同自然经济相适应，有助于社会的稳定，却不能同商品经济相适应，难以为社会发展提供精神动力，因而更新势在必行。近代思想家不再像古代哲学家那样看重人格的理想性，而把目光转向人格的现实性，推动了人学观的转型。关于这种转型的具体情形，本书第六章将专题绍述。

第二章　学科独立

同中国近代哲学相比，中国现代哲学迈入了更新的发展阶段。五四新文化运动以后，哲学不再是包罗万象的学问，而成为一门独立的学科，名副其实地成为一门关于世界观的学问。在现代中国，出现了专门的哲学家，出现了专门的哲学教育机构、研究机构、学术团体以及学术刊物。

第一节　学科意识

中国现代哲学的新进展，集中表现为哲学家有了自觉的现代意识和哲学学科意识。这两种意识紧密联系在一起，促成哲学在现代中国成为一门独立学科。

一　现代意识的自觉

在五四新文化运动之前，先进的中国人已经有了尚变、进化、富国、强兵等意向，但是还没有自觉的、明确的现代化意识。在相当长的时期内，先进的中国人往往把目光专注于如何改变中国现有政体的问题上，无暇顾及专门的理论问题。以孙中山为首的革命派，效仿法国的模式，主张用暴力推翻清廷，建立民主共和政体；以梁启超为首的立宪派，效仿英国和日本的模式，主张用改良的手段改造清廷，建立民主立宪政体。1912年中华民国建立，推翻了帝制，可是中国社会的状况并没有因此而好转，反而变得更加混乱不堪：推倒了一个清廷小皇帝，却冒出了更多个土皇帝。军阀混战，民不聊生，国事日非。在这种情况下，先进的中国人不得不更为深入地思考"中国向何处去"的问题。

"中国向何处去"的追问，既有当下的意义，也有长远的意义。就其当下意义来说，就是如何改变当时中国的混乱状况、重建社会秩序、挽救民族危机的问题；就其长远意义来说，就是如何在中国实现现代化的问题。换句话说，这种追问包含着先进中国人对于现代意识的自觉。陈独秀写过一篇题为《吾人最后之觉悟》的文章，把中国人的觉悟过程，分为七个阶段。第一个阶段是明中叶，"西教西器初入中国"；第二个阶段是清之初，由于引入西方的"火器历法"，在中国引发新旧之争；第三个阶段是清之中世，发起洋务运动；第四个阶段是清之末季，实行戊戌变法，但被旧势力扼杀；第五个阶段是民国初建，推翻帝制；第六个阶段民国初年军阀专政，反对专制的呼声日高。他预言第七个阶段将是"吾人之最后之觉悟"。他指出，"最后之觉悟"包括两个方面，一是"政治的觉悟"，在中国建立名副其实的共和国；二是"伦理的觉悟"，更新伦理观念，造就现代的精神文明。他在文章结尾写道："继今以往，国人所怀疑莫决者，当为伦理问题。此而不能觉悟，则前之所谓觉悟者，非彻底之觉悟，盖犹在倘恍迷离之境。吾敢断言曰：伦理的觉悟为吾人最后觉悟之最后觉悟。"① 陈独秀所说的"最后的觉悟"，其实就是对于现代意识的自觉。

在五四时期，先进中国人的现代性诉求，首先体现为呼唤科学与民主。陈独秀在《〈新青年〉罪案之答辩书》中写道："本志同人本来无罪，只以为拥护那德谟克拉西（Democracy）和赛

---

① 《陈独秀文章选编》上册，生活·读书·新知三联书店1984年版，第109页。

因斯（Sciience），便不得不反对孔教、礼法、贞节、旧伦理、旧政治；要拥护那赛先生，便不得不反对旧艺术、旧宗教；要拥护德先生又要拥护赛先生，便不得不反对国粹和旧文学。""西洋人因为拥护德、赛两先生，闹了多少事，流了多少血，德、赛两先生才渐渐从黑暗中把他们救出，引到光明世界。我们现在认定只有这两位先生，可以救治中国政治上道德上学术上一切黑暗。若因为拥护这两位先生，一切政府的压迫，社会的攻击笑骂，就是断头流血，都在所不辞。"① 科学和民主是五四新文化运动举得最高的两面旗帜，并且成为现代新式知识分子的共识。中国的马克思主义者拥护科学和民主，中国实证哲学家、现代新儒家也拥护科学与民主。他们的哲学思考都是为维护科学和民主而展开的。经过新文化运动的浪潮的冲击，中国人的思想观念发生了很大的变化，使科学和民主观念深入人心。由于民主观念深入人心，袁世凯、张勋等人搞的"复辟"闹剧，均无法成功。由于科学享有很高的威信，梁启超在《欧游心影录》中介绍欧洲流行的批评科学主义的思潮时，也不能不小心翼翼申明，自己绝不是反对倡导科学。

在现代中国，许多思想家认识到：在中国培育现代性，就必须改变自然经济占主导地位的情况。最早接受马克思主义的李大钊，运用唯物史观分析中国社会的现状，认为中国的农业经济和大家庭制度构成"二千年来的社会的基础构造"。在帝国主义入侵以后，这个基础已经动摇了，不能再维系下去了，必须实行现代转化。实用主义者胡适，主张用"摩托车文明"取代"人力车文明"。现代新儒家冯友兰，希望中国尽早摆脱"乡下人"的处境，变成"城里人"；把中国"以家庭为本位"的传统社会，改变为"以社会为本位"的现代社会。贺麟主张儒商、儒工出来做

---

① 《陈独秀文章选编》上册，生活·读书·新知三联书店1984年版，第317—318页。

新社会的柱石，选择"健康的工业化的途径"。尽管他们各自提出的社会改造方案有所不同，但都强调：中国必须选择现代化道路，改变中国传统社会的经济结构。

有些思想家在欢迎现代性的同时，也注意到伴随现代性的负面效应，注意到西方发达国家在现代化进程中出现的"现代病"。由于杜亚泉、梁漱溟等人曾对西方人的现代性观念提出尖锐的批评，因而曾被许多人讥为"思想保守"，这其实是一种误解。他们批评西方人的现代性观念，并不等于拒斥现代性，而恰恰表明他们对现代性的诉求。他们清醒地意识到，现代化并不等于西方化，西方并不是现代性的唯一模式。他们同样在努力呼唤现代性，不过他们呼唤的不是西方已有的那种现代性，而是后发展国家所需要的现代性，即一种有创新性的现代性、一种符合中国国情的现代性。杜亚泉主张"以吾固有文明为绳索"贯穿"西洋之断片的文明"，就是在呼唤这种现代性。梁漱溟说："第一，要排斥印度的态度，丝毫不能容留；第二，对于西方文化是全盘承受，而根本改过，就是对其态度要改一改；第三，批评的把中国原来态度重新拿出来。"① 也是在呼唤这种现代性。

黑格尔说："……哲学是这样一个形式：什么样的形式呢？它是最盛开的花朵。它是精神的整个形态的概念，它是整个客观环境的自觉和精神本质，它是时代精神、作为自己正在思维的精神。这多方面的全体都反映在哲学里面，以哲学作为它们单一的焦点，并作为这全体认知其自身的概念。"② 马克思指出：哲学是时代精神的精华。我们套用一句：中国现代哲学也是那个年代的时代精神的精华。现代中国一切看不见的精华，都凝结在中国现代哲学中。只有紧紧地抓住这一点，才能抓住中国现代哲学的本

---

① 梁漱溟：《东西文化及其哲学》，商务印书馆1922年版，第202页。
② ［德］黑格尔：《哲学史讲演录》第1卷，商务印书馆1983年版，第56页。

质特征，才能搞清楚现代哲学家何以能达到对于哲学学科的自觉，才能了解现代中国哲学何以能突破中国传统哲学的框架。

二　对哲学的新认识

中国哲学事实上早已存在，只是没有使用"哲学"这种称谓而已。早期的西方近代哲学家不否认中国哲学的存在，不像某些现代哲学家那样武断。例如，黑格尔在《哲学史讲演录》中，把中国哲学与印度哲学同视为东方哲学。中国哲学不仅"源远"，而且"流长"，几千年绵延不断，这在世界上是绝无仅有的。中国古代哲学与古希腊哲学类似，也是一种包罗万象的学问，并不是一门独立的学科。在古代中国，哲学家还没有形成自觉的哲学学科意识。中国新式学人，最初也是在"包罗万象的学问"的意义上，接受"哲学"这个外来术语的。1901年，蔡元培在《哲学总论》中解释说，"哲学为综合之学"，"以宇宙全体为目的，举其间万有万物之真理原则而考究之以为学"。西方哲学所说的"爱智"，同中国"弘道""穷理"言殊而旨同。中国哲学事实上早已存在，只是没有成为一门独立的学科。尽管中国学术史上存在着文史哲不分、经史子集不分的情形，但《庄子·天下篇》、《荀子·非十二子》、王充的《论衡》、黄宗羲的《明儒学案》和《宋元学案》等著作，显然都带有哲学史的性质。

在西方，哲学的学科意识是在近代明朗起来的。西方近代以来，科学有了长足的发展，各门学科纷纷独立，哲学不再是包罗万象的学问，回到了它的本来意义，成为一种专门的学科，成为关于世界观（含人生观）的学问。在中国，对于哲学学科意识的自觉，则是在现代逐步明朗起来的。现代中国哲学家清楚地意识到：哲学是一门关于世界观（含人生观）的学问。

五四新文化运动以后，中国学者对哲学的学科性质，有了新的认识，使哲学在现代中国逐渐成为一门独立的学科。蔡元培是第一个获得哲学博士学位的中国学者,他对哲学的理解颇具代表性。这时,他不再把哲学理解为"综合之学",而是理解为各门学科分化出去之后的独立学科。他在《简易哲学纲要》中写道:

> 哲学是人类思想的产物,思想起于怀疑,因怀疑而求解答,所以有种种假定的学说。普通人都有怀疑的时候,但往往听到一种说明,就深信不疑,算是已经解决了。一经哲学家考察,觉得普通人所认为业已解决的,其中还大有疑点;于是提出种种问题来,再求解答。要是这些哲学家有了各种解答了,他们的信徒认为不成问题了;然而又有些哲学家看出其中又大有疑点,又提出种种问题来,又求解答。有从前以为不成问题的;有从前以为是简单问题而后来成为复杂问题的。初以为解答愈多,问题愈少。那知道问题反而随解答而增加。几千年来,这样的递推下来,所以有今日哲学界的状况。①

在这里,蔡元培表达了一种自觉的哲学学科意识。他认为,在科学发展起来之后,哲学作为一门学科,不再是包罗万象的学问,而是不断深化的思考方式。他对哲学的看法,突出问题意识和怀疑精神。这是一种理性主义的眼光,契合五四时期的时代精神。他强调哲学处在发展的过程中,不是僵化的教条。至于哲学与科学的关系,他不同意把二者对立起来,认为"科学与哲学,不是对待的,而是演进的"②。科学为哲学提供前提,但人类自有一种超乎实证科学的世界观和人生观的要求。科学出现后,哲学依然有独立的发展空间。蔡元培把哲学研究的问题概括为三个:

---

① 高平叔编:《蔡元培哲学论著》,河北人民出版社1985年版,第305页。
② 高平叔编:《蔡元培哲学论著》,河北人民出版社1985年版,第311页。

一是认识问题，涉及认识的起源、认识的适当、认识的对象等内容；二是偏于世界观方面的原理问题，涉及实在论、生成论等内容，由此形成"理论的哲学"；三是偏于人生观方面的价值问题，涉及价值、伦理、美感等内容，由此形成"实际的哲学"。他还指出，以科学为前提的现代哲学，同古代哲学的区别在于，不再受到宗教的限制，甚至具有取代宗教的功能。他主张以美育代宗教。概括起来，蔡元培对哲学学科的看法有三个要点：第一，哲学是关于认识论的学问，应当诉诸理性，讲究逻辑证明，不能建立在"圣言量"上面，不能以引证代替论证；第二，哲学是关于世界观的学问，提出一种关于世界总体的理论；第三，哲学是关于人生观的学问，帮助人们树立一种指导人生实践的价值理念。基于对哲学学科的新认识，蔡元培在任北京大学校长期间，创办了中国大学的第一个哲学系。

胡适是第一个到美国攻读哲学博士学位的中国学者，师从实用主义者杜威。胡适对哲学学科深受实用主义的影响，在他看来，哲学研究的主要问题不是世界观，而是人生观，尤其是同人生观有关的方法论和价值观。他给哲学下的定义是："凡研究人生切要的问题，从根本上着想，要寻一个根本的解决，这种学问，叫做哲学。"① 金岳霖不认同胡适的哲学定义，他在评论胡适时说："哲学中本来有世界观和人生观的。我回想起来，胡适是有人生观，可是没有什么世界观的。看来对于宇宙、时空、无极、太极……，这样一些问题，他根本不去想；看来他头脑里也没有本体论和认识论或知识论方面的问题。他的哲学仅仅是人生哲学。"② 金先生的评论基本上是符合胡适的思想实际的。的确，

---

① 胡适：《中国哲学史大纲》，古籍出版社1997年版，第1页。
② 刘培育主编：《金岳霖的回忆与回忆金岳霖》，四川教育出版社1995年版，第29页。

按照胡适的看法，哲学主要是关于人生观的学问，而没有认识到哲学也是关于世界观的学问。不过，他在论及人生观时，不能不涉及世界观，说胡适的哲学"仅仅是人生哲学"似乎也不大确切。

熊十力不赞成西方近代以来颇为流行现代所谓"哲学就是认识论"的说法，强调哲学研究应当以本体论为重心。他创立了"新唯识论"哲学体系，反复申明"《新论》本为发明体用而作"。从本体论讲起，最终还是要讲到人生观，用他的话说，"学者如透悟体用义，即于宇宙人生诸大问题，豁然解了，无复疑滞"①。为了创立"体用不二"的本体论，熊十力几乎投入毕生的精力。他从20世纪20年代就着手研究这个问题，于30年代中期搭起理论框架，然后又磨砺修改多年，多方面展开论证，直到晚年因遇"文革"浩劫，才不得不中止研究。熊十力的本体论研究既涉及世界观，也涉及人生观。他曾构思一本认识论方面的书，连书名都想好了，叫作"量论"，但始终没能写出来。

金岳霖和冯友兰，都主张从理性主义（尤其是"逻辑分析"方法）入手，建设哲学学科。冯友兰认为，讲哲学不能诉诸直觉，必须诉诸理性。他在《中国哲学史》中说："无论科学、哲学，皆系写出或说出之道理，皆必以严刻的理智态度表出之。""故哲学乃理智之产物；哲学家欲成立道理，必以论证证明其所成立。""欲立一哲学的道理，谓不辩为是，则非大辩不可；既辩则未有不依逻辑之方法。"② 他认为哲学的研究范围包括三大部分：一是宇宙论，"目的在求一'对于世界之道理'"；二是人生论，"目的在求'对于人生之道理'"；三是知识论，"目的在求'对于知识之道理'"。冯友兰撰写完《中国哲学史》之后，不再

---

① 熊十力：《新唯识论》，商务印书馆1944年版，第214页。
② 冯友兰：《中国哲学史》上册，中华书局1992年版，第4—6页。

满足于仅仅做一个哲学史家，开始创建自己的哲学体系。从1939年开始他陆续出版"贞元六书"，创立了"新理学"体系。在"贞元六书"中，《新理学》是关于宇宙论或世界观的专著，《新原人》是关于人生论或人生观的专著。对于知识论，他没有写出系统的专著。在他看来，所谓哲学，就是找到解释世界何以成其为世界的"道理"。这个"道理"不能是复数，只能是单数。

冯友兰晚年对哲学的学科性质有了新的看法，放弃单数的哲学观，表示认同复数的哲学观，强调哲学学科的民族性。

首先，他把哲学定位为精神现象学，而不再定位为西方哲学历来讲论的自然现象学。他说："哲学是人类精神的反思。所谓反思就是人类精神反过来以自己为对象而思之。人类的精神生活主要部分是认识，所以也可以说，哲学是对认识的认识。对于认识的认识，就是认识反过来以自己为对象而认识之，这就是认识的反思。"按照这种说法，不应该再把哲学视为解释世界的"物学"，而应当视为人类自我反思的"人学"。如果把哲学视为"物学"，尚可归结为"一"，因为人类住在同一个地球之上；而把哲学视为"人学"，由于反思的主体各不相同，就只能归结为"多"了。按照冯先生的这种新哲学观，哲学的主题是人，而不是物。这同马克思在《关于费尔巴哈的提纲》中的看法是一致的。冯友兰把人看成哲学的主题，也是对中国哲学传统的发扬光大。中国哲学从来就不是西方那种解释世界的哲学，而是一种行动的哲学、实践的哲学。中国哲学家把世界存在当成不证自明的事实，并不做刻意的探究。冯友兰说："在中国哲学传统中，哲学是以研究人为中心的'人学'。"这一论断，无疑是正确的。

其次，他拓宽了哲学的论域。基于精神现象学的考量，他认为哲学的论域，并不像单数哲学观描述的那样，仅仅是一个自然界。在复数哲学观视野中，哲学论域不是一个，而是三个。"概括地说，有三个方面：自然，社会，个人的人事。人类精神的反思包括三方面以及其间互相关系的问题。这些都是人类精神的反思的对象，也就是哲学的对象。"他的这种看法，显然承接着中国哲学"究天人之际"的传统。

最后，根据以上两点，他认为哲学的作用不能只是一个方面，而应当是两个方面："一是锻炼、发展人的理论思维能力，一是丰富、提高人的精神境界。"关于第一点作用，恩格斯已经谈到，冯友兰表示完全同意。至于第二点作用，则是中国哲学家才会有的独到见解。在西方哲学家的眼里，哲学起于好奇，同人的精神境界没有什么关系，只有中国哲学家才会如是观。冯友兰认同中国哲学的传统，他说："用中国的一句老话说，哲学可以给人一个'安身立命之地'。就是说，哲学可以给人一种精神境界，人可以在其中'心安理得'地生活下去。"① 由此来看，冯友兰的新哲学观葆有鲜明的中国特色。

金岳霖对哲学学科的理解与冯友兰相近，但也有区别。他在冯友兰著《中国哲学史》审查报告中说："我很赞成冯先生的话，哲学根本是说出一种道理的道理。但我的意见似乎趋于极端，我以为哲学是说出道理来的成见。哲学一定要有所'见'，这个道理冯先生已经说过但何以又要成见呢？哲学中的见，其理论上最根本的部分，或者是假设，或者是信仰；严格的说起来，大都是永远或者暂时不能证明与反证的思想。如果一个思想家一定要等这一部分的思想证明之后，才承认他成立，他就不能有哲学。这不是哲学的特殊情形，无论甚么学问，无论甚么思想都有，其所以如此者就是论理学不让我们丢圈子。"② 讲哲学就是讲道理，当然应该遵循理性主义的路径，对哲学结论做尽可能充分的理论论证。不过，要想做完全充分的论证，显然十分困难。哲学结论作

---

① 冯友兰：《中国哲学史新编》，人民出版社 1985 年版，第 27 页。
② 参见冯友兰《中国哲学史》下册附录，中华书局 1992 年版。

为一种整体性的论断，难以从形式逻辑的角度找到充分的理由，难以形成所有人的共识，这种结论不可避免地带有假设或信仰的色彩，所以金岳霖称之为"成见"。从"成见"说反映出，他主张复数的哲学观，不赞成单数的哲学观，对冯友兰的"道理"说提出委婉的批评。他所说的"成见"并没有贬义，就是"一家之言"的意思。"成见"或"一家之言"当然有局限性，只有不断地突破这种局限性，哲学才会不断地发展。在哲学发展观方面，金岳霖的看法同蔡元培的看法是一致的。金岳霖认为，哲学研究的内容有两大项，一项是"元学"，即本体论学说；另一项是知识论。研究知识论可以暂时不考虑人的情感因素，只以知识为研究对象，对知识的发生过程做出客观的解释；研究"元学"就不能不考虑人的情感因素了，元学的研究既关涉世界观，也关涉人生观。依据这种见解，他写了两本哲学专著，一本是《知识论》，一本是《论道》。

冯友兰讲，金岳霖在英国剑桥大学讲学时曾说过：哲学是概念的游戏。在金岳霖那里，"成见"说和"游戏"说是一致的，意思都是说很难对哲学结论做出能使所有人都接受的理论论证。接受某种哲学，有如认同一种游戏规则，只有如此参与游戏的人才能玩到一起；而拒斥游戏规则的人是无法参与游戏活动的。金岳霖把一个哲学家提出的哲学体系比作一套游戏规则，既然是讲规则，一定用概念，一定要讲理性，并且要自圆其说。冯友兰放弃单数哲学观、认同复数哲学观以后，表示接受金岳霖的"游戏"说。他在《中国现代哲学史》一书中写道："现在我认识到，这个提法说出了哲学的一种真实性质。试看金岳霖的《论道》，不就是把许多概念摆来摆去吗？岂但《论道》如此，我的哲学体系，当时自称为'新统'者，也是如此。"① 冯友兰补充说，哲

---

① 冯友兰：《中国现代哲学史》，广东人民出版社1999年版，第239页。

学作为"概念的游戏",并非没有用处;其用处就在于提升人的精神境界。

最早表述哲学学科自觉意识的中国马克思主义理论家是瞿秋白。1923年,他担任上海大学社会科学系主任,讲授《社会哲学概论》。他在讲义中指出,最初的哲学是一切知识的总称,"随后智识渐渐分类、综合、组织而成系统,就发生种种科学,——从哲学之中分出;至今所剩的仅仅是方法论和认识论","科学分工的结果,使哲学仅仅能成为综合一贯的智识,有统率精神物质各方面的智识而求得一整个儿的宇宙观之倾向;更因科学进步而智识系统日益严密,于是,哲学——所谓'求宇宙根底的功夫'愈益得以深入。然而初民哲学与现代哲学仍旧同样是人对宇宙的认识"[①]。他明确地指出,各门科学纷纷独立之后,作为学科的哲学便只成为"求宇宙根底的功夫",不再是古代那种包罗万象的学问。

20世纪30年代以后,苏联编纂的哲学教科书《辩证唯物主义历史唯物主义》传入中国。受苏联哲学教科书的影响,中国的马克思主义哲学工作者大都把哲学学科理解为"关于世界观的学问"。这种理解不能说不对,但不够全面。准确地说,哲学就是关于世界观的学问,也是关于人生观的学问。哲学作为关于世界观的学问,以客观世界为研究对象,应当诉诸工具理性;哲学作为关于人生观的学问,以人类自身为研究对象,既应当诉诸工具理性,也应当诉诸价值理性。人只能通过认识世界来认识自身,也只能在认识自身的过程中认识世界:这两个方面是分不开的。著名的马克思主义理论家冯契在晚年提出"化理论为方法"和"化理论为德性"的主张,注意到了哲学理论作为关于世界观的学问和人生观的学问的一致性。"化理论为方

---

① 黄美真等编:《上海大学史料》,复旦大学出版社1984年版,第268页。

法"关涉世界观,"化理论为德性"关涉人生观。他写出了《认识世界与认识自己》《逻辑思维的辩证法》《人的自由和真善美》等三本哲学专著,把关于世界观的研究与关于人生观的研究统一起来了。冯契对哲学学科的认识同普通哲学教科书的提法相比,显然更为全面。

综上所述,我们可以做出这样的判断:中国现代哲学家在现代意识的基础上,已经达到了对于哲学学科的自觉。尽管他们对哲学的理解并不完全相同,各自的侧重点也不一样,但他们都明确地意识到:各门科学成为独立的学科之后,哲学不再是古代那种包罗万象的学问,已成为一门专门的学问;哲学有别于宗教,必须建立在理性的基础上;哲学也有别于科学,研究范围呈现出总体性的特点,是关于世界观(含人生观)的学问。在这种哲学学科意识的导引下,哲学在现代中国逐渐成为一门独立的学科。大学开设了哲学系,哲学界有了《哲学评论》等专业的学术刊物,有了中国哲学会、新哲学会一类的学术团体,出现了专业的哲学理论工作者,他们专门从事哲学研究,写出了数量可观的哲学专著。除了专业的哲学理论工作者之外,许多著名的革命家、政治家、思想家也十分重视哲学研究,并且结合自己的社会实践为现代中国哲学的发展做出了重大的贡献。在这一历史时期,中国哲学已经走出中国,走向世界,同世界范围的现代哲学思潮对话,进入"综合创新"的新阶段。

正是因为有了这种哲学学科意识的自觉,现代中国哲学同以往的中国哲学相比,有了质的区别。对于以往的中国哲学,由于哲学家尚未形成自觉的哲学学科意识,我们只能写出广义的哲学史或专题史;而对于现代中国哲学,我们则可以写出狭义的哲学思潮史。

第二节　多种资源

现代中国哲学承接着两种思想资源，一种是中国固有的思想资源，另一种是西方近现代的思想资源。哲学理论工作者们依据自己对时代精神需求的理解，充分利用着两种资源，致力于艰苦的"综合创新"工作，并且取得了相当可观的成绩。

一　固有的资源

对于中国固有的思想资源，现代哲学家肩负着双重的任务，一是清除封建主义的尘垢，为中国社会的发展扫清思想障碍；一是提炼体现时代精神和民族精神的合理内核，促使中国哲学实现现代转换。他们首先把重点放在前者，后来则逐渐转向后者。

辛亥革命以后，延续数千年之久的封建帝制被推翻，儒学失去了官方的支持，因而也失去在意识形态领域中的主导地位，不再拥有独尊的优势，反而成为人们诟病的话题。尽管如此，对于中国现代哲学来说，作为中国文化的主干的儒学，依旧是一种重要的思想资源。自鸦片战争以来，中国知识分子把挽救中国的希望寄托在西学的引进上，并且把传统儒学视为引入西学的思想障碍，形成扬西抑中的倾向。这种倾向到五四时期演化为"打孔家店"的批孔思潮。在新文化运动中，激进派批判传统儒学所包含的封建主义思想因素无疑是正确的，问题在于他们把儒学完全归结为封建主义，全盘否定其正面价值，流露出民族文化虚无主义的情绪。有些人甚至提出一些过火的、不切实际的主张，如废除汉字、把线装书丢到茅厕中去，等等，这显然有损于民族自尊心和自信心的提升。正是针对激进派的民族文化虚无主义倾向，现代新儒学思潮开始兴起。从新式知识分子队伍中走出来的现代新儒家学者，认同科学与民主的价值，反对封建主义，接纳现代性,有别于守旧派。他们拒斥全盘西化论,摆脱激进情绪的困扰,以理性的眼光和同情的态度看待儒学的价值,努力推动儒学的现代转化,有别于激进派。在提升民族自尊心和自信心方面,他们是有贡献的。批孔的风潮平静下来以后,中国马克思主义者和中国实证论者也开始重视儒学的正面价值,予以同情的理解,也将其作为发展中国现代哲学的重要资源。郭沫若甚至主张把马克思请进"文庙",与孔子互称"同志",促使孔子的大同理想与马克思的共产主义学说进行交流,认为马克思主义与儒家思想的精华可以融会贯通。实用主义者胡适,在晚年也改变一味批孔的偏激心态,试图对儒学做出积极的评价,以自由主义精神透视、整理、提升中国固有文化。

随着长期独尊的儒学在思想理论领域中失势,儒学以外的中国固有学派越来越受到思想界的重视,并且获得了发展空间。有些学者试图利用佛教的思想资源重构中国哲学理论形态,于是,在现代中国出现了新佛学思潮。在新佛学思潮中,现代居士佛学处于主导地位。现代居士佛学的源头可以追溯到近代。鸦片战争以后,居士杨文会就致力于佛教的复兴与改革事业,创建金陵刻经处、祇园精舍,开办佛学研究所,吸引了一批从学弟子。但是,居士佛学的长足发展却是在现代。1911年杨文会去世之后,从学弟子欧阳竟无继承了他开创的事业,于1922年在南京创办了"支那内学院"。欧阳竟无为内学院制定的院训是"师、悲、教、戒",还撰写了近万字的《支那内学院院训释》。他主讲《唯识抉择谈》,引导学生研习佛教典籍,颇有社会影响。除了欧阳竟无之外,现代居士佛学的代表人物还有韩清净、梅光羲、王一亭、黄忏华、王季同、吕澂、王恩洋、周叔迦、夏莲居、黄念祖、贾题韬等人,形成比较大的阵容。他们的主要阵地是南京"支那内学院"和北京三时学会。除了居士佛学之外,寺僧佛学也有所发展,其领军人物则是太虚。他倡导"人生佛教"的新理念，为复兴佛教、佛化社会而努力奔走。一些现代新儒家学者如梁漱溟、熊十力等人，也十分重视开发佛学思想资源，他们的新儒学思想带有浓重的佛学色彩。

儒学失势以后，道家和道教在现代中国也获得发展的机会，形成了重新审视道家和道教学术价值、挖掘其中有现代意义的东西的新思潮。道家和道教也是现代中国思想界重视的一种思想资源。著名学者陈寅恪对儒、释、道三家做了比较研究，他得出的结论是："中国儒家虽称格物致知，然其所殚精致意者，实仅人与人之关系。而道家则研究人与物之关系。故吾国之医药学术之发达出于道教之贡献为多。其中固有怪诞不经之说，而尚能注意人与物之关系，较之佛教，实为近于常识人情之宗教。然则道教之所以为中国自造之宗教，而与自印度所输入之佛教终有区别者，或即在此等处也。"① 现代以来，涌现出一批关注道家和道教学术价值的学者，其中有仙学的倡导者陈撄宁、养生学的弘扬者萧天石、道教文化研究的拓荒者王明和道藏学研究的奠基者陈国符。

除了儒、释、道之外，诸子学也受到人们的关注。墨家、法家、名家等都有人做专门的研究，试图做出现代的诠释。不过，这些研究比较分散，没有形成有影响力的思潮。

二　外来的资源

对于西方近现代的思想资源，现代哲学家也高度地重视，力求充分地加以借鉴和利用，借以推动中国哲学的现代化进程。对于中国现代哲学影响较大的西方近现代哲学思想资源主要有三种：一是从笛卡儿到黑格尔的近代理性主义思潮以及它在现代的延续即实证哲学思潮，二是黑格尔以后的现代非理性主义思潮，

---

① 《陈寅恪史学论文选集》，上海古籍出版社1992年版，第181页。

三是马克思主义哲学。

西方近代理性主义和实证哲学对现代中国哲学的影响，主要体现在启蒙精神、崇尚科学的实证精神和以主客二分为特征的主体性原则等方面。近代理性主义在西方曾经是反对封建主义的锐利武器，它高扬启蒙精神，主张把一切封建主义的旧思想、旧观念都放到"理性的法庭"上审判，起到了极大的思想解放作用，推动了西方社会由中世纪到近代资本主义社会的转折。在中国近现代，反对封建主义一直是思想战线的一项重要任务。为了完成这项任务，陈独秀等人发起了五四新文化运动，倡导启蒙精神，抨击专制主义、蒙昧主义，从西方理性主义思想武库中寻找到了合适的武器。近代理性主义同实证科学的发展有紧密的联系，承担着为科学的发展提供哲学理论基础和方法论原则的任务。1840年以后，中国文化同西方文化相遇，给严复等人印象最强烈的就是西方比较发达的实证科学。他们在介绍实证科学的同时，就把浸透在实证科学中的理性主义精神介绍到中国来了。在五四新文化运动中，陈独秀等人高举"科学"和"民主"的大旗，进一步弘扬了理性主义精神。近代理性主义崇尚科学的实证精神在西方的实证哲学思潮那里得到延续，胡适、丁文江、张东荪、金岳霖等人通过引入实用主义、马赫主义、新实在论，承接了西方理性主义的传统。中国现代实证哲学思潮的形成同西方近代理性主义有直接的关系。中国的哲学理论工作者接受近代理性主义的影响，还表现在他们接受了以主客二分为特征的主体性原则。现代新儒家已突破中国固有哲学天人合一的思维模式，不再像传统儒家那样，仅把伦理观当成哲学思考的着眼点，而直接探讨宇宙观、认识论问题。他们依据主体性原则，提出"现在的我""本心""道德自我"等观念，作为儒家"道德形上学"的根基。中国实证派特别重视认识论研究，强调感觉经验是认识的来源，强调人心在认识形成过程中的"本位"作用。中国马克思主义者坚持"能动的革命的反映论",辩证地看待"主观和客观、理论和实践、知和行的具体的历史的统一",运用实践的观点对主体性原则做出正确的说明。

西方现代非理性主义对中国现代哲学的影响,主要体现在现实批判精神和人本主义精神等方面。西方近代理性主义至黑格尔发展到了顶峰。黑格尔以后,非理性主义在西方哲学开始抬头,出现了叔本华、尼采等强调意志、贬低理性的非理性主义者。第一次世界大战以后,资本主义的弊病暴露出来,为非理性主义思潮的发展提供了契机。第一次世界大战以后,社会批判思潮兴起,非理性主义作为社会批判思潮的组成部分在全世界范围内流行开来,也传播到了中国。尼采"重新评估一切价值"的口号,在以反对封建主义为己任的中国思想家那里,得到了回应。1919年,杜威到中国讲学,把法国生命主义哲学家柏格森作为"现代三大哲学家"之一,介绍给他的听众。一些在国外留学的中国学生,也撰文向国内思想界介绍柏格森的哲学思想。1921年,《民铎》杂志出版了一期"柏格森专号",刊载的文章有严既澄著《柏格森传》、张君劢著《法国哲学家柏格森谈话记》、冯友兰著《柏格森的哲学方法》、张东荪著《柏格森哲学与罗素的批评》、李石岑著《柏格森之著述与关于柏格森研究之参考书》、梁漱溟著《唯识家与柏格森》等近20篇文章。1922年,商务印书馆出版了张东荪译的柏格森的主要哲学著作《创化论》和《物质与记忆》。德国生命哲学家杜里舒还被请到中国来讲学。中国实证派对于非理性主义大都表示拒斥,而现代新儒家则表示欢迎,并将这一思潮当作用来阐发儒家价值观念的重要思想资源。梁漱溟对柏格森哲学赞赏备至,称它"迈越古人,独辟蹊径"。他把柏格森哲学同儒家思想相比较,得出的结论是:"只有孔子的那种精神生活,似宗教非宗教,非艺术亦艺术,与西洋晚近生命派的哲学有些相似。"① 熊十力、张君劢、冯友兰、贺麟等人在建构新儒学思想体系时，也不同程度地使用了非理性主义的思想材料。

俄国十月革命以后马克思主义哲学传入中国，给中国人民送来先进的宇宙观和观察中国命运的思想武器，改变了中国的命运，也改变了中国现代哲学发展的方向。马克思主义哲学传入中国以后，极大地拓展了先进中国人的理论视野，他们不再把眼光局限在资产阶级的思想武库，而特别关注马克思主义新哲学，并且迈上了把马克思主义理论同中国革命实践相结合的发展道路。五四时期李大钊、陈独秀等初步具有共产主义思想的知识分子率先接受并大力传播唯物史观，到20世纪30年代马克思主义哲学便在哲学界占据了主导地位。中国共产党人在革命实践中坚持和发展马克思主义哲学，运用马克思主义哲学原理解决实际问题，创立了中国化的马克思主义哲学——毛泽东哲学思想。在毛泽东思想的指引下，中国人民终于取得了革命的胜利，推翻了压在中国人民头上的三座大山，成立了中华人民共和国。

第三节　基本格局

在中外哲学双向交流的过程中，中国哲学一改儒、释、道三教竞长争高的态势，代之以中国马克思主义哲学、现代新儒家哲学、实证哲学三大思潮互动的新格局。

一　现代新儒家思潮

发端于20世纪初年的现代新儒学思潮，至今已经有80多年的历史了。"现代新儒学思潮"的外延应当包括两个组成部分。一部分可以称为"现代新儒家"，指那些明确地表示以接续儒家

---

① 梁漱溟：《东西文化及其哲学》，商务印书馆1922年版，第153页。

道统为己任的学者,他们表现出鲜明的文化保守主义学术立场。另一部分可以称为"儒家解释学",指那些不标榜道统的儒家研究者或诠释者,他们分别站在不同的学术立场对儒家思想做同情的理解与诠释,以彰显儒学的现代价值。换句话说,"现代新儒家"只是现代新儒学思潮中的部分内容,只是这一思潮中的一种讲法,并不是这一思潮的全部内容。但是,在中国现代哲学史上,现代新儒家思潮的确是一种主要的哲学思潮。现代新儒家思潮已成为历史,而现代新儒学思潮至今仍在发展着。

现代新儒家大体上可以划分为两种类型,一种是广义新儒家,一种是狭义新儒家。广义新儒家没有明确的传承关系,分别站在各自的学术立场上,对儒学做出创造性的诠释。本书将以冯友兰的新理学和贺麟的新心学为代表。狭义新儒家奉儒家内圣学为道统,尊陆王而贬程朱,采取生命的进路,标榜道德形上学,主张由内圣开出外王,从梁漱溟、熊十力到唐君毅、徐复观、牟宗三,构成了一条明显的学脉。

二 中国实证哲学思潮

在中国现代哲学史上,除了现代新儒家思潮外,中国实证哲学思潮也是有影响的思潮。这一思潮发端于近代,而长足发展则在现代完成。中国实证哲学思潮,大体上可以划分为引入期、发展期、反思期三个阶段。

在引入期,严复和王国维功不可没。他们还不能算是严格意义上的实证论者,但不失为开中国实证哲学思潮先河的思想家。在发展期,胡适、王星拱、丁文江等人最具代表性。胡适宣扬实用主义,王星拱宣扬马赫主义,丁文江发动科学与人生观论战。在他们的共同努力下,中国实证哲学思潮发展到了高峰。在反思期,张东荪和金岳霖接着实证哲学提出的知识论问题讲,而不是照着实证哲学讲,讲出了新意,创建了有特色的知识论体系。

三　中国马克思主义哲学思潮

在五四新文化运动时期，马克思主义哲学开始传入中国，从此，开始了中国马克思主义哲学思潮的发展历程。这一思潮的发展历程，大体上可以概括为三个阶段，即对唯物史观的传播和理解阶段、对马克思主义哲学体系的规范化传播和理解阶段、马克思主义哲学中国化阶段。

五四新文化运动期间，李大钊、陈独秀相继完成了从激进民主主义到共产主义的转变，并成为中国第一批马克思主义哲学的传播者和理解者。在他们的带动下，形成了马克思主义在中国的第一次传播高潮。1921年中国共产党成立以后，马克思主义在中国的传播由自发走向自觉，形成了第二次传播高潮。在第二次高潮中，瞿秋白首先注意到辩证唯物主义的重要性，开启了对马克思主义哲学体系规范化传播和理解的新阶段。1927年大革命失败以后，中国马克思主义者认真总结经验教训，进一步加强了传播马克思主义的力度，形成了马克思主义在中国的第三次传播高潮。在第三次传播高潮中，涌现出李达和艾思奇等马克思主义哲学家。他们编写规范化、通俗化的教材，为马克思主义哲学的广泛传播做出了很大贡献，为马克思主义哲学中国化创造了条件。毛泽东哲学思想的形成，标志着中国马克思主义哲学思潮发展到了中国化阶段。

第四节　主要问题

由于在中国现代哲学已经成为一门独立的学科，哲学所探讨的主要理论问题，同近代相比有了一些变化，集中在以下三个方面。

一 人生价值观念如何树立？

20世纪初，随着清王朝的覆灭，以儒家纲常伦理为核心的价值观念体系也宣告破产，不能发挥"范围人心"的作用了。于是，如何重新建立价值观念体系，便成为思想界的一项重要任务。在新文化运动初期，陈独秀在《吾人最后之觉悟》中曾提出："自西洋文明输入吾国，最初促吾人之觉悟为学术，相形见绌，举国所知矣；其次为政治，年来政象所证明，已有不克守残抱缺之势。继今以往，国人所怀疑莫决者，非彻底之觉悟，盖犹在惝恍迷离之境。吾敢断言：伦理的觉悟，为吾人最后觉悟之最后觉悟。"① 他所说的"最后的觉悟"，其实就是价值观念如何重建的问题。现代中国哲学探讨价值重建问题，可以选择的向度主要有三个：一是改造儒家的价值观，使之适应现代人的精神需求；二是引入西方近现代的自由主义价值观，取代传统的价值观；三是接受马克思主义的价值观，并且同中国的实际相结合。现代新儒家选择了第一个向度。他们明确地表示以接续儒家道统为己任，但无意维护纲常伦理，而是利用西方近现代的哲学思想资源，重建儒家道德形上学根基，彰显价值理性，论证"道德自我"的本体论意义，诠释儒者人格的现代意涵，确立道德理想主义的价值取向。中国实证派选择了第二个向度。他们大都推崇科技理性，坚信科学能够解决人生观问题，批判现代新儒家的价值观，曾发动科学与人生观论战。他们拥护民主政治，向往自由主义的理想人格。在价值观方面，他们的科学主义取向和自由主义取向是显而易见的，不过在价值重建问题上，由于过分偏重于引进与传播，并没有取得积极的研究成果，也没有找到他们心目中的"科学的人生观"。中国马克思主义者选择了第三个向度。中

---

① 《独秀文存》，安徽人民出版社1987年版，第41页。

国马克思主义者从辩证唯物主义和历史唯物主义的哲学立场出发，看待价值重建问题，强调个人与集体的统一，强调人民群众的主体性，强调人类的解放和人的全面发展，倡导共产主义的人格理想。毛泽东在《为人民服务》和《纪念白求恩》中，刘少奇在《论共产党员的修养》中，结合中国革命的实践，结合中国优秀的传统文化，对共产主义的人格理想作了深刻的论述，至今对于解决价值重建问题仍具有重要的指导意义。在三大思潮中，最关注价值观念重建问题的，当数现代新儒家。

二 科学知识如何获取？

"科学"和"民主"是五四新文化运动提出的两个最响亮的口号。为了真正把"赛先生"请到中国来，中国现代哲学特别关注科学知识如何获得的问题，特别重视认识论研究。传统的中国哲学比较关注人生问题，不大注重认识论问题。即便涉及认识论问题，也是同心性修养结合在一起的，往往只关心"价值的知识"如何获得的问题，而对"事实的知识"如何获得并不重视。在儒学中，"价值的知识"被称为"大体之知""天德良知"；而"事实的知识"被称为"小体之知""见闻之知"。高扬"价值的知识"而贬抑"事实的知识"，可以说是儒学的传统之一。现代新儒家受这一传统的影响，虽然仍旧把眼光聚焦到"价值的知识"上，但不再轻视"事实的知识"。不过，对于科学知识如何获得的问题，他们没有进行深入的研究。中国实证派大都有在国外留学的经历，受西方文化影响较深。他们崇拜科技理性，倡导科学精神，把哲学研究的重点放在"科学知识如何获取？"的问题上。胡适坚信"有用就是真理"，提出"大胆的设想，小心的求证"的思想方法，举起实用主义的旗帜。丁文江认为感觉经验是知识的唯一来源，主张唯觉主义。张东荪折中经验论和先验论，提出多元主义的认识论。金岳霖承认有独立存在的外物，强调感觉材料是客观的呈现，重视意念的双重作用，提出客观主义的知识论。中国马克思主义者贯彻辩证唯物主义的认识路线，认为认识是主体对客体的能动反映，实践是主体和客体相连接的唯一纽带，是认识的动力、基础和来源，是认识的目的、归宿和检验标准。由实践到认识，再由认识到实践，如此"实践、认识、再实践、再认识，这种形式，循环往复以至无穷"，这就是认识从简单到复杂、从低级到高级、从有限趋于无限的发展过程。中国马克思主义者虽然没有专门讨论"科学知识如何获取？"的问题，但他们所坚持的辩证唯物主义认识论，对于解决这一问题无疑具有指导意义。

三 中国社会如何改造？

中国现代哲学发展的社会背景正值中华民族积贫积弱、饱受帝国主义欺压的苦难时期，正值中国社会由传统转向现代的变动时期，"中国向何处去"这是全民族最关切的问题，自然也是哲学理论工作者最关切的问题。他们把自己的理论研究活动紧紧同中华民族的命运联系在一起，从各种角度寻找改造中国社会的方案。现代新儒家幻想以学术救国、以文化救国，使业已破产的中国社会得以重建。他们中间有人办学，有人从事乡村建设运动，希望以自己的学说影响社会，可惜事与愿违、收效甚微。中国实证派幻想科学救国、教育救国、言论救国，他们呼吁建立"好人政府"，呼吁"少数人"担负起社会责任，办政论刊物，鼓吹人权，组织社团，提出自由主义主张，要求走"第三条道路"，在现实中也屡屡碰壁。只有中国马克思主义者在正确理论的指导下，才找到改造中国社会的正确道路。马克思主义哲学同以往仅仅解释世界的旧哲学的最大区别在于，它紧密联系社会实践、指导社会实践，是改造世界的锐利武器。中国马克思主义者把马克思主义同中国的革命实践相结合，同中国的优秀传统相结合，创立了现代中国的新哲学。依据马克思主义哲学，中国共产党人摸清中国半封建半殖民地社会的国情，找到动员广大人民群众的指导思想，找到武装革命的正确道路，制定新民主主义革命的总路线。在中国共产党的领导下，中国人民经过数十年的艰苦奋斗，终于推翻了旧中国，成立了社会主义新中国。

对于上述三个问题，中国马克思主义哲学、现代新儒家、实证哲学等三大思潮都作出了自己的贡献，但各有侧重。相比较而言，现代新儒家侧重探讨第一个问题，实证哲学侧重探讨第二个问题，中国马克思主义侧重探讨第三个问题。中国马克思主义哲学同非马克思主义哲学的最大区别在于，它不是书斋里的学问，而是广大人民群众革命实践的指南。在中国马克思主义哲学的指导下，中国人民终于找到"中国向何处去"的正确答案，推翻了帝国主义、封建主义、官僚资本主义三座大山。中国马克思主义哲学改变了中国社会的落后面貌，改变了中国人民的精神面貌，理所当然地成为中国现代哲学的主流。

第五节　理论特色

同中国古代哲学与近代哲学相比，同西方近代哲学和现代哲学相比，中国现代哲学的理论特色主要表现为以下三点。

一　时间短促，内容丰富

中国现代哲学从1919年五四新文化运动算起，到1949年中华人民共和国成立为止，只有短短的三十年时间。在这三十年中，中国哲学实现了从传统的包罗万象的哲学到独立哲学学科的转折，而西方哲学实现这种转折则用了几百年的时间。在这三十年中，西方哲学传入中国，各种哲学理论几乎都有人介绍，极大地拓宽了中国学人的理论视野。在这三十年中，学者们采用现代的思想方法开发中国传统哲学资源,实现传统与现代的视界交融,对中国哲学做出新的阐发,涌现出新儒学、新道学、新墨学、新佛学,真可谓是诸家蜂起。中国现代哲学的丰富程度足以同先秦时期媲美。如果说先秦时期形成了百家争鸣的话,那么,可以说在现代中国形成了第二次百家争鸣。先秦时期的百家争鸣奠立了中国哲学的根基,而现代中国的百家争鸣促使中国哲学成为一门独立的学科。

二 思想交锋,论战频仍

中国现代哲学思想非常活跃,各个学派都刚刚问世,都为自己的生存空间而努力。各种观点相互交锋,申诉立论的理由,批驳不同的观点,形成多次论战和思想交锋。李振霞教授在《中国现代哲学史纲要》一书中,把发生在中国现代的论战和思想交锋概括为:问题与主义的论战、关于社会主义问题的论战、马克思主义与无政府主义的论战、"科学与玄学"的论战、无神论与有神论的论战、马克思主义与国家主义的论战、反对戴季陶主义的斗争、反对陈独秀主义的斗争、中国社会性质与中国社会史问题的论战、关于辩证法的论战、反对王明主观主义的斗争、马克思主义反对唯生论与力行哲学的斗争、马克思主义反对新理学与新心学的斗争。通过这些论战和思想交锋,正确的学说理论得到广泛的传播,占领了思想阵地,成为中国现代哲学的主流;错误的学说理论则被清除出思想论坛。

三 融汇中西,综合创新

在中国现代哲学家那里,中国固有的哲学思想资源和西方哲学思想资源都不是简单的物理组合,而是促使其发生"化学反应"。他们充分利用两种资源,力图创造出适应时代要求的哲学理论体系。无论是对于固有的思想资源,还是来自西方的思想资源,他们都不是"照着讲",而是"接着讲",并且努力讲出新意来。中国的马克思主义者并不照搬教条,而是运用马克思主义的立场、观点、方法研究中国社会的实际问题,结合中国社会实践发展马克思主义。他们创造出马克思主义的新形态——毛泽东思想和邓小平理论。现代新儒家虽然标榜"道统",其实并不守旧。他们以各自的方式融汇中西哲学,力求成就一家之言。不能把他们看成一味守旧的卫道士。中国实证哲学思潮中的哲学家,尽管西化色彩浓重,但也不是简单稗贩西方的学说。他们有自己的理论选择,有自己的独立思考,有自己的理论创新。例如,胡适的实用主义哲学,有别于美国的实用主义。他可以接受"有用即是真理"的观点,用于冲破旧思想束缚,但并不欣赏实用主义的宗教观。我们在研究中国现代哲学的时候,应当特别注意把握住中国现代哲学家的中国特色,不能简单地给他们戴上一顶西方式的某某主义的帽子就算完事。因为这种"戴帽子"的表达方式,忽略了中国现代哲学家的中国特色,只能流于肤浅的皮相之见。

近代：中西会通

1840年鸦片战争以后，中国社会跨入近代。中国思想界情况发生了很大变化，西学开始涌入中国。中国哲学不能再保持独立发展的态势了，哲学家必须同时运用中西两种资源进行哲学思考。所以，我们不能再沿用考察古代哲学的方式，必须采用新的考察方式。近代中国与古代相比，有了质的变化，故而可称之为"中国近代哲学"。不过，在五四新文化运动以前，"西学"还是一个笼统的概念，其中虽然包含有西方哲学方面的内容，但还不是先进思想家们所关注的重点。他们心目中的"西学"，主要是指西方近代的自然科学、生产技术和社会科学，尤其是制度设计、社会改造方面的理论。在中国近代，哲学仍旧没有成为一门独立的学科，尚处在从中国古代哲学向中国近代哲学的过渡阶段。对于这段历史，可以做专题性的陈述，仍旧难以做狭义的哲学史陈述。近代中国哲学以"中西会通"为主题词。

第三章 关注进化

中国哲学的近代转型是一项浩大的思想理论工程。这项工程首先从历史观开始，因此，本书对中国近代哲学做专题性陈述，也选择历史观转向为落笔处。

第一节 历史观转向

中国古代哲学崇尚健动，以动态的眼光看待世界，把世界视为生生不息、流迁不止的运动过程，不赞成那种把世界看作静态存在的观点。在中国古代哲学家看来，宇宙是生生不息、流迁不止的运动过程，不存在任何一成不变的东西。孔子曾站在河边，面对奔流的河水发出感慨："逝者如斯夫，不舍昼夜。"（《论语·子罕》）他认为任何事物都像流水一样，永远处在发生、发展的过程中，旧的东西消灭了，新的事物又产生出来。宇宙永远保持着生生不息的活力。有的西方哲学家曾说"太阳底下没有新东西"，而中国古代哲学家看法恰恰与此相反，认为太阳底下总会出现新东西，他们将此称作"变化日新"。《易传·系辞》说："天地之大德曰生。"一个"生"字最能体现中国哲学的特有风格。《周易·乾卦·象传》说："天行健，君子以自强不息。"这句话最能体现中国传统哲学的积极进取意识。与这种动态的、有机的宇宙观相一致，中国古代哲人具有较强的历史意识，形成崇尚变易的历史观。孔子很重视历史研究，用很大精力编纂修订《春秋》。经他修订的《春秋》，被后世学者视为六经之一。司马迁说："究天人之际，通古今之变，成一家之言。"把"通古今之变"与"究天人之际"相提并论，对历史观表示高度重视。他用了毕生精力，克服重重困难，终于撰写出史学名著《史记》。在司马迁之后，尽管朝代不断更迭，可是为前朝修史的传统，却一直沿袭下来，为我们留下了卷帙浩繁的史书，这在世界文化史上堪称奇观。世界上恐怕没有哪个民族或国家，会像中国人这样珍视自己的历史。

可是，中国古代哲学中的变易史观，毕竟是在自然经济的条件下形成的，不可避免地带有前近代的局限性。中国古代社会以农耕经济为主，而农耕经济同四时交替的关系十分密切。由此决定，传统的变易史观不可避免地带有循环论的色彩。比如，《易传》把历史变易过程区分为"穷"与"通"两种状态，强调二者相互转化，未能跳出循环论。"天下大事分久必合，合久必分""三十年河东，三十年河西"等说法，几乎得到普遍的认同。农耕经济作为一种自然经济形态，从事生产的主要目的是满足最基本的生活需求，而不是去进行商品交换。大多数生产者比较看重使用价值，而不甚看重交换价值。由于生产力水平较低，生产规模较小，只能维持简单的再生产，无力于扩大再生产。与这种情况相适应，社会主流的价值导向，不会是求发展，而只能是求稳定、求秩序。如孔子的"不患寡而患不均"，《大学》中讲的"修身、齐家、治国、平天下"，都反映出求稳定的导向。由于中国古代社会实行大一统体制，封建统治阶级可以集中相当可观的财富。可是，这些财富并不是用于扩大再生产，而是用于建筑豪华的宫殿、园林、陵墓，大都被挥霍掉了。传统的变易史观，在理论上并不排斥发展，但对发展的认识，只能停留在直观猜测的水平上，往往用神秘莫测、无法证实的"数"或"运"来解释发展。历史已经证明，变易史观无力指导人们自觉地认识和把握社会发展的规律性。

在中国传统文化未同西方近代文化发生碰撞以前，中国人不可能意识到变易史观的局限。鸦片战争以后，中国屡屡失败的教训，迫使人们不能不对变易史观加以反省。先进的中国人逐步意识到，变易史观已无法满足近代中国社会发展的理论要求，必须加以改造和发展，使之由直观型转向实证型。

我们指陈变易史观的时代局限性，绝不意味着它一无是处。由于这种历史观承认发展的可能性与无限性，在古代社会常常被改革家们当成变法的理论依据。我们从王安石"祖宗不足法"的呼声中，可以深刻地感受到变易史观的理论活力。在中国社会即将迈入近代的前夕，龚自珍依据变易史观，提出"更法"的主张。他说："自古及今，法无不改，势无不积，事例无不变迁，风气无不移易。"(《龚自珍卷·上大学士书》)由此反映出，变易史观对于推动社会形态转型并非构成阻力，依旧有积极意义。问题是，仅靠这种历史观，还不能满足社会形态变革的理论需求，必须从西方引进新的思想资源，这就是进化论思想。进化论起初主要是一种自然科学理论，但是经过先进的中国人结合变革社会现实的需要逐步加以改造、提升，已经使它摆脱了生物科学的特殊形态，而成为一种具有普遍意义的哲学世界观、历史观和方法论。中国近代思想家一方面继承变易史观中"生化不已"的说法，另一方面引进达尔文的进化论科学理论以及由此形成的西方进化论哲学思潮，把两者融会贯通，创立了有中国特色的进化发展观。康有为的"三世进化"论、严复的"天演论"、孙中山的"突驾"进化论、章太炎的"俱分进化论"，都是围绕着进化发展这一主题获得的理论思维成果。在这些思想家当中，尽管章太炎不像其他人那样，高扬进化的正面价值，而试图揭示其负面价值，但仍旧没有离开发展这一主题，恰恰表现出他善于独立思考的思想家品格。中国近代思想家们之所以在西方诸多哲学流派、观点中选择了进化论，有一个更重要的原因，就是进化论可以为当时中国社会的变革，提供强大的理论支持。他们对进化论的探讨，前后相继，不断深化，在中国近代哲学史上形成了一个极具影响力的进化论思潮。

来自西方的进化论等先进的思想观念，为中国近代思想家们提供了必要的思想依据，为他们顺利完成历史观的转化，树立起体现时代精神的新观念，提供了便利。中国近代思想家以西方的科学和哲学为参考系，以一种不同于前人的视角看待这个发展着的大千世界，形成了新的进化发展观。这种进化发展观的特色是：从古代哲学侧重于讲"化"，转向侧重于讲"进"；跳出循环论的怪圈，表现出强烈的发展意识和赶超西方发达国家的意向。

第二节 康有为的"三世进化"说

在近代中国，最先把进化论思想引入历史观领域的思想家，当数维新派领袖康有为。他幼年受过儒家传统思想的教育，后来接触到西方文化，为其所吸引，转而学习西学。他以传统的变易史观作为引进西方进化论的桥梁，并把二者结合起来，构建了"三世进化"学说。

一 其人其书

康有为（1858—1927）原名祖诒，字广厦，号长素（后改为更生），广东南海（今佛山市南海区）人。他出生于当地的名门望族。高祖康辉曾任广西布政使，以后世代为官。父亲康达初官至江西候补知县。康氏家族以理学传家，康有为自幼受正统教育，选择科举之路。十岁时父亲去世，他随祖父康赞修在连州读书，十分勤奋。他阅读的范围很广，除了经、史、子、集以外，还有《瀛寰志略》《地球图》等西方地理学方面的译著。十八岁时拜广东名儒朱次琦为师。朱次琦不喜欢支离破碎的考据之学，也不喜欢八股时文，提倡有用之学，重视品德培育，不拘于门户之见，主张汉宋兼通，泛观博览。康有为入学不久，老师给他出了一道考试题——"五代史史裁论"，他写了二十几页，可以称得上他写的第一篇论文。在朱次琦的指导下，他突破了帖括之学的藩篱，攻读宋明理学著作以及经学、小学、史学、掌故、辞章等，还读了《钱大昕全集》《廿二史札记》《日知录》《困学纪闻》等书，学术视野大为开阔。

朱次琦对于康有为提高中学学养有帮助，可是对他提高西学学养却无能为力。所以，在西学方面，康有为只能选择无师自通的自学之路了。他读了《西国近事汇编》《环游地球新录》《万国公报》《佐治刍言》《自西徂东》《格致汇编》等一些可以找得到的关于西学的翻译著作，如饥似渴地从中吸取来自西方的新知识。《格致汇编·混沌说》写道："地球已有人约若干年，间有人说，动物初有者甚简，由渐而繁。初有虫类，渐有鱼与鸟兽，兽内有大猿，猿化为人。盖从贱至贵，从简至繁也。"康有为读了这类宣传进化论的论著，觉得十分有道理，遂成为中国最早的进化论信奉者之一。对于声学、光学、力学、化学、电学、天文学以及各国史志、游记等，他都有浓厚的兴趣，细心攻读。据他自己讲，由于过度用功，患上神经衰弱病，"头痛几死"。他到过香港、上海等地游览，钦佩西方人发展经济有道、治理社会有方，的确有为当时的中国所不及之处，遂萌发变法改制的思想。在康有为的知识构成中，西学的比重逐渐超过了中学，帮助他完成了从旧式学人到新式学人的转变。

康有为是一位有原创力的思想家。他不囿于成说，敢于标新立异，突破原有的学术范式，创建新的学术范式。他试图重新解释儒家经典，把今文经学变成宣传新思想、新文化的工具。在今文经学方面，他的主要著作有《新学伪经考》《孔子改制考》《春秋董氏学》《礼运注》《孟子传论·中庸注参》《论语注》《孟子微》《春秋笔削大义微言考》《长兴学记》等。在《新学伪经考》中，康有为以自己独特的考证方式，断言古文经学家所尊奉的经典，全部都是"伪经"；宋明理学所依据的经典，大部分也是"伪经"。在他看来，这些"伪经"，都是刘歆为迎合王莽篡政的需要而捏造出来的，并不能体现儒家的宗旨，只不过是新朝（王莽篡政后所立朝代名）的官学而已，故而康有为称之为"新学"。康有为的考证，多为主观臆断，很难得到学术界的公认，但是他对封建社会意识形态来了个釜底抽薪，一下子拉开了近代思想界批判封建旧学的序幕。康有为的考证能否成立，并不重要，重要的是他向封建主义旧学直接发起攻击，起到了思想解放的作用，为推行变法维新制造了舆论。《新学伪经考》出版后，很快就遭到清廷的禁毁。在《孔子改制考》中，康有为别出心裁地提出孔子托古改制说。他断言六经皆出自孔子的手笔，孔子撰写六经，并非仅仅整理古代文献，乃是假托古代事迹，来宣传自己的改制思想。其实，六经中所提到的尧舜等圣人，历史上并无其人，他们事迹亦不可考。经典所记之事，皆为孔子自己虚造，借以寄托自己的改制主张。康有为认为，孔子所要改的是专制主义，所要立的则是民主共和制，并且在经书中摘章引句加以证明。例如，《尚书·尧典》中有"咨四岳"的句子，原意是访问四方诸侯，而康有为却将此解释为孔子主张建立民主共和制的例证。《尚书》还有"宾四门"一句，意即诸侯入贡天子，康有为却解释为孔子主张"辟四门开议院"的例证。《春秋公羊传》曾说，孔子作《春秋》"始于文王，终于尧舜"，这已是离谱的猜测之词了；康有为还不满意，进一步附会说，这表示孔子主张从君主制时代向民主制时代过渡，劝导后世君主推行民主政治。总之，在康有为看来，民主主义才是孔子思想的精华，前儒的注疏全都错了。前儒非但没有弘扬儒学的精华,反而将其湮没,恣意为"暴王、夷狄之酷政"作论证。我们可以把康有为看作今文经学家,但有别于以往的今文经学家。他不过是借用了今文经学的外壳而已,所表达的思想观点,则完全是近代的。从1884年开始,他撰写《人类公理》(后改题《大同书》)、《诸天讲》、《内外篇》等书,试图创立新的学说体系。这些著作已经超出了今文经学的框架,表明他不愿再做那种只是传授知识的旧式学人,而要做一个善于思考、善于创新的新式学人。

康有为是中国近代最早的新学教育家之一。从1890年开始,他在广州招收了两位弟子,一位是陈千秋,另一位是梁启超。陈千秋去世早,梁启超则成为他的得意门生,追随他致力于变法维新活动。1891年,他在长兴里正式开堂讲学,创办广州万木草堂。他一面讲学,一面著述。韩文举、梁朝杰、曹泰、王觉任、麦孟华等人都是他的学生,号称"长兴里十大弟子"。他开堂讲学,虽声称不谈政事,只谈学术,其实则是为他从事维新变法做理论准备和人才准备。

康有为是近代著名的政论家和维新派的领袖。从1888年到1889年,他7次上书光绪皇帝,提出变法主张。1895年,正在北京应试的康有为发动18省应试举人一千二百多人,联名上书,提出拒和、迁都、变法三项主张,轰动一时,史称"公车上书"。同年,他考中进士第八名,授工部主事。他以官员的身份,又多次上书,终于打动了光绪皇帝。1898年农历四月二十三,光绪下诏书定国是,宣布实行变法。农历四月二十八,他召见康有为,听康有为陈述变法的内容与步骤,派康有为在总理衙门京章上行走,起用了谭嗣同等一批维新派官员。可是,在以慈禧为首的顽固派的阻挠下,变法迅速流产。农历八月初六,慈禧发动政变,下诏临朝训政,将光绪囚禁在瀛台,杀害"戊戌六君子",通缉康有为与梁启超。"戊戌变法"仅仅维系百余日,即宣告失败,史称"百日维新"。农历八月初五,事先得到消息的康有为,在英人李提摩太的护送下,逃离京城,过起多年流亡海外的生活,直到辛亥革命后才回国。在海外流亡期间,他依然希望有朝一日依靠光绪实行君主立宪。他组织保皇党,反对以孙中山为首的革命派,逐渐成为时代的落伍者。康有为的著作收入《康有为全集》,共12集,由中国人民大学出版社2007年出版。

二 如何从进化审视历史?

康有为最突出的理论贡献在于,率先把"进化""发展"等新观念引入历史观中,突破了循环论的旧思路,提出"三世进化"说,从而确立了中国近代哲学的基本方向。

康有为"三世进化"说中的"三世"二字,不是舶来品,而是来自中国固有哲学。具体地说,来自东汉公羊学家何休。按照《春秋公羊传》的说法,孔子在《春秋》上所记载的242年历史事实,存在着三种情形。第一种是孔子亲身经历或亲眼看到的事情,叫作"所见之世";第二种是孔子听当事人或亲见者介绍的事情,叫作"所闻之世";第三种是孔子听别人说而说者也未经历或亲见的事情,叫作"所传闻之世"。何休在为《春秋公羊传》作注时,把"三世"连缀成为一种历史观。他解释说:"所见者,谓昭定哀,己与父时事也;所闻者,谓文宣成襄,王父时事也;所传闻者,谓隐桓庄闵僖,高祖曾祖时事也。……于所传闻之世,见治起于衰乱之中,用心尚粗糙,故内其国而外诸夏;……于所闻之世,见治升平,内诸夏而外夷狄;……至所见之世,著治太平,夷狄进至于爵,天下远近大小若一。……所以三世者,礼为父母三年,为祖父母期,为曾祖父母齐衰三月,立爱自亲始,故《春秋》据哀录隐,上治祖祢。"(《春秋公羊经传解诂·隐公元年》)何休大胆地猜想,"三世"的划分,可能寓有孔子的微言大义:"所传闻之世"表征孔子心目中的衰乱世,"所闻之世"表征孔子心目中的升平世，"所见世"表征孔子心目中的太平世。至于为什么如此说，他并未作任何论证。何休所表述"公羊三世"历史观，合理内核在于以公羊学的方式阐述了变易观念，强调历史是一个永恒的演化过程，不可能一成不变；而局限性在于，仍在于落入循环论的俗套，无非是说，历史的演化跳不出由治到乱，再由乱到治的怪圈。这种历史观没有明确地给出进化或发展理念，只不过是关于历史进程的一种猜测而已。

公羊三世历史观无疑对康有为有启发，可是他并没有照着这种历史观讲。倘若"照着讲"，他就讲不出"进化"或"发展"之类的新观念。在历史观方面，康有为的进化观念，主要来自他对时代精神的感悟。面对中国屡屡战败、民族危亡日益加深的现实，他强烈地感受到：落后必然挨打，谋求进化与发展才是中国唯一的出路。正是出于这种感悟，当他接触到来自西方建立在近代科学基础上的进化论学说时，自然会发生强烈的共鸣，并且立即表示认同。在中国哲学史上，他第一次把进化或发展的观念引入历史观中。可是，他要把这种观念表述出来、推广开来，必须在学理上找到一个支点。他选定的支点，就是公羊三世说。他利用公羊三世的思想形式，表达了进化史观的内容。

在何休三世说的基础上，康有为进一步指出："世有三：曰乱世，曰升平世，曰太平世。必拨乱世，反之正，升于平世，而后能仁。盖太平世行大同之政，乃为大仁，小康之世犹未也。"① 康有为把《春秋公羊传》中的"三世"观念与《礼记·礼运》中所说的"大同""小康"观念结合起来，认为"所传闻世托据乱，所闻世托升平，所见世托太平"②。经过这样的解释，他的"三世进化"说便摆脱了《公羊传》中的治乱循环往复思路，强

---

① 康有为：《论语注》，中华书局1984年版，第195页。
② 康有为：《春秋董氏学》，中华书局1990年版，第28页。

调从"据乱世"到"升平世"（小康社会），进而到"太平世"（大同社会），是一个层级递进的进化过程，并且将此进化过程视为人类社会历史发展的普遍规律。按照康有为的说法，后一阶段都高于前一阶段，而不会再出现太平世返回据乱世的情形。

康有为把人类社会进化的动力，归结为两点，一是人有去苦求乐的本能，二是人有"不忍人之心"。他认为，求乐去苦乃人的本性，"普天之下，有生之徒，皆以求乐免苦而已，无他道矣"①。评判社会制度良善的程度，就看其是否符合人的这种本性，"能令生人乐益加乐，苦益少苦者，是进化者也，其道善；其与生人乐无所加而苦尤甚者，是退化者也，其道不善"②。他不但肯定了人欲的正当性，而且以能否满足人们求乐免苦的欲望，作为评价社会制度是否进步的标准。社会进化的动力，一方面来自每个社会成员求乐免苦的欲望，另一方面也来自所有社会成员对于群体的关切。基于此，康有为表示赞同孟子"人皆有不忍人之心"的说法。他认为，"不忍人之心"——"仁"是"一切根，一切源"，是人"可以为善"的根基。历史的进化，正是由"不忍之心"的不断扩充所致。"一切仁政皆从不忍之心生。……一核而成参天大树，一滴而成大海之水。人道之仁爱，人道之文明，人道之进化，至于太平大同，皆从此出。"③ 不断推扩仁爱之心，就能使人类社会由野蛮进化到文明，最后达到大同世界。由此可见，康有为把人类历史进化的可能性，一方面建立在人的感性欲望动机上，另一方面建立在抽象的人性假设的基础之上。

康有为提出"三世进化"学说，直接目的在于为变法维新提供理论支持。他明确表示："三世之义立，则以进化之理，释经

---

① 康有为：《大同书》，华夏出版社2002年版，第6页。
② 康有为：《大同书》，华夏出版社2002年版，第293页。
③ 康有为：《孟子微·中庸注·礼运注》，中华书局1987年版，第9页。

世之志。"① 他把人类社会政治制度的沿革，与"三世进化"说联系起来，证明变法维新势在必行。他指出，在"据乱世"，"以君为一国之主"，应当实行君主制；而到了"升平世"，则"政在大夫，盖君主立宪"②，应当实行君主立宪制；至于到了"太平世"，君主立宪制也将被废除，"贬天子"行共和就可以了。换句话说，君主立宪制取代君主专制、共和制取代君主立宪制乃是历史进化的大趋势。康有为认为，当时中国正处在由"据乱世"到"升平世"的转变中，顺应这一历史趋势，就要实行君主立宪制度，取代君主专制制度。

康有为认为，进化是人类社会的普遍规律，不过，这种规律的具体表现则是"进化有渐，因革有由"。他说："人道进化各有定位。……盖自据乱世进而为升平，升平进而为太平，进化有渐，因革有由，验之万国，莫不同风。"③ 历史的进化是有阶段性的，进化的过程有一定的原因，并遵循一定的秩序。"凡世有进化，……未至其时，不可强为。孔子非不欲在拨乱之世遽行平等大同戒杀之义，而实不能强也。可行者，乃谓之道，故立此三世以待世之进化焉。"④ 他认为当前仍处于据乱之世，"虽默想太平，世犹未升，乱犹未拔，不能不盈科乃进，循序而行"⑤。因此，当下中国维新变法的方向，只能选择君主立宪制，而不能选择民主共和制。可见，康有为对进化论的理解，具有明显的机械性。在历史进化的程序上，他只承认进化有渐变，不承认在特殊历史条件下还可能出现突变。这就为他后来坚持君主立宪、反对革命"突变"的政治观点，在思想上埋下了伏笔。

---

① 梁启超：《饮冰室合集》第 7 册，中华书局 1989 年版，第 99 页。
② 康有为：《论语注》，中华书局 1984 年版，第 250 页。
③ 康有为：《论语注》，中华书局 1984 年版，第 28 页。
④ 康有为：《孟子微·中庸注·礼运注》，中华书局 1987 年版，第 11 页。
⑤ 康有为：《孟子微·中庸注·礼运注》，中华书局 1987 年版，第 11 页。

虽然历史进化过程中常常出现"拨乱世矫枉过甚,当与旧俗相反,而升平、太平则渐转近与乱世",好像历史在循环,实质上却"外形近而精意教化实则最相远"(《春秋考》卷六)。历史的进步不是一个简单的重复过程。

三 如何从进化展望大同?

康有为"三世进化"说的一个闪光点,是阐发了进化的新观念;而另一个闪光点,则是重新诠释大同理想,描绘了人类社会发展进化的美好前景。

大同是儒家构想的理想社会。《礼记·礼运》写道:"大道之行,天下为公。选贤与能,讲信修睦。故人不独亲其亲,不独子其子,使老有所终,壮有所用,幼有所长,矜、寡、孤、独、废疾者,皆有所养。男有分,女有归。货恶其弃于地也,不必藏于己;力恶其不出于身也,不必为己。是故谋闭而不兴,盗窃乱贼而不作,故外户而不闭。是谓大同。"有的论者认为这里是对中国古代原始共产主义社会的历史回忆,有的论者认为这里是在虚构空想社会主义的乌托邦,恐怕都是误解。其实,这里讲的是道德意义上或价值意义上的社会理想,并非某种社会制度。如果说是"乌托邦"的话,那么,讲的也是道德意义上的乌托邦,并非制度意义上的乌托邦。大同说的主旨在于倡导合群的价值观念,并非在设计制度模式,因此,是围绕着价值理想展开论述的。第一句话讲的不是所有制问题,倡导群体意识至上,不赞成把个体意识摆在首位;第二句话讲的是社会群体的价值导向问题,倡导社会和谐;第三句话和第四句话讲的是所有社会成员对社会群体应该抱有的态度,强调的是社会成员对于社会群体应有的奉献精神,第五句话是对理想社会图景的描述:人人都具有高尚人格,精神文明高度发达,关心他人、关心社会群体蔚然成风,人际关系高度和谐,完全消灭争斗、盗窃等丑恶的社会现象。这是在自然经济条件下，人们可以想象得到的一幅美好的社会图景，并没有同社会的发展程度联系在一起。

康有为接受传统的大同理念，但依据进化史观作了新的解释，提出了新的大同理念。对于大同的思考，可以说康有为投入了毕生的精力。在他早年的著作《礼运注》和《人类公理》中，新的大同理念已具雏形了；戊戌变法以后流亡海外，又反复加以斟酌、修改和补充，直到1913年，才在《不忍》杂志上发表《大同书》的甲、乙两部分。1935年，他去世已经八年，弟子们才出版了全书。《大同书》由甲、乙、丙、丁、戊、己、庚、辛、壬、癸等十部分组成，对大同之世作了极其详尽的描述。康有为指出，进入大同之世的途径就是破除九界：去国界合大地，去级界平民族，去种界同人类，去形界保独立，去家界为天民，去产界公生业，去乱界治太平，去类界爱众生，去苦界至极乐。

康有为的大同理念与传统的大同理念有很大差异。第一，传统的大同理念，建立在变易史观的基础上，只论及道德文明的理想状态，不谈物质文明和政治文明的发达程度；康有为的大同理念，则建立在进化史观基础上，把大同之世描述为一个物质文明、精神文明皆高度发达的理想社会。按照他的想象，在大同之世，国家已经消亡，民族已经消亡，甚至家庭已经消亡。那时人与人之间没有贵贱尊卑之分，一律平等。民主制度得到普遍实行，世袭制被取消，从元首到各级官员都是由选举产生的。康有为心目中的大同之世，实质上是一种理想化的近代民主社会。在这里，他把平等、民主、博爱等近代理念，注入大同理想之中，对于消解封建社会中人身依附的等级观念有积极意义。第二，传统的大同理念，把远古时代理想化，没有体现出历史主义的诉求；康有为的大同理念，则是对人类社会未来的展望，贯彻了历史主义原则。他坚信，人类社会经过若干年的发展，一定会走向大同之世。

总的来看，康有为提出"三世进化"说，突破了历史循环论和历史倒退论，旗帜鲜明地向在中国绵延了近两千年的君主专制制度提出了挑战，努力论证君主立宪制代替君主专制为历史进化的必然，这就为近代维新变法提供了理论根据。他描绘的"大同"理想蓝图，表明人类的理想社会不存在于过去，而存在于未来，唤醒国人为实现美好理想而奋斗。这一理论无疑给当时中国的思想界带来了巨大的活力，对近代中国历史的发展，发生了积极的影响。康有为以变易史观为底色，把近代西方进化论引进中国，改造中国的传统哲学，揭开了中国近代进化思潮发展的序幕。

第三节　严复的"天演之学"

康有为虽然把进化论引入历史观领域，但是由于时代和思想的局限，他并未能把进化论上升到一般哲学理论的高度。这项任务，落在了严复的肩上。康有为没有经过系统的西方学术训练，还不能熟练地运用自然科学知识阐发进化论思想，只能借用公羊三世说的框架，倡导进化论思想。在科学学养方面，严复拥有康有为不可比拟的优势。康有为讲进化论，在内容上是新的，可是在形式上却是旧的，傍依着今文经学的权威，傍依着孔子的权威；严复讲进化论，无论在形式上，还是在内容上，都是新的。他不再傍依任何权威，完全凭科学研究成果和理论思维成果说话。

一　其人其书

严复（1854—1921），字又陵，又字幾道（又"几道"），出生在福建侯官（今闽侯县）的一个山村。严氏家族在当地是一个受人尊敬的书香士绅家庭，严复的父亲严振先是一位名医。严复年幼丧父，由母亲抚养成人，他对母亲终生抱有非常深切的感情。

严复 10 岁时，父亲为他请来最好的私塾先生，希望他能通过科举的道路踏上仕途。这位先生不是因循守旧的旧派学者，而是一位关心当代学术动向、"汉学与宋学"并重的有识之士。汉学重视考据训诂之学，重事实，重方法，学风严谨；宋学特点是关心社会现实，重义理，讲究思想性。对严复后来思想的形成，这位先生的影响很大。他引导严复走向关心社会、倾慕西学的道路。1868 年 15 岁时，严复以《大孝终身慕父母》的文章，考入马尾船政学堂。1871 年，严复以优等成绩毕业。第二年随舰访问日本，见到日本明治维新后的新气象，深有感慨。1877 年，严复与船政学堂毕业的一些同学，被朝廷选派赴英留学深造。

严复在赴英之前，对西学已有了解，对当时那种认为西方道德、理智和精神低下的流行观念，不以为然。他似乎是带着一个问题来到英国的，这个问题构成了他所有观察和思考的基础。这个问题也就是洋务派人士头脑里的核心问题：西方列强之所以富强的秘密是什么？正是这个迫在眉睫的问题，而不是闲逸的好奇心，引导严复热切地考察英国的社会政治和文化思想。

当严复在英国留学时，实证主义哲学正风行英国。英国实证论者的思想观点和思想方法，给严复以很大的启迪。君主立宪、自由、平等的思想，以及达尔文、斯宾塞的进化论思想，对严复影响至深。留英三年期满，严复学成回国，到北洋水师学堂任职，先后曾任总教习（相当于教务长）、会办（相当于副校长）、总办（相当于校长）。在这里，他度过了二十年的时光。这二十年是严复最有抱负的时期。他怀有经世安邦之志，很想大展宏图，干一番事业。他的宏伟抱负，就是"得志当为天下先"，探索改革之路。他在与同事朋友的交谈中，指陈时弊，宣传新思想，常常语惊四座，以致引起李鸿章的不满。他在八年中，曾四次参加科举考试，都没有成功。对于旧体制的切身之痛，使他更加深刻地认识到变法革新的必要性和迫切性。

1895年至1898年，中国在甲午战争中惨遭失败，使严复受到巨大刺激，遂转入他一生中思想最激进的时期。他大力提倡新学，反对株守旧学，成为倡导维新变法的著名理论家。1895年，他连续发表《论世变之亟》《原强》《辟韩》《原强续篇》《救亡决论》等五篇政论文章，对中西文教、政治、道德做了比较，鼓吹变法自强。其间社会影响最大的，还是他翻译出版的《天演论》一书。这本译著向中国输入了"物竞天择，适者生存"的新观念，为近代中国思想史的发展，树起了一座里程碑。

从1898年到1911年，严复一方面发表自己的文章，另一方面视译书为救国之己任。他集中精力，潜心向学，翻译了大量西方著作，其中有《天演论》《原富》《群学肄言》《群己权界论》《社会通诠》《法意》《穆勒名学》《名学浅说》《支那教案论》《中国教育主义》《欧战缘起》共十一部，约计一百七十万字。梁启超说："严氏于中学西学，皆为我国第一流人物，此书（指《原富》）复经数年之心力，屡易其稿，然后出世，其精美更何待言。"严复在翻译原作时，加入了大量按语，表达自己的思想观点，使原书的观点更加明了。他译书的指导思想很明确，就是满足当时中国社会发展的需要。严复说："复自客秋以来，仰观天时，俯察人事，但觉一无可为。然终谓民智不开，则守旧、维新，两无一可。即使朝廷今日不行一事，抑所为皆非，但令在野之人，与夫后生英俊，洞识中西实情者日多一日，则炎黄种类未必遂至沦胥，即不幸暂被羁縻，亦得有复苏之一日也。所以屏弃万缘，惟以译书自课。"① 他又说："复今者勤苦译书，羌无所为，不过闵同国之人于新理过于蒙昧，发愿立誓，勉而为之。极知力

---

① 《严复集》第3册，中华书局1986年版，第525页。

微道远，生事夺其时日；然使前数书得转汉文，仆死不朽矣。"①严复以强烈的使命感和审慎的态度从事翻译事业，每一字都慎重斟酌，煞费苦心。他曾说：为"一名之立，旬月踟蹰。"这种严格认真的精神，令人称颂。

在选定的书译完之后，严复已年近六旬，精力开始衰颓，步入晚年时期。从1911年到1921年，他虽然仍旧保持着强烈的爱国主义情怀，却已变成一个保守的老人了。严复接受了斯宾塞的庸俗进化论以及甄克斯的改良主义历史观，他说："宇宙有至大公例，曰万化皆渐而无顿"；"宗法之入军国社会，当循途渐进，任天演之自然，不宜以人力强为迁变。"② 从这种思想出发，严复既反对革命主张，也反对立宪主张。他对革命抱有恐惧心理，视为"革命邪说"，"革命破坏"，甚至对孙中山有人身攻击之举。在袁世凯窃国之后，严复参加了北洋政府，并参加了孔教会，宣扬尊孔读经，主张以中学为前提，建立儒学为主体的正统文化。在袁世凯死后，严复对张勋的复辟举动也大加赞赏。尽管严复晚年趋于保守，但爱国之情未减，谈到中国政局时，仍然老泪纵横。

严复著作编入《严复集》，王栻主编，由中华书局1986年出版。译著编为"严译名著丛刊"，由商务印书馆出版。

二 怎样理解进化的意涵？

严复第一个系统地把西方的进化论学说引进中国，并且把进化论上升到哲学理论的高度，从而使进化论思想深入人心。他的译著《天演论》在当时产生广泛的社会影响，以至于成为激励几代中国人寻求救国救民真理的精神动力。严复以"天演哲学家"

---

① 《严复集》第3册，中华书局1986年版，第527页。
② 《严复集》第3册，中华书局1986年版，第615页。

自许，并自称其学为"天演之学"。他提出"天演"二字，并不能简单地看成关于进化论的中文译名，而是一种理论创造。严复翻译的《天演论》，不能简单地视为赫胥黎《进化与伦理》的中译本，因为严复在该书中加入了大量"按语"，表达了严复本人的哲学观点，已经超出了翻译的范围。在"天演论"中，"演"是"进化"的意思，而"天"则是"世界总体"的意思，其中也包括人在内。严复的论域，显然没有局限在自然科学的范围，但是提升到了世界观、历史观和人生观的高度。

在严复眼里，进化论既是一种科学理论，也是一种世界观、历史观和人生观。他说："西人有言，十八期民智大进步，以知地为行星，而非居中恒静，与天为配之大物，如古所云云者。十九期民智大进步，以知人道，为生类中天演之一境，而非笃生特造，中天地为三才，如古所云云者。"① 他指出，由于自然科学的发展，已经改变了人们的世界观、历史观和人生观。特别是自达尔文进化论的出现，使人们"知人为天演中一境，且演且进"，打破了"古者以人类为首出庶物、肖天而生、与万物绝异"② 的观念，改变了历来的看法，认识到人也是进化过程中的一物。严复还认为，科学的进步也带来了政治和观念的进步。近代科学导致了自由和民主观念的流行，使整个人类社会步入一个弃旧谋新的时代。严复在这里所涉及的话题，不再是生物科学意义上的进化论，而是奠基于近代自然科学上的、具有实证特色的哲学理论。在中国近代哲学史上，利用自然科学的成果进行哲学思考，严复可以说是第一人。

严复利用西方近代科学提供的材料，进行哲学思考，着重论述了自然界演化过程的客观性。他指出，"物竞天择"乃不以人

---

① 《严复集》第5册，中华书局1986年版，第1345页。
② 《严复集》第5册，中华书局1986年版，第1325页。

的意志为转移的客观规律。在生物进化的过程中，任何生物都逃脱不了生存竞争和自然选择的法则。他说："物竞者，物争自存也；天择者，存其宜种也。"① 所谓"物竞"，就是生存竞争；所谓"天择"，就是经过自然选择，适者生存。"物竞"的范围，开始时是种与种之间的竞争，后来就是同一物种中的不同群体之间的竞争。竞争的结果，便是弱肉强食，优胜劣汰。只有那些最能适应环境的物种，才能够生存繁衍。

严复还把进化法则引入人类社会，形成"恃人力"的进化史观。他指出，从生物学的角度说，进化规律同样适用于人类，因为"民人者，固动物之类也"②。人同其他动物一样，也处在"天演中之一境"，必然也遵循物竞天择、优胜劣汰的生物进化规律。不过，他并没有因此而陷入社会达尔文主义的误区。在他看来，人类的进化，有与动物共同的地方，也有与动物不同的地方。不同的地方在于，人能借助于文化观念结合成群体，组织社会，能够在进化过程中发挥主观能动性，从而在自然界中处在主动位置，不再像动物那样，只能被动地适应自然界。严复把中国古代哲学家荀子"能群"的观点和斯宾塞的社会有机体学说结合起来，论述了"群"对人类社会进化的重要性："夫民相生相养，易事通功，推以至于刑政礼乐之大，皆自能群之以相生。"③ 严复批评了那种"任天为治"的思想，认为在优胜劣汰规律面前，人并不是完全被动地顺天待命。他相信，人只要能通过各种方式结合起来，组成社会群体，就能"恃人力"以"与天争胜"。他指出，人要想在"天演"的过程中求生存，就要团结起来，自立、自强，发挥人的主观能动性。他说："以尚力为天行，尚德为人

---

① 《严复集》第 5 册，中华书局 1986 年版，第 1235 页。
② 《严复集》第 5 册，中华书局 1986 年版，第 1235 页。
③ 《严复集》第 5 册，中华书局 1986 年版，第 1235 页。

治，争且乱则天胜，安且治则人胜。"① 在自然界中，进化是力的较量；而人类社会中，社会成员以德成群，就能胜天。可见，严复已经找到了主导历史发展的现实力量，那就是"人力"。严复的这种看法，较之康有为、谭嗣同把历史进步的希望寄托在个体性的"不忍之心"或"心力"上，已经有了突破性的进步。

三 如何以天演论醒世？

站在进化哲学的立场上，严复对中国国情作了深入的考察。他指出，中国目前的"积贫积弱"的状况，并非由于中国人人种低劣造成的。那么，究竟是什么原因使中国落后了？严复通过中西之间的比较，找到了两个方面的原因。首先，从思想方面来看，中国的落后，同保守的历史观有关。他认为中西历史观最不同之处，在于"中之人好古而忽今，西之人力今以胜古"；中国人把历史看作"一治一乱，一盛一衰"的循环，而西方人则把历史看作一个"日进无疆"的进化过程。② 这就导致了中西方在历史发展面前的不同态度："中国委天数，而西人恃人力。"③ 中国人安于天命，以为天命决定一切；而西方人则依靠自己的力量积极改变现实。久而久之，便导致中国逐渐落后于西方，以致陷入被动挨打的局面。其次，从现实方面来看，中国的贫弱，同落后的社会制度有关。严复认为，西方之所以处在先进的位置，根本原因在于"苟扼要而谈，不外于学术则黜伪而崇真，于刑政则屈私以为公。"④ 追求实效的学术制度和屈私申公的民主制度是西方比中国先进的地方。他认为中国传统的考据、义理、辞章之学，不但"无用"，而且"无实"。尤其是科举制度，更是禁锢民众的

---

① 《严复集》第 5 册，中华书局 1986 年版，第 1395 页。
② 《严复集》第 1 册，中华书局 1986 年版，第 1 页。
③ 《严复集》第 1 册，中华书局 1986 年版，第 3 页。
④ 《严复集》第 1 册，中华书局 1986 年版，第 2 页。

智慧，致使中国在学术上落后于西方。至于中国实行的尊君而抑民的君主专制制度，则颠倒了君和民的地位，压抑了民众的主动性，从而导致中国的民力不振，使中国在社会制度上落后于西方。要想改变中国落后的局面，必须从学术和制度两个方面入手。

根据优胜劣汰的进化规律，严复向国人敲起了危亡的警钟："岁月悠悠，四邻眈眈，恐未及有为，已先作印度、波兰之绪，将斯宾塞尔之术未施，而达尔文之理先信。"[①] 积贫积弱的中国，面临着被列强瓜分的危险，如果国人还不知奋发、不思进取，恐怕难以摆脱亡国灭种的命运。严复呼吁国人奋发图强，实行维新变法，避免落入亡国灭种的困境。他大声疾呼："今者外力逼迫，为我权借，变率至疾，方在此时，智者慎守力劝，勿任旁守，则天下事正于此乎而大可为也。即彼西洋之克有今日者，其变动之速，远之亦不过二百年，近之亦不过五十年已耳，则我何为而不奋发也耶！"[②] 中国要想摆脱落后挨打的局面，就要"尽去吾国之旧，以谋西人之新"，改变保守的学术和落后的制度。他主张在政治制度方面进行维新变法，实行君主立宪，为最后实行民主制度创造条件。

严复结合中国变法自强、保国保种的现实需要，介绍西方的进化学说，把进化论作为救亡启蒙的理论武器，希冀以此改造国人的世界观、历史观和人生观，以"优胜劣汰"促使国人觉醒，以"与天争胜"激励国人奋发，革新旧的制度和文化，以图自强、自立、保国、保种。他凭借对西学的切身体会，把进化哲学建立在更为丰富和坚实的近代科学基础上，使"天演之学"具有了实证哲学的意味，在相当大的程度上摆脱传统思想形式的束缚，体现出更为鲜明的近代意义。

---

① 《严复集》第1册，中华书局1986年版，第9页。
② 《严复集》第1册，中华书局1986年版，第27页。

第四节 章太炎的"俱分进化论"

在中国近代,思想家大都对社会进化发展抱着乐观的态度,对进化论坚信不疑,但章太炎也许是个例外。对于进化论,章太炎既从时代需求的角度表示认同,也从学术的角度加以反思,敢于批判盲目乐观的直线进化论观点。他认为,对于进化论的双重效应,都应进行深入的理论思考。他一方面发展了近代以来的进化论传统,把革命和进化论融为一体,宣传革命的进化论思想,为民主革命摇旗呐喊;另一方面,他又深刻地反省进化史观在解释人类社会历史时的局限性,在理论上有所创新,提出了独有见解的"俱分进化论"。在进化论思潮汹涌的情况下,可谓是"千士诺诺,不如一士谔谔。"(《史记·商君列传》)章太炎的进化观尽管在当时不占主流地位,但有独到的学术价值。

一 其人其书

章炳麟(1869—1936),原名学乘,后改为炳麟,字枚叔。及长,因仰慕明清之际朴学大师顾炎武,又改名绛,号太炎。以号行世。他出身于浙江余杭的一个耕读传家的书香门第,不过,他出生时家道已见衰落。他的祖辈和父辈都是有造诣的读书人,为他接受传统教育提供了良好的学习环境。他入诂经精舍,师从清代著名朴学家俞樾,接受了古文经学的学术训练和传统文化教育。不过,他后来并没有成为只会在书本里讨生活的古文经师,而是成为见解独特的新式学人。

他生活在民族灾难深重的年代,无法在书斋中安心做学问,遂投身于社会改造的事业中。起初他接受改良主义影响,1887年在上海参加强学会,在改良派办的《时务报》任编辑,宣传维新变法。由于他在学术上与政见上与改良派不合,很快就分手了。

1900年，他作《客帝匡谬》，革除发辫，与改良派决绝，投身于革命派行列。

1902年，他在日本与孙中山定交，接受了暴力革命、推翻清廷等项主张。1903年，他在上海结识邹容，为邹容著《革命军》作序。还发表《驳康有为论革命书》等文章，鼓吹革命，批评康有为的保皇言论，使清廷大为恼火。清廷勾结英帝国主义者，在上海英租界把章太炎逮捕入狱，判处三年监禁。在狱中，他仍未停止活动，联络蔡元培、陶成章组织光复会。1906年出狱后，他来到日本，加入同盟会，出任《民报》主编。他在《民报》上发表《革命之道德》《箴新党论》《驳神我宪政说》《代议然否论》等一系列文章，使《民报》成为革命派的喉舌。清廷勾结日本帝国主义者，查封《民报》，章太炎不畏强暴，亲自到警厅抗议。

1910年，他退出同盟会，重新组建光复会，被推为会长。他虽与孙中山领导的同盟会分手了，可是并未脱离革命派营垒。1912年中华民国临时政府在南京成立，他出任总统府枢密顾问。他曾以大勋章为扇坠，到北京当面指责袁世凯，遭软禁，直到袁世凯死后才获释。1917年参加孙中山组建的护法军政府，出任秘书长。

五四新文化运动以后，他逐渐脱离民众，脱离政治舞台，又回到书斋之中，潜心做起学问来。晚年，他在苏州设立章氏国学讲习会，主编《制言》杂志，整理自己的著作，培养了一批研究国学的人才。鲁迅在《关于太炎先生二三事》一文中，对晚年章太炎的评论是："用自己所手造和别人所帮造的墙，和时代隔绝了。""身衣学术的华衮，粹然成为儒宗。"尽管晚年的章太炎离开了时代的主潮，但他始终保持着学者的良知。他主张抗日，谴责蒋介石推行的"攘外必先安内"政策。

在学术上，章太炎堂庑甚广，在经学、哲学、文学、语言学、文字学、音韵学、逻辑学等方面，均有造诣。他独辟蹊径，著述宏富,文字艰涩,索解为难。主要著作由后人编入"章氏丛书"、《章氏丛书续编》和《章氏丛书三编》。从1982年到1985年,上海人民出版社陆续出版《章太炎全集》,共5册。

二 进化与革命兼容吗?

章太炎同其他新式学人一样,也是进化论的信奉者。他认为,从无机界到有机界,乃至人类社会,无不处在进化的大过程之中。进化就是世界上万物之间的普遍联系,万物以进化为纽带,构成一个整体。从进化的视角看,"人之始也,皆一尺之鳞也。"(《訄书·原人》)。世界上万物之间的差别,其实就在于进化的程度不同。无机界的进化程度最低,依次为藻类、鱼类、猿类,到人类,达到最高阶段。至于为什么会造成进化程度的差异,章太炎分析,大概有两点原因。第一,取决于客观环境。他认为拉马克用进废退的理论是有道理的,并找到一些具体实例来说明。例如,在寒冷的古代,动物必须长着厚厚的毛发,现在气候变暖了,长毛自然就退化了。鲸原本生有四肢,可是由于长久生活在海洋中,长期不用,久而久之,也就退化了。同样的道理,鸵鸟长着翅膀却不能飞;有的羊长着角,却不会用来抵触。第二,取决于有机体自身的努力,他称为"以思致其力而自造者"①。他找到的例证是,鸟为了梳理自己的羽毛,久而久之,脖子和喙都长得长长的。鸟担心自己的蛋被其他动物发现偷走,便想出各种对策。比如,有的鸟把蛋产在土地上,蛋的颜色为灰色;有的鸟把蛋产在芦苇丛中,蛋的颜色为绿色。他由此得出结论:"由鸟思护其卵,积精专思,而遂变其形色,所谓以思自造者也。"② 这意味着,有机体在进化过程中不完全是被动的,也有

---

① 章太炎:《儒术真论·菌说》,见《清议报》第28—30册。
② 章太炎:《儒术真论·菌说》,见《清议报》第28—30册。

主动的因素。这种主动因素在人类身上得到更为充分的体现。"夫自诸异物而渐化为人者，此亦以思自造者也。"①

章太炎关于进化原因的第二点分析，其实已经超出了生物进化论的范围，而试图把进化论转变为一种积极向上的世界观和人生观。他指出，尽管人类已经进入进化的高级阶段，但并未因此而停止下来，而是对人类进化提出更高的要求。人类必须以积极进取的态度应对进化，而不能用消极等待的态度顺应进化。如果人"怠用其智力"，非但不能进化，反而会退化为低等动物，退化为猿猴。通过这样的解释，他把革命与进化联系在一起，认为革命乃是体现人类智力、促进进化必不可少的手段。

章太炎认为，人类社会的进化虽然也遵循生物进化的规律，但人类毕竟不是一般的动物，因此，人类社会的发展又有不同于一般生物进化的特征。章太炎把人类社会进化的特征归结为两点，即"竞以器"和"人能群"。首先，章太炎认为，"人之相竞也，以器。……石也，铜也，铁也"②。人类学会使用工具、武器，掌握了进行竞争利器，故而把自己同其他动物区别开来，形成人类的特点。随着工具从石器到铜器进而到铁器的演变，人类的竞争能力也在不断增强。其次，像严复一样，章太炎也继承了荀子"明分使群"的学说，指出人之所以能战胜动物，是因为人能合群，即结合起来抗击敌人，保护自己。"彼人之自保则奈何？曰：合群明分而已矣。苟能此，则无不自立，譬之蜜蜂，虽细不败。苟不能此，则无不受侮。"③ 群体团结起来，即便是弱小的蜜蜂，也能够自保；如果群体不团结，任何民族都将无法自立。可见，章太炎试图从人的社会性和工具的革新性来说明人类历史的

---

① 章太炎：《儒术真论·菌说》，见《清议报》第28—30册。
② 《章太炎全集》第1卷，上海人民出版社1986年版，第28页。
③ 章太炎：《儒术真论·菌说》，见《清议报》第28—30册。

进化,已经接触到历史发展的内在客观规律。

章太炎同革命派的思想家一样,特别强调进化与革命构成兼容关系,反对改良派以庸俗进化论为口实抵制暴力革命。他赞同邹容"革命为天演之公例"的说法,把进化论看成从事革命事业的理论依据。他以进化论为思想武器,宣传革命思想,驳斥维新派的改良主张。他特别强调革命在历史进化中的作用,指出:"人心进化,孟晋不已。……公理之未明,即以革命明之;旧俗之俱在,即以革命去之。"① 历史进化的道理,要通过革命来明晓,旧的风俗制度,也要靠革命去改造。只有竞争和革命才能促进人心的进化。他说:"人心之智慧,自竞争而后发生。今日之民智,不必恃他事以开之,而但恃革命以开之。"② 他由此得出的结论是:"竞争出智慧,革命开民智。"据此,他批判了天命说和宿命论,认为"拨乱反正,不在天命之有无,而在人力之难易"③。革命全靠人力,与天命无关。章太炎非常重视意志在革命中的作用,强调"夫欲自强其国种者,……惟恃所有之精神"④。他驳斥了保皇派的不准革命的论调,鼓舞了革命党人的斗志。

三 进化的向度如何?

由于看到西方发达国家的现实矛盾,特别是感受到战争带来的刺激,章太炎开始反思进化论的负面效应。源于自然科学的进化论,在解释自然界和人类科技的进步时,具有相当的科学性和解释力,但是当它被不适当地从自然律引申为历史律乃至道德律的时候,其本身的机械性和片面性,也日益凸显出来。孙中山对此问题已经有所察觉,试图用互助原则来纠正竞争原则,但是他

---

① 《章太炎全集》第4卷,上海人民出版社1985年版,第181页。
② 《章太炎全集》第4卷,上海人民出版社1985年版,第179页。
③ 《章太炎全集》第4卷,上海人民出版社1985年版,第179页。
④ 《章太炎全集》第4卷,上海人民出版社1985年版,第182页。

的反省还不够深刻。章太炎则明确地指出进化论思想的局限性，创立"俱分进化论"。他强调，进化的向度不是一个，而是两个，主张在社会历史领域中限制进化论的适用范围。

1906年，他在《民报》第七号发表《俱分进化论》一文，对直线式的进化论模式提出了诘难。对于进化的终极目标，能否"必达于尽美醇善之区"，他表示怀疑。因为"进化之所以为进化者，非有一方直进，而必由双方并进。专举一方，惟言智识进化可尔。若以道德言，则善亦进化，恶亦进化；若以生计言，则乐亦进化，苦亦进化。双方并进，如影之随形，如罔两之逐影"。人类的科学知识，随着历史的发展而一直进化的，这是不争的事实；可是，从人们的幸福感受和道德生活来看，则是善与恶，苦与乐"双方并进"。知识的发展并不一定能够带来人们生活的快乐，也不一定能够促进社会风气趋向于善。事实上，情况恰恰相反，随着人类社会的发展和知识的进步，人们为善和为恶的能力都增大了，求乐和造苦的能力也随之而增长。他以人类的战争为例，来说明"俱分进化"的道理：在上古时代，人类的战争只能以"手足之能，土丸之用，相抵相射而止，国家未立，社会未形，其杀伤犹不能甚大"。但是到了近代，随着武器的进步，战争手段更加残酷，战争规模更大，以致"一战而伏尸百万，喋血千里"。与古人相比，现代人似乎变得更为残忍了。

对于造成"俱分进化"的原因，他试图用佛教唯识宗的理论解释。他指出，由于"熏习"，使人所禀赋的阿赖耶识中的种子染上了善、恶的性质，因而人的行为便有善有恶。就人性来说，既有真、善、美的趋向，也有好胜心的趋向。这样，反映在社会历史的进化中，自然就出现善和恶"双方并进"的情况。章太炎的"俱分进化论"认为，随着社会的进化，必然导致罪恶的扩大和痛苦的加深，人类社会永远不可能到达尽善至乐的境地。为了彻底摆脱进化给人类社会带来的罪恶和痛苦，章太炎提出"五无论",主张无政府、无聚落、无人类、无众生、无世界。他认为，政府、聚落、人类、众生、世界的存在，都是引起战争和罪恶的根源，在未来都将被消灭掉。章太炎的"俱分进化"的思想，尽管有虚无主义倾向，但他从价值的层面反思直线式的进化论的局限性，揭示了人类社会发展的复杂性，对于人们辩证地认识世界的进化发展，具有积极的意义。

第五节 孙中山的"突驾"论

由于康有为和严复皆站在维新派的立场上阐发进化论思想，因而他们对进化论的理解有明显的庸俗化倾向。康有为认为，进化是缓慢的积累过程，必须一点一点地来，"盈科乃进，循序而行"。他把"三世"中的每一世，又分为"小三世"，依此类推，以至于无穷，完全否认进化过程中的跳跃性。严复也拘泥于进化的秩序，过分强调"万化有渐而无顿"，从而否定了进化中有"起跃"之事。他认为，中国在相当长的时间里，都不能废除君主制度，只能逐渐将其改造为君主立宪制，因为"其时未至于，其俗未成，其民不足以自治也"①。严复的近代意识虽然比康有为更强，但仍未能超出渐进进化论的范围。突破渐进进化论思想局限的思想家，乃是伟大的民主主义革命先行者孙中山。他站在革命派的立场上阐发进化论，把进化论思想与革命实践结合起来，创造性地提出"突驾"的进化发展观。

一 其人其书

孙中山（1866—1925），中国近代伟大的民主革命家。幼名帝象，后改为文，字德明，号日新，改号为逸仙（粤语"日新"

---

① 《严复集》第 1 册，中华书局 1986 年版，第 34—35 页。

的谐音)。因其化名中山樵,故以"中山"行世。他出生在广东香山县(今中山市)翠亨村一个贫苦农民家庭。自幼在私塾接受传统教育,1879年到美国檀香山读小学和中学,在那里接受新式的中等教育。1883年回国后入香港拔翠书室、皇仁书院,最后毕业于香港西医书院,之后,在何启创办的一家西医院中当医生。面对民族危亡日剧加深的现状,他无法安心做一名医人的医生,抱定"改良祖国,拯救同胞"的远大理想,立志做一名医国的志士。他最初选择的是改良之路,1894年曾上书李鸿章,提出变法主张,遭到拒绝。受到挫折之后,他逐渐意识到,改良之路在中国行不通,要想改变中国的面貌,只有革命一条路可走。于是,他到檀香山发起成立兴中会,创立了中国最早的民主革命团体,制定了"驱逐鞑虏,恢复中华,创立合众政府"的政治纲领。他是中国民主革命当之无愧的先行者,为推动中国民主革命事业贡献出毕生的精力。

1905年,国内民主革命浪潮日益高涨,孙中山联合华兴会、光复会,在日本创建中国同盟会,成立了中国第一个资产阶级政党,被推为总理。他提出的政治纲领是:"驱除鞑虏,恢复中华,建立民国,平均地权。"他创办《民报》,在该刊发刊辞中明确提出三民主义(民族主义、民权主义、民生主义),作为指导革命的理论基础。为了推动革命运动,他同以康有为为首的保皇派展开论战,明确指出:"革命、保皇二事,决分两途,如黑白不能混淆,如东西之不能易位。"

为了推动革命事业,孙中山可以说殚精竭虑。他的临终遗言是:"革命尚未成功,同志仍需努力!"他对中国革命抱有必胜的信念,对中华民族的未来充满信心。他认为,通过努力奋斗,完全能够改变中国的落后局面,"一跃而登中国于富强隆盛之地",迎来"突驾""腾飞"的新时代。在他的领导下,辛亥革命终于胜利,推翻了清王朝,结束了统治中国两千多年的封建帝制,宣告中华民国成立。他被推为中华民国临时大总统。

中华民国成立以后,孙中山没能坐稳大总统的位置,被迫辞职,不得不让位于袁世凯。这时,他清楚地意识到,民国的建立,不等于革命事业的成功。"去一满洲之专制,转生出无数强盗之专制,其为毒之烈,较前尤甚,于是而民不聊生矣。"① 他把革命的矛头指向军阀,再次举起民主革命的大旗。他把同盟会改组为国民党,当选为理事长。他起兵反袁,迫使袁世凯称帝的阴谋破产。1917年他在广州组织护法军政府,当选为大元帅,誓师北伐。1921年在广州就任非常大总统。1922年,他接受俄国十月革命的影响和中国共产党的帮助,把旧三民主义发展为"联俄、联共、扶助农工"的新三民主义。1924年,他在广州主持召开中国国民党第一次全国代表大会,吸收共产党人参加国民党,促成第一次国共合作,迎来了新民主主义革命的大好局面。1925年,他带病冒险北上,终因积劳成疾,在北京去世。

伟大的民主革命先行者孙中山既是一位实践家,也是一位思想家。尤其是到了晚年,他特别重视"心理建设",提出了许多原创性的观点。他留下的著作,被编为《中山全书》《总理全集》等多种版本。1956年,人民出版社出版《孙中山选集》,共2册。从1981年到2006年,中华书局出版了《孙中山全集》,共11册。

二 进化与天然力的关系如何?

在近代,无论是维新派还是革命派,都是进化论的信奉者,不过,他们的理论侧重点不一样,从进化论引申出来的诉求也不一样。维新派以进化论证明君主立宪的合理性,主张慢慢地进化;革命派以进化论证明革命发生的必然性,证明暴力斗争的正

---

① 《孙中山选集》,人民出版社1981年版,第52—53页。

当性。对于进化论这本"经",维新派与革命派分别有不同的读法。自诩为"革命军中马前卒"的邹容,豪迈地宣称:"革命者,天演之公例也;革命者,世界之公理也。"(《革命军》)他的这种看法,可以说是革命派的共识,孙中山亦作如是观。他把"进化"与"天然力"紧密联系在一起。他所说"天然力",用现在的哲学术语来说,就是"客观必然性"。

具有深厚西学学养的孙中山,相信客观必然性的存在,从科学的角度接受达尔文的生物进化论。他说:"达尔文则从事于动物之实察,费二十年探讨之功,而始成其《物种来由》一书,以发明物竞天择之理。自达尔文之书出后,则进化之学,一旦豁然开朗,大放光明,而世界思想为之一变。从此各种学术,皆依归于进化矣。"① 在他看来,进化作为一种自然力,适用的范围不局限在生物界,也同样适用于人类社会。进化不仅是宇宙和生物界发展所遵循的客观规律,而且也是人类社会发展所遵循的客观规律,宇宙、地球、生物、人类都是自然不断进化发展的产物。孙中山特别强调,人类历史发展必须遵循进化的客观规律。人类社会历史发展的客观趋势,谁也无法阻挡。"世界潮流的趋势,好比长江、黄河的流水一样,水流的方向或者有许多曲折,向北流或向南流的,但是流到最后一定好似向东的。无论是怎么样都阻止不住的。所以,世界的潮流由神权流到君权,由君权到民权;现在流到了民权,便没有方法可以反抗。"② 世界潮流,浩浩荡荡,顺之者昌,逆之者亡。清朝皇帝、袁世凯、张勋都被这一潮流湮没了。这样,他就在进化论中,为他从事反对封建专制主义,为他反对帝制复辟,为他从事建立民主共和国的革命事业,找到了理论依据。

---

① 《孙中山选集》上册,人民出版社1981年版,第141页。
② 《孙中山选集》下册,人民出版社1981年版,第706页。

三 进化与人为力的关系如何？

同维新派相比，孙中山对进化论的理解有独到之处，那就是他深入探讨了人类社会进化过程中，如何发挥"人为力"的作用这一重大理论问题，对客观规律性与主观能动性之间的关系，有比较正确的认识。

孙中山一方面强调人类社会进化的客观规律，另一方面也十分重视"人为力"在进化过程中的主动作用。他说："世界中的进化力，不止一种天然力，是天然力和人为力凑合而成。人为的力量，可以巧夺天工，所谓人事胜天。"① 所谓"天然力"是指物竞天择，适者生存的天然淘汰力。孙中山不否认，这种力可以促成人类社会"天然的进步"，但不认为这是人类社会进步的全部原因。他说："大凡社会现象，总不能全听其自然，好象树木由它自然生长，定然支蔓，社会问题也是如此。"② 在人类社会发展过程中，"人为的力量"起到关键的作用，只有发挥"人为的力量"，才能解决社会进化发展过程中出现的种种问题，否则将一事无成。他还对"人为力"进行了深入的探索，看到民众力量在历史发展中的重要性："一国之趋势，为万众之心理所造成，若其势已成，则断非一、二因利乘便之人之智力所可转移也。"③ 他说："夫国者人之积也，人者心之器也，而国事者一人群心理之现象也。是故政治之隆污，系乎人心之振靡。"④ 他认为，只要把民众的革命精神振奋起来，就会产生众志成城的力量，从而促成中国社会的进步。推翻清朝政府，靠的是民众的力量；以后进入建设阶段，也要靠民众的力量。

---

① 《孙中山选集》下册，人民出版社 1981 年版，第 630—631 页。
② 《孙中山选集》上册，人民出版社 1981 年版，第 85 页。
③ 《孙中山选集》上册，人民出版社 1981 年版，第 169 页。
④ 《孙中山选集》上册，人民出版社 1981 年版，第 116 页。

基于对"人为力"在历史发展中起作用的信念，孙中山提出了著名的"突驾"说。他说："夫人类之进化，当然踵事增华，变本加厉，而后来居上也。"① 根据对当时中国的革命形势和世界潮流的把握，他指出：中国的进步不能仅依靠自然力的进化，倘若消极等待，无所作为，必将遭遇被淘汰的结局。孙中山批驳了改良派拘泥于天演的秩序的庸俗进化论思想，批驳他们"中国的改革最适宜于君主立宪，万不能共和"的论调。他指出，中国人如果能发挥"人为力"作用，"取法西人的文明而用之，亦不难转弱为强，易旧为新"，不但可以"凌驾"日本，甚至能"凌驾全球，也是不可预料的"②。他对中华民族的发展前景充满了信心："夫事有顺乎天理，应乎人情，适乎世界之潮流，合乎人群之需要，而为先知先决者所决志行之，则断无不成者也，此古今之革命维新，兴邦建国等事业是也。"③ 革命者应当遵循人类社会历史进化规律，根据国情和人民的需要，积极促成革命建国大业早日成功，而不能无所作为，一味听凭"自然力"的摆布。孙中山的"突驾"说，主张把"天然力"和"人为力"结合起来，将进化论与革命理论结合起来，既承认天演的顺序，又强调"人为力"促成飞跃的作用，有力地批判了改良派坚持渐进的庸俗进化论，为他领导的推翻清朝专制王朝的革命事业，提供了强有力的理论支持。

总之，孙中山继承并发展了近代以来的进化史观，克服了把进化限制在渐进范围的改良派的庸俗进化论思想，使进化论成为指导民主革命的理论武器。另外，他已经意识到，把源于自然科学的进化论，原封不动地搬到社会历史领域，将会带来严重的后

---

① 《孙中山选集》上册，人民出版社1981年版，第160页。
② 《孙中山选集》下册，人民出版社1981年版，第690页。
③ 《孙中山选集》上册，人民出版社1981年版，第191页。

果,带来人性的扭曲,带来蛮横霸道的社会达尔文主义的流行,带来强权政治话语的流行。他已经走出社会达尔文主义的误区,试图用"互助"说弥补"竞争"论的理论缺陷。他对进化论的理解,达到了一个新的高度。康有为的理论贡献,在于用进化史观突破变易史观的局限性;严复的理论贡献,在于阐述进化论的实证科学基础;而孙中山的理论贡献,在于排除社会达尔文主义的谬见,以中国学者独到的眼光审视进化论学说。

综上所述,随着革命形势的发展,中国近代思想家对进化论哲学的探讨也不断深化。他们首先对自然科学进化规律的认同,然后试图把进化原则提升到历史观、世界观和人生观的高度,作为维新或革命的理论依据。康有为第一个把进化论引入历史观领域,提出了他的"三世"说,改造和批判了传统的历史循环论。严复结合中国救亡图存的现实需要,把"天演之学"上升到哲学理论的高度加以阐发,使进化论哲学产生了极其广泛的影响。但是,康、严主张渐进的进化观,最终都陷入了渐进进化论的泥沼。章太炎前期积极宣传革命的进化论思想,为民主革命摇旗呐喊;后来又对进化论在解释人类社会历史时的局限性,进行了深刻的反省,提出了"俱分进化论",批评了直线式的进化论,引导人们辩证地看待人类社会的进化。孙中山突破渐进进化论的局限,提出"突驾"进化论学说,把进化论思想与革命实践结合起来,使进化论成为指导民主革命的理论武器。近代以来,先进中国人对进化论的探讨,是一个时间上前后相继、理论上不断深化的过程,他们阐发和宣传的进化论哲学,迎合了中国近代追求变革的时代需要,成为在马克思主义传入中国之前指导中国人救亡图存的主要思想武器。

第四章　直面世界

由于中国近代思想家在历史观方面把目光转向进化发展，与此相应，也转向了对客观世界的关注。他们突破了天人合一的哲学思维模式，选择了主客二分的哲学思维模式，试图建构有近代色彩的本体论学说，对世界的客观性做出哲学上的解释。

第一节　本体论转向

西方近代哲学与中世纪哲学相比，有着明显的区别，在西方哲学史上实现了一次成功的转型。西方哲学的近代转向，首先表现为从宗教创世说到哲学本体论的转向。自近代以来，哲学在西方人精神世界中所扮演的角色发生了变化，不再充当神学的"婢女"。西方近代哲学家已经走出了"黑暗的中世纪"。他们的学术话语，不再受神学的限制，已经成为独立的话语系统。他们创立的哲学理论，对于教会来说带有挑战性：世界是上帝创造的呢，还是从来就有的？哲学家选择的答案，自然是后者而不是前者。既然世界从来就有的，那么，就必须找到世界何以有的理由，于是，哲学家提出各种各样的本体论学说，试图用哲学的话语对世界做出理性的解释。笛卡儿"我思故我在"的说法，代表了近代哲学家的理性诉求；斯宾诺莎的实体观念，对上帝的权威发起挑战；爱尔维修、狄德罗举起了唯物主义的旗帜，把世界看成物体的总和，反对任何关于世界的神秘解释；黑格尔高扬"绝对精神"观念，把世界解释为"绝对精神"的发展历程。他们提出的本体论观念各不相同，大体上可以分为唯物主义和唯心主义两种类型，但有一点是共同的，那就是都把如何解释世界看成哲学的一项重要任务，都摒弃了以创世说为核心的宗教世界观，力图用一种哲学世界观取而代之。

中国近代哲学也发生了本体论转向。不过，这种转向并不是西方近代哲学转向在中国的翻版，而是中国哲学自身合乎逻辑的发展，并且转向的情形亦有别于西方。在西方中世纪，基督教神学是主流话语，创世说是一种普遍的世界观。在这种情况下，西方近代哲学转型自然相对于创世说而言。在中国古代，神学并没有成为主流话语，几乎无人相信创世说，因而中国近代哲学的转型，当然不可能像西方那样以推翻创世说为目的。中国近代本体论的转型，不是从宗教世界观到哲学世界观的转型，而是从古代哲学到近代哲学的转型，以突破古代哲学中天人合一的哲学思维模式为逻辑起点。

中国古代哲学家在天人合一的哲学思维模式涉及本体论问题，但没有把解释世界当成哲学的主要任务，因而同近代哲学家运用主客二分的哲学思维模式研究本体论问题，有明显的不同。基于天人合一的哲学思维模式，大多数中国古代哲学家，不像近代哲学家那样重视本体的存在意义，而特别重视本体的价值意义，都试图用本体论为价值观奠立哲学基础。中国古代哲学的本体论，在指导人生实践方面，有积极的意义，有助于人们培养道德意识，有助于人们树立奋发向上的人生观。在指导政治实践方面，它既有积极意义，也有消极意义。其积极意义在于，为维系社会秩序和政治的稳定提供理论基础；其消极意义在于，容易被统治者用来作为维护其专制主义统治的工具。例如，在中国古代社会后期，朱熹的天理本体论，受到皇帝们的重视，成为一种官方哲学。在古代中国，哲学主要功能不是解释世界，而是解释价值。毋庸讳言，在以认识自然和认识社会现实为目的的科学研究方面，中国哲学的指导作用十分有限。近代中国社会发生巨变，遭受列强侵略，民族危机日益加深，如何认识极其复杂的社会现实、寻找中国的出路，成为十分紧迫的问题。中国古代本体论已无力解决这一问题，必须在理论上有所突破，从关注价值的视角，转向关注存在的视角，尤其是关注社会存在的视角。基于此，中国近代思想家突破了天人合一的哲学思维模式，开始选择主客二分的思维模式，使中国哲学有了近代哲学的特征。

中国近代哲学实现本体论转向，与实现历史观转向，有密切的相关性。由于中国近代思想家在历史观方面实现了由变易史观到进化史观的转型，与此相关，必然要求在本体论方面实现从关注价值到关注现实的转型，由天人合一哲学思维模式到主客二分哲学思维模式的转型。在进化论的理论视野中，世界不再是人生价值的体现者，而是一种不以人的意志为转移的客观过程。如何对世界的客观性做出令人信服的哲学解释，这是近代思想家不能避开的问题。可是，在天人合一的哲学思维模式中，这个问题不可能得到解决。在天人合一模式中，"天"并非指存在的世界，而是指意义的世界或价值的世界；"人"并非指解释世界的主体，而是指价值体现的主体；天人合一所表征的精神境界，并非一种知识构成，而是一种理想追求。运用天人合一的哲学思维模式，可以解释价值，却难以解释世界，因为既没有预设能解释的主体，也没有预设被解释的客体。这种思维模式显然不能满足近代哲学解释世界的诉求，必须另辟蹊径。这个另外开辟出来的途径，就是主客二分的哲学思维模式。

中国近代思想家之所以选择主客二分的哲学思维模式，无疑同他们接受西方哲学的影响有关系，但不能由此得出结论说：主客二分模式是从西方引进来的。他们选择这种模式，根本原因在于中国哲学发展自身的理论需求。有的人以为，主客二分是西方特有的哲学思维模式，其实是一种误解。在西方历史上，中世纪长达千年以上，那时人们的观念是上帝创造一切：无论是人，还是世界，都是上帝的创造物，怎么可能允许主客二分哲学思维模式的存在？主客二分应该说是西方近代哲学实现本体论转型之后才出现的哲学思维模式，是一种解释世界的哲学思维模式。中国近代思想家是从近代意义上选择这种思维模式的，而不是从西方意义上选择这种模式的。主客二分模式并不是西方人的专利，只要关注如何解释世界的哲学问题，必然选择这种模式。

西方哲学的近代转型是对宗教世界观的颠覆，而中国近代哲学的转型则是对古代哲学的突破。所谓"突破"，就是拓宽论域，把关注点移向古代哲学家不够重视的论域，探讨如何解释世界的哲学问题，而不是否定古代哲学优良传统。中国近代思想家只是在解释世界的问题上，选择主客二分的哲学思维模式，而在解释价值的问题上，仍旧沿用天人合一的哲学思维模式。他们试图把两种模式结合起来，努力学习、吸收、引进西方近代自然科学知识，克服中国古代哲学的局限性，促使其向近代转型。在中国近代思想家那里，本体论获得了新的形态：即由过去重在探究人生之"理"，转向探讨世界变化之"元"。面对内忧外患的严峻形势，中国近代思想家们探讨哲学本体，不是出于纯粹的自然哲学的兴趣，而是为了解决"中国向何处去"的问题，为了更好地服务于社会变革的迫切需要。因此，他们对本体论的思考虽然受到西方哲学的影响，但仍旧有自己的特色。然而，我们研究中国近代哲学必须注意到这一点，不能简单地套用研究西方哲学的模式。因为，西方近代哲学家在建构哲学本体论时，或者选择唯物主义路线，或者选择唯心主义路线，形成两大阵营的对峙。

下面，本书以康有为、谭嗣同、严复、章太炎、孙中山为例，具体绍述中国近代哲学本体论的转向。

第二节 康有为的元学

康有为的思想来源，非常庞杂，正如他自己所表述的那样："合经子之奥言，探儒佛之微旨，参中西之新理，穷天人之赜变。"① 但就康有为的主要思想来源而言，则是接受了中国儒家今文经学和佛学思想，同时又吸收了西方自然科学和社会科学知识。他把中外两种思想资源综合起来，创立了有近代色彩的元学本体论学说。

一 "元"何以成万物之本？

康有为的元学接着中国古代哲学的元气论讲的，但不是照着讲的，因为他讲出了新意，实现了本体论转型，故本书称其学说为"元学本体论"，以便同古代的元气论区别开来。康有为有时也使用元气范畴，但更多使用的则是一个"元"字，而将"气"隐去不提。他的理论特色，在于突显一个"元"字，而不是"气"字，称他为"元学本体论者"，符合他的思想实际。"元"是康有为哲学体系中最高、最基本的范畴，它是宇宙的本原、万物的本体，同时又是康有为思想体系的基石。

在中国古代哲学天人合一哲学思维模式的框架中，大多数哲学家使用元气范畴，是在宇宙论的意义上讲的，而不是从本体论意义上讲的。他们通常把元气看成宇宙的源头，描述为混沌未分、没有差别性、只有统一性的原初状态。对于千差万别的宇

---

① 康有为：《康南海自编年谱》，见《戊戌变法》（资料丛刊）第 4 册，神州国光社 1953 年版，第 117 页。

宙万物来说，元气具有时间上的在先性，故而元气亦可有多种称谓。《老子》中的"一"、《易传》中的"太极"、《庄子》中的"太初"、《淮南子》中的"有始者"、《白虎通义》中的"太素"，等等，其实都是对元气的称谓，都强调元气在宇宙万物之先。总的来看，元气论是古代哲学家关于万物起源的天才猜测，并没有将其作为解释世界的本体论理念。受到天人合一模式的限制，大多数古代哲学家没从主客体关系的角度对世界作本体论诠释。

康有为接受了进化论，同时也选择了主客二分的哲学思维模式。他对元气范畴作了近代化改造，将其由猜想万物由来的宇宙论范畴，改造为解释世界现状、把握总体联系的本体论范畴。他仍旧承认宇宙万物都是由"气"产生的，但是，他试图将其所掌握的进化论思想、自然科学以及西方近代哲学的自然观充实于其中。古代的元气论认为，万物皆由混沌未分的元气产生，可是，如何产生，却没有作出合理解释。康有为从进化论受到启发，试图用康德等人提出的"星云说"把过渡环节补上。他说："德之韩图（指康德），法之立拉士（指拉普拉斯）发星云之说，谓各天体创成以前，是朦胧之瓦斯体，浮游于宇宙之间，其分子互相集，是谓星云。"他认为由气形成万物，那是一个缓慢的进化过程："夫天之始，吾不得而知也。若积气而成为天，摩励之久，热、重之力生矣，光、电生矣，原质变化而成焉，于是生日，日生地，地生物。"① 在这里，康有为将宇宙视为被解释的客体，并且同进化论结合在一起，融入近代物理学提供的新知识，显然比古代的元气论更具有解释力。

在古代哲学中，"元"和"气"就是一个东西，一般都合在一起讲的，不涉及"元"和"气"之间的关系问题。在康有为这

---

① 《康有为全集》第 1 卷，上海古籍出版社 1987 年版，第 195—196 页。

里,"元"与"气"之间的关系,却成了复杂的问题。一方面,他承认"元"与"气"有联系,强调"'元者,气之始也',无形以始,有形以生,造起天地万物之始,元气、知气、精气,皆理之至。盖盈天下皆气而已"①。在这里,有着"元"是宇宙产生之根源,而"气"为由"元"而生的宇宙之初始状态的意味。另一方面,"元"与"气"是有区别的,只有"元"才具有本体论意涵。他认为,"元"为体,而"气"为用。他说:"其道以元为体,以阴阳为用,理皆有阴阳,则气之有冷热,力之有拒吸,质之有凝流,形之有方圆,光之有白黑,声之有清浊,体之有雌雄,神之有魂魄,以此八统物理焉,以诸天界、诸星界、地界、身界、魂界、血轮界,统世界焉。"② 经过这样的解释,"元"成为表征本体的哲学范畴。他认为,对于万物的起源来说,可以设想"气"有时间上的在先性;而对于"元",却不可以设想时间上的在先性,只能设想逻辑上的在先性。"元"与宇宙万物同在,构成了各种事物之间本质的、普遍的、有机的联系。他由此得出的结论是:"元者,为万物之本。"③ "元"既然同"气"有联系,当然就不可避免地具有物质的规定性。不过,康有为没有强调"元"的物质规定性,而是强调"元气""知气""精气"等概念与"太极""太一"都是同一范畴。在他看来,这些不同的说法都是一个意思,即天地万物赖以存在的本体。他说:"太一者,太极也,即元也,无形以起,有形以分,造起天地,天地之始。《易》所谓'乾元统天'者也。"④康有为不再像古代哲学家那样看重"气"在时间上的在先性,

---

① 康有为:《孟子微·中庸注·礼运注》,中华书局1987年版,第40页。
② 康有为:《康南海自编年谱》,见《戊戌变法》(资料丛刊)第4册,神州国光社1953年版,第117页。
③ 《康有为全集》第2卷,上海古籍出版社1990年版,第795页。
④ 康有为:《孟子微·中庸注·礼运注》,中华书局1987年版,第259页。

而特别看重"元"在逻辑上的在先性。由于他没有明确地赋予"元"物质的规定性或精神的规定性,很难把他归结为唯物主义者或唯心主义者。

　　康有为建构的元学,是一种以进化论为基础的本体论学说。第一,按照进化论的说法,世界不是神的创造物,而是自然而然的客观的进化过程。那么,世界客观性的本体论依据是什么?康有为认为就是"元"。"元"为世界的客观性,提供了本体论担保。第二,按照进化论的说法,世界是进化发展的,可是,进化总得借助载体表现出来,因此必须预设某种"东西"在进化。康有为认为,这个"东西"可亦称其为"元"。"元"就是进化的载体。第三,按照进化论的说法,世界是一个有机的整体,看起来千差万别的事物,其实都处在由低级到高级进化大过程中的小阶段,都是相互联系的。那么,促成事物普遍联系的本体论依据是什么?康有为认为就是"元"。"元"把世界上各种事物联系为一个有机的整体。总的来看,康有为的元学,是同进化论紧密结合在一起的。他用元学本体论改造古代哲学中的元气论,为推动中国哲学的近代转化做出了努力。但是,康有为的元学本体论也存在着明显的缺陷。例如,他有时为了突出"元"的本体论地位,将"元"称作"魂质"。他说:"夫浩浩元气,造起万物。天者一物之魂质也,人者亦一物之魂质也,虽形有大小而其分浩气于太元,挹涓滴于大海,无以异也。"① 这就陷入了神秘主义的误区,而偏离了科学性原则。

二　"元"何以成价值的依据?

　　在中国古代哲学中,元气在价值上是中立的。大多数哲学家通常把元气说成宇宙万有的源头,却不把元气说成价值的源头。

---

① 康有为:《大同书》,华夏出版社2002年版,第7页。

在如何看待价值源头的问题上，有些哲学家归结于天，如孟子；有些哲学家将其归结于理，如宋明理学家。康有为的元学与此不同，他既把"元"视为世界万物的本体论依据，也视为价值的本体论依据。他试图从元学本体论出发，讲出一种哲学人类学。

在康有为看来，"元"不仅是宇宙万物（包括人类）产生的根源，而且是宇宙和万物发展变化的根源。他说："天地阴阳，四时鬼神，皆元之分转变化万物资始也。"① 又说："万物而统之元以立其一，又散元以为天地、阴阳、五行与人，以之共十，而后万物生焉。"② 由"散元"而产生天地万物，既包括天地、阴阳、五行、人与鬼神，它们都从"元"分转变化而来，又同归于"元"。在这里，康有为以"元"概括自己的全部学说，认为"元"是宇宙的本原，万物之始，由于"元"的分转变化，产生出天地万物，乃至人类。"万物之生皆本于元气，人于元气中，但动物之一种耳。"③ 总之，世界上的一切事物和现象都可以用"元"来概括和解释。

康有为既认为"元"是天地万物的根本，也认为"元"是人的根本。他指出："元为万物之本，人与天同本于元，犹波涛与沤同起于海，人与天实同起也。然天地自元而分别为有形象之物矣。人之性命虽变化于天道，实不知几经百千万变化而来，其神气之本，由于元。溯其未分，则在天地之前矣。"④ 他把人看作天地万物当中的一物，"天地者，生之本，万物分天地之气而生，人处万物之中，得天地之一分焉"⑤。基于这种判断，他把话题由

---

① 康有为：《孟子微·中庸注·礼运注》，中华书局 1987 年版，第 259 页。
② 《康有为全集》第 2 卷，上海古籍出版社 1990 年版，第 797 页。
③ 康有为：《大同书》，华夏出版社 2002 年版，第 337 页。
④ 康有为：《春秋董氏学·卷六》，见《康有为全集》第 2 卷，上海古籍出版社 1990 年版，第 798 页。
⑤ 康有为：《孟子微·中庸注·礼运注》，中华书局 1987 年版，第 191 页。

解释世界转向解释价值。在他看来，仁德、博爱等具有普适性的价值理念，完全可以通过"元"本体得到合理的解释，不必再像古代哲学家那样，到天或理中寻求价值的依据。他从"元"作为普遍联系的本体论规定中，引申出儒家一向倡导的仁爱诉求。他说："凡众生繁殖皆吾同气也，必思仁而爱之，使一民一物得其所焉。"① 从儒家的仁爱观念出发，他又导引出有时代特色的博爱诉求。他说："人道所以合群，所以能太平者，以其本有爱质而扩充之，因以裁成天道，辅相天宜，而止于至善，极于大同，乃能大众得其乐利。"② 康有为没有放弃儒家有宗法色彩的仁爱诉求，但更重视表征人类性的博爱诉求。

康有为一方面以"元"为本体，以"元"释"仁"，另一方面又以"仁"释"元"，从而为他的三世说及大同社会的理想奠定理论基础。他指出："仁者，在天为生生之理，在人为博爱之德。"③ 他强调："一切仁政，皆从不忍人之心生，为万化之海，为一切根，为一切源。一核而成参天大树，一滴而成大海之水，人道之仁爱，人道之文明，人道之进化，至于太平大同，皆从此出。"④ "仁"不仅是天地万物产生的根源，而且是人道文明、人道进化以及大同世界产生的根源。另外，康有为用人之"不忍人之心"来解释作为宇宙万物之本原的"元"，从而把物和我等同起来，这本身就高扬了人的价值，强调了人在宇宙中的地位，透露出一股"舍我其谁"的豪迈气魄和"敢为天下先"的担当意识，为推动变法维新找到了理论支撑。

康有为的元学本体之所以要把解释的范围拓展到价值领域，有两方面的原因。第一，同他接受进化论的影响有关。按照进

---

① 康有为：《孟子微·中庸注·礼运注》，中华书局1987年版，第206页。
② 康有为：《大同书》，华夏出版社2002年版，第285页。
③ 康有为：《孟子微·中庸注·礼运注》，中华书局1987年版，第208页。
④ 康有为：《孟子微·中庸注·礼运注》，中华书局1987年版，第9页。

化论学说，世界总是处在由低级向高级进化，人类社会亦是如此。在这里，所谓"低级""高级"，其实已经超出了事实判断的范围，涉入价值判断领域。康有为是一位乐观主义的进化论者，相信人类社会将变得越来越好，最终将达到世界大同的理想状态。第二，同他沿袭儒家的性善论有关。进化论固然有价值判断的意味，但是从进化论中并不能引申出博爱的价值诉求。按照进化论的说法，物竞天择，适者生存，留良汰劣，无善恶可言。而一些西方哲学家从进化论中非但没有引申出博爱哲学，反倒引申出弱肉强食的霸道哲学——社会达尔文主义。康有为之所以要把进化论讲成博爱哲学，不能从进化论中得到解释，只能从他相信儒家性善论中得到解释。当康有为解释世界时，采用主客二分的哲学思维模式；而当他解释价值时，又回到天人合一的哲学思维模式。不过，他的天人合一的观念同古代哲学家是有区别的：古代哲学家在道德论的意义上倡导天人合一，将其描绘为圣人拥有的高尚的、理想的精神境界；康有为在进化目的论的意义上倡导天人合一，将其描绘为人类社会未来发展的大方向。

总的来看，康有为是中国近代第一个把进化论以及近代自然科学知识吸取到哲学思想中来的思想家。他提出了"元"的本体论观念，并赋予其时代意义，奠定了中国近代本体论发展的方向。可以说，其后谭嗣同的"以太说"、章太炎的"阿屯"都是对康有为元学的进一步发展。康有为的哲学思想脱胎于中国古代哲学，对西方近代思想虽然有过接触，但是不多亦不深。所以，本体论在他那里还没有完全具有近代的形态，还有很深的传统印记。他的"元本论"只能算是中国哲学本体论向近代转化的开端。尽管康有为没有对元学本体论做出充分的论证，但他毕竟朝中国哲学本体论近代转化的方向迈出了第一步。

第三节 谭嗣同的"以太—仁"说

无论在维新变法方面，还是在哲学理论方面，谭嗣同都是康有为的追随者。他自称是康有为的私淑弟子，不过，在受西学影响的程度上，在思想激进的程度上，他都超过了康有为。他用来表示本体的核心范畴，不再是有传统色彩的"元"，而是有近代物理学色彩的"以太"；他从本体论引申出来的价值诉求，不再是呼唤理想主义色彩很浓的博爱，而是呼唤现实主义色彩很浓的平等。

一 其人其书

谭嗣同（1865—1898），号壮飞、华相众生等，湖南浏阳人，生于北京。因为儿时曾"假死三日，仍更苏"，故取字"复生"，其实是一个痛苦的符号。稍长，生母早逝，亦不讨父亲喜欢，经常受到父亲小妾的虐待。他在《仁学·序》中写道："吾自少及壮，遍遭纲伦之厄，涵泳其苦，殆非生人所能受；濒死累矣，而卒不死。由是益轻其生命，以为块然躯壳，除利人之外，复足惜；身怀高望，私怀墨子摩顶放踵之志矣。"由于青少年时代的不幸经历，使他养成叛逆性格和奉献精神。10岁时拜浏阳名儒欧阳中鹄为师，接受传统教育。他既习文，也习武，在京城曾结识侠士"大刀王五"，跟他练习刀术和剑术。从20岁起，他过起了四海漫游的生活，到过直隶、新疆、甘肃、陕西、河南、湖北、江苏、安徽、浙江、台湾等省。他广涉名山大川，历览名胜古迹，广泛接触社会，考察风土人情。那期间也曾参加过省试，但未找到进入仕途的门径。

1894年，谭嗣同已届而立之年。这一年可以说是他生命历程的转折点。经过多年的历练和时代大潮的打磨，他已经成长为有新思想的青年才俊了。他不再浪迹天涯，而是追随康有为，满怀热情投身于变法维新事业。他自述："三十以后，新学洒然一变，前后判若两人。三十之年，适在甲午，地球全势忽变，嗣同学术更大变。"① 他首先从老家浏阳做起，与好友唐才常筹建算学馆，试图用新式教育取代旧式教育。他给老师欧阳中鹄写了一封长信，阐述办算学馆的宗旨。欧阳中鹄表示支持，并把来信修改加工，配上批语和跋，刻印成册，题为《兴算学议》。湖南巡抚陈宝箴看到后，大加赞赏，"命印千本，遍散各书院"（《浏阳兴算记》）。谭嗣同抓住机会，草拟算学馆章程，呈湖南学政江标，获得批准，遂付诸实施。可是，他的办学事业却受到浏阳县令等守旧士绅抵制。好不容易成立起来的算学社，仅有16个人就读。

谭嗣同从办学受挫中感觉到，在浏阳不可能有什么作为。于是，1896年便离开故乡，北游访学，结交同道，吸收新知识、新思想。他先到上海，拜访在华翻译西方书籍最多的英国学者、传教士傅兰雅，获赠一批译成中文的西学书籍。他又到过天津，参观了机厂、船坞、火车、煤矿、金矿等近代化企业。他还到过南京，入资为江苏候补知府。候缺期间，他提议创建金陵测量会，还曾跟著名佛学家杨文会研读佛教典籍。他读了康有为的论著，由衷钦佩，决心做康有为的追随者，当他的私淑弟子。他开始酝酿写作《仁学》一书，希望"别开一冲决网罗之学"（《致唐才常》）。他最后落脚北京，回顾所见所闻，竟有茫然之感。他这样描述自己当时的心境："京居既久，始知所愿皆虚，一无可冀。慨念横目，徒具深悲，平日所学，至此竟茫无所倚。"（《北游访学记》）为了缓解内心的苦恼，他结识美国传教士李佳白，接受基督教的影响；他结识吴雁舟、夏曾佑等佛学家，还加入了在理教。

---

① 《湖南历史资料》1959年第4期。

尽管谭嗣同一度心倾佛学，但并未放弃维新变法事业。1897年，他回到长沙，与陈宝箴、黄遵宪、唐才常共创时务学堂，协助陈宝箴筹办内河轮船、开矿、修铁路等。1898年他与唐才常、熊希龄等人创办南学会，"相与讲爱国之理，求救亡之法"。他编辑出版《湖学新报》《湘学报》等刊物，宣传变法主张。是年6月，光绪皇帝接受康有为的奏章，昭告天下，宣布实行维新变法。经学士徐致靖举荐，谭嗣同被征入京，任四品卿衔军机章京，参与新政，担任拆阅奏章、起草上谕等项工作。9月，谭嗣同不顾有病在身，立即赴任。他与杨锐、林旭、刘光第共事，被时人称为"军机四卿"。9月13日，光绪觉察到慈禧有干政的动向，密诏康有为商量对策，当即决定派谭嗣同到天津，求助于新军督办袁世凯，希望袁世凯出兵救驾。谭嗣同深夜造访袁世凯，约定袁世凯起兵诛杀荣禄，除去慈禧的党羽。老奸巨猾的袁世凯表面上满口应承，背地里却向慈禧告密。慈禧立即发动政变，把光绪囚禁起来，在北京菜市口杀害谭嗣同、杨锐、林旭、刘光第、康广仁、杨深秀等人，史称"戊戌六君子"。谭嗣同本来有机会逃走，可是他拒绝了，决心为变法事业献身，希望用自己的鲜血来唤醒民众。他说："各国变法，无不从流血而成，今日中国未闻有因变法而流血者，此国之所以不昌也。有之，请自嗣同始！"（见梁启超著《谭嗣同传》）被捕后，他毫无惧色，在牢房的墙壁上题诗明志："望门投宿思张俭，忍死须臾待杜根。我自横刀向天笑，去留肝胆两昆仑！"临刑前，他留下千古绝唱："有心杀贼，无力回天，死得其所，快哉快哉！"谭嗣同牺牲时，年仅33岁。

他生命历程短暂，却留下十余部著作，其中代表作为《仁学》。该书写成后未公开出版，仅"示一二同志"。谭嗣同牺牲后，唐才常主持《东亚时报》，1899年1月31日在该刊第一次公开发表。同年1月，梁启超在日本主编《清议报》，也以连载的形式陆续发表该书。谭嗣同的遗著被后人多次结集出版,目前最新的版本为《谭嗣同全集》(增订本),蔡尚思、方行编,中华书局1981年出版。

二 "以太—仁"何以成本体?

谭嗣同是戊戌运动中激进派的主要代表人物,极富变革社会的勇气与热情,他始终走在维新运动的前列,大声疾呼"冲决网罗",为推动革新变法不惜献出自己年轻的生命。他的哲学思想,来源和构成比较混杂,充满激情,不乏闪光点,但也充满着矛盾,并不十分成熟。他的初期思想,受张载、王夫之等人气一元论的影响较深,把"气"看成宇宙万物的本原,认为"元气絪缊,以运为化生者也"①。后来,他学习了一些近代西方自然科学知识,又深受佛学的影响,试图把科学与宗教熔为一炉,建构一种有个性特征的本体论学说。

谭嗣同的本体论思路同康有为大体相似。他们都试图找到一种本体论观念,既用来解释世界,也用来解释价值;既选择主客二分的近代哲学思维模式,也不放弃天人合一的传统哲学思维模式。他从西方自然科学中引入"以太"的观念,将其视为本体,提出"以太—仁"的本体论学说。

谭嗣同不再像古代哲学家那样,仅以思辨的方式猜想宇宙万物的本体,试图把近代自然科学知识当作哲学思考的出发点,故而选择"以太"作为表征本体的核心范畴。"以太"一词是英文Ether的音译。近代西方自然科学家曾假设Ether是光的媒介物,是个物质性的概念。康有为也曾用过这个词,但对它作了神秘化的解释;而谭嗣同使用这个概念时,没有沿袭康有为的说法,直接取自西方近代自然科学,并且承认其客观实在性。他专门写有

---

① 《谭嗣同全集》(增订本),中华书局1981年版,第127页。

《以太说》，认为声、光、电等都是"浪"即波动。"动荡者何物？谁司其动，谁使其荡，谁为其传？"他认为这波动的实体就是"以太"。按照天文学家的说法，宇宙中星球之间有离心力与向心力，因而造成牵引之势。那么，"牵引者何物？谁主其牵，谁令其引，谁任其吸？何以能成可睹之势？"① 他认为，造成这种势的终极原因，就是"以太"。他试图在本来意义上，领会西方近代自然科学中的"以太"说。他所说的"以太"，无疑含有物质的意义，但是他没有停留在这一点上，而是进一步把"以太"提升为一个哲学范畴，用以表示自己对宇宙和人生的总体看法。

谭嗣同依据他所掌握的近代自然科学的知识，认为充满宇宙间的本体就是"以太"。他在《仁学》的第一篇，就明确提出："遍法界、虚空界、众生界，有至大、至精微，无所不胶粘、不贯洽、不管络、而充满之一物焉，目不得而色，耳不得而声，口鼻不得而臭味，无以名之，名之曰'以太'。"② 他认为，"以太"是体，"其显于用也，为浪、为力、为质点、为脑气"③。尽管他认为构成宇宙万物的是"原质"（化学元素），但是，"原质之原，则一以太而已矣"。究其根本，"以太"才是世界万物生成变化的最终本原和决定力量。谭嗣同还用近代自然科学所证明了的物质不灭定律来说明"以太"是不生不灭的。他说：原质是不生不灭的，"岂能竟消磨一原质，与别创造一原质哉？"④ 所以，凝结为原质的"以太"，当然也是不生不灭的。

由此可以看出，谭嗣同的"以太说"是利用近代自然科学知识建构起来的本体论学说，基本上跳出了中国古代"气"一元论的框架。在这一点上，他比康有为更进了一步。谭嗣同"以太"

---

① 《谭嗣同全集》（增订本），中华书局1981年版，第433页。
② 《谭嗣同全集》（增订本），中华书局1981年版，第293页。
③ 《谭嗣同全集》（增订本），中华书局1981年版，第434页。
④ 《谭嗣同全集》（增订本），中华书局1981年版，第307页。

的本体论，不再以传统哲学范畴为出发点，而是以"以太"为出发点，同康有为的元学本体论相比，受西方自然科学的影响更深，因而更具有近代色彩。

不过，还不能把谭嗣同所说的"以太"，完全等同于近代物理学中所假设的"以太"，因为他已经把"以太"价值化了。同康有为一样，谭嗣同在认定本体的存在意义之后，马上赋予其价值的意义，并且同儒家"仁"的观念联系在一起。他试图把西方近代自然科学与中国传统思想结合起来，站在近代的时代新高度上重新审视价值，从本体论高度证明儒家"仁"的观念具有普适性。他在《仁学》中写道："……名之曰以太。其显于用也，孔谓之'仁'，谓之'元'，谓之'性'；墨谓之'兼爱'；佛谓之'性海'，谓之'慈悲'；耶谓之'灵魂'，谓之'爱人如己'、'视敌如友'；格致家谓之'爱力'、'吸力'；咸是物也。"① "学者第一当认明以太之体与用，始可与言仁。"② "夫仁，以太之用，而天地万物由之以生，由之以通。"③ 他认为，物质性的"以太"是"仁"之体，"仁"是"以太"之用，这不是把"仁"与"以太"简单地相加，而是运用中国传统哲学的体用观，巧妙地将二者融为一体，赋予本体以伦理的、价值的属性。谭嗣同有时也把以太看作与仁一样的东西，从而模糊了以太的物质性。他说："以太也，电也，粗浅之具也，借其名以质心力"④；"精而言之，夫亦曰'仁'而已矣"⑤。甚至说，"以太者，亦唯识之相分，谓无以太可也"⑥，"仁为天地万物之源，故唯心，故唯识"⑦，"天

---

① 《谭嗣同全集》（增订本），中华书局1981年版，第293—294页。
② 《谭嗣同全集》（增订本），中华书局1981年版，第295页。
③ 《谭嗣同全集》（增订本），中华书局1981年版，第297页。
④ 《谭嗣同全集》（增订本），中华书局1981年版，第291页。
⑤ 《谭嗣同全集》（增订本），中华书局1981年版，第434页。
⑥ 《谭嗣同全集》（增订本），中华书局1981年版，第331页。
⑦ 《谭嗣同全集》（增订本），中华书局1981年版，第292页。

地间仁而已矣"①。通过这些说法，谭嗣同为其本体论学说涂上浓重的价值色彩。

当谭嗣同说"以太为体、仁为用"的时候，似乎把"以太"摆在首位；当他说"仁为本源"的时候，似乎又把"仁"摆在了首位。那么，"以太"与"仁"，到底哪个被谭嗣同摆在首位，使一些研究者颇为费解。有些人认为谭嗣同把"以太"放在首位，把他说成唯物主义者；有些人认为谭嗣同把"仁"放在首位，把他说成唯心主义者。两种意见争论不休，谁也说服不了谁。其实，使人费解的真正原因，并不是谭嗣同没有说清楚，而是研究者自己没有想清楚。对于谭嗣同来说，不存在"以太"与"仁"何者为第一性的问题。从存在的意义上看，"以太"为体；而从价值的意义上看，"仁"为体：二者是同等程度的本体论范畴。谭嗣同作为中国近代早期的思想家，并未放弃天人合一的哲学思维模式，我们不能只从主客二分的维度苛求于他。无论给他戴上唯物主义者的帽子，还是戴上唯心主义者的帽子，其实都不合适。

三 "仁—通—平等"何以成价值目标？

谭嗣同为什么要构造上述这种"以太—仁"的哲学本体论？这与其"冲决网罗"的反封建思想有什么关系？在考察其本体论思想时，我们应该注意到，谭嗣同不是书斋里的学者，而是积极参加现实斗争的维新派勇士。他的"以太—仁"的哲学本体论，是为了解决当时中国面临的现实问题而锻造出来的思想武器。从他的《仁学》中，我们可以清楚地看到，贯穿于其思想中，有一个清晰的逻辑结构："以太—仁—通—平等"。其立论的目的，是为了宣传近代自由、平等的新观念，表达近代新式学人的价值

---

① 《谭嗣同全集》（增订本），中华书局1981年版，第301页。

诉求。

　　谭嗣同有感于当时社会的黑暗腐败，认识到封建君主专制制度及维护这一制度的纲常名教是造成中国社会落后、贫穷的根源，也是在中国推行维新运动的最大障碍。他用一个"塞"字，来概括封建专制制度下人与人之间的关系。他发愿"别开一种冲决网罗之学"，就是为了打破这一"否塞不通"的局面。正是从现实斗争的需要出发，谭嗣同构造了他的"以太—仁"本体论学说。按照这种学说，宇宙万物都是由"以太"形成的，"以太"具有"仁"的作用和功能，而"仁"的本义是"通"，"仁以通为第一义"。谭嗣同针对程朱理学把封建纲常名教视为"天理"的观点，强调"通之象为平等"。在《仁学》上卷，他通过阐发"以太—仁—通—平等"的道理，鼓吹"中外通""上下通""男女内外通""人我通"，宣传资产阶级平等、民主、自由思想。在《仁学》下卷，他通过对封建纲常名教、君主专制主义的深刻揭露和激烈抨击，提出变法维新、改造社会的主张。

　　谭嗣同的哲学思想充满着矛盾。一方面，以西方近代的平等、自由等观念来解释中国传统思想中的"仁"，从而赋予其时代意义，对封建名教和君主专制主义进行了尖锐的批判，为维新运动提供理论基础；又试图将西方自然科学引进自己的思想体系，突破了传统意义上的本体论模式。另一方面，在残酷的现实面前，他又感到无助，于是最终企图凭借"心力"来解决当时的社会问题，这显然是不可能的。无论是康有为，还是谭嗣同，他们所受的教育，主要是传统教育，对西方学术思想尚缺乏深入的体会和了解，因而思想上不能不带有强烈的传统色彩。出于变法维新与思想启蒙的需要，他们的本体论仍然保留了价值形态的痕迹。但是，我们可以清楚地看到，与康有为相比，谭嗣同思想中的传统色彩明显减弱。他在突破传统本体论思维模式方面，又向前迈进了一步。

第四节 严复的"质力相推"说

康有为和谭嗣同所建构的本体论,既用来解释世界,也用来解释价值。严复与他们不同,他只解释世界,不再解释价值。严复曾经留学英国,同康有为、谭嗣同相比,他对西方的科学和哲学有了更为深入的了解。正是由于有了这种学养,他才真正摆脱了以寻求价值本体为主导的传统思路,比较严格地遵循从存在的意义上解释世界的原则。他的哲学思考,已不再侧重于应然的价值论向度,而转到了实然的存在论向度。

一 本体可以思议吗?

严复受英国实证论者的影响较深,不正面探讨本体论问题,但不能把他归结为实证论者,因为他的本体论态度与英国实证论者有区别。

英国的实证论者赫胥黎、穆勒、斯宾塞等人,坚信"拿证据来"的信条,认为一切哲学本体论学说,既不可以证实,亦不可以证伪,都是不可信的,应当予以取消。严复作为他们著作的译者,当然会受他们的影响。如,他认为,"窃尝谓万物本体,虽不可知,而可知者止于感觉"①。不过,他对待本体论的态度,同英国实证论者并不一样。他的看法是,本体虽然不可知,但并不意味着一切本体论都没有意义,都应该取消。他从佛教典籍中找来"不可思议"一语,用"本体不可思议"的提法,取代实证论者"本体不可知"的提法。他说:"朱子谓'非言无极,无以明体;非言太极,无以达用',其说似胜。虽然,仆往尝谓理至

---

① 严复译:《穆勒名学》部甲,篇三按语,上海商务印书馆1931年版,第60页。

见极，必将不可思议。"①

实证论者采用"本体不可知"的提法，表达了拒斥一切本体论学说的态度；而严复采用"本体不可思议"的提法，却表达了宽容本体论学说的态度。他对"不可思议"的解释是：有如生活在热带的人，从来没有见到过冰，听人说水冻成冰以后，人可以在上面行走，感到不好理解。对于本体论学说，"既不可谓谬，而理又难知"，故而称之为"不可思议"。严复指出，本体论虽然超出了认识的范围，但并非没有任何学术价值。他说："盖人生智识至此而无穷，不得不置其事于不论不议之列，多各行其心之所安而已。"（《1920年8月6日致严璩》）他承认，不能用本体论来解释世界，但并不否认，可以用本体论来安顿价值。

二 为何说"非质无以呈力"？

严复对于本体论抱着存而不论的态度，也无意在本体论方面有所建树。他的哲学思考囿于自然观论域，不涉及本体论论域。他把自然世界看成客观的存在事实，只从事实层面解释自然世界，将其归结于"质"和"力"两种物理要素，提出了"质力相推"学说。

严复大力宣传和介绍西方近代自然科学的成就，强调中国要富强就必须学习西方自然科学，力图把自然观建立在近代自然科学基础之上。他用其所接触到的自然科学知识，对世界的起源、天体的形成、生命的产生等，作了符合客观实在的解释。他说："通天地人禽昆虫草木以为言，以求其会通之理，始于一气，演成万物。"②万物都是由"气"演化而成，"气"生成万物，这种说法来自古代朴素唯物主义，然而严复对"气"作了与朴素唯物

---

① 《穆勒名学》部甲，篇五按语，上海商务印书馆1931年版，第96页。
② 《严复集》第1册，中华书局1986年版，第17页。

主义完全不同的解释。他用物理学中的"以太"来理解"气",说:"最清气名伊脱(Ether)"①。从宇宙发生论的意义上说,"气"就是星云,就是极微质点。不管是"以太"也好,星云或质点也好,严复是用近代的物理学、天文学、化学的知识来说明世界的物质统一性,不再像中国古代哲学家那样,对"气"所做的直观、猜测的解释,从而使他的自然观表现出近代特色。

以太、星云是怎样"演"成万物的呢?严复说:"大宇之内,质力相推,非质无以见力,非力无以呈质。"② 在对自然界作具体解释时,严复不再使用传统哲学中"气"的范畴,而是从西方自然科学中引入"质"和"力"两个新范畴,分别用以说明自然界中万物演化的质料因和动力因。

在严复那里,"质"有质点、质料的意思,主要是指自然科学中所说的化学元素。现在的《门捷列夫元素周期表》,已经列出103种化学元素;而在严复那个时代,只发现73种化学元素。当时谭嗣同称化学元素为"原质",严复则简称为"质"。在谭嗣同那里,"原质"没有本体论的意涵,仅指具体的质料,它从属于作为本体的"以太";在严复这里,"质"也没有本体论的意涵,并且拒绝在"质"之上预设任何不可证实的本体。显然,严复所说的"质",并不是哲学意义上的"物质一般",就是指自然科学意义上的质料,不带有形而上学的性质。在严复那个时代,西方哲学中表示"物质一般"的哲学本体论范畴是原子,中文音译为"买特"或"阿屯",精通西学的严复不可能不了解这种情况。可是,在他的自然观中,竟没有出现这类本体论术语,而只使用自然科学术语。严复所说的"力",既指质点具有的化合力、吸引力,又指机械运动产生的能量,也可以泛指一切运动形式。

---

① 《严复集》第5册,中华书局1986年版,第1377页。
② 《严复集》第5册,中华书局1986年版,第1320页。

严复认为物质和运动构成不可分割的关系，强调整个宇宙就是处于"质力杂糅，相剂为变"①的过程中。他用"翕以聚质""辟以散力"来说明这个变化。所谓"翕以聚质"，是指质点在相互吸引力的作用下，集聚起来形成物；所谓"辟以散力"，是指质点凝聚为此物后，不断地发散热、光、声，不断消耗能量，复归于运动状态，转化为他物。天地间的各种事物，都处在"翕"与"辟"的演化过程中，"由纯而之杂"，"由流而之凝"，"由浑而之画"，愈变愈复杂，形成形式繁复、千变万化的宇宙。严复还指出，宇宙是无限的，不必为其设置起点，也不必为其设置终点。他说："有实而无夫处者宇，有长而无本剽者宙。"② 宇宙间的万物，虽处于不停的聚散变化的过程之中，然而质、力的总量，既不会增加，也不会减少。他说："两间内质，无有成亏，六合中力，不经增减，此自造物以来不变者也。"③ 通过这样的解释，使严复的自然观带上了机械论色彩。在自然观方面，严复的认知水平，并不在启蒙时期法国唯物主义者之下。

三 为何说"非力无以呈质"？

严复用"质"和"力"两个范畴解释宇宙的生成变化，但是，他没有把侧重点放在"质"上，而是放在了"力"上。因此，尽管他的自然观带有机械论色彩，却没有选择机械论为基本路向，而是选择了进化论为基本路向。在他看来，所有事物的发展进化，都处在自然历史发展过程中。他认为，宇宙间质、力间的相互作用，构成了宇宙万物进化的原动力，这种"质力相推"的过程永远不会结束，所以，自然万物的进化，也是一个永恒的

---

① 《严复集》第5册，中华书局1986年版，第1327页。
② 《严复集》第1册，中华书局1986年版，第50页。
③ 《严复集》第1册，中华书局1986年版，第50页。

过程。每一事物都是进化过程中的一种暂时形态，"有生之物，始于同，终于异，造物立其一本，以大力运之"①。现存的生物，物种繁多，各不相同，但起初都是一个本原。由于宇宙间"质力相推"的作用，各种生物机体对自然环境的适应程度不一样，遂形成差异性。

严复的"质力相推"说，提出了在万物产生变化过程中质点及其运动的相互作用，并以这种相互作用来说明万物的生成变化，而不是单单归结于"质"或"力"中的任何一种因素。严复的自然观，以"质"与"力"相互作用为主色调，属于一种进化形态的自然观，已经超越了那种把世界说成"物体的总和"的机械唯物主义自然观。严复不再强调现存事物的实体性，而强调其过程性，他对于自然界的解释，同机械唯物论相比，更加深刻，也更加富有说服力。机械唯物主义的自然观，建立在经典物理学的科学基础上；严复的自然观，则建立在进化论的科学基础上：不能把二者简单地等同起来。

第五节　章太炎的二重本体论

康有为和谭嗣同把价值本体论同存在本体论合在一起讲，严复回避本体论话题，章太炎则另外找到一种讲本体论的方法。他不再寻求能够解释一切的本体论观念，而是分别从存在和价值两个角度探寻本体论，形成了二重本体论学说。

章太炎一生之中，学术思想变化较大。在社会政治思想方面，他前期曾积极宣传社会改良，参加维新运动，后来对自己过去的改良观点进行了自我批判，晚年思想转向保守。这种政治思想的转变，不可避免地影响到他的本体论思考。他的本体论思

---

① 《严复集》第5册，中华书局1986年版，第1325页。

考，大体上可以分为两个时期。前期侧重于存在本体论，提出"阿屯"说；后期侧重于价值本体论，提出"真如"说。

一 什么是"阿屯"说？

中国近代思想家们普遍认识到：要实行社会的变革，就必须推翻"天不变，道亦不变"的旧观念，所以都比较重视研究关于"天"的理论，章太炎也是如此。他早期的本体论思考，以对客观存在的考察为主，《訄书》《菌说》《视天论》为其代表作。

章太炎重新评定了中国古代宇宙理论的浑天说、盖天说及宣夜说，将它们与西方近代宇宙理论相比较，认为西方近代宇宙论"其说近于宣夜"，"以新旧说相较，新者轨合，而旧者辄差"①。在他看来，中国古代的宣夜说建立在直观经验的基础上，缺乏近代科学方面依据，应当突破。他对宣夜说加以扬弃，吸收了其合理成分，并同近代天文学提供的新的宇宙观念结合起来，建立了新的宇宙论，他称之为"视天论"。

他认为，天就是环绕地球的大气层和弥漫太空的原子、以太等在人的目光中形成的"苍苍然者"，并不是青石板、水晶球之类的有形物体。他也不同意古代"积气成天"的说法，因为这种说法仍有把天说成有形之物的嫌疑。既然有形质的天是不存在的，那么人们仰视所见的"苍苍然者"是什么呢？章太炎说："恒星皆日，日皆有地，地皆有蒙气。自蒙气中视物，溟涬若氛云之薄积。京垓之地，蒙气坌萃，鱼鳞杂沓，而望之若苍苍矣。"②地球周围的大气，看上去如苍苍的颜色，而实际上，大气"在地曰气，仰瞻则曰天，犹之云与雨也，非有二质，顾其所见

---

① 《章太炎选集》，上海人民出版社1981年版，第43页。
② 《章太炎全集》第3卷，上海人民出版社1985年版，第17页。

异尔。"① 人们常把所见到的"苍苍者"叫作"天",其实它不是一种有形质的实体,"天"只不过是动态的大气的显现而已。

章太炎以哥白尼创立的西方近代天文学理论为基础,对"视天说"作了进一步的阐发。他认为,宇宙是由无数星系构成的,而且每个星系都有自己的恒星,他还肯定了整个宇宙是不断运动的。不但地球在运动,太阳也在运动,这就比哥白尼又进了一步。他说:"夫体成圆球者,未或不动,动则浑沦四转,无待于覆。"② 他认为整个宇宙处于永恒的运动过程之中,而运动的原因在于天体有"体质"而"相摄",即各星体有体积和质量而相互吸引。他认为,宇宙就是无数星体互相吸引而永恒运动的力学系统。章太炎的这种以近代科学知识为基础的宇宙观,推翻了"天不变,道亦不变"的旧观念,对于人们的思想解放有着重要的启蒙意义。他还认为,宇宙不但在时间上是无限的,在空间上也是无穷无尽的。地球属于太阳系,太阳系属于银河系,"而天河大群之外,又有星群,散处无所纪者"③。总之,天外有天,浩瀚宇宙无边无际。

那么,无限宇宙中的万物是由什么构成的呢?事物的变化又是由什么引起的呢?为了回答这一问题,章太炎接受了来自西方的物质观念——"阿屯"。他说:"盖凡物之初,只有阿屯,而其中万殊。"④ 茫茫宇宙万事万物"皆内蒙于空气,外蒙于阿屯、以太,而成是形"⑤。所谓"阿屯",即原子(atom)的音译。他认为,尽管"以太"充满宇宙空间,是传递引力、电磁波的媒介,但并不是质料因,因为"以太"为"阿屯"所规定。归根结底,天地间万事万物虽然纷纭复杂,但是都起源于"阿屯",统一于

---

① 《章太炎全集》第3卷,上海人民出版社1985年版,第17页。
② 《章太炎选集》,上海人民出版社1981年版,第45页。
③ 《章太炎选集》,上海人民出版社1981年版,第47页。
④ 《章太炎选集》,上海人民出版社1981年版,第62页。
⑤ 《章太炎选集》,上海人民出版社1981年版,第39页。

"阿屯"。他还很注意吸收当时自然科学的最新成果来充实自己的哲学理论。他认为，作为万物基始的"阿屯"，并非一成不变的。原因在于各种原子内部的构成不同，"其中万殊"。他的这种看法，同近代自然科学中的原子论是一致的，但他不是从物质结构的意义上认同原子论，而是从哲学本体论意义上认同原子论。在他的眼中，"阿屯"是宇宙万有的终极依据，具有"物质一般"的含义。严复没有接受西方哲学中作为"物质一般"的原子范畴，章太炎则明确表示接受。

维新派的谭嗣同、康有为等人虽然也把"以太"作为宇宙的本体，但是，他们又把"以太"附会为孔子的"仁"、佛教的"性海"、基督教的"灵魂"，这样，就把客观存在的"以太"视为精神性的存在，抽调了这一概念中的物质性内容。章太炎说："或谓'性海为以太'。然以太即传光气，能过玻璃实质，而其动亦因广之色而分迟速。……则不得谓之无体。"① 他认为以太振动可以传播光波或电磁波，光的波长因为以太的振动快慢而不等，所以光的颜色也不同。以太振动有快慢，阿屯大小可以量度，所以不能说无体。而精神性的仁、性海、灵魂是无法度量的，才可以说是无体。这就把以太、阿屯看作纯物质概念，而且这种判断是基于自然科学的度量原则，具有科学色彩。章太炎把世界的物质本体看作可以度量的实体，就使他的本体论带上了机械论的特征。而且，相比于严复把"以太"看作"清气"的含混不清的观点，章太炎的认识又更加明确、具体，具有更多的合理性。

作为世界本体的"阿屯"，是怎样构成万物的呢？章太炎说："各原质皆有欲恶去就，欲就为爱力、吸力，恶去为离心力、驱力。有此故诸原质不能不散为各体，而散后又不能不相和合。"②

---

① 《章太炎选集》，上海人民出版社1981年版，第69页。
② 《章太炎选集》，上海人民出版社1981年版，第62页。

由于原质（元素）间的排斥和吸引，分散与聚合，构成了物质世界的现实图景。这一点与严复的"吸以聚质""辟以散力""质力相推"的说法有很大的相似性。

不过，章太炎并没有成为机械唯物论者，没有用原子解释精神现象。他认为："夫然，则空气金铁虽顽，亦有极微之知。今人徒以植物为有知者，益失之矣。"① 单以生物为有知者是不够的，万物皆有知，他说："盖与之则可曰有知，奋之则可曰无知。彼其知则欲恶去就而已。不如是不能自成原质，亦不能相引而成草木。夫其桥起而相引也，则于是有雌雄片合，而种类成矣。有种类，则又有其欲恶去就，而相易相生相摩，渐以化为异物。"② "与之"就是吸引；"奋之"就是排斥；所谓"知"就是欲恶去就的能力。章太炎把事物的变化之因归结为原质之间的吸引与排斥，虽然具有机械性，但考虑到他所处的时代，仍具有一定的合理性；但是，他进而把事物所具有的"欲恶去就"的能力解释为万物皆有知，就不可避免地使他的理论带上了泛神论色彩。事实上，他自己对泛神论也是持肯定态度的，他说："近世斯比诺莎所立泛神之说，以为万物皆有本质，本质即神。"③ "若其不立一神，而以神为寓于万物，发蒙叫旦，如鸡后鸣，瞻顾东方，渐有精色矣。"④ 认为万物皆有神的观点正是无神论的前奏，"泛神者，即无神之逊词耳。"⑤ 章太炎以泛神论否定了上帝的本体地位，他断言"夫非有'上帝'之造之，而物各自造之"⑥。这种看法无疑具有进步意义，然而他视万物皆有知，显然不符合科学原则，

---

① 《章太炎选集》，上海人民出版社1981年版，第62页。
② 《章太炎选集》，上海人民出版社1981年版，第63页。
③ 《章太炎全集》第4卷，上海人民出版社1985年版，第400页。
④ 《章太炎全集》第4卷，上海人民出版社1985年版，第401页。
⑤ 《章太炎全集》第4卷，上海人民出版社1985年版，第372页。
⑥ 《章太炎选集》，上海人民出版社1981年版，第60页。

并且为其后来思想的转变埋下了伏笔。

二 什么是"真如"说?

1903年,章太炎因"苏报案"被捕入狱。1906年他出狱后去日本,开始反思自己的前期思想,着力点由对存在的考察转到对价值意义的关注。这时,他思考的一个实际问题是:究竟什么是发动民众投入革命最有效的思想理论?为了回答这个问题,他选择了佛教,特别是法相宗中的唯识论。他认为这才是对民众"发起信心"最理想的哲学武器,遂主张"用宗教发起信心,增进国民的道德","用国粹激动种性,增进爱国的热肠",希望以此唤起民众投身革命的热情。他试图对法相唯识宗加以改造,建立一种可以鼓动革命的新宗教。他说:"今之立教,惟以自识为宗。识者云何?真如即是惟识实性,所谓圆成实也。"① 应该说,他的这种主观愿望与其革命的政治主张是一致的。但是,却与其前期的哲学思想相矛盾。

从存在的角度看,章太炎认为"阿屯"为本体。可是,在价值意义上,"阿屯"是中立的,不能为人搭建意义世界提供价值担保。当章太炎追问价值本体的时候,他不得不放弃"阿屯"观念,另辟蹊径。从价值的维度看,他不再认同原子论,而把佛教中的"真如"视为本体。何谓"真如"?他的看法是:"《成唯识论》云:真如即是唯识实性。以识之实性不可言状,故强名之曰如。"② "真如"就是"唯识实性",他把"识"(精神、观念)看成唯一真实的存在,把物质世界看成"识"变现出来的假象:"一切众生,同此真如,同此阿赖耶识。"③ 阿赖耶识是唯识宗

---

① 《章太炎全集》第4卷,上海人民出版社1985年版,第414页。
② 《章太炎全集》第4卷,上海人民出版社1985年版,第414页。
③ 《章太炎全集》第4卷,上海人民出版社1985年版,第414页。

"八识"中的第八识,是种子识,是世界万有的本原,从这个意义上讲,真如和阿赖耶识是同等程度的本体论范畴。为了维护"真如"或"阿赖耶识"的本体论地位,凡是与此相左的理论,都成了章太炎批判的靶子,甚至连自己早年曾坚持过的"阿屯说"、"以太说"、泛神论也不放过。他说:"说物质者,欧洲以为实有阿屯,印度以为实有钵罗摩怒,执为极细。而从此细者剖之,则其细至于无穷,名家所谓'一尺之棰,日取其半,万世不竭'者,彼不能辞其过矣。"①

章太炎的"阿屯"说和"真如"说显然是矛盾的,这种矛盾恰恰表现出他在本体论思考中的困惑:他无法从"阿屯"中找到价值真实的哲学依据,只好转向有神秘色彩的"真如"。在章太炎那里,到西方寻求存在本体的哲学思考模式,同到东方寻求价值本体的哲学思考模式,难以兼容,只能分别加以处理。

章太炎之所以在后期转向宗教,是因为他认识到,从事革命活动需要发挥个人的力量,倡导自尊无畏的勇敢精神。正是在这个意义上,他强调"自贵其心,不援鬼神"②,这在当时具有进步意义。但是,他由这种"一切唯识"的观念出发,主张取消主观与客观的对立,化解一切差别和矛盾,消泯彼此、是非、大小、文明野蛮的界限,最终还是陷入了"万物齐一"的相对主义误区,陷入了"一切唯心"的虚无主义误区。

第六节 孙中山的进化本体论

康有为把本体说成"元",谭嗣同把本体说成"以太",章太炎把存在本体说成"阿屯",把价值本体说成"真如",尽管说法

---

① 《章太炎全集》第4卷,上海人民出版社1985年版,第406页。
② 《章太炎全集》第4卷,上海人民出版社1985年版,第369页。

各不相同,但有一个共同点,那就是都有意无意地把本体描述为某种自在的、自足的"东西"。由此带来一系列问题:这个"东西"与现象世界构成怎样的关系?本体在现象世界之上呢,还是在其后呢,抑或在其中呢?这成为他们无法解决的难题。章太炎一方面用"阿屯"解释物质现象,另一方面用"真如"解释精神现象,由此造成的困惑是:两个本体之间构成怎样的关系?怎样消解物质世界与精神世界之间的对立?鉴于它们的理论思维教训,孙中山不再把本体看成某种"东西",认为进化过程本身就是本体,不必将其归结为某种实体。他只看重本体的过程性,而取消了本体的实体性,将物质现象和精神现象都统一到进化过程之中,形成有特色的进化本体论学说。

一 进化怎样表现于物质过程?

孙中山的本体论思想涉及西方近代自然科学理论的各个方面,特别是进化论、星云说和细胞学说。他利用这些学说理论提供的思想材料,形成一种独到的哲学观点,并且将其同中国固有思想结合起来,以便使之更容易为国人所接受。他不只是单纯地接受达尔文的进化论思想,还将其与近代以太说、星云假说、地质学等自然科学理论结合起来,用以说明进化的物质过程。他将宇宙的进化过程分为"物质进化""物种进化""人类进化"三个时期,认为生物进化只是物质进化过程中的一个阶段。

关于物质进化时期,他说:"元始之时,太极(此用以译西名'伊太'也)动而生电子,电子凝而成元素,元素合而成物质,物质聚而成地球,此世界进化之第一时期也。今太空诸天体多尚在此期进化之中。而物质之进化,以成地球为目的。"[①] 在这里,孙中山用中国传统哲学中的本体论范畴"太极"来译西

---

① 《孙中山选集》上册,人民出版社1981年版,第156页。

"以太"一词，使西方自然科学的观念更加容易被中国人所接受、所认同。这种做法与康、梁等人将"以太"附会为"仁"的做法不同，它以近代自然科学的积极成果充实固有哲学范畴，赋予"太极"以全新的时代内涵。他从"太极"或"以太"这一本体论观念出发，解释宇宙的进化过程：由于"太极"或"以太"的运动才产生了电子；由电子而有元素，由元素而成物质；由于物质的进化发展，最后形成地球。孙中山将近代物理学、化学等方面的知识结合起来，说明了宇宙本原的物质性。1924 年，孙中山依据星云假说和地质学等自然科学理论，再次肯定了宇宙本原的物质性，他说："照进化哲学的道理讲，地球本来是气体，和太阳本是一体的。始初太阳和气体都是在空中，成一团星云，到太阳收缩的时候，分开许多气体，日久凝结成液体，再由液体固结成石头。"① 根据这种思想，他指斥中国古代的盖天说"大谬"，强调"人类发生以前，土地已自然存在，人类消灭以后，土地必长此存留"②。孙中山把具有物质属性的"太极"看成宇宙进化的哲学基础，表现出明显的唯物主义倾向，但他没有着重论证宇宙的物质性，而是强调宇宙的动态性。因此，他在提出"物质进化"的论断之后，便深入探讨"物种进化"和"人类进化"问题。

关于物种进化时期，他的看法是，地球形成后，产生了"生元"（细胞），"由生元之始生而至于成人，则为第二期之进化。物种由微而显，由简而繁，本物竞天择之原则，经几许优胜劣败，生存淘汰，新陈代谢，千百万年，而人类乃成"③。就是说，物种进化时期包括从"生元"的产生到人类的出现这一漫长的

---

① 《孙中山选集》下册，人民出版社 1981 年版，第 693—694 页。
② 《孙中山全集》第 2 卷，中华书局 1982 年版，第 514 页。
③ 《孙中山选集》上册，人民出版社 1981 年版，第 156 页。

过程。在这里,孙中山把"物种进化"看成宇宙进化的初级阶段,而把"人类进化"看成宇宙进化的高级阶段。他指出,人类的出现是"生元"演进的结果,但不是"生元"的直接产物,在这一过程中,"极简单的动物,慢慢变成复杂的动物,以至于猩猩,更进而成人"①。更多的时候,孙中山把人类的起源问题与地球形成联系起来,"因为讲地球的来源,便由此可以推究到人类的来源"②。

孙中山把进化看成自然界发展、万物产生、人类社会进步的本体论依据,已超出了达尔文生物进化论的范围。他的这一思想告诉人们:世界原初只有无生命的"物质",经过长期的"物质"进化,才产生了有生命的"物种",再经过长时间的"物种进化"才出现了人类。整个世界的发展都是物质的进化。这就说明了世界的本原是物质,而不是精神,生物、人类是物质进化的结果,而不是神或上帝创造的。

孙中山对世界进化的三个时期进行了详细的考察,认为世界上万事万物,包括生物与人类,其形成与变化都来自"太极"或"以太"的运动。孙中山关于世界三个进化时期的思想,较为详细地用自然科学的有关知识说明了世界的客观形成过程,比起在其以前的思想家的论述来说,更加系统,更加有说服力。但是,不能把孙中山的进化本体论归结为唯物论,因为在他看来,进化过程除了体现在物质层面以外,还表现在精神层面。

二 进化怎样表现于精神层面?

孙中山在论述世界进化三个时期的过程中,已接触到物质与精神的关系问题。为了回答这一问题,他提出"生元有知"说。

---

① 《孙中山全集》第8卷,中华书局1986年版,第316页。
② 《孙中山选集》下册,人民出版社1981年版,第694页。

他说:"生元之为物也,乃有知觉灵明者也,乃有动作思为者也,乃有主意计划者也。"所谓"知",就是指"知觉灵明""动作思为""主意计划"等精神现象。"知"从属于"生元"。由于孙中山把"生元"看作构成生物机体的细胞,这就把"知"这种精神现象仅仅看作有生命的物质形态所独有,这就比章太炎的泛神论前进了一大步。当然,在这一问题上,孙中山也没有能够认识到精神现象是人所特有的。但是,在具体论述中,他主要是针对人类的认识能力而言的。他说:"人性之聪明知觉者,生元发之也。"① 他还具体说明了人体各部分的"生元"有着不同的"知"的作用。

孙中山认为"物质"与"精神"是两个最基本的哲学范畴:世界上的各种具体物体,都叫"物质",而"凡非物质者,即为精神"。他看到了物质与精神的区别,没有混淆二者之间的界限。在此基础上,他强调二者的联系,说:"总括宇宙现象,要不外物质与精神二者。精神虽为物质之对,然实相辅为用。考从前科学未发达时代,往往以精神与物质为绝对分离,而不知二者本合为一。"孙中山这样处理精神与物质二者之间的关系,反映出他的进化本体论的哲学视角,而不是实体本体论的哲学视角。他反对旧哲学中那种把物质或精神看成实体的观点,强调物质和精神都是进化过程的两个方面,"二者本合为一",不可以截然分离。从进化本体论出发,他既不认同唯物论,也不认同唯心论。有的学者也看到了这一点,但他们把孙中山哲学定性为"二元论",其实也不妥当,因为这还是从实体本体论的视角立论,并不符合孙中山的思想实际。笔者认为,进化本体论才是孙中山哲学的基本特色,无论是唯物论还是唯心论,抑或二元论,对于孙中山来说,都不合适。

---

① 《孙中山选集》上册,人民出版社1981年版,第121页。

孙中山有时运用中国哲学中的"体用"范畴来说明物质与精神的关系，他说："在中国学者，亦恒言有体有用。何谓体？即物质。何谓用？即精神。譬如人之一身，五官百骸皆为体，属于物质；其能言语动作者，即为用，由人之精神为之。二者相辅，不可分离。"① 承认物质为体，精神为物质之用，这既是对传统体用论的发展，也透露出物质决定精神的意思，但他并没有着意强调这一点。他在这里强调的，仍旧是"二者相辅，不可分离"。因此，不能用此证明孙中山是唯物论者。有时为了强调人的主体能动性的重要，孙中山也特别强调精神的作用。例如，他为了鼓舞士气，曾以武器和精神为例说："两相比较，精神能力实具其九，物质能力仅得其一。"甚至说："革命精神者，革命事业之所由产出也。"②"夫心也者，万事之本源也。"③ 这些言论也不能证明孙中山是唯心论者。以往的研究者认为孙中山哲学在处理物质与精神的关系问题时存在着矛盾，其实是一种误解。如果我们不是从实体本体论的视角看，而是从进化本体论的视角看，强调物质与精神是进化过程的两个方面，乃孙中山的一贯思想。在孙中山的思想中，并不存在着物质与精神的矛盾。

中国近代哲学的本体论，经过上述康有为、谭嗣同、严复、章太炎的发展，到了中国旧民主主义革命领导人孙中山那里，达到了巅峰。康有为、谭嗣同的本体论学说尚显幼稚，对西方自然科学只是粗浅地涉及，没有加以深切的领会；严复虽然深谙西学，但是着重介绍进化论及社会政治学说，在本体论方面没有什么建树；章太炎由于深受佛教影响，也没能充分利用自然科学提供的思想资料思考本体论问题。孙中山吸收他们的理论思维成果

---

① 《孙中山全集》第6卷，中华书局1985年版，第12页。
② 《孙中山全集》第6卷，中华书局1985年版，第13页。
③ 《孙中山选集》上册，人民出版社1981年版，第117页。

和教训，以进化的观念处理物质与精神的关系问题，提出进化本体论学说，基本上完成了由古代哲学形态到近代哲学形态的转变。孙中山的进化本体论既有实然的观照，也有应然的观照，比较成功地把"天人合一"的哲学思维模式同"主客二分"的哲学思维模式结合起来。他讲究"化"，继承和发展了传统哲学中天人之间存在有机联系的本体论思路；但也看到物质进化的自在性和人类进化的后起性。他讲究"进"，既是事实判断，也是价值判断，包含对"进步""发展"等近代价值理念的充分肯定。

第五章　知行新解

由于中国近代思想家从进化发展的维度看历史，从关注现实的维度看世界，知识论态度随之也发生了变化。他们重视工具理性，渴望得到实用的知识，适应时代发展的需要，完成了知行观念的更新。

第一节　知行观转向

西方近代哲学采用主客二分的哲学思维模式，实现了本体论转向，同时也实现了知识论转向。知识论转向的力度，到后来超过了本体论转向的力度，以至于在西方哲学界流行着"哲学就是知识论"的说法。

西方近代哲学中知识论转向，是相对于基督教的神学知识论而言。在基督教的话语系统中，所谓知识，特指关于教义的知识。这种知识来自上帝，来自神启，同主体与客体皆没有关系。这种知识的获得，不必通过主体与客体相互作用的途径，而是来自《圣经》教义的体验。在这种语境中，不可能展开关于知识论的哲学研究。直到西方近代，这种知识论态度才被哲学家改变了。他们所说的知识，不再是关于教义的知识，而是指关于事实的知识。这种知识，只能在主体与客体相互作用的过程中得到，与神启没有关系。早期哲学家采取划界的办法，为哲学知识论争取地盘，强调"神启的真理"与"事实的真理"有区别；后来的哲学家则不再理会"神启的真理"，只追问"事实的真理从哪里来？"于是，哲学知识论便成为哲学家研究的主要话题。有些哲学家强调知识来源于客体，强调经验在知识形成中的作用，被称为经验论者；有些哲学家认为知识不完全取决于客体，同主体也有密切关系，强调理性在知识形成过程中的作用，被称为唯理论者。无论是经验论者，还是唯理论者，都是近代哲学知识论转型的推动者。

在中国哲学史上，没有出现西方中世纪那样的神学知识论，也没有出现西方那种只追问"知识是从哪里来"的哲学知识论。不过，在中国哲学中，有与西方哲学知识论类似的知行观。知行观所探讨的问题，包括知识论，但不限于知识论，因为这是一种关于知识和实践的综合考察。在中国哲学中，"行"的原义是脚踏实地、走在路上。许慎在《说文解字》中对行的解释是："行，人之步趋也。从彳，从亍。凡行之属，皆从行。"从"行"的原义里，可以引申出践履、行动、探索、活动等多种意思，把这些意思用现代的哲学术语来说，就是实践。行包含着目的性，对于目的的清楚了解和准确定位，就是中国哲学中的知。所以，中国哲学中的知，并不是那种为学术而学术的纯知识，而是与行、与实践密切相关的实用知识。这种知识来自实际，指导实际，故而中国古代哲学家往往把知与行相提并论，强调知必须落实到行动中，形成重行的传统。

尽管中国古代哲学中的知行观有别于西方的神学知识论，但仍旧不能避免前近代的局限性，那就是轻视关于事实的知识，并且也没有紧紧抓住主体与客体之间的关系，深入考察知识的来源、形成过程、实际效用、检验标准等专门的知识论问题。在中国古代哲学中，正统的知行观认为，"知"大体上可以分为两种。一种叫作"闻见之知"，即人们通过感官获得的关于事实的知识；

另一种叫作"天德良知",即关于道德价值的知识。"天德良知"发自本心,通过修身的途径得到,与"闻见之知"不属于同一类型。相比较而言,天德良知高于闻见之知,因其关乎做人的原则,故而成为哲学家关注的重点;至于闻见之知,不过是雕虫小技而已,登不得大雅之堂,并不为哲学家重视。按照正统知行观的说法,"行"亦可以分为两种。一种是广义的,泛指人的一切行为;另一种是狭义的,特指道德践履。在正统的知行观中,所谓知行合一,是指天德良知与道德践履具有一致性,并非现代哲学中认识论意义上的认识与实践相统一。正统知行观的特点是:重视天德良知,轻视见闻之知;重视道德践履,轻视人的其他行为。这种知行观有助于人们提升道德境界、人格素质,却不能为人们获得关于事实的知识提供认识工具。它可以满足古代人安顿价值的精神需求,却不能满足近代人获取实用知识的精神需求。

　　西方近代知识论的转向,可以说是对神学知识论的颠覆;而中国近代知行观的转向,则是对正统知行观的改造。对于正统知行观,中国近代思想家既有超越,也有继承。他们对正统知行观的超越,主要表现为三点。第一,转移关注的重点。他们不再过分关注天德良知,而把目光移向关于事实的知识。第二,扩大"知"的内涵。近代思想家所说的"知",不再局限于天德良知,也超出了闻见之知的范围,引入了科学知识的内容。第三,扩大了"行"的内涵。近代思想家所说的"行",不再指狭义的道德践履,而是指人的所有行为,尤其是指改造中国社会、挽救民族危亡的政治实践。他们对于正统知行观的继承表现在,仍旧保持知行合一的传统,综合地考察知行关系,而没有像西方近代哲学家那样单独从学理的角度追问"知识是从哪里来的"理论问题,因而也没有形成经验论与唯理论的对立。所以,本书的提法是"知行观转向",而不是"知识论转向"。

　　推动知行观转向的动因,在于中国社会发展的需要。近代思想家从中国近代以来屡屡遭到失败的教训中,深切感受到中国与西方列强之间的差距,既包括科学知识水平上的差距,也包括技术能力方面的差距。要想化解这些差距,必须对正统知行观加以调整。正统知行观无法指导人们把握近代中国急剧变化的社会现实,改弦更张势在必行。换句话说,严峻的社会现实要求知行观必须从价值型转向知识型。这种转型是围绕"救亡图存"这一时代主题而展开的。中国近代思想家对知行观的探讨,选择了两个新的取向:一是在社会政治实践向度上,高扬意志的作用,寻求民族独立和国家富强精神动力;二是科学认识向度上,要求摆脱中国因科学技术落后而被动挨打的局面,寻求繁荣科学的理论支撑。他们接受西方科学和哲学的影响,试图克服传统知行观的局限,建立新型的知行观。在建构新型知行观方面,谭嗣同、严复、章太炎、孙中山皆有贡献,下面分节具体介绍。

第二节 谭嗣同的"贵知"说

谭嗣同杂糅华梵中西各家,建立了一个内容庞杂的《仁学》思想体系。他借用西方自然科学中流行的"以太"概念,用来标识儒家的"仁",认为"仁""以太""灵魂",都具有本体的意义。在他建构的"以太—仁"的本体论中,"以太"的客体意味较强,而"仁"的主体意味较强,然而,他还没有把主体与客体明确地区分开来。由于这个原因,他也没有从主体与客体相互关系角度,深入研究知识论问题。他在知行观转型方面的贡献,在于更新"知"与"行"的内涵,做出有别于古代哲学的界定,提出有特色的"贵知"说。

一 知行何者为贵?

谭嗣同知行观是一种抽象的知行观。所谓"抽象",有两层意思。一是说他关于知行的界定，并不建立在对人的认识和实践具体考察的基础之上，而是从其本体论学说中演绎出来的。在"以太—仁"的本体论视域中，人既是精神的存在，也是肉体的存在。人作为精神的存在，表现为"知"；人作为肉体的存在，表现为"行"：这就是他赋予知行观念的新内涵。二是说他对以往正统的知行观作了泛化的处理。他不再像前人那么看重天德良知，对闻见之知亦不再轻视；不再那么看重道德践履，把人的所有行为都纳入"行"的范围。尽管他仍旧沿用传统的知行范畴，但毕竟努力避开伦理化倾向，为更新其内涵做准备，已跨入近代的门槛。

他把基督教中的灵魂观念引入知行观，对"知"做了两种区分：一种是同人后天的行为有关、在经验基础上形成的"业识"；另一种是同人的后天行为无关、先天就有的"灵魂之知"，又称为"智慧"。所谓"业识"，显然是指通常意义上经验知识。这种知识究竟从何而来？究竟如何形成？这是研究知识论不能放过的话题，谭嗣同竟全部放过了，并未做深入探究。笔锋一转，他把目光移向"灵魂之知"或"智慧"。他的看法是："智慧生于人"，"知则出于以太"，而"灵魂者，即其不生不灭之知也"①。基于这样的论断，他主张："吾贵知，不贵行也。知者，灵魂之事也；行者，体魄之事也。"② 在知行关系问题上，他明确地把"灵魂之知"或"智慧"摆在首位。

谭嗣同并不否认感觉是人接触现实世界的桥梁，他说："耳目之所措接，口鼻之所摄受，手足之所持循，无所往而非实者。"但是，他又指出感官认识的局限性，"眼耳鼻舌身意所及接者，曰色身香触味五而已，以法界虚空界众生界之无量无边，其间所

---

① 《谭嗣同全集》（增订本），中华书局 1981 年版，第 311 页。
② 《谭嗣同全集》（增订本），中华书局 1981 年版，第 369 页。

有，必不止五也明矣。仅凭我所有之五，以妄断无量无边，而臆断其有无，奚可哉！"① 在他看来，人的五官所直接接触的外界事物，仅仅是色、声、香、味、触而已，因而人的感觉范围是有限的，不可能从根本上认识无限的宇宙。他夸大感觉的局限性，进而否认人的感觉能够以世界总体为认识对象。他说："眼耳之果足恃耶否耶？鼻依香而逝，舌依味而逝，身依触而逝，其不足恃，均也。"② 他认为，五官感觉的有限性，导致人的感觉的不确定性。如果人们仅仅依靠感官渠道，所得到的只是"业识"，还不等于"智慧"。对于人的行为来说，"智慧"显然比"业识"更为重要。

二 业识如何转成智慧？

谭嗣同对"业识"和"智慧"做了比较，得出的结论是后者高于前者。他说："手足之所接，必不及耳目之远；记性之所含，必不及悟性之广，权尺之所量，必不及测量之确，实事之所丽，必不及空理之精。"③ 业识建立在感性经验的基础上，具有不确定性，不足依赖，不能帮助人们树立世界观。那么，人们如何把握世界总体呢？谭嗣同根据佛教唯识宗的理论，提出了"转识成智"说。他说："苟不以眼见，不以耳闻，不以鼻嗅，不以舌尝，不以身触，乃至不以心思，转业识而成智慧。"④ 在他看来，只有抛弃感性甚至理性认识（"心思"），然后才能获得"一多相容"，"三世一时"的"真理"。他认同佛教的"转识成智"说，把"智慧"定性为不依靠感觉和理性的纯粹意志、宗教性的直观或道德修养。他没有把大脑看作认识的主体，而强调佛教唯识宗所

---

① 《谭嗣同全集》（增订本），中华书局1981年版，第317页。
② 《谭嗣同全集》（增订本），中华书局1981年版，第318页。
③ 《谭嗣同全集》（增订本），中华书局1981年版，第369页。
④ 《谭嗣同全集》（增订本），中华书局1981年版，第318页。

说的"藏识",才是认识赖以形成的本体。

唯识宗认为,"藏识"不但是人的意识的本体,而且是天地万物的根源。谭嗣同接受了这一观点,把"藏识"与"心"等同起来,认为"佛之所谓藏,孔子所谓心"。人内心本来就有具备了一切的"仁",只要据此发挥,就能产生出一切智慧,产生出勇敢以及"礼""义""信"等道德品质和观念。因为不相信感性认识,谭嗣同也就轻视行在认识中的作用。他把知和行割裂,把抽象的"知"置于更高的地位,强调它属于"灵魂之事",可以不生不灭,通天地万物人我为一身;而行是属于"体魄之事",必然受到人的生死和各种条件的限制。行是依赖于知的,不知不能行,能知必能行。因此,他主张向内求助于"心力",认为"人力或做不到,心当无有做不到者。……心之力量,虽天地不能比拟,虽天地之大,可以由心成之、毁之、改造之,无不如意"①。通过一系列的论述,谭嗣同最终把行消解到知中。他把"知"的含义与意志等同起来,无限夸大"心力"的作用,得出"以心挽劫"的结论。在知行观方面,谭嗣同开启了从注重伦理价值到宣扬意志作用的转向。在一个民智未开而极端专制的国家,进行维新变法,本来就是一项极其艰辛的事业,这些先进的中国人在找不到现实的力量之前,需要这种一往无前的大无畏精神作为支撑。这正是谭嗣同的知行观在近代思想史上的积极意义之所在。

第三节 严复的"实测"说

谭嗣同超越了以往正统的知行观,已达到近代知识论论域的边缘,但并未真正进入这一论域。真正的进入者是严复。他是第

---

① 《谭嗣同全集》(增订本),中华书局1981年版,第460页。

一个从主体与客体关系入手，研究狭义知识论的中国学人。他的关注点，已从天德良知，移向闻见之知，专门探讨实用知识尤其是科学知识如何获得的理论问题。由于有在英国留学的经历，使他切身感受到了西方科学技术的发达程度，感受到中国人与西方人在知识论态度上的差异，感受到双方在知识水平上的差距。他开始认真思索造成这种差距的原因，对中国原有的知识论态度作了检讨，突出了获取实用知识的经验原则和逻辑原则。他在对中学与西学加以比较的基础上，借鉴西方哲学家的理论思维成果，提出了带有近代色彩的"实测"说。

一 如何从"夸多识"迈向"尊新知"？

严复是中国第一个从学术特征的角度对中西之学加以比较的学人。他认为，中学和西学的明显区别在于："中国夸多识，而西人尊新知。"① 中国的传统学术以"夸多识"为基本特征，遂以读书穷理为基本方法；西方近代学术以"尊新知"为基本特征，遂以经验实证为基本方法。由于各自采取的方法不同，学术风格也不同：西学务致实用，中学务虚玄思。由于各自采取的方法不同，实际效果也不同：西方越来越强盛，中国越来越衰弱。严复认为，中国要想改变积贫积弱的状况，必须改变知识论态度，从"夸多识"转向"尊新知"。

严复介绍说，在西方"其学绝驯实，不可顿悟，必层累阶级，而后有以通其微"②。西方学者重视致实求理的过程，做学问的路数与中国学者不一样。"西学格致，则其道与是适相反。一理之明，一法之立，必验之物物事事而皆然，而后定之为不易。其所验也贵多，故博大；其收效也恒，故悠久；其究极也，必道

---

① 《严复集》第 1 册，中华书局 1986 年版，第 3 页。
② 《严复集》第 3 册，中华书局 1986 年版，第 780 页。

通为一，左右逢源，故高明。方其治之也，成见必不可居，饰词必不可用，不敢丝毫主张，不得稍行武断，必勤必耐，必公必虚，而后有以造其至精之域，践其至实之途。"① 严复注意到，"且其为事也，又一一皆本之学术；其为学术也，又一一求之实事实理，层累阶级，以造于至大至精之域，盖寡一事焉可坐而论而不可起行者也"②。在严复看来，西方学术以充分说理为特色，"持一理论一事也，必根柢物理，征引人事，揣其端于至真之原，究其极于不遁之效而后已"③。而中国人做学问，则远没有西方学者那么讲究说理性，常常是语焉不详。严复拿中国的《大学》与斯宾塞的《群学肄言》相比较，他发现，《群学肄言》涉及的内容同《大学》"所谓诚正修齐治平之事有不期而合"，可是《大学》的表达方式却是"引而未发，语而不详"，而斯宾塞的《群学肄言》则"精深微妙，繁富奥衍"。严复引用赫胥黎的话说："读书得智，是第二手事，唯能以宇宙为我简编，民物为我文字者，斯真学。"④ 严复很欣赏西方人这种做学问的方法，因为这种方法把观物察变的能力看成获得"真学"的关键手段，有如钓鱼所用的鱼竿、捕兔所用的夹子。相比之下，中国传统学者做学问，过于看重书本，实际上把"第二手事"当成了"第一手事"，缺少向自然和社会"求真学"的精神。"中土之学，必求古训。古人之非，既不能明，即古人之是，亦不知其所以是。"⑤ 这种做学问的方法已不适用于当今中国社会的需要，必须改弦更张。不光要除掉破坏人才的八股，就连宋学、汉学、词章等小道，也应该束之高阁。严复有一位朋友痛切地指出："华风之敝，八字尽

---

① 《严复集》第1册，中华书局1986年版，第45页。
② 《严复集》第3册，中华书局1986年版，第11页。
③ 《严复集》第1册，中华书局1986年版，第6页。
④ 《严复集》第1册，中华书局1986年版，第29页。
⑤ 《严复集》第1册，中华书局1986年版，第29页。

之：始于作伪，终于无耻。"① 严复颇有同感。他毫不掩饰自己对蹈虚而作、不顾事实的旧学风的厌弃，宁肯背负发狂之名，也不愿重蹈"作伪"和"无耻"的故辙。

在中西学术的对比中，他痛陈中国变革学风的必要性，主张引入西方人治学的实证方法。他羡慕西方那种"求真学"的精神，强调这种精神的实质，就是向自然、向社会学习，而不仅仅是向书本学习。所谓"真学"也就是"新知"，即不断地向人类知识的宝库中添加新的珍宝。以"真学"的标准来衡量，旧学显然不够格，因为按照旧学的方法做学问，得到的是"多识"，而不是"新知"，充其量不过是重复前人的见识，不可能增加人类知识的总量。在严复看来，这大概就是中国越来越落后、西方越来越发展的原因之所在。中国要想赶上西方，就再也不能沿袭"夸多识"的老路了，必须转入"尊新知"的轨道。

严复指出，由于中国学人做学问的路数不对头，不可避免地造成种种弊端，落在了西方人的后面。他对旧学的评判是："一言以蔽之，曰：无用。非真无用也，凡此皆富强而后物阜民康，以为怡情遣日之用，而非今日救弱救贫之切用也。"② "吾又得一言以蔽之，曰：无实。非果无实也，救死不赡宏愿长赊。所托愈高，去实滋远。徒多伪道，何裨民生也哉！"③ "由后而言，其高于西学而无实；由其前而言，其事繁于西学而无用，均之无救危亡而已矣。"④ 他把改革学风提到救亡图存的高度：中国不能再沉湎于"无用""无实"的旧风气之中了，必须开启"有用""有实"的新学风，力求走出困境，迎头赶上。

严复指出，中国原有做学问的路数不可取，选拔人才的科举

---

① 《严复集》第 1 册，中华书局 1986 年版，第 53 页。
② 《严复集》第 1 册，中华书局 1986 年版，第 44 页。
③ 《严复集》第 1 册，中华书局 1986 年版，第 44 页。
④ 《严复集》第 1 册，中华书局 1986 年版，第 29 页。

制度更不可取。饱尝科举之苦的严复，痛陈科举制度的种种弊端。他说："夫科举之事，为国求才也，劝人为学也。求才为学二者，皆必以有用为宗，而有用之效，征之富强；富强之基，本诸格致。不本格致，将无所往而不荒虚，所谓'蒸砂千载，成饭无期'者矣。"[1] 他指出，科举制度有三大害处：滋游手，坏心术，锢智慧。科举制度造就了一大批闭塞视听的无用之辈，不仅达不到培养人才的目的，反而成了扼杀人才、毁灭人才的陷阱。

他批评旧式的治学方法"师心自用""向壁虚造"，不讲究可操作性。用这种方法做出来的学问，往往于事无补；用这种方法做这样学问的人，好像骊山博士说瓜一样，"不问瓜之有无，议论先行蜂起"。在他看来，这种人不仅可笑，而且可恨，即便像骊山博士那样被秦始皇杀掉，也不为过分。反观西学，绝不如中国旧学这般务虚。"然而西学格致，则其道与是适相反。一理之明，一法之立，必验之物物事事而皆然，而后定之为不易。其所验也贵多，故博大；其收效也必恒，故悠久；其究极也，必道通为一，左右逢源，故高明。"[2] 西方人治学，重在实证。"凡学之事不仅求知未知，求能不能已也。学测算者，不终身以窥天行也；学化学者，不随在而验物质也；讲植物者，不必耕桑；讲动物者，不必牧畜。其绝大妙用，在于有以炼智虑而操心思，使习于沈者不至为浮，习于诚者不能为妄。是故一理来前，当机立剖，昭昭白黑，莫使听荧。"[3] 由于中西学者采取的治学方法不同，做出来的学问也不同。比如面对竹子，西方的植物学家可以讲出一番科学的道理；而中国的王阳明格了七天竹子却格出一场病，仅得出"以道眼观一切物"的感慨。相比之下，中西治学方

---

[1] 《严复集》第1册，中华书局1986年版，第43页。
[2] 《严复集》第1册，中华书局1986年版，第45页。
[3] 《严复集》第1册，中华书局1986年版，第45页。

法的优劣，不言自明。

关于西学的治学方法，严复概括为三条。他说："大抵学以穷理，常分三际，一曰考订，聚列同类事物而各著其实。二曰贯通，类异观同，道通为一。考订或谓之观察，或谓之演验。"①"近世格致家乃救之以第三层，谓之试验。试验愈周，理愈靠实矣，此其大要也。"② 观察、推理、试验是西方人"求真学"的主要手段，严复主要阐发了第一条和第二条，没有更多地论及第三条。他把观察的方法叫作"内导"，由事及理，由个别到一般，从事事物物中归纳出其规律；他把推论的方法叫作"外导"，即由理及事，由一般到个别，由已知的规律推演出未知的新规律。这样，严复就把西方实证的方法，分解为两条原则：一条是经验的原则，另一条是逻辑的原则。严复对这两条原则大力加以倡导，并且做了比较深刻的阐发。

二 如何把握经验原则？

严复是近代中国第一个接受实证方法训练的人。他对实证方法的理解，固然受到19世纪末英国实证论者的影响，但更多的是受惠于西方近代的实证科学。有人把严复说成"中国第一个实证论者"，笔者不能同意这种看法。笔者认为，当时的严复刚刚接触西方的学术思想，对他刺激最大、使他感受最深的是实证科学，而不可能是实证哲学的一般原则。这时的严复，还算不上是实证论者。他对实证方法的理解，主要表现在对实证科学的崇信上。按照他的理解，实证科学所采取的实证方法，与旧式学者的最大区别就是注重经验观察。

在严复的视野中，判断是非的标准，已经不是正统儒学的纲

---

① 《严复集》第1册，中华书局1986年版，第93页。
② 《严复集》第1册，中华书局1986年版，第93页。

常观念。他不以中国已有的规范为准则,而始终以西方学术为参考系,严格校正中国政治、文化方面出现的偏差。他所使用的这一工具,就是对实证科学的崇信和对实证方法的推广。在他看来,实证方法不同于中国已有的重参悟、重内省的思想方法,也不同于西方近代以前的思想方法。它体现在西方近代自然科学发展过程中,以观察和实验的手段,通过考察客观事物,获取科学的认识。他说:

> 盖自西人言理以来,其立论树义,与中土儒者较明,最为相近者,雅里氏(Aristotle)一家而已。元明以前,新学未出,泰西言物性、人事、天道者,皆折衷于雅里氏。其为学者崇拜笃信,殆于中国孔子侔矣,洎明中业,柏庚(Francis Bacon,今译培根)起于英,特嘉尔(Rene Descartes,今译笛卡儿)起于法,倡为实测内籀之学,而奈端(Sir Isaac Newton,今牛顿)嘉里列倭(Galileo,今译伽里略)哈尔维(William Harvey,今译哈维)诸子,踵用其术,因之大有所明,而古学之失日著。①

在严复看来,实证的方法与传统的思想方法之间的差异,不是中外之别,而是古今之别。西方古代亚里士多德的思想方法同孔子差不了多少,西方学风从培根、笛卡儿才开始大变,以后涌现出牛顿、伽里略、哈维等科学家,把实证的方法付诸实践,创立了近代自然科学。严复把伴随近代自然科学产生的实证方法,叫作"实测内籀"。所谓"实测",就是实地观察,收集第一手资料,掌握研究对象的方方面面;所谓"内籀",是指从经验出发的归纳法。严复说:"'内籀'东译谓之'归纳',乃总散见之

---

① 严复译:《天演论》卷下,商务印书馆1931年版,第80页。

事，而纳诸例之中，如史家见桀亡，纣亡，幽、厉二世皆亡，由是知道无道之主莫不亡，此内籀也。"① 照严复看来，中国学人对于归纳法并不算陌生，史家早就懂得对史书记载的史实加以归纳，并且得出"无道之主莫不亡"的结论。问题在于，中国学人没有把归纳法同"实测"联系起来，只是在书本里讨生活，没有认真贯彻"实测"的原则。所以，中国学人仍需转变思想方法，学习西方近代科学的实证方法。严复用中国传统哲学术语"格物致知"诠释"实测内籀"，并且指出这种方法操作起来并不是很困难的事。"夫格物致知之事，非必上智，亦非必学者乃克为之。虽涂中小儿，其必为此，与大哲家圣人无以异，特精粗完缺之不侔耳。方其始也，必为其察验，继乃有其内籀外籀之功，而其终乃为其印证，此不易之涂术也。"这里，严复把"实测内籀"之学与中国传统的格物致知联通起来，把"格物"看成观察，把"致知"看成归纳，赋予"格物致知"这一传统命题以新的含义。

严复认为，"实测内籀"法的基本要求是："一理之明，一法之立，必验之物物事事而后定之为不移。"② 就是要用经验事实验证结论的正确性，而不是迷信某种权威。从这个意义上说，采取"实测内籀"的方法必须贯彻尊重事实的理性精神，而这一点正是中国学人所缺少的。中国学人"所考求而争论者，皆在文字楮素之间，而不知求诸事实。一切皆资于耳食，但服膺于古人成训，或同时流俗所传言，而未尝亲为观察调查使自得也"。这样，形成了中国学人千年来的只相信耳朵、不相信眼睛的不良习惯："少日就傅读书，其心习已成牢锢，及其长而听言办事，亦以如是心习行之。是以社会之中常有一哄之谈，牢不可破，虽所言与事实背驰，而一犬吠影，百犬吠声之余，群情汹汹，驯至大乱，

---

① 《严复集》第1册，中华书局1986年版，第280页。
② 《严复集》第1册，中华书局1986年版，第45页。

国之受害，此为厉阶。"① 在这种不良习惯的导引下，人们只听从师说、习心、长者之言，而对于现实世界的真实情况，却不闻不问，甚至不断地上演"一犬吠形，百犬吠声"的悲剧。在严复看来，这种不良习惯必须根除，否则中国没有进一步发展的希望。

严复主张把"学"与"术"区别开来，改变中国有"术"无"学"的状况。他指出："学者，即物而穷理，即前所谓知物者也。术者，设事而知方，即前所谓问宜如何也。然不知术之不良，皆由学之不明之故；而学之既明之后，将术之良者自呈。""是故取古人谈治之书，一科学正法眼藏观之，大抵可称为术，不足称为学。""术"是指具体做法，"学"是指原理原则。中国学人只是关注具体做法，而不了解指导这种做法的原理原则；而在西方，"业无论兵、农、工、商，治无论国、家、天下，蔑一事不资于学"②。这恐怕是西方强、中国弱的原因之一。举个例子来说，"今夫中国，非无兵也，患在无将帅。中国将帅，皆奴才也，患在不羁而无术"③。爱士之仁，报国之勇，是可以得到的，这是心量气度方面的才能；而"至于阳开阴闭，变动鬼神，所谓为将之略者，则非有事于学焉必不可"。所以，三角、几何、火炮原理等都必须掌握，方足以胜任将领之位。而在中国，军中多有奇门遁甲之术，以武夫识字的水平治理军中之事，与西方列强交战，焉有不败之理？要想改变有"术"无"学"的状况，必须弃旧从新，采纳"实测内籀"的方法，努力提高理论思维水平。

三　如何把握逻辑原则？

严复接触到西方近代科学的实证方法的时候，使他感受最强

---

① 《严复集》第1册，中华书局1986年版，第281页。
② 《严复集》第1册，中华书局1986年版，第48页。
③ 《严复集》第1册，中华书局1986年版，第47页。

烈的是经验原则，依据这条原则，他深刻反思了中国传统治学方法的弊端。除此之外，他还注意到关于实证方法的逻辑原则以及逻辑原则与经验原则之间的紧密联系。正如蔡元培所指出的那样，严复已经认识到名学在革新中国学术中的关键作用。在严复的译著中，除天演论外，最引人注目的是名学。严复认为，逻辑"为一切法之法，一切学之学"①，"二百年学运昌明，则又不得不以柏庚氏之摧陷廓清之功为称首"②。在严复看来，自从培根提出经验归纳法之后，西方旧的治学方法的局限被突破，于是新兴科学的发展日益明显。由于严复对培根的逻辑思想极为推崇，所以他在逻辑思想方面偏重于归纳逻辑，但同时也注意到了演绎逻辑和三段论推理。他把归纳逻辑叫作"内籀"，而把演绎逻辑叫作"外籀"。

在严复看来，逻辑学对于任何学问来说，都是入门的钥匙。他说："观其次第，惟以名学入门为有当。"③ 在西方，近代科学的发展以逻辑学为先导；在中国，逻辑学也将引发研究范式的更新，"其力能使中国旧理什几尽废，而人心得所用力之端"。按照严复的理解，"观西人名学，则见其于格物致知之事，有内籀之术焉，有外籀之术焉。内籀云者，察其曲而知其全者也，执其微以会其通者也。外籀云者，据公理以断众事者也，设定数以逆然者也"④。"内籀"是由个别上升到一般，对大量的经验事实加以归纳，从而得出带有普遍性的结论。"外籀"是以一般指导个别，从确定的前提出发推导出正确的结论。严复关于归纳和演绎的思维特征的理解基本上是准确的。为了消除人们对内外籀之术的陌生感，严复试图用中国传统哲学的术语对其加以诠释。他指出，

---

① 《严复集》第 4 册，中华书局 1986 年版，第 1028 页。
② 《严复集》第 1 册，中华书局 1986 年版，第 29 页。
③ 《严复集》第 4 册，中华书局 1986 年版，第 905 页。
④ 《严复集》第 5 册，中华书局 1986 年版，第 1319 页。

"外籀"就是司马迁所说的"本隐之显";而"内籀"就是司马迁所说的"推见至隐"。按照他的看法,内外籀之术中国古已有之,可惜后人疏于此术,并不以此法论学行事,也没有从理论上加以总结和提高。因此,尽管中国古人先于西方人发现内外籀之术,但后来并未有建树,竟落在了西方人的后面。严复不无遗憾地说:"夫古人发其端,而后人莫能竟其绪;古人拟其大,而后人未能议其精,则犹之不学无术未化之民而已。"[1] 现在,中国学人必须认识到自己的不足之处,不能再抱残守缺了,应当积极引进西方的逻辑思想,推动思维方式的变革。正是抱着这样的目的,他翻译了《名学浅说》和《穆勒名学》等西方的逻辑学著作。

严复认识到,逻辑在知识形成的过程中起到非常重要的作用。他在《名学浅说》中说:"智识有待于思辨,思而精,辨而明,又有待于名学。故名学者,思辨之学也。必通名学,夫而后能决思理之无差,而有以照天下之事实,察夫辨言之妄,而不至日陷于过失与危机也。"[2] 在严复看来,逻辑是思想的工具,称为"即物穷理之最重要涂术"。人们只有遵循逻辑规则,才能盖成科学知识的大厦。西方人正是因为恰当地运用了归纳和演绎两种逻辑方法,才在自然科学方面取得了巨大的成功;在中国提升自然科学水平,同样要从掌握逻辑方法入手。

至于内籀与外籀的关系,严复强调,二者是相为表里,不可割裂的,相辅相成。"是以明诚三候(归纳,演绎,印证),阙一不可。阙其前二,则理无由立;而阙其后一者,尤可惧也。"[3] "夫外籀不与内籀对也,而实为内籀之术。"[4] 他正确地认识到,

---

[1] 《严复集》第 5 册,中华书局 1986 年版,第 1320 页。
[2] 严复译:《名学浅说》,上海商务印书馆 1909 年版,第 2 页。
[3] 《严复集》第 4 册,中华书局 1986 年版,第 1053 页。
[4] 严复译:《穆勒名学》,上海商务印书馆 1931 年版,第 104 页。

在认识过程中归纳与演绎是结合在一起的;但他把演绎归结为归纳,则反映出经验主义对他的影响。在处理归纳和演绎的关系时,严复倾向于归纳主义。不过,他对演绎、三段论也有相当深入的研究。他说,三段论的四格"各有宜用":"第一式宜于探索幽隐,推明物性;第二式宜于微辨异同,分疏疑似;第三式宜于标举专例,就同取独;第四式宜于擘析支流,即类知别。"① 这样,第一式是一般性原则,第二式是逻辑学中的区别格,起到划分认识界限的作用,第三式是说明个别的情况,第四式是对判断的性质做出结论。在运用三段论推理时,关键在于大前提是否正确;如果大前提错误,结论必然不正确。"故明者著论,必以历之所发见者为之本基。其间抽取公例,必用内籀归纳之术,而后可存。若夫向壁虚造,用前有假如之术,立为原则,而演绎之,及其终事,往往生害。"② 而得出公例的办法,就是归纳法,因此,他认为归纳法比演绎法更为重要,归纳是演绎的基础。

严复之所以非常重视归纳法,固然同他接受英国实证论者的影响有关,但这还不是主要原因;最主要的原因在于他是针对中国国情有感而发的。严复指出:"吾国向来为学,偏于外籀,而内籀能事极微,……故曰:生今为学,内籀之术,乃更重也。"③ 而中国的旧学"其外籀非不为也,为之又未尝不如法也,第其所本者大抵心成之说,持之似有故,言之似成理,媛姝者以古训而严之,初何尝取其公例而一考其所推概者之诚妄乎?此学术之所以多诬,而国民生之所以多病"④。严复从其逻辑思想出发,反思中国传统文化的缺陷。照他看来,中国学人在掌握"外籀"和"内籀"两个方面都存在着"不如法"的问题。在"外籀"方

---

① 《严复集》第4册,中华书局1986年版,第1043页。
② 《严复集》第1册,中华书局1986年版,第337页。
③ 严复译:《名学浅说》,上海商务印书馆1909年版,第64页。
④ 《严复集》第4册,中华书局1986年版,第1047页。

面，由于没有找到确实可靠的大前提为出发点，因而得出的结论也靠不住；而之所以找不到确实可靠的大前提，与不懂"实测内籀"有直接的关系。正是基于这种看法，他才着意凸显归纳的重要性。

总的来看，严复深刻批评中国原有的知识论态度，大力倡导经验原则和逻辑原则，推动了由传统的知行观到近代知行观的转型，推动了由广义知识论到狭义知识论的转型。他致力于知识论研究，并非单纯出于学术兴趣，而是出于挽救民族危亡的紧迫感，出于对近代科学知识的倾慕和渴求。通过对中西现状的观察和比较，他深切地感受到中国在综合国力方面同西方的差距。经过认真思索，他发现科学知识水平落后是造成这种差距的主要原因，中国要想赶上西方，必须改变科学知识水平落后的状况；而要想掌握西方先进的实证科学知识，必须实现知识论上的转型。按照他的理解，经验原则和逻辑原则是近代知识论中最主要的两条，而这恰恰也是中国传统知行观中所缺少的。抱着变革传统思维方式的强烈愿望，严复大力倡导经验原则和逻辑原则，起到了振聋发聩的作用。严复对实证方法的了解，主要有两条渠道：一条渠道是他通过接触西方的实证科学知识，切身感受到实证方法的重要；另一条渠道是他通过阅读当时英国实证论者的著作，接受他们的思想影响。应当说前一条是严复的主渠道，因而把严复说成"中国第一个实证论者"是不符合实际的。严复对经验的理解与实证论者是有区别的：实证论者比较强调经验的主观性，而严复比较强调经验的客观性。他主张"必有外因，始生内果"，坚信外物的客观存在，没有像实证论者那样把外物等同于感觉。他以经验论的反映论说明认识的形成过程，强调认识来源于"阅历"，认为天文、地理、化学乃至逻辑、数学等科学知识都是实际经验的总结。他说："智慧之生于一本。心体为白甘，而阅历为采和，无所谓良知者矣。即至数学公例亦由阅历，既非申词之空言，而亦非皆诚而无所设事。言数固无所设，及物则必设。"①严复的这种看法，与其说接近于穆勒等实证论者，毋宁说更接近于洛克的白板说。

第四节 章太炎的"贵行"说

推动知行观由传统向近代转型，这是维新派和革命派共同的目标。相比较而言，维新派侧重于更新"知"的观念，有重知轻行的倾向。对于维新派来说，这也是无可奈何的事情，因为他们维新变法的主张，在中国根本得不到实施的机会，戊戌变法只维持了百余日，便被慈禧的屠刀断送了。他们无法把美好的想法变成做法，只能停留在说法的层面上。戊戌变法失败以后，维新派仍旧抱着改良主义不放，期待着光绪有出头之日。他们宁肯继续做制度设计的思考者，也不做推翻清廷的行动者，被人们改称为改良派或保皇派。他们不但自己不做行动者，还反对别人做行动者。于是，新式学人形成了观点对立的两大派：一派是以康有为、梁启超为首的改良派，另一派是以孙中山为首的革命派。孙中山曾同严复谈过话，动员他同革命派联手，共同致力于推翻清廷的事业，遭到了拒绝。孙中山遗憾地说：你是思想家，我是实行家。革命派试图扭转维新派重知轻行的倾向，侧重于更新"行"的观念，以便为推动革命事业扫除思想障碍。针对改良派"贵知不贵行"的倾向，章太炎提出了"贵行"说。

一 革命能开民智吗？

章太炎早年曾是改良派的支持者，戊戌变法失败后，他毅然和改良派决裂，选择了反对清廷的革命立场。他以"所向披靡，

---

① 严复译：《穆勒名学》，上海商务印书馆1931年版，第230页。

令人神往"的犀利文笔，讨伐改良派，宣传民主革命思想。在同改良派的论辩中，他提出了"恃革命开民智"的观点。

改良派之所以极力维护改良主义主张，理由之一：中国尚处在"公理未明，旧俗俱在，民智未开"的阶段，因而不能贸然发动革命，只能慢慢地做一点"开民智"的工作，等待时机，实行君主立宪。理由之二：进化得一步一步来，不能超越阶段。第一步是君主立宪，第二步才是民主共和。总而言之，中国现在还不到发动民主革命的时候。

在《驳康有为论革命书》一文中，章太炎依据达尔文的生物进化论中"用进废退、生存竞争"的学说，强调"由竞争生智慧"，认为投身革命才是开启民智的必要步骤。章太炎在驳斥改良派观点时指出："人心之智慧，自竞争而后发生。今日之民智，不必恃他事以开之，而但恃革命以开之。"① 他不认同改良派的庸俗进化论，主张革命的进化论。他强调，人在进化面前，不能一味地消极地等待，而应当积极地应对，主动为推动进化发展创造条件。在进化过程中，动物是被动的适应者，而人则是主动的推动者。"拨乱反正，不在天命之有无，而在人力之难易。"通俗地讲，也就是"谋事在人，成事在天"的意思。人应当积极地有所作为，不能消极地等待天的恩赐。

章太炎指出，革命实践是提高人们觉悟的最为有效的途径，应当在革命斗争中启发民智。他列举了大量的历史事实，说明往往不是先有革命观念，然后才发生革命运动。相反，革命观念常常是从实际的革命斗争中产生的。例如李自成起义，"自声势稍增，而革命之念起"。而义和团运动也在反帝斗争中从"惟言'扶清灭洋'"到"而知'扫清灭洋'"。这些历史事实足以说明：人们的认识是随着革命实践的发展而不断发展的。在批判改良派

---

① 《章太炎全集》第4卷，上海人民出版社1985年版，第180页。

的斗争中，章太炎已经表明了行先知后的立场，强调了革命实践对于改造人心和社会的重要作用，认为生存竞争才是认识形成和发展的推动力。

二 知行何者为先？

章太炎把革命正当合理的论断，上升到知行观层面，便形成先行后知的学说。他说："有先行而后知者：人身有百体九窍，皆有司存；然婴儿之生，不以目听，彼岂知听必以耳，口食必以口哉？稍长乃知其故耳。然则自由之境，知后行先；必至之涂，知在行后。"（《訄书·王学》）他通过批评王阳明的知行合一说的方式，阐发了行先知后的道理。他指出，王学知行合一说的根本错误，在于"立义至单"，只是从一个"良知"出发，来看待纷繁复杂的具体事物，因而同贵分析、重参验的科学方法格格不入。时至今日，如果仍旧沿袭知行合一说，不树立先行后知的新观念，势必阻碍科学的发展，阻碍社会的发展，阻碍革命事业的成功。他指出，不能把知行等同起来，因为二者"各有兆域"，不是同一回事。知和行在时间上不可能"合流同起"，存在着先后顺序。即使看起来似乎是同时发生的直觉之知和本能之行，也是行先知后。

章太炎把西方近代哲学中的经验论学说引入知行观，对行先知后说做了进一步的论述。他赞成英国近代哲学家洛克的"白板"说，"谓人之精神如白纸"[①]，不承认有什么天赋观念和"生而知之"的圣人。他认为，人的知识不是先天就有的，而是在后天获得的，是在生存竞争中形成和发展起来的。章太炎运用近代自然科学知识来说明感觉来源于客观物质世界，认为人的认识来自感觉器官和外界事物的接触，外界事物是感觉的基础，不能依

---

① 《章太炎全集》第3卷，上海人民出版社1984年版，第149页。

据感觉的有无或真假,来判定外物是否存在。章太炎还指出,仅仅依靠耳目闻见的感性认识是不够的,因为人的感觉器官所能接触和认识的外界事物是有限的,还必须将感性认识提高到理性认识阶段,从而获得关于规律的知识。他举例说,人们的耳朵不能听到超声波和次声波,而太阳和闪电的光热辐射也不是凭眼能看到的。由此可见,章太炎已经意识到理性认识的重要性。他说:"夫物各缘天官所合以为言,则又譬称之以期至于不合,然后为大共名也。虽然,其已可譬称者,其必非无成极,而可恣膺腹以为拟议者也。"① 人们的认识首先是依靠感官("天官")获得与外物相符合的感觉,然后再通过推理("譬称")抽象出普遍概念("大共名")。这种普遍概念虽然不同于具体感觉,但仍然有共同的标准("成极")。正是凭借理性认识,人们才可以更深刻地认识客观事物,有效地指导人们的实际活动。他这种推崇理性认识而贬低感性认识的倾向,有积极的一面,也有消极的一面,为他后期转向"唯识论"、转向无神论的新宗教,埋下了逻辑上的种子。

在知行观方面,章太炎主张先行后知,批判了改良派的知贵行贱说,为推动民主革命的深入开展,提供了理论上的支持。不过,在知识论方面,由于他着重申明理性在认识中的重要性,也表现出唯理论倾向。他弥补了严复过分注重经验的偏向,进一步推动了传统伦理型知行观向近代知识型知行观的转向,为孙中山建立真正具有近代意义上的知行观,提供了理论准备。

第五节 孙中山的"知难行易"说

孙中山对知行关系问题的探讨,是由民主革命的现实需要促成的。在总结多次失败的教训后,他认识到:革命理论对革命实

---

① 《章太炎全集》第 3 卷,上海人民出版社 1984 年版,第 15 页。

践具有重大的指导意义。尤其在辛亥革命以后，他结合多年革命斗争的经验教训，对革命实践和革命理论的关系问题进行了深入的理论思考，提出了著名的"知难行易"说。1918年，他在《心理建设》（又名《孙文学说》）中，专门探讨知行问题。在孙中山那里，知行观被赋予民主和科学的崭新内容，这标志着近代知识型知行观的转型最终完成。

孙中山倡导的"知难行易"说，既有很强的针对性，也有深远的历史根源。"知易行难"本是中国古代哲学中的一个流行观念。《尚书·说命中》明确提出了"知之非艰，行之惟艰"的命题，认为知道一件事或一个道理很容易，但付诸实行却很困难。孙中山认为这种学说颠倒了"知行难易"的次序，容易产生负面效应。第一，由于过分强调"行难"，容易使人产生畏行的心理，使人遇事踌躇审顾，畏难而不敢行；第二，由于过分强调"知易"，则容易使人产生轻视知识的心理，使人们"把极难知的事，看得太容易，不去深求"，往往成为安于现状、逃避改革的借口。孙中山认为"知易行难"说在现时代的中国可能造成很大的负面效应，"夫中国近代之积弱不振、奄奄待毙者，实为'知之非艰，行之惟艰'一说误之也。"① 孙中山创立"知难行易"说，把行摆在首要的位置上，就是要改变由相信"知易行难"说而造成的不思进取的局面，在革命党人和中国人民中造成一种奋发有为、勇于实行的精神状态，使他们提高认识，通过共同的奋斗行动，改变中国的落后面貌。

一　知行的新内涵是什么？

在知行观方面，孙中山的一个突出贡献，就是扩大了知行的内涵，丰富了知行的内容。他结合民主革命的实践经验和丰富的

---

① 《孙中山选集》上册，人民出版社1981年版，第159页。

近代科学知识，赋予知行以崭新的时代内容，突破了古代哲学家把知行问题主要局限于道德修养的狭隘范围，使之与近代科学知识以及中国革命运动密切联系起来，真正实现了将知行范畴从传统的伦理型到近代知识型的转换。

对于"行"这个中国哲学特有的范畴，孙中山赋予其新的含义。他指出，"行"有四个门径："夫习练也，试验也，探索也，冒险也，之四事者，乃文明之动机也。"① 他把生徒之习练、科学家之试验、探索家之探索、伟人杰士之冒险等活动理解为"行"的主要内容。这四个门径实际可以概括为三个方面，即科学试验、技术习练和革命实践。中国古代哲学中所说的行，一般是指个人的行为和日常生活、道德修养等活动，基本上不涉及科学试验、社会生产和政治活动。孙中山所说的行，显然已经超越了古代哲学的范围，含有社会实践的意思。

第一，他把近代自然科学认识世界的主要方法和途径——科学试验引入"行"的范畴之中，作为行的一种形式，其中包含着"一切经过试验"的新观点。他说："科学家之试验也，即行其所不知以致其所知也。"② 强调试验是获得知识的"必要之门径"。试验还是检验认识对错的标准，一个新的观点、新的学说提出来，只有"经过试验才晓得对不对"。例如制订一个建设计划、实业计划，就必须经过专家的调查和科学试验之审定，然后才可以从事。试验还是检验和改进"人为的机器"的途径。他把国家行政机关和法律、政策等社会政治现象称为"人为的机器"，认为这些东西的设置是否适当，制定得是否正确，也需要检验。物质的机器制造出来，比较容易试验，也容易查漏补缺，进行改进，但是要对"人为的机器"作出校正，就没有那么简单了，更

---

① 《孙中山选集》上册，人民出版社1981年版，第185页。
② 《孙中山选集》上册，人民出版社1981年版，第185页。

需要重视科学试验,在实践中不断地改进。

第二,孙中山讲到行的"四个门径"时,把"生徒之习练"放在首位,说明他已经初步认识到了生产实践的重要性。"生徒"包括工业(手工业)、商业、医学和行政机关的学徒、练习生等。在孙中山看来,古人用"农业方法,生产五谷","教民稼穑";"改良物种","化野畜为家畜","钻木取火"等都是行,人民群众的"筑长城""开运河""造船舶""建房屋""制陶瓷"等也都是行;到了近代"种种之化学工业","层出不穷之电机","其它工业",以及"发展我之生产事业"等也是行。可见,孙中山关于行的范围涉及了生产实践的各个方面。

第三,他把革命实践作为一种最重要的"行"来看待。在孙中山看来,"伟人杰士之冒险,即行其所不知以建其功业也",政治活动当然也是"行"的题中应有之义。他把"国民革命"看作最要紧的行,认为"救国救民",除去"官吏贪污,政治腐败",打倒帝国主义,推翻封建军阀的统治,把我国建设成为"世界最文明进步之中华民国",应该是每个关心国计民瘼的优秀中国人应该参加的政治行动。

孙中山既扩大了"行"的范围,也扩大了"知"的范围。他所说的"知"不再局限于身边的琐事,也不局限于个人的道德意识。他认为,认识的范围无比宽广,宇宙的范围就是认识的范围。宇宙的无限性决定了认识无限性。人们对于无限的宇宙以及宇宙中的事物,都是可以知的,即使现在不能知,随着科学的进步,最终会为人所知。"惟是人类的知识,是天天进步的。今日人类的知识,和古时大不相同。"[①] 他从进化论的观点出发,认为人类的认识是不断发展的。在孙中山那里,知不仅包括"以肉眼骤得之"的感性认识,而且包括"惟以科学之系统考之","加以

---

① 《孙中山选集》上册,人民出版社1981年版,第161页。

理则（逻辑）之观察"① 获得的理性认识。概括说来，孙中山所谓知，主要应该包括两个方面的内容：一是自然科学知识，即他说的"真知特识"，这是搞经济建设的思想武器；二是社会革命的理论，就是他所谓"革命的知识"，主要是指三民主义和五权宪法等社会政治学说，这是他领导革命的思想武器。

二 知行关系怎么摆？

知行关系问题是中国哲学史上的一个公案，历来是聚讼纷纭之地。但是，由于古代哲学家对于知和行的理解主要局限在伦理范围内（即使涉及认识论的内容，也是次要方面），所以不可能正确解决知行关系的问题。孙中山给传统的知行观注入了具有近代意义的崭新内容以后，才有可能把知行关系辩证地统一起来。

孙中山用进化论考察人类认识发展史，把人类认识发展史概括为三个阶段："世界人类之进化，当分为三时期：第一由草昧进文明，为不知而行之时期；第二由文明再进文明，为行而后知之时期；第三自科学而后，为知而后行之时期。"② 前两个阶段统称为"先行后知"时期，后一个阶段为"先知后行"时期。他认为"先行后知"是进化的初级阶段；而"先知后行"则是进化的高级阶段。这种对人类知识的起源和发展过程的划分，虽然有简单化倾向，但它却表述了孙中山关于人的认识过程的基本判断。他关于知行的先后顺序认识，可以概括为"知—行—知"这样一个公式。他既肯定了行在知先，即实践活动在认识中的基础地位，也肯定了知对行的能动作用，肯定了科学的认识对经济建设和社会革命的促进作用。关于知行关系，孙中山提出以下新的观点。

---

① 《孙中山选集》上册，人民出版社1981年版，第161页。
② 《孙中山选集》上册，人民出版社1981年版，第160—161页。

第一，他强调以行而求知，重视实践在认识中的基础作用。孙中山非常重视"行"的作用，在他看来，"行"不但是"知"的来源，还是科学发明、国家富强的基础。人类进步就是从"行"开始的。"古人进步的最大的理由，是在能实行。能实行便能知，到了能知，便能进步。"他举了许多事例来说明这个道理，譬如后稷知道人民饥饿，就发明适用的农业方法教民稼穑生产五谷；禹见到人民受洪水的痛苦，就用疏导的方法泄去高地之水疏通了各大河流；燧人氏在钻木时发明了火；神农氏通过尝百草发明医药，这些事例都说明了知对于行的依赖关系。

孙中山还把"不知而行"当作人类文明进化的一个重要阶段，这种说法虽然有忽略知和行具体的、历史的统一之嫌，但是，就每个认识的具体过程而言，确实存在着"先行而后知""行其所不知以致其知"的情形。

第二，人们对于客观世界的正确认识，必须通过科学的观察和试验。孙中山认为，科学的知识不同于盲从迷信，要求对于一件事必须用观察和试验的方法仔细地反复地研究，才可以认定为知识。他认为，近代以来建立在科学昌明基础上的物质文明，正是由于十七八世纪以来的科学家观察和试验的结果。至于社会历史方面的知识，必须通过革命斗争和其他社会实践活动来"致其知"。他在总结辛亥革命推翻清朝的历史时指出："至于实行革命，大家都是各自为战去干，实在是不知而行，做到后来能够推翻满清，且免去列强瓜分，都是无意中做出来的，预先毫没有料到。"① 他还指出，美国的实业的发达，也是由于"其进行则多由冒险试验，而少出于计划统筹"。总之，经济发展和革命进步的理论不是在书斋中空想出来的，而是在长期的社会实践中摸索出来的。

---

① 《孙中山选集》下册，人民出版社1981年版，第584页。

孙中山还把以行而求知的思想概括为"先有事实,后有言论"这一命题。他说:"宇宙间的道理,都是先有事实,然后才发生言论,并不是先有言论,然后才发生事实。"① 无论是从各种科学理论、学说的形成来看,还是从社会革命理论的发展来看,都是"先有事实,后有言论"。因此,孙中山强调,只有参加革命斗争,才能懂得革命成败的道理及其原因。他说:"维新变法,国之大事也,多有不能前知者,必待行之成之而后乃能知之也。"② 他认为,革命的理论,只有在革命的实践中才能形成,否定了改良派先宣传再变法的思路。

第三,他主张因知以进行,重视理论对实践的指导作用。孙中山一方面强调行是获得知的必由之路,是人类文明进化的动力,以破除人们畏难不敢行的心理,鼓励人们黾勉力行;另一方面,他也非常重视知对于行的指导作用,鼓励人们努力去探求和学习科学知识和革命理论,强调科学知识、理论、主义对人的实践活动的重要作用,提出要"因知以进行"。他的"因知以进行"命题包含两个方面的意义:一是科学知识对于人们改造自然和发展经济的促进作用,二是革命理论对革命实践的指导作用。

孙中山极力强调,在科学昌明的时代,人类进入知而后行的发展阶段,一切文明进步都离不开科学知识的指导。"当今科学昌明之世,凡造作事物者,必先求知而后乃敢从事于行,所以然者,概欲免错误而防费时失事,以冀收事半功倍之效也。"③ 虽然"不知而行"和"知而后行"都是对于人类文明必不可少的,但二者的效果不同,前者是事倍功半,后者则是事半功倍。不知固

---

① 《孙中山选集》下册,人民出版社1981年版,第703页。
② 《孙中山选集》上册,人民出版社1981年版,第159页。
③ 《孙中山选集》上册,人民出版社1981年版,第165页。

然也能行,知之则更有益于行,能够更好地促进行。孙中山认为,整个近代文明就是建立在科学进步的基础上的,欧洲的"突飞速率"、日本的迅猛崛起,"此皆科学为之也"①。

孙中山也十分重视革命理论对革命实践的指导作用。在总结以往革命奋斗的经验教训时,他认识到革命队伍中存在的以知为易、轻视革命理论的错误倾向对革命事业造成了严重危害,革命党中的有些人由于"重实行而轻理想",常常在暂时的困难和挫折面前动摇革命的信心。他认为革命的思想是革命的精神武器,只有用革命的思想武装国民,树立正确的"主义"信仰,革命才会成功。因此,他非常注重革命的理论建设,专门撰写了《建国方略》《三民主义》等著作,不断地向各界宣讲他的革命理论和主张。孙中山充分肯定知对于行的巨大反作用,反对把知和行割裂开来、对立起来。

第四,他主张行以验知,承认实践是检验真理的最终标准。孙中山对知行统一的认识还表现在把行作为检验知的标准上。他认为任何理论或学问,必须经过实践的检验,才能知道它是对还是错。"因为学理有真的有假的,要经过试验才晓得对与不对。好像科学上发明一种学理,究竟是对与不对。一定要做成事实,能够实行,才可以说是真学理。"② 是不是"真学问",只有经过行的检验才可以断定。不经过实际检验,就不能证明所求学问的对与不对;不去实际运用,即使所求的学问是对的也没有实际意义。显然,孙中山把行摆到了整个认识过程的中心环节上,行不但是认识的源泉,而且是检验认识正确与否的最终标准。虽然他以行作为检验知的标准,尚有机械进化论色彩,但依旧闪耀着崇尚科学的光辉,包含着合理的内核。

---

① 《孙中山选集》上册,人民出版社1981年版,第165页。
② 《孙中山选集》下册,人民出版社1981年版,第830页。

三 知行如何分任？

由于孙中山把人类的文明进化史机械地划分为不知而行、行而后知、知而后行三个时期，导致"知行分任"的结论。他根据天赋聪明才力的大小，把人分为三大类："其一先知先觉者，为创造发明；其二为后知后觉者，为仿效推行；其三为不知不觉者，为竭力乐成。""其一先知先觉者即发明家也，其二后知后觉者即鼓吹家也，其三不知不觉者即实行家也。"① 对于社会文明进步来说，这三种人都是不可少的，世界上的事情，都是由这三种人"互相为用，协力进行"而得以成功的。

孙中山认识到，在科学昌明的时代，知与行之间的统一不再表现为单个人身上，而是社会范围内的历史的具体的统一。发明、鼓吹、实行往往分别由不同的人完成，这是现代科学日益专业化和现代社会分工的必然结果。孙中山举例说，譬如要盖一座大洋楼，"做洋楼的工人，都是不能够看图样的，只有按照工头的吩咐，听工头的指挥……工头又是不能够通盘计算去绘图的，只有照工程师所绘的图，吩咐工人去砌砖盖瓦。"② 是由工程师、工头和工人分工协作完成的。这三种人在社会分工中的地位和作用显然不同，用孙中山的话来说，工程师就是先知先觉的"理想家""计划家"或"发明家"，他的任务是绘图设计，而不必"躬亲实行其建设之事"；工头是后知后觉的"鼓吹家"，他的任务是向工人鼓吹、宣传工程师的设计方案；工人则是不知不觉的"实行家"。

孙中山把人们在社会劳动中的分工不同当作知行的分工，并且把这种分工当作知行可以相互分离的根据。他说："上海租界之洋房，其绘图设计者，为外国之工师；而结垣架栋者，为中国

---

① 《孙中山选集》上册，人民出版社1981年版，第164页。
② 《孙中山选集》下册，人民出版社1981年版，第767页。

之苦力。是知之者为外国工师，而行之者为中国苦力，此知行分任而造成一屋者也。"① 在他看来，"知行分任"可以说是科学昌明时代的一大特点，一种越来越明显的趋势。现代分工使"知者不必自行，行者不必自知"②，使"分知分行"成为现实。他说："以科学愈明，则一人之知行相去愈远，不独知者不必自行，行者不必自知，即同为一知一行，而以经济学分工专职之理施之，亦有分知分行者也。"③ 他依据"知行分任"说，批评王阳明的"知行合一"说。他认为，王阳明讲知行合一，就"一时代一事业"而言，还能讲得通，如果"合知行于一人之身"，在当今时代就"殊不通"了。因为科学文明的高度发展，使社会分工越来越细密，知和行也就"愈益分任"，以至于在同一知、同一行里面，还有所谓"分知分行"。譬如科学家完成一项发明，还可以把试验制作之行和概括原理之知分开来，把试验制作之行的任务交给别人去做。

基于"知行分任"说，孙中山认为，在社会分工越来越明确的当今时代，知行的统一不再表现为单个人的"知行合一"，而是在社会群体中表现为具体的历史的统一。不过，他简单地把社会劳动中的分工，等同于知行的分工，显然缺乏科学的分析和论证。另外，"分知分行"说否定知行之间可以相互转化，认为工人"凡事虽有人指教他，他也不能知，只能去行"④，流露出重知轻行的倾向，从而使他的知行观打上了英雄史观的烙印。

孙中山的知行学说揭示了人类"因行以求知，因知以进行"，以求"真知特识"的认识过程，反映了近代以来中国人在革命斗争中寻求救国救民真理的探索过程，在中国近代哲学史上尤其是

---

① 《孙中山选集》上册，人民出版社1981年版，第146页。
② 《孙中山选集》上册，人民出版社1981年版，第146页。
③ 《孙中山选集》上册，人民出版社1981年版，第159页。
④ 《孙中山选集》下册，人民出版社1981年版，第767页。

认识论发展史上，占有重要地位。

首先，孙中山的"知难行易"说，是他在总结中国民主革命的经验教训的基础上提出的，具有重要的革命意义。辛亥革命失败后，孙中山对失败的教训进行深刻的反省，认为必须从知行观上进行总结，建立一种既重视行动，又重视认识的知行观。他意识到，只有用革命的理论武装革命党人的头脑，才能够取得革命的胜利。因此，我们对孙中山的"知难行易"说，不能单纯做学理上的研讨，必须结合当时他领导的旧民主主义革命的实践来理解。

其次，孙中山的知行学说，具有重要的哲学史的意义。它是对中国历史上，特别是近代知行观进行总结的基础上提出的，突破了中国传统知行观的局限。他赋予知和行以崭新的时代内涵，他所说的"知"突破了传统知行观的伦理局限，包括科学知识和革命理论的广阔内容；他所说的"行"不再仅仅局限于道德践履和日常的行为，而包括了科学试验、技术习练和革命活动等崭新的内容。他关于知行问题的研究，从伦理价值维度，转换到近代知识论维度，这是此前任何一个思想家所无法比拟的。

当然，由于具体历史条件的限制，孙中山的知行观还有一定的局限性。例如，他把人类的文明进化史划分为不知而行、行而后知和知而后行三个时期，这种划分是有见于分，无见于合。实际上，人类的认识和实践的分别总是相对的，并不存在着一个只有行而没有知的时期，也没有纯粹的知而后行的时期。另外，他的"知难行易"说容易滑向重知轻行，最终将导致抬高知者，贬低行者。在孙中山的理论视野中，有见于知之难，却忽略了行之难。他特别看重少数革命家的先知先觉，而对人民群众的革命实践不免有所轻视，这正是孙中山领导的革命事业没有完全成功的原因之一。

第六章 探索新人

中国近代哲学的转型，以人性观为归宿。中国近代思想家努力探寻发现新人的途径，最终完成了人格观念的更新。

第一节 人性观转向

在西方中世纪，基督教控制着人们的精神世界。那时，人们只能在基督教的语境中解读"人"的意涵。"人"是什么？按照教义的说法，人是上帝的创造物，人自然应当以上帝为主人，归依上帝则是人的宿命。在上帝面前，人是被动的存在物，并且是不完美的存在物。人的祖先夏娃与亚当原本是生活在伊甸园中的神，因为偷吃智慧果，被上帝赶出伊甸园，不得不去做人。换言之，人对于神来说，不啻是一种堕落。因此，人生来就有罪。人生就是赎罪，等待着得到上帝的拯救，重新返回伊甸园。

西方迈入近代的门槛以后，人性观念发生变化，人本主义逐渐取代了神本主义。罗素在《西方哲学史》中写道："通常谓之'近代'的这段历史时期，人的思想见解和中古时期的思想见解有许多不同。其中有两点最重要，即教会的威信衰落下去，科学的威信逐步上升。旁的分歧和这两点全有连带关系。

近代的文化宁可说是一种世俗文化而不是僧侣文化。"① 西方近代哲学可以说是世俗文化的重要组成部分，它推动了人性观念从神本主义到人本主义的转型。在西方近代哲学家的眼中，人不再是上帝的附属物，而是理性的主体。笛卡儿对此的经典表述就是"我思故我在"，旗帜鲜明地把"我"当作主体摆在了首要的位置。费尔巴哈把自己的哲学称为"人本学"，对宗教神学做了深刻的批判。西方近代哲学实现了本体论转向和知识论转向的同时，也实现了人性观念的转向。从这个意义上说，西方近代哲学是思想解放运动的产物，并且为启蒙思潮的兴起奠定了理论基础。

总的来看，在中国古代僧侣文化不占主导地位。中国文化主要由儒、释、道三大派构成，尽管佛、道二教极具影响力，但不能改变儒家的主干地位。尤其是在古代社会后期，儒家的优势更为明显，释、道两家已经不能同儒家相抗衡了。所以，在中国人的精神世界中，以儒家为代表的世俗文化掌控着主流话语权。在中国古代，没有形成西方那种神本主义的精神传统，哲学没有沦为神学的婢女，始终保持着强大的精神影响力。在这种特定的语境中，中国古代哲学家对人性的认识，本来就有人本主义色彩，而这是西方中世纪所缺少的。中国古代哲学特别重视对人性、人际关系、处世之道等问题的探究，倡导"以人为本"。在"以人为本"的精神中，包含着尊重他人、尊重民意、与人为善、利群利他、忧国忧民、严于律己、推己及人、向往高尚人格等合理思想，曾对中华民族的形成发展发生极大的影响。但是，也不能不承认，中国古代哲学的人性观念毕竟不是建立在商品经济的基础之上，而是同自然经济相联系的，因而不可避免地会蒙上封建主义的尘埃。例如，中国古代的人本主义，所着眼的是群体而不是

---

① ［英］罗素：《西方哲学史》下册，商务印书馆1976年版，第3页。

个体，忽视人的主体性，因而缺乏近代的人权意识；所着眼的是人与人之间上下尊卑的伦理关系，而不是平等的社会关系。在古代哲学中，对"人"的解释包含着人身依附的观念和"子民"意识。因此，推进人性观念的近代转化，仍旧是中国近代哲学的一项重要任务。

中国近代思想家一方面继承中国哲学"以人为本"的优良传统，另一方面利用西方近代人本主义的思想资源，力图克服传统人性观念的局限，清除封建主义尘埃，站在现时代的视角，重新认识人自身。为了拯救中华民族，以康有为、梁启超等人为代表的维新派发起了变法维新运动。在与守旧派的斗争中，维新派的思想家们认识到，对社会的改造，首先必须是对人的改造；只有首先深刻地理解人的本质，了解新时代所需要的新人格，才能更好地推动维新变法，推动中国社会的进步。继维新派之后，以孙中山为代表的革命派也十分重视研究人的问题，提出"国民"的新观念。近代先进思想家都对旧的人性观抱着批判的态度，试图重新发现人的本质。对于他们来说，建立新的人格理论，乃近代哲学变革的主要任务之一。

在如何处理人性观念转型的问题上，中国近代哲学同西方近代哲学相比较，有共同之处，也有不同之处。共同之处在于，都努力高扬主体性原则，改变自然经济时代的人性观念，适应商品经济发展的精神需求，倡导自由、平等、博爱等新观念。不同之处主要有两点。第一，西方近代人性观念的转型，主要表现为摆脱神本主义、宗教蒙昧主义的阴影，高扬人本主义和理性主义。中国近代人性观念的转型，主要表现为走出理性专制主义的阴影，突出人性的具体性，重新诠释理欲关系。在中国古代社会后期，正统理学中"存天理，灭人欲"的说法，可以说是理性专制主义的典型表达。"灭人欲"对人提出过苛的要求，扭曲了人性的真实，背离了具体性原则，已经把人抽象化了。以"灭人欲"为前提的"存天理",被描述为无人身的理性,已经把理性专制化了。于是,天理成了敌视人欲的异己,成为强势者手中杀人的工具。这样的人性观念,不可能调动人的积极性,不可能为社会经济发展提供精神动力,显然已经不能适应近代社会的精神需要了,必须使之转型。中国近代思想家看清楚了这一点,他们力图纠正对人性的抽象理解,突出具体性原则,再现人性的真实。

第二,西方近代人性观念的转型,是在没有受到外干扰、商品经济有一定发展的情况下进行的,比较重视个体性原则。西方近代哲学家所说的人,一般是指作为个体的人,主张尊重个人的权利、个人的尊严、个人的财产。正如罗素所说:"从教会的威信中解放出来,结果使个人主义得到了发展,甚至发展到无政府状态的地步。"[①] 中国近代人性观念的转型,是在受到西方列强的宰割、民族危机日益加深、商品经济刚刚起步的情况下进行的,因而不可能像西方近代哲学家那样突显个体性原则。在西方近代,启蒙思潮针对个体而言;而在中国近代,启蒙思潮则是针对整个民族而言。为了抵御外辱,必须唤起整个民族的觉醒,凝聚全民族的力量。然而,中国近代思想家虽然意识到个体性原则,但没有把重点放在这个方面。相比较而言,他们更为重视群体性原则。

中国近代哲学家一方面继承古代哲学"以人为本"的传统,十分重视人的问题;另一方面力图吸收时代精神的精华,更新人格观念,以中国哲学特有的方式完成了对于人的新发现。在这一哲学思考过程中,康有为、谭嗣同、严复、梁启超、孙中山都做出了杰出的贡献。下面,本书分节介绍他们的人学思想。

---

① [英]罗素:《西方哲学史》下册,商务印书馆1976年版,第5页。

第二节 康有为的"大同博爱"说

康有为是戊戌维新运动的领袖，也是在人性观中引入近代元素的第一人。他在中国近代思想史上，率先开启构建新人学的风气。他从改造中国传统元气说出发，建构起了一种新的人生哲学，被他的学生梁启超称为"博爱哲学"。康有为从博爱哲学的视角看待人性问题，对于"人"的认识，有了新的进展。

一　如何求乐免苦？

康有为对人性的考察，以进化论为出发点。他不再谈论抽象的人，转而关注现实的人，从而突破了古代哲学中抽象人性论的藩篱，对人自身有了新的认识。从进化论的角度看，人也是生物学意义上的一个类别。他说："万物之生，皆本于元气。人于元气中但动物之一种耳。"① 在他看来，"人是动物"，这是一个无可争辩的事实。从"人是动物"的角度看，人性无非具有自然属性，既无所谓善，亦无所谓恶。只能从这个事实出发，探讨人性问题。以往的哲学家脱离了这个事实，抽象地谈论人性善或人性恶，都不被康有为认同。他说："人性之自然，食色也，是无待于学也；人情之自然，喜、怒、哀、乐无节也，是不待于学也。"② "人禀阴阳之气而生也，能食味、别声、被色，质为之也。"③

依据自然人性论，康有为直截了当地肯定人欲的合理性和正当性，向存理禁欲的理欲观发起了冲击。他宣称："人生而有欲，

---

① 康有为：《大同书》，华夏出版社 2002 年版，第 287 页。
② 《康有为全集》第 1 卷，上海古籍出版社 1987 年版，第 178 页。
③ 《康有为全集》第 1 卷，上海古籍出版社 1987 年版，第 173 页。

天之性哉！"① 对人的欲求，"不能禁而去之，只有因而行之"②。康有为认为，正是由于人生而有欲，要不断地"求乐免苦"，不断地为满足欲望而努力奋斗，社会历史才会向前进。所谓"人道"，也就是"去苦以求乐而已，无他道矣"③。而"道不离人，故圣人一切皆因人情以为教"④。在他看来，一切伦理道德、政治教化不应当成为压制人自然属性的工具，而应当成为帮助人"求乐免苦"的工具。他将人欲提高到了前所未有的高度，大力倡导具有现实色彩的新人格，而不再推崇传统儒学中灭绝人欲、不食人间烟火的"君子"。他的"求乐免苦"说，闪耀着人道主义的光辉，体现出近代人的精神诉求。

从现实的、自然的人性论出发，康有为突破了正统的人学观念，不再论证人的依附性，转而强调人的主体性，努力突显个人的价值和尊严。在儒家正统观念中，人被视为封建伦理大网上的纽结，康有为突破了这种根深蒂固的人伦观念，转而将人视为有个性的具体存在。他认为，从人的天性来说，同是视听，同是食味、别声、被色，故人人平等，这就将近代的平等观念引入了自己的学说中。

二 何谓博爱之德？

依据进化论，康有为既承认人具有同动物一样的自然属性，也承认人具有高于动物的特性。这种特性在于，人能够自觉地体现世界的普遍联系，体现出博爱之德。在进化论的基础上，他对人为贵、人性善等儒家正统观念，表示认同。他说："人在天地

---

① 康有为：《大同书》，华夏出版社2002年版，第55页。
② 康有为：《孟子微·中庸注·礼运注》，中华书局1987年版，第251页。
③ 康有为：《大同书》，华夏出版社2002年版，第9页。
④ 康有为：《孟子微·中庸注·礼运注》，中华书局1987年版，第263页。

之中，为万物之至灵，可以参赞天地"，"超然贵于万物"①。同正统儒家人性论相比较，康有为关于人性的看法，独到之处在于，不再以"仁"为核心，而是以"智"为核心。正统儒家人性论认为，在五常中，仁为核心，仁统义、礼、智、信；康有为则认为，"智"才是人的本质规定性。"人道之异于禽兽者，全在智。……夫约以人而言，有智而后仁、义、礼、信有所呈，而义、礼、信、智之所为，亦以成仁，故仁与智所以成终成始者也。"（《内外篇·仁智篇》）从他对"智"的重视中反映出，他不再像古代哲学家那样，从泛道德主义的角度赞美人性，而是从近代理性主义的角度赞美人性，把人性看成智力发展的结果。

康有为把"以元为本"的本体论，引申到人学方面，得出"以仁为本"的结论。所谓"仁"就是"不忍人之心"，由此出发，他提出"重仁而爱人"的博爱哲学。康有为认为，天性平等的人，都有不忍人之心——仁。他对"仁"这一儒家核心范畴做了重新解读，赋予其体现时代精神的新意。他说："仁者，在天为生生之理，在人为博爱之德。"② 并说："仁，从二人，人道相偶，有吸引之意，即爱力也……而道本于身，施由亲始，故爱亲最大焉。……盖仁者无所不爱，而行之不能无断限。"③ 他不否认爱有差等，但是他以历史进化论的观点来看待社会的发展，认为随着社会的发展，"爱有差等"将会被"爱无差等"所取代。他指出，人类社会按照据乱之世、升平之世、太平之世的级次，不断发展进化，文明程度将越来越高。"据乱世"是"亲亲"的时代，人们之间不平等；到了"升平世"，进入"仁民"的时代，

---

① 康有为：《孟子微·中庸注·礼运注》，中华书局1987年版，第255—256页。
② 康有为：《孟子微·中庸注·礼运注》，中华书局1987年版，第208页。
③ 康有为：《孟子微·中庸注·礼运注》，中华书局1987年版，第208—209页。

人与人之间逐渐平等；到了"太平世"，也就真正实现了爱无差等，达到了仁的最高阶段。"太平之世，人人平等，无有臣妾奴隶，无有君主统领，无有教主教皇，孔子所谓'见群龙无首'天下之世也"①，"人类既平等之后，大仁益益矣"②。康有为通过对"爱无差等"的新解释，表达了近代新式学人的平等、博爱诉求。他的博爱哲学是针对封建主义的等级观念而发的，具有启蒙的意义。梁启超对老师的博爱哲学十分推崇，他说："先生之哲学，博爱派哲学也，先生之论理以'仁'字为唯一之宗旨，以为世界之所以立，众生之所以出，家国之所以存，礼仪之所以起，无一不本于仁，苟无爱力，则乾坤应时而灭矣。……故先生之论政论学，皆发于不忍人之心。人人有不忍人之心，则其救国救天下也，欲已而不能自已。……其哲学之大，盖在于是。"③

三 何谓大同之道？

基于上述对人性及社会历史发展的认识，康有为提出了关于大同社会的理想。他认为，自己所处的当下世界，仍未脱离黑暗时代，充满了种种痛苦。唯因如此，才迫切地需要去苦求乐，才迫切地需要以平等为努力的方向。那么，人间痛苦的根源何在呢？他说："总诸苦之根源，皆因九界而已。"④ 所谓九界，即国界、级界、种界、形界、家界、业界、乱界、类界、苦界。"吾救苦之道，即在破除九界而已。"⑤ 破除九界之后，就可以实现大同社会的理想。对大同社会，他的描述是："大同之道，至平也，

---

① 康有为：《大同书》，华夏出版社2002年版，第334页。
② 康有为：《大同书》，华夏出版社2002年版，第337页。
③ 《梁启超文选》上册，中国广播电视出版社1992年版，第304—305页。
④ 康有为：《大同书》，华夏出版社2002年版，第68页。
⑤ 康有为：《大同书》，华夏出版社2002年版，第69页。

至公也，至仁也，治之至也。"① 康有为对大同社会的政治、经济、文化、道德等方面做了具体规划。他所描述的大同社会，没有阶级，没有国家，没有私人财产，人人平等，生活富裕，是一个理想化的乌托邦。

康有为构想的大同之世，当然没有可行性，因为他根本就没有找到通往大同之世的道路。不过，不能因此而否定他的大同思想的积极意义。第一，他以这种形式倡导平等、博爱等近代新观念，具有体现时代精神的进步意义，在当时起到了重要的启蒙作用。第二，他以美好的理想为镜子，反衬当时社会中的种种苦难，表达了改造社会的强烈愿望。第三，他把中国的大同思想与来自西方的进化论有机地结合起来，颇有原创力和想象力，标志大同思想发展到近代水平。经康有为倡导，传统的大同观念获得了近代意义，即便对于孙中山等革命派人物，也有相当大的影响力。

第三节　谭嗣同的"冲决网罗"说

谭嗣同是戊戌维新运动中激进派的代表人物。他一生中努力学习来自西方的新学，并试图将它同中国的传统思想融会贯通，打造维新派所需要的思想武器。他勇敢地向封建纲常名教发起挑战，否认封建纲常名教的神圣性，发出了"冲决网罗"的时代最强音。

一　仁的第一义是什么？

谭嗣同对封建纲常名教的抨击，是从其"仁学"的思想体系出发的。其"仁学"以"仁"为核心，以"仁—通—平等"为

---

① 康有为：《大同书》，华夏出版社2002年版，第12页。

基本框架。在他看来，所谓"仁"就是"以太"这一本体论范畴的功用。在存在本体论方面，谭嗣同把以太作为世界统一性的根源；而在人学方面，则将"仁"与"以太"等量齐观，得出"天地间亦仁而已矣""仁为天地万物之源"①的结论。在他看来，"以太"为存在意义上的本体，而"仁"为价值意义上的本体，不存在任何矛盾。

那么，什么是"仁"呢？谭嗣同指出"仁以通为第一义"，即"仁"的根本规定性，就是一个"通"字，故而说"通之象为平等"。所谓"通"，其实就是指人与人之间能够自由交往、平等相待、互相沟通。他的这种理解，不同于"仁者爱人""克己复礼为仁"之类的儒家传统说法，而是将着重点置于人和人之间的关系上，着意凸显人与人之间自由、平等的交往关系。"通"是谭嗣同所向往的社会状态。他主张实现"四通"："通有四义，中外通，多取其义于《春秋》，以太平世远近大小若一故也；上下通，男女内外通，多取其义于《易》，以阳下阴吉，阴下阳吝，《泰》《否》之类故也；人我通，多取其义于佛经，以'无人相，无我相'故也。"②他要求取消封建纲常、中外关系甚至自然界的一切等级、差别对立，建立完全平等的人际关系。在他眼里，"仁—通—平等"既是宇宙的普遍规则，也是社会合理性的评判标准。

二 怎样冲决伦常之网罗？

基于"以太—仁—通—平等"的思想架构，谭嗣同发出"冲决名教之网罗"的呼喊。谭嗣同已经认识到，封建君主制度以及维护这一制度的纲常名教，是压迫和钳制人民的沉重枷锁，是中

---

① 《谭嗣同文选注》，中华书局1981年版，第96页。
② 《谭嗣同文选注》，中华书局1981年版，第96页。

国贫弱的根源，也是当时中国实行维新变法的最大障碍。可是，这一制度以及纲常名教，却被正统理学家在理论上赋予了合法性和合理性。因此，要批判和否定它，就要从哲学上着手，"别开一种冲决网罗之学"。谭嗣同用一个"塞"字，概括封建社会中人与人之间的等级关系。他指出，不论是上下、中外、男女、内外、人我，各个方面都否塞不通，以致造成"君以名桎臣，官以名轭民，父以名压子，夫以名困妻，兄弟朋友各挟一名以相抗拒"① 的不人道局面。要想改变这一局面，唯一的办法就是冲决网罗："初当冲决利禄之网罗，次冲决俗学若考据、若词章之网罗，次冲决全球群学之网罗，次冲决君主之网罗，次冲决伦常之网罗，次冲决天之网罗，次冲决全球群教之网罗，终将冲决佛法之网罗。"②

正统理学家将天理与人欲对立起来，认为天理善、人欲恶。对于这种说法，谭嗣同表示反对，他批评说："世俗小儒，以天理为善，以人欲为恶，不知无人欲尚安得有天理？吾故悲夫世之妄生分别也！天理，善也；人欲，亦善也。"③ 在他看来，不仅天理为善，而且人欲亦善。按照正统理学家的说法，人欲不是性，而是情；性是善的，情是恶的。谭嗣同驳斥了这种观点，认为性与情不能分开，就算人欲属于情，那它也是善的。他说："言性善，斯情亦善。"④ 很显然，谭嗣同的理欲观，与正统理学家的"存理灭欲"说，可谓是针锋相对。

由于纲常名教是与君主专制紧密结合在一起的，所以谭嗣同把批判的锋芒集中指向封建君主制度。他痛切地说："二千年来

---

① 《谭嗣同文选注》，中华书局1981年版，第111页。
② 《谭嗣同文选注》，中华书局1981年版，第91页。
③ 《谭嗣同文选注》，中华书局1981年版，第113页。
④ 《谭嗣同文选注》，中华书局1981年版，第113页。

君臣一伦，尤为黑暗否塞，无复人理，沿及今兹，方愈剧矣。"①在封建君主专制制度下，君主居于封建等级的顶端，正是由于有了"君为臣纲"为口实，才产生出种种罪恶，形成昏暗的政治局面。谭嗣同推翻了"君权神授"说，依据社会契约论来解释国家起源，解释君、臣、民之间的关系，提出"君末民本""君者，公位也"的进步思想，反映了中国新式学人对民主、平等的渴望。至于"父为子纲"和"夫为妻纲"这两条，谭嗣同亦表示反对，揭露了大量父虐杀子、夫虐杀妇、姑虐杀妇等罪恶现象。在他看来，五伦之中只有朋友一伦有益，因为它体现了"仁—通—平等"的原则，理应以其"为四伦之圭臬"。其余四伦"咸从朋友之道贯之"②，只有这样，才能建立起新型的人际关系。他指出，要建立这种新的人际关系，必须向西方人学习。他认为"西人最讲伦常"，而且较中国"更精更实在"。在西方，"君臣，朋友也；父子异宫异财，父子，朋友也；夫妇择偶判妻，皆由两相情愿，而成婚于教堂，夫妇朋友也；至于兄弟，更无论矣"③。由此可见，在谭嗣同"冲决重重网罗"的呼喊中，洋溢着对于封建纲常名教的批判精神。他引进近代的平等、博爱等观念，赋予"仁"以新的规定，这在当时起到了思想解放、精神鼓舞的作用。

第四节　严复的人学思想

严复适应近代中国社会变革的需要，较系统地向国人介绍了西方近代的自然科学、社会政治学、哲学、逻辑方法等方面

---

① 《谭嗣同文选注》，中华书局1981年版，第148页。
② 《谭嗣同文选注》，中华书局1981年版，第188页。
③ 《谭嗣同文选注》，中华书局1981年版，第188页。

的知识，成为近代中国传播西学成绩最大的思想家。他从进化论的角度看待人，看待伦理，形成了近代性比较突出的人学思想。

一 如何自强保种？

严复同康有为和谭嗣同一样，也不再像古代哲学家那样，仅从抽象德性论的视角看人，改为从进化论的视角看人，不过，他们的着眼点有所不同。康有为和谭嗣同都强调人的自然性，由此突破了古代抽象人性论的藩篱；严复则强调人性的动态性，由此也突破了古代抽象人性论的藩篱。

严复不仅认为自然界是不断进化的，而且用进化论的观点考察社会历史问题，肯定人类社会也是不断向前发展的，人性也是不断进化发展的。他不承认有一成不变的、抽象的人性。他在《救亡决论》中，明确地反对"天不变，道亦不变"的儒家正统观念，主张用动态的眼光、发展的眼光审视人性。他说："吾党生于今日，所可知者，世道必进，后胜于今而已。至极盛之秋，当见何象千世之后，有能言者，犹旦暮遇之也。"① 他指出，物竞天择的原理，具有普遍的适用性，"动植如此，民人亦然。民人者，固动物之类也"②。从这个意义上说，人性是个变量，不是一个常量，将随着历史的发展而进化。

同康有为、谭嗣同相比较，严复还有一个独到之处，就是特别强调人的主动性。他不否认人是动物中的一个类别，同动物有联系，是由低级动物进化而来的，但反对把人等同于一般的动物，强调人乃一种高于其他动物的生命体。人与一般动物相比，最大的区别在于，不是被动地适应环境，而是主动地改造环境。

---

① 《严复集》第5册，中华书局1986年版，第1360页。
② 《严复集》第1册，中华书局1986年版，第16页。

他指出，人类社会历史的进化，固然是一个客观的过程，但人为的努力也起着重要作用。他反对斯宾塞的"任天为治"说，而赞同赫胥黎的"任人为治"说，并将其与中国哲学中自强不息的精神传统结合起来。他说："赫胥黎氏此书之旨，本以救斯宾塞任天为治之末流，其中所论，与吾古人有甚合者，且于自强保种之事，反复三致意焉。"①

从严复强调人在进化过程中的主动性来看，不能把他归结为社会达尔文主义者。社会达尔文主义的基本特征是把人与动物混为一谈，用生存竞争的原则解释人类社会现象，为强者欺负弱者的情形辩护，把劣根性视为正当性，鼓吹霸道哲学。正如恩格斯批评的那样，社会达尔文主义"想把历史的发展和错综性的全部多种多样的内容都总括在贫乏而片面的公式'生存斗争'中，这是十足的童稚之见"②。严复与社会达尔文主义者有原则区别，他没有把人性与动物性混为一谈，明确地把二者区别开来，只讲自强哲学，绝不鼓吹霸道哲学。在中华民族处于危亡之际的特定历史条件下，正是为了摆脱危机，严复才大讲"自强保种"，强调人的主观能动性，强调人的创造性，突出人在历史中的地位与作用。他把救亡和启蒙紧密地结合起来，试图从对人自身的新认识中，找到了一种精神动力。他坚信，中华民族是一个优秀的民族，只要奋发有为，一定能走出困境。他也为国人敲响了警钟，告诫国人千万不要落入"美洲之红人，澳洲之黑人"的悲惨境地。

二 何谓"合群之道"？

严复认为，人不仅具有动态性、主动性，还具有合群体性。

---

① 《严复集》第 5 册，中华书局 1986 年版，第 1321 页。
② 《马克思恩格斯选集》第 3 卷，人民出版社 2012 年版，第 593 页。

他指出，在社会历史的进化过程中，人类的"能群"有着重要的作用。严复认为，人虽然也属于动物一类，与动物一样受生存竞争、自然选择规律的支配，但人与其他动物也有原则区别，"能群"就是人类区别于动物的一个突出的特点，是人类优越于其他动物之处。严复讲人的动态性和主动性，主要利用进化论的思想资源；而讲人的合群体性，则主要利用中国古代哲学的思想资源（当时克鲁泡特金的互助论还没有被介绍到中国来，不可能成为严复可以利用的思想资源）。荀子通过人与动物的比较，曾经深刻说明人的合群体性。他分析说，人的气力不如牛大，奔跑不如马快，但人却能够驾驭牛马，这是什么缘故呢？其原因就在于人能够结成群体。人之所以能够结成群体，是因为人类创造了一套用来协调人与人相互关系的礼义制度。"故义以分则和，和则一，一则多力，多力则强，强则胜物。"（《荀子·王制》）人的生理结构同动物相比，并没有什么优势可言；但人是社会群体性的存在，是智慧的存在。要使这个群体社会有效地运作起来，就必须有礼义规范、有社会分工、有社会秩序。有秩序方能有分工，方能有和谐。严复接受了荀子"人能群"的思想，并且在近代语境中做出了创造性的诠释。他指出，能否善于合群，不但是人类能否在与其他动物的斗争中取胜的根本条件，而且也是人类相互之间在生存竞争中导致胜败的重要因素。比如，英国之所以会变得强大，"此不仅习海擅商，狡黠坚毅为之也，以其民能自制治，知合群之道胜耳"①。而中国之所以落后西方，有一个重要原因，就是对合群体性重视不够，导致"其群将涣"的局面，令人担忧。

怎样改变中国"其群将涣"的现状呢？严复的建议是：必须接受自由、平等的新观念，去除封建主义对人的种种束缚，在中

---

① 《严复集》第5册，中华书局1986年版，第1338页。

国建立近代的民主法制社会。他以西方国家为例说,"自其自由平等以观之,则捐忌讳,去烦苛,决壅蔽,人人得以行其意,申其言,上下之势不相悬,君不甚尊,民不甚贱,而联若一体者,是无法胜也。自其官工商贾章程明备观之,则人知其职,不督而办,事至纤悉,莫不备举,进退作息,未有失节,无间远迩,朝令夕改,而人不以为烦,则是以有法胜也"①。西方国家之所以能够强大,正是因为其在政治上"以自由为体,从民主为用"②。所谓自由,意思就是"不为外物拘牵""自主而无碍碍",这种自由乃天赋人权,"民之自由,天之所畀也"③。当然,这种天赋人权并不是毫无节制,"人得自由而必以他人之自由为界"④。而一旦有了自由的保证,群体内的个人就会展开相互之间的竞争,从而促进社会的不断进化。由此可见,严复的"合群"主张,其实就是要求改造专制的封建主义制度,代之以自由的资本主义社会制度。

三 如何"鼓民力开民智新民德"?

基于对人的动态性、主动性以及合群体性的认识,严复不再像正统理学家那样,仅仅立足于品德单一角度设计君子人格,而试图设计出体现近代精神的新式人格。他构想的新人格,主要内涵有三点,即鼓民力、开民智、新民德。他说:"政欲利民,必自民各能自利始。民各能自利,又必自皆得自由始;欲听其皆得自由,又必自其各能自治始;反是且乱。……是以今日要政,统于三端:一曰鼓民力,二曰开民智,三曰新民德。"⑤ "盖生民之

---

① 《严复集》第1册,中华书局1986年版,第11页。
② 《严复集》第1册,中华书局1986年版,第11页。
③ 《严复集》第1册,中华书局1986年版,第35页。
④ 《严复集》第1册,中华书局1986年版,第132页。
⑤ 《严复集》第1册,中华书局1986年版,第27页。

大要三，而强弱存亡，莫不视此：一曰血气体力之强，二曰聪明智虑之强，三曰德行仁义之强。"①

严复关于新人格的三点构想，是通过总结甲午战争失败教训形成的。在他看来，中国之所以战败，不能完全归结于物质、技术的落后，更主要的原因在于全民族精神状况的颓败。严复列举中国社会上自官吏、士大夫的贪污腐败，下至普通人的昏乱自私，得出的结论是："民智已下矣，民德已衰矣，民力已困矣。"②面对国民的精神涣散衰颓，道德心的沦丧，严复悲叹道："嗟乎！外洋之物，其来中土而蔓延日广者，独鸦片一端耳。何以故？针芥水乳，吾民之性，固有与之相召相合而不可解者也。"③鉴于此，他才把开民智、鼓民力、新民德看成挽救民族危机的根本大计。他指出，社会群体是由个人组成的，社会群体以个人为基础。因此，要把社会群体搞好，最根本的前提是提高民族群体中每个成员的素质，培育新式人格。

所谓"鼓民力"，就是指新人格应当具有强健的体魄，有良好的身体素质。严复指出，近代欧美国家无一不重视体育锻炼，讲究饮食卫生、医疗保健，都懂得民力强则国力强的道理。相比之下，中国非但不重视"鼓民力"，反而容忍各种伤害民力的陋俗，其中对民力伤害最大的两件事就是女子缠足，吸食鸦片。他认为，维新变法首先应当从革除伤害民力的陋俗做起。"是鸦片、缠足二事不早为之所，则变法者，皆空言而已"④。他把"鼓民力"看作关涉中华民族能否振兴的一件大事。

所谓"开民智"，就是指新人格应当有新知识的人才，形成崇尚科学技术的新风气。严复指出，西方之所以比中国强盛，得

---

① 《严复集》第1册，中华书局1986年版，第18页。
② 《严复集》第1册，中华书局1986年版，第13页。
③ 《严复集》第1册，中华书局1986年版，第15页。
④ 《严复集》第1册，中华书局1986年版，第29页。

益于牛顿、瓦特、法拉第、哈维等一大批杰出的大科学家或大发明家；而之所以能产生这样一批大科学家、大发明家，得益于良好的教育。在教育方面，西方人从小就在开发儿童智力上下功夫，帮助他们提升独立思考的能力，"直接起耳目，自致其心思，贵自得而贱因人，喜善疑而慎信古"①。中国的传统教育，由于同八股取士结合在一起，显然不具有"开民智"的功能，必须予以废除。严复的主张是："欲开民智，非讲西学不可。"由此可见，他是一个旗帜鲜明的教育救国论者。

所谓"新民德"，就是指新人格应当有良好的道德素质。鼓民力和开民智体现动态性原则和主动性原则，而新民德则体现合群体性原则。严复把"新民德"也提升到关涉民族存亡的高度，主张做一个深明民族大义的爱国志士。他说："是故居今日，欲进民德，于以同力和志，联一气而御外仇，则非有道焉使各私中国不可也。"②依据合群体性原则，严复大力倡导自由、平等的新的道德理念，希望以此化解人与人之间的紧张。在"新民德"中，还包含着"新官德"的诉求，要求改变中国数千年来"以奴虏待吾民"的风气。生性谨慎的严复，不想触怒官员，只是写了《辟韩》一文，批评韩愈的诛民说，委婉地表达了"新官德"的诉求。

严复提出的鼓民力、开民智、新民德三项主张，尽管在当时不可能被采纳，不得不停留在说法的层面，没能变为实际的做法，但学术意义重大。他表达了一种先进的教育理念，对后世影响深远。我们现在常说的"三好学生"的观念，其实是从严复的新人格思想发展出来的。在中国近代人学思想发展史上，严复处在转折点上。从他开始，思想家们不再关注如何诠释人性内涵的

---

① 《严复集》第1册，中华书局1986年版，第29页。
② 《严复集》第1册，中华书局1986年版，第31页。

老话题，转而关注如何培育新式人格的新话题。从严复的新人格理论中，引导出梁启超的新民说和孙中山的国民说。

第五节 梁启超的新民说

由于严复是第一个论及近代新式人格的思想家，他首先得把注意力放在解构旧式人格方面，对于何谓新式人格、如何培育新式人格等话题，还来不及展开论述，来不及建构比较系统的人格理论。梁启超接过严复的话题，从改良派的立场出发，完成了一种新人格理论的建构，这就是新民说。

一 其人其书

梁启超（1873—1929），字卓如，号任公，别号饮冰室主人，广东新会人。他出身于书香之家，祖父梁维清考中秀才，做过教谕。父亲梁宝瑛未获功名，当了一辈子塾师。梁启超天资聪慧，从小在家接受传统教育，未进学堂。他在回忆录中写道："启超启勋及群从昆弟，自幼皆未尝出就外傅。学业根柢，立身藩篱，一铢一黍，咸秉先君子之训也。"（《饮冰室合集·专集三十三》）他5岁开始识字，6岁读完五经，9岁便能写出洋洋千字的文章，11岁考中秀才，16岁考中举人。17岁时，他拜康有为为师，学习兴趣逐渐转向西学，从一个热衷功名的举子，变成关心国家前途和民族命运的新式学人。他追随康有为，积极投身于变法维新事业。

1895年，他随康有为到北京应试，联合参加会试的举人"公车上书"，要求实行维新变法，一下子成为名人，取得"康梁"并称的荣耀。康有为的工作重心侧重于上层，在策划、联络、组织方面发挥的作用大；梁启超的工作重心侧重于下层，在宣传方面的影响力，比康有为还大。1896年，他在上海创办《时务报》，担任总撰述,开辟出维新派的思想理论阵地。在不到两年的时间里,他在《时务报》《湘报》《新知报》上发表《变法通议》等论文五十多篇,影响极广。胡思敬在《戊戌履霜录》中记载:"当《时务报》盛行,启超名重一时,士大夫爱其语言笔札之妙,争礼下之。自通都大邑,下至僻壤穷,无不知有新会梁氏者。"1897年,他应湖南巡抚陈宝箴之聘,担任湖南时务学堂总教习,以办学的形式宣讲变法维新思想,在培养人才、推进湖南新政实施等方面,发挥了较大的作用。1898年,他应召入京,授六品衔,参加戊戌变法,参与创办京师大学堂和译书局。

戊戌变法失败以后,他逃亡日本,先后创办《清议报》《新民丛报》,继续鼓吹变法,主张保皇,坚持改良主义立场,反对革命派推翻清廷的主张。中华民国成立以后,他依旧是政坛上的活跃人物。他以改良派为基础,组建进步党,在国会中同以宋教仁为首的国民党相颉颃。他出任以熊希龄为总理的所谓"第一流人才内阁"的司法总长,并且为此内阁灵魂人物。"第一流人才内阁"垮台后,他出任币制局总裁,不久即辞职。他曾一度寄希望于袁世凯,指望他能用"开明专制"的方式来稳定政局。不过,当袁世凯帝制自为的时候,他又成了袁世凯的反对者,发表《异哉所谓国体问题者》,率先表示反袁。他支持蔡锷发动讨袁的护国战争,遏制袁世凯称帝的图谋。袁世凯死后,他成了段祺瑞的拥护者,参与段祺瑞反对张勋复辟的活动,还出任段内阁的财政总长。他任此职仅仅三个月,便随段祺瑞一同辞职了。此时梁启超心灰意懒,改良主义的梦想彻底破灭了,遂于1917年宣布退出政坛,专心致力于学术研究。

梁启超是接受力极强的思想家,在"学问饥荒"的年代里,扮演着开风气的角色。近代以来的许多新思想、新观念,他都是最早的接受者之一,最有影响的宣传者之一。梁启超以思想善变著称,典型地表现出社会大变革时期的时代特征。他"不惜以今日之我与昨日之我战"，并相信这样做理所当然，无可厚非："为国而善变，就是磊磊落落的大丈夫"，同那些为一己利益投机钻营的小人，不可同日而语。他是感染力极强的宣传家，被誉为"舆论界骄子"。他"笔端常带感情"，"夹以俚语"，深入浅出，通俗易懂，赢得广大读者的喜爱。他是开拓力极强的学问家，是清华大学国学研究院著名的四大导师之一。他见解独特，才华横溢，学识渊博，著作等身。"平昔眼中无书，手中无笔之日绝少。"（《梁任公先生年谱长编初稿》）他撰写的《清代学术概论》《中国近三百年学术史》《中国历史研究法》等书，堪称传世之作；他的研究领域颇广，涵盖哲学、佛学、史学、文学、政治、法律等诸多方面。他常常在一年之中就发表40多万字，是名副其实的高产学问家。他的著述编为《饮冰室合集》，长达148卷，约1400万字。

梁启超在哲学上的成就，不如康有为、严复等人，但是其新民说，却明确地对如何培养与造就近代理想的人格这一紧要的问题，作了一个原创性的解答。这一解答，标志着启蒙思潮在他这里达到了新的水平。新民说是梁启超思想的一个亮点，是近代中国人学思想史上的一项重要成果。梁启超的新民说，接着严复的"鼓民力、开民智、新民德"的思想讲，但更加突出人的近代性。关于新人格应有的素质，严复的排列是"智、德、力"，以"智进"最先，强调"开民智"是"新民德"的前提条件；而梁启超的排列顺序则是"德、智、力"，将道德素质放在首位。他认为，西方制度之所以文明，在于"国民之文明程度高"；与此形成对照的是，"中国所以不能维新之大原"，也就在于"国民之文明程度低下"。由于中国国民文明程度低，虽然"明主贤相"出现，也免不了"人亡政息"的结局。倘若国民的文明程度高，即便出现"暴君污吏"，也能"补救而整顿之"。《新民说》写于1902年到1906年，首先以"中国之新民"为笔名，单篇发表于

《新民丛报》，共 20 篇。后来汇编成册，书名定为《新民说》。1936 年上海书局出版单行本。1994 年，宋志明对《新民说》重新整理，加上新式标点和注释，纳入张岱年主编的《中国启蒙思想文库》，由辽宁人民出版社出版。

二　维新从何做起？

梁启超在反省戊戌变法失败原因的时候，发现了一个道理：要想"维新吾国"，首先应当从"维新吾民"做起。他意识到，要在中国建立新制度、新政府、新国家，必须以"新民"为社会基础。"苟有新民，何患无新制度，无新政府，无新国家？"① 在梁启超那里，"新民"具有双重含义：一方面，是指对民众做启蒙工作，用近代的新思想、新道德去教育民众，帮助他们清除身上从旧时代带来的习染；另一方面，是指造就有新道德、新思想的新型公民。

梁启超从两个方面论证"新民"的必要性和紧迫性。第一，从立国的根本来说，就是建立广泛的社会基础。他把国家比喻为一个有机的整体，认为"国也者积民而成，国之有民，犹身之有四肢、五脏、筋脉、血轮也。未有四肢已断，五脏已疾，筋脉已伤，血轮已涸，而身犹能存者；则亦未有其民愚陋、怯弱、涣散、混浊，而国犹能立者"②。由此可见，国民素质的高低，关系到国家的强弱，乃立国之根本。从这一点来看，导致中国贫穷落后的根本原因，就在于国民素质低下，所以，"欲其国之安富尊荣，则新民之道不可不讲"③。第二，从解决当时"内治"和"外交"等问题的需要来讲，"新民"也十分迫切：以"内治"

---

① 梁启超：《新民说》，辽宁人民出版社 1994 年版，第 48 页。
② 《梁启超文选》上册，中国广播电视出版社 1994 年版，第 102 页。
③ 《梁启超文选》上册，中国广播电视出版社 1994 年版，第 103 页。

而言，要改变国家政治，必须从"新"民入手，只要有了新民，就自然会有新制度、新政府、新国家。他总结中国近代的经验教训说："夫吾国言新法数十年，而效不睹者何也？则于新民之道未有留意焉者也。"① 再从外交上看，中国面临着列强侵略的严重威胁，唯有造就新民，来抵抗他们的侵略，中国才有出路。总之，变旧人为新人，方才是中国走向独立、富强的根本之路。他在《新民丛报章程》中明确提出"欲维新吾国，当先维新吾民"，把新民视为"今日中国第一急务"。

梁启超认为，要想拯救、改造中国，首先必须对中国的"病源"有正确的认识。"善医者必先审病源"，医一国之疾也是如此。按照梁启超的诊断，在戊戌变法以前，洋务运动失败的根本原因，就在于洋务派"知有兵事而不知有民权，知有外交而不知有内治，知有朝廷而不知有国民，知有洋务而不知有国务"②。梁启超分析说，仅靠"变事"，并不能改变中国的落后状况，关键在于"变法"，即从"体"入手，改变中国不合理的政治体制乃至整个社会管理体制。他开出的医国药方是"伸民权以广民智为第一义"。戊戌变法失败后，梁启超只身流亡日本。在此期间，他开始接触大量的西方资产阶级思想家有关政治、经济、历史、社会及思想文化方面的著作，眼界大开，使他有可能在更广阔的范围内进行思考与探索。梁启超认识到，"凡一国强弱兴废，全系于国民之智识与能力。而智识、能力之进退增减，全系于国民之思想。思想之高下通塞，全系国民之习惯与所信仰"③。这里所谓"习惯""信仰"，就是指心理结构和人格素质。梁启超在《中国积弱溯源论》中，对中国封建主义政治体制加以批判，发

---

① 《梁启超文选》上册，中国广播电视出版社1994年版，第104页。
② 梁启超：《李鸿章》，新民丛报社1902年版。
③ 梁启超：《饮冰室合集》专集之三，中华书局1989年版，第62页。

出了"中国积弱之敌,盖导源于数千年以前"的惊人议论。他说:"吾国之受病,盖政府与人民各皆有罪焉。其驯致之也非一时,其酿成之也非一人,其败坏之也非一事。"① 在各种复杂的原因中,"其总因之重大者在国民全体,其分因之重大者在那拉一人,其远因在数千年之上"。新民说的提出,可以说是梁启超反封建主义思想在理论上的升华。

三 怎样破除心奴?

梁启超认为,"奴性"是中国民众的千年顽疾,是中国社会发展进步的一大障碍,而封建专制主义则是造成"奴性"的根本原因。由于在政治上实行"服一王之制",君主对民众役之如奴隶,防之如盗贼,久而久之,民众也认同自身奴隶或盗贼的卑微身份;由于在文化上实行"守一先生之言",久而久之,致使思想界变成一潭死水,容不得不同声音。这两方面的综合效应,就是形成"专制久而民性离""学说隘而思想窒也"局面。由此造成人格的扭曲,具体表现为以下几点:

(1)奴隶根性。在封建专制主义统治下,人们形成安分、柔顺、依赖、卑怯的顺民性格和安于奴隶地位的奴才意识。这种性格和意识具有可怕的消极性,"举国之人,他无所学,而惟以学为奴隶为事,……不觉其辱,反觉其荣焉"②。对于这种弊陋的人格,梁启超哀其不幸,怒其不争。他的感慨是:"辱莫大于心奴,而身奴斯为末矣。"③

(2)依赖性。由心奴作祟,导致民众缺乏主人翁意识,造成"我责人人亦责我,我望人人亦望我"的局面,相互依赖,没有

---

① 梁启超:《饮冰室合集》专集之五,中华书局1989年版,第16页。
② 梁启超:《饮冰室合集》专集之五,中华书局1989年版,第17页。
③ 梁启超:《饮冰室合集》专集之五,中华书局1989年版,第47页。

人愿意出头。在梁启超看来，这种指望别人不指望自己的依赖心态，乃没有血性的表现；在国难当头的时候，简直就是犯罪。

（3）爱国心薄弱。由心奴作祟，致使爱国主义精神无法得到弘扬。他说："爱国心薄弱，实为积弱之最大根源。"① 尤其令他气愤的是，面对国家危亡，一些人依然歌舞升平，袖手而作壁上观。这不能说不是"灭损国民体面的行为"。

（4）缺乏公德意识。由于心奴作祟，导致民众道德素质低下、公德意识缺乏。他说："我国民所最缺者，公德其一端也。"② 他认为，儒学过度推崇束身寡过主义，是导致公德意识缺乏的一个重要原因，以至于形成"终不免一盘散沙之消者，则以无合群之德"的现状。

（5）缺乏进取精神。由于心奴作祟，致使政治体制缺乏应有的活力，致使民众丧失创造性和主动性。大多数人墨守成规，不思进取，弄得中国死气沉沉，简直可以说落入"有女德而无男德，有病者而无健者，有暮气而无朝气，有鬼道而无人道"③ 的困境。

（6）愚昧无知。由于心奴作祟，导致民众文化素质低下、知识程度不高。他指出，国民的文化程度和创新能力是立国之本，因而西方各国无不高度重视发展教育事业，培养有用的人才，想方设法"美人性质，长人志趣，增人识见"④；而中国则不然，士子学非所用、用非所学，弄得人才匮乏，国将不国。

（7）柔弱不武。由于心奴作祟，导致民众身体素质低下、难以抵御外辱。他指出，当今时代是强者的舞台，"立国者苟无尚

---

① 梁启超：《新民说》，辽宁人民出版社 1994 年版，第 46 页。
② 梁启超：《饮冰室合集》专集之四，中华书局 1989 年版，第 12 页。
③ 丁文江、赵丰田：《梁启超年谱长编》，上海人民出版社 1993 年版，第 237 页。
④ 丁文江、赵丰田：《梁启超年谱长编》，上海人民出版社 1993 年版，第 237 页。

武之国民，铁血之主义，……必无以自立于竞争激烈之舞台"①。在此种形势下，中国人仍旧处于柔弱不武状态，"此实中国历史上一大污点"。

（8）虚伪成风。由于心奴作祟，人们沉溺在虚伪的社会风气之中而不察觉。梁启超气愤地说："好伪至极，至于如今日之中国人，真天下所希未闻，古今所未有也。"② 虚伪的风气在全国蔓延，为官者欺下瞒上，为士者不务实学，人人尔虞我诈，中国简直成了虚幻泡影的世界。

针对上述人格扭曲现象，梁启超提出"破心奴"的主张。他把人的自由分为两种，即人身自由和精神自由。二者相比较，精神自由更为重要。他还形象地把人身的不自由比作"身奴"，把精神的不自由比作"心奴"。"身奴"通过斗争或借助外力就可以获得解放，而"心奴"难以借助外力加以解脱，"如蚕在茧，著著自缚，如膏在釜，日日自煎。"所以"心奴"比"身奴"更可怕、更可悲。国民欲求得真正自由，必须破除"心奴"。怎样才能"破心奴"呢？梁启超提出的办法是：在任何事物和言论面前，都遵循"以公理为衡"的原则，善于独立思考，绝不盲从，发扬自由精神，做一个堂堂正正的新人。在他看来，只有去除奴性，造就"自主、自立、自治"的新国民，才能建立一个新中国。梁启超发出的"破心奴"的呼喊，开启了五四时期关于国民性讨论的先河。

四　怎样树立公德？

为了克服当时中国社会中存在的人格扭曲现象，梁启超向人们勾勒出他心目中的"新民"形象。他指出，新民与旧式人格相

---

① 丁文江、赵丰田：《梁启超年谱长编》，上海人民出版社1993年版，第237页。
② 梁启超：《饮冰室合集》文集之四，中华书局1989年版，第12页。

比，第一个特点就是具有公德意识。他为公德所下的定义是："人人相善其群者，谓之公德。"① 在他看来，能否做到利群，乃评判善恶的标准。"是故公德者，诸国之源也。有益于群者为善，无益于群者为恶，此放诸四海而皆准。"② 从这个意义上说，公德意识与近代的国家意识是一致的。梁启超认为，利群的公德意识是新民必须具备的道德素质，"知有公德，而新道德出焉矣，而新民出焉矣"③。他把公德视为新道德的核心，视为维系"群"与"国"的必不可少的黏合剂。"公德者何，人群之所以为群，国家之所以为国，赖此德焉以成立者也"，"人人相善其群者谓之公德。"④ 梁启超强调，新民的诸多品质"皆可以利群二字为纲以一贯之者也"。具有公德意识的新民能够处理好群己、公私、人我关系，懂得个人利益总是同群体利益紧密联系在一起的。

梁启超指出，人不但有独立自由之性，而且有合群之性，这都是天所赋予人的本性。一方面，梁启超看到了"群"必须以独立自由的个人为基础，认为"凡一群之中，必其人皆有可以自立之道，……斯其群乃强有力。不然，则群虽众而所倚赖者不过一二人，则仍只能谓之一二人，不能谓之群也"⑤。另一方面，他又根据进化论的道理，强调了独立自由的人为了生存的需要，又非实行合群之道不可。他说："凡人之所以不得不群者，以一身之所需求所欲望，非独力所能给也；以一身之所苦痛所急难，非独力所能捍也，于是乎必相引相倚，然后可以自存。"⑥ 群体的形成，实则出自于个人的生存需要。那么，如何处理个体与群体之

---

① 梁启超：《饮冰室合集》文集之四，中华书局1989年版，第2页。
② 梁启超：《饮冰室合集》文集之四，中华书局1989年版，第15页。
③ 梁启超：《饮冰室合集》文集之四，中华书局1989年版，第15页。
④ 梁启超：《饮冰室合集》文集之四，中华书局1989年版，第2页。
⑤ 梁启超：《新民说》，辽宁人民出版社1994年版，第139页。
⑥ 梁启超：《新民说》，辽宁人民出版社1994年版，第144页。

间的关系呢？梁启超认为，关键是要坚持有利于合群的原则，做到先公后私，他说："善能利己者，必先利其群，而后己之利亦从而进焉。"① 梁启超认为，中国人有一个大缺点，就是公德的缺乏。针对这种情况，他十分强调新民必须具有"利群"的公德意识，做到"以一身对于一群，常肯绌身而就群；以小群对于大群，常肯绌小群而就大群"②。由于在现今世界上，国家是最大的群体，所以梁启超呼吁人们应当树立"国家思想"，培养爱国意识，而"言爱国必自兴民权始"③。他指出，由于"我国国民，习为奴隶于专制政体之下，视国家为帝王之私产，非吾侪所与有，故于国家之盛衰兴败，如秦人视越人之肥瘠，漠然不少动于心"④。只有改变专制政体，使人民真正成为国家的主体，才能培养出爱国的公德意识。梁启超也认识到，爱国就必须维护国家的独立自主权为前提。当务之急就是以民族主义抵抗外国帝国主义的侵略，"斯今日我国民所当汲汲者也"。

梁启超大力倡导公德，并非否定私德的重要性。他认为二者处于同等重要的地位，相辅相成，相得益彰，都是新民不可缺少的品德。一方面，"无私德则不能立，合无量数卑污虚伪残忍愚懦之人，无以为国也"；另一方面，"无公德则不能团，虽有无量数洁身自好廉谨良愿之人，仍无以为国也"⑤。道德起于人与人的交往，无论是与少数人交涉，还是与多数人交涉，无论是与私人交涉，还是与团体交涉，其客体虽然不同，但其主体都是相同的。只是由于所交涉的客体的不同，才有公德与私德的差异。无

---

① 《梁启超选集》，上海人民出版社1984年版，第162页。
② 《梁启超选集》，上海人民出版社1984年版，第157页。
③ 梁启超：《饮冰室合集》文集之三，中华书局1984年版，第73页。
④ 梁启超：《国性与民德——梁启超文选》，上海远东出版社1995年版，第88页。
⑤ 梁启超：《饮冰室合集》文集之四，中华书局1989年版，第2页。

论公德，还是私德，道德判断的标准只有一个："有赞于公安公益者"，就是合乎道德的行为；反之，凡"有戕于公安公益者"，就是不合乎道德的行为。尽管视公德和私德具有同等重要的地位，但梁启超鉴于近代中国的社会现状，还是强调培养国民的公德意识为最为迫切的任务。他认为，在中国文化中，对私德比较重视，而对公德重视不够。"我国民所最缺者，公德其一端也。"在他看来，中国之"积弱"，理想、风俗、政术、近事四方面的问题，不过是分因，国民缺乏公德，才是总因。他说："今世士夫谈维新者，诸事皆敢言新，惟不敢言新道德，此由学界之奴性未去，爱群、爱国、爱真理之心未诚也。"① 把"爱群、爱国、爱真理"作为最高的道德境界提出来，应该说是梁启超伦理思想的一个特色。梁启超对公德、私德及其相互关系的认识，固然算不得高明，但对于激励国民树立爱群、爱国、爱真理的观念，对于提升"报群报国"的责任感，无疑具有积极的意义。

五　怎样培养独立自由人格？

梁启超指出，与旧式人格相比，新民的第二个特点就是具有自由独立的人格。梁启超说："一身自由云者，我之自由也。虽然，人莫不有两我焉：其一，与众生对待之我，昂昂七尺立于人间者是也；其二，则与七尺对待之我，莹莹一点存于灵台者是也。"② 也就是说，他强调的是身体与精神上的双重自由，而尤重人的精神自由。鉴于中国几千年来的封建专制，有感于中国国民根深蒂固的奴性，他在写给康有为的一封信中说："弟子之言自由者，非对于压力而言之，对于奴隶性而言之。压力属于施者，

---

① 梁启超：《饮冰室合集》专集之四，中华书局1989年版，第118页。
② 《梁启超文选》上册，中国广播电视出版社1992年版，第131页。

奴隶性属于受者。"① 中国数千年的封建专制统治，使人们麻木不仁，养成了一种奴隶性，甘心受奴役、受束缚钳制。梁启超认识到，奴隶性是妨碍新人格建立的最大障碍，所以说："若有欲求真自由者乎，其必自除心中之奴隶始。"② 他呼吁人们要珍视自己独立自由之本性，"勿为古人之奴隶"，"勿为世俗之奴隶"，"勿为境遇之奴隶"和"勿为情欲之奴隶"。梁启超反对形形色色的奴隶思想，实质上是要求人们摆脱传统封建思想的束缚，摆脱本国封建专制主义和外国帝国主义的压迫，勇敢地追求个性的独立和解放。

梁启超认为，独立自主意识是人异于禽兽、文明异于野蛮的标界。"独立者何？不藉他力之扶助，而屹然自立于世界者也。人而不能独立，时曰奴隶。于民法上不认为公民。国而不能独立，时曰附庸。于公法上不认为公国。嗟乎！独立之不可以已如是也。"③ 他指出，国家、种族、个人都应该有独立性。倘若丧失了独立性，意味着在地球之上已经没有这个国家、这个种族、这个人。由此说来，"独立"二字，实在是关于国家、种族、个人的本质规定。尤其是处在竞争激烈的当今世界，"若独立之性稍不足，未有不立即蹶地者"。只有每个人都养成独立意识，才能为国家独立打下基础。因为国家是由人民组成的，没有独立的人格，就不可能有独立的国家，"故今日救治之策，惟有提倡独立"。

梁启超主张从独立自主的原则出发，摆正个体与群体之间的关系。他对"独立"的理解是：不依赖于他力，昂然独往来于世界之上。用《中庸》上的话来说，即所谓"中立而不倚"。但是，

---

① 《梁启超选集》，上海人民出版社1984年版，第136页。
② 《梁启超文选》上册，中国广播电视出版社1992年版，第132页。
③ 梁启超：《国民十大元气论》，见《清议报》第33册，1899年12月23日。

个人独立并不能脱离群体，独立与合群是统一的。群体的基础是独立的个体，由具有独立品格的个体所构成的。梁启超说："独与群，对待之名词也。人人断绝依赖，是倚群毋乃可耻；常绌身而就群，是主独毋乃可羞。"① 意思是说，独立与合群是相辅相成的关系，不能把二者截然对立起来。"独立"与"合群"、"自由"与"服从"之类政治学的范畴，在梁启超那里，同时也是伦理学的范畴。他把这些都作为文明人类的道德品质来看待，提倡既要有"独立之德""自由之德"，又要有"合群之德""服从之德"。他认为，中国之所以不成为独立的国家，就是因为国民缺乏"独立之德"。他甚至不担心"中国不为独立之国"，只担心"中国今无独立之民"。梁启超提倡"独立之德"，主要目的还在于"以独扶群"。他把爱国主义视为最高的道德准则，大声疾呼："天下之盛德大业，孰有过于爱国者乎！"他从批判封建专制主义、倡导民权和培养独立的自由人格入手，大力倡导爱国主义，这无疑是梁启超新民说的光彩之所在。

六 怎样发扬冒险尚武精神？

梁启超指出，与旧式人格相比，新民的第三个特点就是富有冒险尚武精神，敢作敢为，奋发图强，能够承担起改造旧中国、建立新中国的大任。

首先，新民应有进取冒险的精神，敢于走前人所没有走过的路。梁启超在《新民说》中指出，整个世界都处于不断进步之中，因此，应该树立一种进化发展的宇宙观与不断进取的人生观。可是，中国人的性格却偏于保守、怯懦，这种精神状态与世界的发展很不适应，必须予以改变。为此，他专门写有《论进取冒险》一文，强调新民必须具有一种进取冒险的人生观。梁启超

---

① 梁启超：《饮冰室合集》文集之五，中华书局1994年版，第45页。

认为:"天下无中立之事,不猛进斯倒退矣。"① 中国人应当学习西方人的进取冒险精神,"欧洲民族所以优强于中国者,原因非一,而其富于进取冒险之精神,殆其尤要者也"②。因此,中国人要改变保守、偷安的心理状态,要敢于冒险,积极进取,勇于克服重重障碍,为实现自己的理想而奋斗。

其次,新民应该有强健的体魄。梁启超在《新民说》中,专设《论尚武》一节,阐述体育锻炼的重要性。他指出,早在春秋时期,孔子授徒时,所开课程中就有"射""御"等尚武的内容,可惜被后世抛弃了,以致造成中国人的体质不断下降,在近代甚至被人讥为"东亚病夫"。他认为,培育尚武精神,应从以下三方面着手:一是提升心力,树立民族自信心,不能认为自己不如人;二是提升胆力,排除畏惧心理,树立担当意识;三是提升体力,积极参加体育运动,练就强健的体魄。

至于如何造就新民,梁启超的思路是:"新民云者,非欲吾民尽弃其旧以从人也。新之义有二:一曰,淬厉其所本有而新之,二曰,采补其所本无而新之。二者缺一,时乃无功。"③ 又说:"所谓新民者,必非如心醉西风者流。蔑弃吾数千年之道德、学术、风俗,以求伍于他人。亦非如墨守故纸者流,谓仅抱此数千年之道德、学术、风俗,遂足以立于大地也。"④ 按照他的看法,培育"新民",并非是倡导民族文化虚无主义,一味地模仿西方。他主张在批判继承本国优秀传统文化的基础上,从西方文化中"采补"中国缺乏而又急需的要素,来造就一种适合于中国社会发展的全新的国民品格。他还强调,"新民"是一种自新:"新民云者,非新者一人,而新之者又一人也,则在吾民之各自

---

① 《梁启超文选》上册,中国广播电视出版社1992年版,第115页。
② 《梁启超文选》上册,中国广播电视出版社1992年版,第115页。
③ 《梁启超文选》上册,中国广播电视出版社1992年版,第107页。
④ 《梁启超文选》上册,中国广播电视出版社1992年版,第109页。

新而已。"① 在这里，他提出三条原则，一是主体性原则。新民是一种自我觉悟、自我提高，不能依靠外力。二是民族性原则。新民是整个民族的大业，必须发掘固有的思想文化资源，不可能从西方引进。三是开放性原则。新民乃是顺应时代之民，抱残守缺无济于事，必须善于学习其他民族的优长。他关于造就新民的构想，虽然有些简单，但在原则上无疑是正确的。

总的来看，梁启超倡导新民说，根本宗旨在于通过启蒙教育，使人们去掉身上的旧习染，自觉地树立起新的行为准则和道德风尚，从而造就独立自主、利群爱国、富于进取冒险精神的一代新人。在中国近代人学思想发展史上，梁启超的新民说构成一个重要的环节。

第六节　孙中山的国民说

如果说梁启超从改良派的立场出发，完成了一种新人格理论的建构，那么，可以说孙中山从革命派的立场出发，也完成了一种新人格理论的建构。孙中山依据三民主义，阐发新人学思想，提出"国民"这一有近代色彩的人学观念。笔者在本书中把孙中山的人格理论称为国民说，以区别于梁启超的新民说。新民说侧重于解构，要求破除心奴，摆脱人身依附观念，接受自由、平等之类的新观念，倡导主体性原则，以个体为主语；国民说侧重于建构，倡导合群体性原则，主张用国民的理念把中国民众联络起来、组织起来，共同致力于振兴中华的伟大事业。新民说强调一个"新"字，国民说强调一个"国"字。孙中山特别强调国民的社会性、合群体性、有组织性，有别于梁启超所说的那种注重个人素质提升的"新民"。他从进化、互助、大同三个维度，向我

---

① 梁启超：《饮冰室合集》专集之四，中华书局1989年版，第3页。

们展现出在他心目中的"国民"应该具有的人格形象。

一 怎样从进化的维度看？

同其他先进的中国人一样，孙中山也从进化论的维度，看待人类社会的发展，透视人的本质。同维新派相比较，他的理论特色在于：将人放在历史发展进程中加以考察，强调人在历史发展过程中的力量与作用，将人看作历史发展的动力之一，更加突出人的使命感、责任感和主动性。他的人学思想，表达了一个革命家的精神追求。

孙中山认为人类社会处于一个不断发展的过程之中，国民是社会发展的产物。他曾形象地说："世界潮流的趋势，好比长江、黄河的流水一样，水流的方向或者有许多曲折，向北流或向南流的，但是流到最后一定是向东的，无论是怎么样都阻止不住的。所以世界的潮流，由神权流到君权，由君权流到民权；现在流到了民权，便没有方法可以反抗。"① 这是一种以"社会国家"来划分历史的历史发展观。尽管他还曾提出过人类社会划分的其他方法与原则，使得其关于历史分期的说法前后不尽一致，但重要的是，他始终把人类社会看作由低级阶段向高级阶段不断进化的动态过程，仅此一点，就显示出孙中山的革命立场，显示出他超出以前思想家的进步性。对于人类社会的进化前景，孙中山抱有乐观主义心态；对于中国民主主义革命，他抱有必胜的信心。孙中山把人类社会的进化过程分为四个时期，即："人同兽争"的洪荒时代；"人同天争"的神权时代；"人同人争"的君权时代；"人同君主相争"的民权时代。在当今的民权时代，社会成员就不再是对君主俯首帖耳的子民，而应当成为具有独立人格的国民。

---

① 《孙中山选集》下册，人民出版社1981年版，第706页。

孙中山指出，尽管中国社会发展已经迈入民权时代，"国民"将取代"子民"，但这种转换不会自然而然地实现，必须靠人们努力地去争取，不能一味消极地等待。从这一点来说，敢于革命、奋发有为、积极向上是新国民应有的品格。孙中山把对人在进化过程中的能动性的认识，同中国哲学自强不息的哲学精神传统结合在一起，凝练成"愈挫愈奋"的思想，为推动革命事业找到了一种精神支撑。他说："人类要在竞争中求生存，便要奋斗，所以奋斗这一件事，是自有人类以来天天不息的"，"人类由初生以至于现在，天天都是在奋斗之中。"① 他强调，革命党人和革命军人应当担负起改造国家、使人民能够安居乐业的重任，表现出"极坚毅之精神"和"极忍耐之力量"。革命党人必须消除怠惰、灰心、畏惧、悲观等心理，做到迎难而上、永不退缩。他是"愈挫愈奋"精神的倡导者，也是身体力行的实践者。他发动多次武装斗争，遭到了一次又一次的失败，但是，毫不气馁。他"至诚无间百折不回，……穷途之困苦所不能挠，吾志所向，一往无前，愈挫愈奋，再接再厉"②。孙中山把自强不息的民族精神，同进化论思想结合起来，使之获得近代的理论形态。他认为，天下之事并不总是渐进发展的，有的时候可以打破常规，后来居上。因此，通过人们的努力，完全能够尽快地改变中国的落后局面，"一跃而登中国于富强隆盛之地"③。他坚信，中国必将会迎来"突驾""腾飞"的新时代。

二　怎样从互助的维度看？

生物进化论为人类认识自身，提供了一个自然科学的维度，

---

① 《孙中山全集》第9卷，中华书局1986年版，第225页。
② 《孙中山选集》上册，人民出版社1981年版，第104页。
③ 《孙中山全集》第6卷，中华书局1985年版，第159—160页。

可以深化人对自身的认识，也可能误导人对自身的认识。一些西方的学者，错误地运用生物进化论，把人性等同于动物性，牵强地用生存竞争解释人类社会现象，陷入社会达尔文主义的误区。西方学者之所以陷入社会达尔文主义的误区，不能把原因归结于生物进化论本身，应当到西方人关于人性的一贯看法中寻找根源。在基督教语境中，人是神的堕落，人生就是赎罪，等待着上帝的拯救。一些西方近代以来的思想家，不再认同原罪观念，但也不赞美人性。有人说"人对人像狼一样"，有人说"人以他人为地狱"。在他们的眼里，人性充满了劣根性。这种人性观念同生物进化论结合在一起，所生成的怪胎就是社会达尔文主义。

　　孙中山虽然也从进化的维度看人，却并没有陷入社会达尔文主义的误区，因为性善论早已构成他的思想底色。按照中国哲学中性善论的说法，人性与兽性绝不可以混为一谈：人性为善，兽性为恶。用孟子的话说："人之所以异于禽兽者几希，庶民去之，君子存之。"（《孟子·离娄下》）孙中山接受进化论以后，用生物进化链把人与动物联系起来，但仍旧沿袭中国哲学中人与兽有别的观点，反对完全把人性归结于兽性。他并不仅仅从进化的维度看人，还从互助的维度看人，认为人与人之间的关系，既有竞争的一面，也有互助的一面，强调"互助"才是人性的真实，才是人与动物之间的本质区别。孙中山是否读过克鲁泡特金的著作，不得而知；即便受其影响，不过是表述上的相似性而已。孙中山的"互助"说，并非来自克鲁泡特金，而是来自中国哲学中的性善论。他所说的"互助"，其实是对"与人为善"观念所作的近代诠释。

　　孙中山认为，社会成员之间的关系，主要是互助关系，而不是竞争关系。物种进化原则是"竞争"，而人类社会进化原则则是"互助"。他说:"人类进化之主动力,在于互助,不在于竞争。"① 展开来讲,"社会国家者,互助之体也,仁义道德者,互助之用也,人类顺此原则则昌,不顺此原则则亡"②。在他看来,"竞争"只是动物的生存之道,并不是人类的存在之道;"互助"才是人类特有的生存之道。不过,人类毕竟是由动物进化而来,动物的兽性不可避免地会遗传给人类,所以,在现实的人身上,未必能充分体现互助性。然而,这不妨碍人类社会进化以提倡互助为基本导向。孙中山指出,人类社会进化,就是一个不断"减少兽性、增多人性"的过程;而人性一旦充分体现出来,社会生活中便不再有竞争,只需靠互助来维系就足够了。从这个意义上说,人类社会的进化"以互助为原则"。他认为,人类的本性是趋向"互助"的,但现在人类进化"为时尚浅,而一切物种遗传之性尚未能悉行化除也"③,所以尚存在着竞争的情形。但竞争并不是出于人的本性,乃是因外在因素的影响所致;一旦外在物质条件达到了足够的程度,人类社会就会完全消除相互斗争的现象。革命党人的责任,就在于帮助大家培养高尚的人格,以便彻底消除兽性。他说:"我们要人类进步,是在造就高尚人格。要人类有高尚人格,就在减少兽性,增多人性。没有兽性,自然不至于作恶。完全是人性,自然道德高尚;是故欲造成人格,必当消灭兽性,发生神性,那么,才算是人类进步到了极点。"④ 在孙中山看来,人性不是兽性的延伸,而是对兽性的否定。从互助的维度看,孙中山得出的结论是:国民应当奉行互助、合群的人性原则,而不是尔虞我诈的兽性原则。

从互助的维度出发,孙中山致力于儒家思想资源的开发和利

---

① 《孙中山选集》上册,人民出版社1981年版,第365页。
② 《孙中山选集》上册,人民出版社1981年版,第156页。
③ 《孙中山选集》上册,人民出版社1981年版,第156页。
④ 《孙中山全集》第8卷,中华书局1986年版,第316—317页。

用。他十分重视儒家以德辅政的诉求，认为这种中国特有的政治哲学，充分体现互助原则，值得进一步发扬光大。他不无感慨地说："中国有一段最有系统的政治哲学，……就是《大学》中所说的'格物、致知、诚意、正心、修身、齐家、治国、平天下'那一段话。把一个人从内发扬到外，由一个人的内部做起，推到平天下止。像这样精微开展的理论，无论外国什么政治家都没有看到，都没有说出，这是我们政治哲学的知识中独有的宝贝，是应该保存的。"[1] 孙中山认为，人与人之间的互助关系，需要用道德规范来维系；新国民所需要的道德规范，不可能从天上掉下来，只能参考儒家固有的道德规范来制定。对于儒家留下来的道德规范，不必全盘接受，可以有选择地继承。"如果是好的，当然要保存，不好的才可以放弃。"[2] 他认为，新国民应当遵守的道德规范，可以概括为四维八德。四维就是礼、义、廉、耻，八德就是忠、孝、仁、爱、信、义、和、平。他指出，对于八德，可以做出新的诠释，赋予其新的含义。比如，在民国时代，君主制已经被消灭了，讲"忠"不再有忠君的意思，而是指"要忠于国，要忠于民，要为四万万人去效忠"[3]。通过开发和利用儒家思想资源，孙中山为其所构想的国民人格，涂上了浓厚的传统色彩。在他看来，只有造就出这样的新国民，新的民国才会有稳固的社会基础。

三　怎样从大同的维度看？

为了把新国民组织起来，建立起名副其实的民国，孙中山需要找到一个理想目标，作为大家共同努力的方向。这个理想目

---

[1] 《孙中山全集》第8卷，中华书局1986年版，第684页。
[2] 《孙中山全集》第8卷，中华书局1986年版，第680页。
[3] 《孙中山全集》第8卷，中华书局1986年版，第681页。

标,他在儒家思想资源中找到了,那就是大同之世。从大同的维度构想新国民人格,是孙中山人学思想的独到之处。

孙中山很欣赏《礼记·礼运》中描述大同之世的那段文字,将其抄录下来,写成条幅,挂于室中。在他的书法作品中,经常出现的是"天下为公"四个字。孙中山主张通过民主主义革命,推翻封建主义专制制度,在中国建立民主共和国,但这并不是他的最高理想。他的最高理想是在全世界范围内实现大同,建立起"天下为公"的新社会。他说:"将来世界上总有和平之望,总有大同之一日,此吾人无穷之希望,最伟大之思想。"① 孙中山继承中国古代的大同思想,吸收近代西方各种社会主义学说,创立了有特色的社会改造理论。孙中山的大同思想,有别于洪秀全构想的"天朝田亩制度",也有别于康有为构想的"大同之世",因其建立在三民主义中的民生主义基础之上。他在解释民生主义的内涵时说:"民生主义,即贫富均等,不能以富者压制贫者。"又说:"民生主义,则抵抗少数资本家,使人民共享生产上之自由。"② 为了把民生主义落到实处,孙中山把社会公平放在首位,着眼于全体国民的整体利益,制定平均地价、节制资本、耕者有其田等项政策,调动了民众参与革命事业的积极性。他坚信,如果中国把民生主义化为现实,将远胜于西方的资本主义,因为它已经克服了资本主义的弊端,化解了富者与贫者之间的对立,实现了社会公平。

儒家设想了大同之世,但把它放在遥远的古代,用以寄托美好的道德理想。孙中山则把大同社会放在未来,举起了一面鼓舞国民投身于社会改革事业的旗帜。康有为写了几十万字的《大同书》,却没有为人们指出通往大同的道路。孙中山终生都在探索

---

① 《孙中山全集》第8卷,中华书局1986年版,第25页。
② 《总理全集》第2集,民智书局1930年版,第242页。

通往大同的道路，已经超越了康有为。为了实现"天下为公"的理想社会，他在政治、经济、教育等各方面，都提出了具体的主张。在政治上，"就是要把政权公之天下"，人人平等，没有贵贱尊卑之分，也没有阶级之别；在经济上，国家用国有资源发展各种社会福利事业，人人都是生产者，自食其力，分业操作，劳动所得平均分配，以求达到"贫富均等"，基本消除历史上"人与人之争"的现象；在教育上，兴办各种学校，教育平等，不论贫富子女都可入校学习。孙中山的"天下为公"的社会理想，强调的就是"平等"，他认为不仅要达到中国大同，还要最终消灭国家和阶级，达到世界大同。所谓世界大同，就是人人尚道德，明公理，"泯除国界"，"使全世界合为一大国家"[①]。在孙中山看来，这个"大同"世界就是所谓"社会主义""共产主义"。他说："仆之宗旨在提倡实业，实行民生主义，而以社会主义为归宿。"[②]"我今天来分别共产主义和民生主义，可以说共产主义是民生的理想，民生主义是共产的实行。"[③] 应当承认，孙中山的社会理想确实带有一些社会主义、共产主义色彩，不过，不能归结为科学的社会主义、共产主义。在他的理论视野中，社会主义、共产主义、大同世界与其三民主义之间的界限，并不是很清楚，经常把它们混淆起来。我们不必过分考究孙中山设想的"天下为公"的社会发展目标能否实现，这并不是问题的关键之所在。关键在于，孙中山倡导"天下为公"的新观念，是要解决"一盘散沙"的现实问题，力求把国民凝聚为整体，造就由全体国民组成的共和国。

孙中山对近代以来的新人学观作了出色的总结，最终完成了

---

① 《孙中山全集》第 2 卷，中华书局 1982 年版，第 439 页。
② 《孙中山全集》第 2 卷，中华书局 1982 年版，第 340 页。
③ 《孙中山选集》下册，人民出版社 1981 年版，第 830 页。

从传统的"子民"观念到近代的"国民"观念的转折，或者说完成了从伦理意义上的人，到社会意义上的人的转折。从某种意义上说，正是由于近代思想家重新发现了人，意识到人应有的价值和尊严，中国哲学才掀开了崭新的一页。孙中山的"国民"说吸收了西方近代以来人学思想的合理成分，并没有照搬西方的人学理论，带有鲜明的中国特色。对于"国民"中的"民"，孙中山承认每个社会成员的主体性，承认每个人都具有平等的社会成员的身份，承认每个人都有发展的权利。他的"国民"说屏除了人身依附的旧观念，体现出近代的特征。但是"国民"与西方的"市民"又有区别。"国民"不是浮士德、鲁滨孙式的个体，而是社会群体中的一员，肩负着维护社会群体发展的责任和义务。在孙中山看来，"国民"不是一盘散沙式的个体的集合，而应当是团结和谐的整体。他对传统人学中注重群体的合理因素，成功地做了近代转换。

综上所述，康有为、谭嗣同、严复、梁启超、孙中山等几位思想家在中西之学、新旧之学交汇之际，为了回答历史的课题，将理论思考的重点放在"人"的观念的革新上，并以此为切入点，以各自不同的方式，回答了"中国向何处去"的时代课题。他们利用从西方拿来的思想武器批判专制制度、纲常伦理，批判旧人格，设立新的价值尺度，提倡新思想、新道德、新人格，传达出强烈的时代精神，在当时起到了思想启蒙、促进社会变革的作用。其中，康有为首先举起启蒙的大旗，为新人学开辟了道路；谭嗣同大声疾呼，猛烈抨击封建纲常伦教，向传统人学观念公开挑战；严复不懈地寻求西学，对思想变革起到了极大的促进作用；梁启超倡导启蒙教育，呼唤"新民"早日问世；孙中山立足于革命立场，极力强调人在历史进化中的重要作用，在更高的层次上考察人，提出"国民"的新观念。他们前后相继、一脉相承，为近代中国重新发现人、认识人做出了自己不懈的努力。

诚然，由于历史的局限性，他们的思想显得庞杂混乱，多有前后冲突之处，而且有些观点颇为幼稚，甚至流于空想。对于当时救亡图存的紧迫性而言，其思想学说还显得不切实用。但是，他们对国家命运的担当意识以及基于此所做出的努力思考，却是值得肯定的。他们通过对旧人学思想的批判与改造，通过对西学的不断吸收与学习，逐渐确立起了一种近代意义上的新的人学观念。他们用新人学代替业已过时的旧人学，使传统的理想人格让位于具有近代意识的新国民形象，从而宣告旧时代行将结束，新时代已经到来。他们所取得的理论成果，构成了中国近代思想史的重要内容。

现代：综合创新

从 1919 年五四新文化运动开始，中国社会跨入现代，中国哲学史随之也发生了质的变化。如果说近代处在理论形态从古代到近代的过渡时期，那么，在现代中国哲学终于发展成为一门独立的学科。哲学已经同各种科学区分开来，变成一种专门的学问。如果说科学是关于世界局部的学问的话，那么，哲学则是关于世界总体的学问。哲学所面对的全局性问题，关乎世界观、人生观、认识论或知识论、历史观、价值观、社会存在论等视域。哲学家们利用中外两种资源，根据中国社会发展的需要，创造出各种各样的哲学体系。马克思主义哲学在中国有创造性的发展，名副其实构成一条主线；现代新儒家哲学和中国实证哲学分别构成副线。三大思潮互动，开出中国哲学新局面。中国社会进入现代以后，开始在大学里出现专门的哲学系（门），开始出现专业哲学家，社会上开始出现专业的哲学刊物。对于这段哲学史，我们称为"中国现代哲学史"，并且采取狭义哲学史方式予以陈述。现代中国哲学以"综合创新"为主题词。

第七章　广义现代新儒家

现代新儒家思潮把理论重心放在人对于世界的价值关系上，以"人生价值观念如何树立？"为核心话题。针对过度彰显工具理性的科学主义倾向，现代新儒家高扬道德理性，要求在现代化的语境中重建意义的世界或价值的世界，重新找回安身立命之地。他们把天人合一的哲学思维模式同主客二分的哲学思维模式结合起来，不再像传统儒学那样诉诸圣人的权威，转而诉诸道德理性的诠释。他们把世界价值化，提出"生命""本心""理世界""仁的本体论""道德自我"等本体论观念，以各自的方式对道德理性的至上性做出本体论证明，创立各种各样的现代新儒学思想体系。

第一节　概述

自五四新文化运动以来，现代新儒学思潮就成为中国现代哲学思想的发展方向之一。这一思潮以融会中西学术思想为基本特征，以发展人类精神文明为根本宗旨。它一方面面向世界，吸纳、理解、转化包括马克思主义在内的西方各种学术思想；另一方面基于时代的要求，反省、充实、推进传统的儒家思想，使儒家思想在现时代获得新的表达方式，促进人类精神文明的发展，建设适应时代要求的精神家园。现代新儒学思潮发端于现代新儒家,但不限于现代新儒家。它作为中国现当代的主要的发展方向之一,其范围已超出少数的现代新儒家。许多学者并没有沿用现代新儒家的思维定式,而是以各自的方式研究、诠释儒学,他们的研究成果也属于现代新儒学思潮的范围。"现代新儒学思潮"是指社会思想动向,"现代新儒家"是指中国现代哲学史上既定的文化现象,尽管二者的外延有部分重合的情况,但毕竟不是同一概念。"现代新儒家"作为"来龙",已经成为历史;"现代新儒学思潮"作为"去脉",正在参与创造历史。不过,要了解现代新儒学思潮的来龙去脉,无疑还应当从现代新儒家讲起。

一 形成原因

现代新儒家思潮之所以发端于五四新文化运动时期,同当时已经形成具有独立思考能力的新式知识分子队伍有密切的关系。自从鸦片战争以来,先进的中国人抱着"向西方寻找真理"的心态,有意无意地把西学理想化,看成解决一切问题的灵丹妙药。他们常常把中学与西学对立起来,把中学等同于旧学,把西学等同于新学,对儒家思想缺少应有的同情。平心而论,之所以会出现这种情况,同他们尚未形成独立的思考能力有关。到五四新文化运动时期,这种情况有了改观。在这一时期,新式知识分子队伍,无论在数量上,还是在质量上,都有很大的变化。从人数上看,一大批留学日本的学人回国,从中国自己办的新式学校中也走出数量可观的毕业生;从质量上看,有一批在欧美取得高学历的学人回到祖国。由于对西方文化了解得比较深了,他们发现,西方文化并非尽善尽美,也存在诸多弊端。特别是经历了第一次世界大战以后,人们对这种弊端看得更为清楚。中国新式知识分子逐步破除了对西方文化的迷信,形成独立思考的能力,开始重新思考中国的出路问题,重新看待中学与西学的关系、新学与旧学的关系,重新审视固有文化的价值。于是,从这一群体中,涌现出一批现代新儒家学者。梁漱溟、熊十力、马一浮、冯友兰、贺麟都出自这一群体。

在五四新文化运动时期，中国思想界关注的焦点，已由关于传统社会形态的"破坏"，转向关于现代社会形态的"建设"。在辛亥革命以前，先进中国人关注的焦点，集中于传统社会形态的"破坏"，致力于推翻清王朝的斗争。辛亥革命以后，中华民国成立，废除统治中国数千年之久的封建帝制，"破坏"的目的应该说基本达到，可是中国的社会状况非但没有变好，反而更加恶化。打倒了一个清廷小皇帝，冒出了数十个土皇帝，军阀争战，接连不断。正如孙中山所说："去一满洲之专制，转生出无数强盗之专制，其为毒之烈，较前尤甚，于是而民不聊生矣。"[①] 残酷的现实告诉人们：仅有"破坏"是远远不够的，还必须着眼于"建设"；"建设"是一项更为艰巨的任务。这里所说的"建设"是多方面的，其中既包括经济建设、制度建设，也包括社会建设和精神文明建设。经济建设和制度建设可以借鉴西方成功的经验，而西方的社会状况和精神文明状况并不能令人满意，中国人必须进行独立的探索。孙中山提出"心理建设"理论，是在社会建设和精神文明建设方面所做的探索；陈独秀提出"伦理的觉悟为吾人最后觉悟之最后觉悟"的说法，是在这方面所做的探索；现代新儒家提出各种学说，也属于在这方面所做出的探索。

现代新儒家思潮是对五四时期批孔思潮的反弹。自鸦片战争以来，中国知识分子把挽救中国的希望寄托在西学引进上，并且把传统儒学视为引入西学的思想障碍，遂形成扬西抑中的倾向。这种倾向到五四时期演化为"打倒孔家店"的批孔思潮。在新文化运动中，激进派批判传统儒学中所包含的封建主义思想因素，无疑是正确的，问题在于他们把儒学完全归结为封建主义，全盘

---

① 《孙中山选集》上册，人民出版社1956年版，第104页。

否定其正面价值，流露出民族文化虚无主义的不良情绪。有些人甚至提出一些过火的、不切实际的主张，如废除汉字、把线装书丢到茅厕中去，等等，这显然有损于民族自尊心和自信心的提升。正是针对激进派的民族文化虚无主义倾向，现代新儒家思潮开始兴起。从新式知识分子队伍中走出来的现代新儒家学者，认同科学与民主的价值，反对封建主义，接纳现代性，有别于守旧派；他们据斥全盘西化论，摆脱激进情绪的困扰，以理性的眼光和同情的态度看待儒学的价值，努力推动儒学的现代转化，亦有别于激进派。在提升民族自尊心和自信心方面，他们是有贡献的。

现代新儒家思潮的出现，同世界性文化批判思潮也有密切的关系。自近代以来，中国哲学走向世界，世界哲学走入中国。我们考察现代新儒家思潮，既要看到它兴起的国内背景，也要看到它的国际背景。第一次世界大战爆发以后，西方资本主义社会的矛盾和危机更加表面化、尖锐化，暴露出西方资本主义现代文明的弱点，于是世界性的文化批判思潮兴起。斯宾格勒在《西方的没落》一书中，用"没落"一词形容当时西方人的思想状态。梁启超考察欧洲之后，作了这样的描述："全社会人心都陷入怀疑沉闷畏惧之中，好像失去了罗盘的海船遇着风、遇着雾，不知前途怎样才好。"在"一战"以后，思想敏锐的思想家发现，西方现代文明存在着一个大问题，那就是工具理性与价值理性严重失衡。于是，在现代西方思想界，批判科学主义的声音越来越强，呈现出人本主义思潮抬头的趋势。西方思想界的这种变化，为以价值理性为中心的儒学，提供了发展的契机。现代新儒家抓住了这个机会，从非理性主义、人本主义思潮寻找现代转化的资源，试图创立儒学的新形态。

现代新儒家思潮兴起的根本原因，还在于儒学确实有实行现代转换的可能性，能够为中国精神文明建设提供不可或缺的宝贵资源。

儒学作为中国文化的主干，既有时代性的一面，也有民族性的一面。因其有时代性，传统儒学作为农业社会的产物，不能不表现出历史的局限性，甚至被帝王用来作为维护统治的工具。五四时期新文化运动的倡导者们发起对传统儒学的批判，其实并不是对儒学的全盘否定，而是把矛头指向传统儒学的历史局限性。李大钊说："故余掊击孔子，非掊击孔子之本身，乃掊击孔子为历代君主所塑造之偶像的权威也；非掊击孔子，乃掊击专制政治之灵魂也。"① 在这里，他把"孔子之本身"同"孔子之偶像"区分开来，明确表示只掊击后者，而不掊击前者。五四时期对传统儒学历史局限性的批判有积极的意义，起到了思想解放的作用，这是不能否定的，那种视此为"文化断层"的论点是不能成立的。实际上，新文化运动的倡导者对传统儒学既有批判，也有同情的诠释。令人遗憾的是，长期以来在"左"的话语占主导地位的情况下，人们夸大了五四时期"批孔"的一面，而忽视了"释孔"的一面。五四时期对传统儒学的历史局限性的批判，贡献之一在于突显出儒学实行现代转换的必要性。正如贺麟所说，五四新文化运动破除了"儒家的僵化部分的躯壳形式末节和束缚个性的传统腐化部分"，"他们并没有打倒孔孟的真精神、真意思、真学术。反而因它们的洗刷扫除的功夫，使得孔孟的真面目更是显露出来"②。

由于儒学有时代性的一面，必须清除历史尘埃，适应新时代要求不断做出新的诠释，从而促使现代新儒学思潮的形成。由于儒学有民族性的一面，体现中华民族的文化共识，如何发掘儒学体现时代精神的正面价值，将是一个恒久的课题。从这个角度看，现代新儒学思潮的出现也是必然的。从哲学人类学的意义上

---

① 《李大钊选集》，人民出版社1959年版，第80页。
② 贺麟：《当代中国哲学》，胜利出版公司1947年版，第9页。

看，任何社会组织必须有一套全体社会成员达成基本共识的主流价值观念和伦理规范，这是每个民族形成所必不可少的文化共识。这种文化共识可以采用宗教的形式来表达，也可以采用非宗教的形式来表达。大多数民族采用宗教的形式，如伏尔泰说，一个民族即便没有神，也要造出一个神来。中华民族则采用非宗教的形式，这就是儒学。儒学是世界上少有的以非宗教的、内在超越的方式安顿精神世界的成功模式，有别于基督教、佛教、伊斯兰教等宗教模式。中国人依据儒学，有效地组织社会、安顿人生。在长期的历史发展过程中，儒学已形成中国人的文化基因，并且具有强盛的生命力。儒学有深厚的历史积淀，有广泛的社会影响，并不会因新文化运动的冲击而终结。如何把握民族性与时代性相统一的原则，克服传统儒学的局限性，走出民族文化虚无主义的误区，摆脱"左"的偏见，重估儒学的价值，开发儒学资源，培育适应时代精神的中华民族精神，将是我们的一项重要的理论任务。

在启蒙主义的话语中，现代观念与传统观念之间的联系被割断了，过分强调现代对于传统的变革，而忽视现代对于传统的继承。这并不符合现代社会发展的实际。以西方发达国家为例，尽管各国都曾发生过批判基督教的启蒙主义运动，但基督教并没有因此而消失，而是实行了现代转化，依然发挥着文化共识的作用，依然维系着现代西方社会的运转。在五四新文化运动时期，激进派受启蒙主义的影响，也像西方启蒙主义者批判基督教那样批判儒学，于是，出现了全盘否定儒学的西化思潮。西方基督教受启蒙主义思潮的冲击，并没有消失，而是实行了现代转化；同样，儒学受到西化思潮的冲击也不会消失，也会实行现代转化。现代新儒学思潮的出现，正是对西化思潮的反弹，体现中国文化发展的大趋势。

长期以来，在"左"的思潮主导下，儒学被视为封建主义意识形态，予以全盘的否定：儒学的历史局限性被夸大了，儒学的普适性被消解了。在传统与现代对立的思维模式下，儒学只是被驱逐的消极因素，"打倒孔家店"成为流行语。许多人把"打倒孔家店"说成五四新文化运动时期的口号，实际上是个误传。在五四新文化运动时期，并没有"打倒孔家店"的提法，近似的说法是"打孔家店"。胡适曾在为《吴虞集》作序时，称赞吴虞是"只手打孔家店的老英雄"，并没有用"打倒"两个字。"打倒孔家店"以至于"批林批孔"的口号，都是1949年以后才成为流行一时的"左"的话语，从中不难看出全盘否定儒学的偏见。

儒学是极其复杂的民族文化现象，不能把儒学简单等同于封建主义意识形态。儒学与中华民族已构成共生关系，为中华民族组织社会、安顿价值提供了哲学基础。对于已经成为中国传统文化主干的儒学，至少可以从以下三个角度来把握。

第一，有作为学理的儒学。儒学是一种行之有效的社会组织原理，体现人类性或合群体性，具有普适价值。在先秦时期，孔子通过反思"礼坏乐崩"的历史现象，建立以"仁"为核心的儒学，讲的是做人的道理、处理人际关系的准则、普适性的道德规范。孔子创立的儒学，只是百家中的一家，并不是官方哲学。后儒讲论儒学，并不都是站在官方的立场上说话的，也有许多人是当作学理来研究的。虽然历代儒学家关于儒学的阐述，对于我们认识儒学社会组织原理有帮助，但仍需要适应现代社会发展的要求，不断做出新的阐发。从这个意义上说，儒学是一门常讲常新的学问，可以实现现代转化。

第二，有工具化的儒学。汉武帝采纳"罢黜百家，独尊儒术"的政策以后，儒学从一家之言上升为官方哲学。值得注意的是，即便儒学在意识形态领域获得主导地位以后，并不是一种声音，而是多种声音。在儒学营垒中，有古文经学与今文经学的分疏，有宋学与汉学的分疏，有程朱理学与陆王心学的分疏。儒学内部不同学派的讨论，有助于儒学在成为官方哲学之后，仍保持着发展学理的活力。毋庸讳言，儒学在古代中国社会曾经被统治者当成思想统治的工具，有禁锢思想的负面效用。随着社会的发展，这种贵族化、制度化、政治化的儒学，已经失去了存在的合理性。需要注意的是，我们不能在批判工具化的儒学的时候，抹杀儒学的普适价值。

第三，有作为生活信念的儒学。先秦以后，的确有些儒者站在官方的立场上讲论儒学，推动工具化的儒学，但并不是所有的儒者都是这样做的。有相当一部分儒者并不是站在官方的立场上讲论工具化的儒学，而是站在民众的立场上讲论作为生活信念的儒学。陈献章、王艮及其从学弟子，大都是抱着这种态度。在王艮的弟子中有许多人就是普通的劳动者。他们讲论儒学，不抱有任何功利目的，就是为了寻找精神上的"安身立命"之地。儒学在中国已经有几千年的历史，已经深入到人民群众的精神世界和生活世界中，成为中国人树立道德理念、处理人际关系、凝聚民族群体的理论依据。作为生活信念的儒学，有别于贵族化、制度化、政治化的儒学，可以称之为民间儒学或草根儒学。这样的儒学，有广泛的社会基础，因而有实行现代转化的充分根据。

长期以来，有相当一部分人把君主政体看成唯一的栖息地，认为随着君主政体的解体，儒学也就成为历史陈迹了。这种看法是片面的。实际上，儒学的栖息地并不是一个，至少是四个：君主政体、民族、家庭、心灵深处。作为统治工具的儒学是同君主政体伴生的，随着君主政体的废除，显然已经寿终正寝了；可是，作为学理的儒学和作为生活信念的儒学，并不是君主政体的伴生物，绝不会因君主政体解体而失去存在的价值。君主政体废除了，可是民族和家庭并没有因之而废除，人们心灵深处的集体记忆并没有因之而消除。这三个儒学栖息地仍旧存在。由于失去了君主政体的维护，人们的儒学观念可能会有所淡化，不再成为主流话语，但绝不会消失。君主政体被推翻以后，儒学的主要栖息地，失掉了一个，但还剩下三个。由此观之，儒学在中国仍有进一步存在和发展的可能。那种把儒学视为"游魂"的说法，是站不住脚的。

现代中国是古代中国和近代中国的继续，任何不尊重历史的虚无主义观点，都是站不住脚的。西方发达国家实现现代化以后，没有抛弃有广泛社会基础的基督教，而是促使其实行现代转化；同样，中国搞现代化事业，也不可能抛弃有广泛社会基础的儒学，也应当促使其实行现代转化。这正是现代新儒家思潮发生的内在原因和根本原因。

二　发展历程

现代新儒家思潮的发展历程，大体上可以概括为三个阶段，即五四时期的草创，20世纪30—40年代的理论建构，20世纪50年代以后港台新儒家的活跃。

（一）五四时期的草创

五四时期是中国思想史上思想比较活跃的时期，甚至可以同先秦时期媲美。梁启超用"百家争鸣"来形容先秦时期的思想活跃程度，也有人用"小百家争鸣"来形容五四时期的思想活跃程度。从五四时期开始，西方学术思潮大规模地涌入中国。各种各样的学说，几乎都有人介绍；杜威、罗素等西方著名的哲学家纷纷到中国讲学，听众甚多；中国到欧美的留学生选择同中国文化有关的题目作博士论文的题目（如胡适的博士论文的题目是"中国古代哲学方法之进化史"，出版时改为"先秦名学史"）。从此，西方学术走入中国，中国学术走入世界。当然，这种交流并不是平等的，西方学术处于强势，中国学术处于弱势。西化思潮在五四时期一度成为主流话语。

辛亥革命以后，袁世凯篡夺中华民国大总统的位置，并且企图恢复君主制，预定在 1916 年元旦举行"登基大典"。袁世凯的倒行逆施引发全国性的反袁斗争，他的皇帝梦也没有做成。袁世凯死后，北洋军阀分裂为几个派系，并且形成军阀混战的局面。北洋军阀政府为了维护自己的统治，也打起了尊孔的旗号。1919 年 10 月，北京政府总统徐世昌出面举行秋丁祀孔活动，北京政府还规定孔子生日为公休假日。徐世昌牵头组织四存学会，以昌明"周公孔子之学"自我标榜。当时还有人提议把尊孔写入宪法。当局的尊孔活动，引起先进中国人极度的反感，遂以发动思想批判运动作为回应。李大钊说："我们可以晓得孔子主义（就是中国人所谓纲常名教）并不是永久不变的真理。孔子或其它古人，只是一代哲人，决不是'万世师表'。他的学说所以能在中国流行两千余年，全是因为中国的农业经济没有很大的变动，他的学说适宜于那样经济状况的缘故。现在经济上发生了变动，他的学说就根本动摇，因为它不能适应中国现代的生活，现代的社会。就有几个尊孔的信徒天天到曲阜去巡礼，天天戴洪宪衣冠去祭孔，到处建筑些孔教堂，到处传布'子曰'的福音，也断断不能抵住经济变动的势力来维护他那'万世师表'、'至圣先师'的威灵了。"① 陈独秀写了《驳康有为致总理书》《宪法与孔教》《孔子之道与现代生活》《袁世凯复活》《再论孔教问题》《旧思想与国体问题》《复辟与尊孔》等文章，认为孔子之道已经不能适应现代社会生活的需要，应当抛弃，反对北京政府搞尊孔活动。反对尊孔的思潮与扬西抑中的西化思潮汇合在一起，便形成在当时思想舆论界占主导地位的批孔潮流。

五四时期的批孔潮流的积极的意义，在于推翻旧式儒学在思想界的权威，清算封建主义，粉碎统治者把儒学工具化的图谋，起到了倡导启蒙、解放思想的作用，标志着中国人民的觉醒达到

---

① 《李大钊选集》，人民出版社 1959 年版，第 301—302 页。

了新的水平。由于推倒了旧式儒学的权威，为新思想的发展提供了条件，从而揭开了中国哲学思想发展新的一页，进入现代阶段。但是，这一潮流也有明显的缺陷。第一，由于当时形势所迫，批判者有意无意地把学术批判与政治批判混在一起，感情色彩很浓，甚至把对军阀政府的憎恨迁怒于儒学，难以保持学术批判的清醒和冷静，往往使用一些过激的语句，理论深度不够。第二，思想方法有片面性。批判者只看到儒学的局限性，而没有看到儒学的合理性，仿佛把洗澡水和小孩一起都丢掉。"那时的许多领导人物，还没有马克思主义的批判精神，他们使用的方法，一般地还是资产阶级的方法，即形式主义的方法。他们反对旧八股、旧教条，主张科学和民主，是很对的。但他们对于现状，对于历史，对于外国事物，没有历史唯物主义的批判精神，所谓坏就是绝对的坏，一切皆坏；所谓好就是绝对的好，一切皆好。这种形式主义地看问题的方法，就影响了这个运动的发展。"① 批孔潮流存在的这些缺陷，成为现代新儒学思潮的诱因。

　　面对批孔潮流，第一个站出来"为儒家说话"的是梁漱溟。1917年，梁漱溟应北京大学校长蔡元培之聘，到北大哲学系任特约讲师，他声明："我此来除替释迦、孔子发挥外，更不作旁的事。"② 由于受到批孔潮流的触动，原本信仰佛教的梁漱溟转向儒家。他在北大任教期间，写了《吾曹不出如苍生何》，自印成册，散发给友人。这时，他已放弃佛教的出世主义，"皈依"儒家的入世主义，表示以关注国事民瘼为己任。

　　那时北大是五四新文化运动的中心，新旧两派争论得很激烈。梁漱溟拒斥批孔潮流，对儒家表示同情与敬意，似乎倾向于旧派，但他并不是旧派中人。他与李大钊等新派人物有交往，也

---

① 《毛泽东选集》第2卷，人民出版社1991年版，第789页。
② 梁漱溟：《东西文化及其哲学》序，商务印书馆1922年版。

有共识。他从一个新的角度思考新旧两派争论的问题,致力于儒学的新发展。在他看来,以辜鸿铭为代表的旧派只是株守传统儒学,实在不是陈独秀等新派人物的对手。"旧派只是新派的一种反动,他并没有倡导旧化。……他们自己思想内容异常空乏,并不曾认识了旧化的根本精神所在,怎能禁得起陈先生那明晰的头脑,锐利的笔锋?"① 旧派之所以败下阵来,吃亏吃在"思想内容异常空乏"上,可见一味守旧是行不通的,并不能真正弘扬儒学。基于这种认识,梁漱溟努力从西方现代哲学中寻找可资利用的思想资源和思想方法,通过中西文化比较融通的办法,重新诠释儒学的优长,促使儒学复兴。这样一来,他就开辟了新的学术方向,即现代新儒学的方向,遂成为现代新儒家的开山,也成为现代新儒学思潮的开山。

1920年秋,梁漱溟在北大讲演《东西文化及其哲学》,次年又应王鸿一的邀请到山东省教育厅讲演同一题目,引起较大的反响。1922年,他的学生罗常培和陈政根据这两次讲演的记录稿以及梁漱溟在《少年中国》杂志上发表的《宗教问题》一文,整理成书,题为《东西文化及其哲学》,由商务印书馆出版。此书是梁漱溟的成名之作,标志着他的新儒学思想业已成型,也标志着现代新儒家思潮开始问世。1923年,梁漱溟在北大哲学系讲授《孔学绎旨》,并打算写《人心与人生》一书,阐述儒家的"人类心理学"。由于种种原因,这本书迟迟未能脱稿。直到1984年,他91岁时才写出此书,自费在学林出版社出版,了却了数十年的心愿。

在五四新文化运动时期,拒斥批孔潮流、同情固有文化、反对盲目崇拜西方文化的学人,除了梁漱溟之外,还大有人在。他们对于现代新儒学思潮的兴起也起到了推波助澜的作用。首先应

---

① 梁漱溟:《东西文化及其哲学》,商务印书馆1922年版,第205页。

当提到的是梁启超。1920年，梁启超到第一次世界大战后的欧洲考察，亲身感受到战后西方学术思想的变化。世界大战暴露出资本主义文明的危机，许多有识之士开始反思这种文明的弊端，甚至对这种文明的合理性表示怀疑，开始批判西方近代以来一直是主流话语的科学主义思潮。深有感触的梁启超回国以后写了一篇题为《欧游心影录》的长文，发表在上海《时事新报》上。他在文中写道："当时讴歌科学万能的人，满望着科学成功黄金世界便指日出现。如今功总算成了，一百年物质的进步，比前三千所得还加几倍。我们人类不惟没有得到幸福，倒反带来许多灾难，好像沙漠中失路的旅人，远远望见个大黑影，拼命往前赶，以为可以靠它向导，哪知赶上几程，影子不见了，因此无限凄惶失望。影子是谁？就是这位'科学先生'。欧洲人做了一场科学万能的大梦，到如今却叫起科学破产来，这便是最近思潮变迁一个大关键。"① 在高扬科学与民主的五四时代，梁启超介绍批判科学主义的观点，似乎有些不合时宜。为了避免误解，梁启超特地在文章中声明：他并不反对科学，只反对把科学当成崇拜对象的科学主义。梁启超也许是五四时期第一个表示反对科学主义的学人，他这种观点对于人们摆脱西方文化的负面影响，无疑是有意义的。他帮助人们认识到，西方文化并非尽善尽美，不必全盘接受。梁启超这种新的西方文化观，有助于人们走出盲目崇拜西方文化的误区，有助于唤起人们对儒家的同情。

梁启超介绍批判科学主义的观点，开启了重新审视西方文化的新风气。不过，他对西方文化的质疑，还仅限于科学主义思潮。《东方杂志》的主笔杜亚泉则把质疑的范围扩大到整个西方的物质文明和精神文明，并且主张重新摆正东西方文化的关系。他说："西洋人于物质上虽获成功，得致富强之效，而精神上之

---

① 《梁启超选集》，上海人民出版社1984年版，第724页。

烦闷殊甚。正如富翁,衣锦食肉,持筹握算,而愁眉百结,家室不安,身心交病。"西方物质文明和精神文明的病态,反衬出以儒家学说为代表的东方精神文明的优长,因此,应当重新评估东方精神文明的价值,它或许能帮助西方人摆脱困境,救治精神文明方面的危机。杜亚泉在这里找到了对于中国固有文化的自信心,他说:"吾代表东洋社会之中国,当此世界潮流逆转之时,不可不有所自觉与自信。""我国先民于思想之统整一方面,最为精神所集注。周公之兼三王,孔子之集大成,孟子之拒邪说,致力于统整者。后世大儒,亦大都绍述前闻,未闻独创异说;……此先民精神之产物,为吾国文化之结晶体。"① 杜亚泉认为儒学是中国文化的主干,具有普适价值。"吾国儒家,一方面抱治平的理想,自强不息,具进化的乐天观;一方面安贫乐道,不骛纷华,又具超越的乐天观。"② 他固然对儒学抱有同情和敬意,但并不主张一味守旧,而是主张"东西方文明调和",探寻人类文明未来的发展方向。他说:"救济之道,在统整吾固有之文明!其本有系统则明了之,期间有错者则修整之,一面尽力输入西洋学说,使其融入吾国固有文明之中。西洋之断片的文明,如满地散钱,以吾国固有文明为绳索,一以贯之。"③ 这种主张,也正是现代新儒家的共识。

除了《东方杂志》之外,《学衡》杂志也是推动现代新儒学思潮的重镇。学衡派的代表人物梅光迪提出,"中国最大之病根","实在不行孔子之教"。他主张"守数千年来圣哲崇尚之精神生活,而以道德为人类文明之指归耳"④。被人们赞誉为"向西方寻找真理"的严复,这时也改变了以往扬西抑中的态度,成为

---

① 《杜亚泉文存》,上海教育出版社2003年版,第366页。
② 《杜亚泉文存》,上海教育出版社2003年版,第128页。
③ 《杜亚泉文存》,上海教育出版社2003年版,第366页。
④ 梅光迪:《敬告我国学术界》,见《学衡》1923年第23期。

《学衡》的撰稿人之一。他在《严几道与熊纯如书札节钞》中写道："鄙人行年将近古稀，窃尝究观哲理，以为耐久舞弊，尚是孔子之书。四子五经，固是最富矿藏，惟须改用新式机器，发掘淘炼而已。"① 所谓"新式机器"，显然是指西方哲学的思想方法。他希望用这种方法重新诠释儒家学说，也是在为现代新儒学思潮鼓与呼。

在五四新文化运动的后期，也就是1923年，中国思想界发生了影响颇大的"科学与人生观论战"，也称为"科学与玄学论战"。1923年，张君劢在清华大学作《人生观》讲演，认为科学不能解决人生观问题。他所说的"人生观"，并不是通常意义上的关于人生价值的看法，而是指哲学意义上的世界观。在哲学上，他举起人文主义的旗帜，反对科学主义的哲学观。张君劢的人文主义哲学观招致科学主义者丁文江的批评，于是引发"科学与人生观论战"或称"科学与玄学论战"。丁文江针对张君劢的人文主义的哲学观，张开科学主义旗帜，宣称"科学方法万能"，强调"科学可以解决人生观问题"。1923年12月20日，在中国共产党的理论刊物《新青年》上，发表陈独秀著《科学与人生观·序》和瞿秋白著《自由世界与必然世界》，对论战双方的唯心主义观点均加以批评，阐述唯物史观的立场，遂形成科学派、玄学派、唯物史观派三方鼎立的格局。在中国现代哲学的语境中，张君劢举起人文主义的旗帜，也就是举起现代新儒家的旗帜，表明了现代新儒家的学术立场。他对宋明理学家表示同情与敬意，盛赞他们"功不在禹下"。他自称为"20世纪的新儒家"，在1958年唐君毅起草的《为中国文化敬告世界人士宣言》（学界称"现代新儒家宣言"）上，签上了自己的名字。通过科学与人生观论战，现代新儒家思潮在中国现代哲学领域中占据了与科学派、唯物史

---

① 梅光迪：《严几道与熊纯如书札节钞》，《学衡》1922年第13期。

观派抗衡的位置，代表了中国现代哲学发展的一个重要方向。

（二）20世纪30年代的理论建构

到20世纪30年代，南京政府成立，东北军的张学良易帜，军阀混战暂时平息。1931年，日本帝国主义侵占东北三省，民族危机加剧，抗日救亡的民族主义情绪高涨，批孔思潮渐渐退去。在这种形势下，学术界对儒学的同情度大大提升，促使现代新儒学发展到了理论建构阶段。

在这一阶段，倡导儒学开始成为新的潮流。五四新文化运动的支持者、著名的教育家蔡元培写了《中华民族与中庸之道》《孔子之精神生活》等文章，把儒学同孙中山创立的三民主义联系在一起，提出："孙博士创立这种主义，成立中国国民党，实在是适合中华民族性，而与古代的儒家相当"，"我们不能说孔子的语言，到今日还是句句有价值，也不敢说孔子的行为，到今日还是样样可以做模范。但是抽象地提出他的精神生活的概略，以智、仁、勇为范围，无宗教的迷信而有音乐的陶养，这是完全可以师法的。"① 他认为，儒家伦理实行现代转化之后，仍然可以指导中国人的精神生活。国学大师章太炎早年曾批评儒学"少振作""骄吝""迂阔"，这时也转变了态度，对儒学表示同情和敬意，他宣称："余以为救之之道，舍读经未由。"② 他们作为名人，出面倡导儒学，社会影响相当大，最早站出来"为孔子说话"的梁漱溟，在20世纪30年代以后致力于乡村建设运动。乡村建设运动的指导思想就是梁漱溟创立的新儒学。他写出《中国民族自救运动之最后觉悟》和《乡村建设理论》等书，试图把新儒学思想落实到社会改造的实践中。尽管乡村建设运动没有取得成功，

---

① 《蔡元培哲学论著》，河北人民出版社1985年版，第397、431页。
② 章太炎：《读经有利无弊》，见蔡尚思主编《中国现代思想史资料简编》第3卷，浙江人民出版社1982年版，第650页。

但对于儒家思想影响的提升，还是有所促进的。

1935年，上海的王新命等十位教授发表了《中国本位的文化建设宣言》。这篇宣言最早刊登在这年1月10日出版的《文化建设月刊》第1卷第4期，因而又称为"一十宣言"。这篇宣言被各报刊转载后，引起各方面的辩论，形成继五四之后思想界第二次关于中西文化关系的大讨论。在这次讨论中，西化派虽然对本位文化派加以反驳，但已无力控制舆论了。王新命等人的"本位文化建设"主张，并没有提出什么系统的文化理论，但表达了同情以儒学为主干的固有文化的思想倾向。这反映出现代新儒学影响在增长，并且已经成为一种社会舆论。

经过十几年的理论准备和舆论准备，现代新儒学理论建构的条件已经成熟了。在理论建构方面有建树的现代新儒家代表人物，主要有熊十力、冯友兰、贺麟等人。

（1）熊十力的"新唯识论"。熊十力是新陆王型的、狭义现代新儒家的重镇。他是由佛教转向儒家的，故而把自己的理论体系称为"新唯识论"。这个"新"字，表示他已经走出了佛教的唯识学，归宗于儒家。他虽然没有明确表示承续陆王学脉，实际上是接着陆王讲的。他提出的"体用不二"论，同陆九渊的"吾心即是宇宙，宇宙即是吾心"，同王阳明的"心外无理，心外无物"思路是一致的。在他看来，"本心"就是宇宙万有的本体，宇宙万物则是这一本体的功用或表现。本心是唯一的真实存在，现实的宇宙万物则是"乍现的迹象"而已。本心作为本体，具有"翕"和"辟"两种功用。本心借助"翕"的功用，物化为物质宇宙，又借助"辟"的作用，使物质宇宙向自己复归。"翕"和"辟"相辅相成，对立统一，构成宇宙的无限的运动发展过程。本心既是宇宙万有的本体，也是人生价值的本体。从价值本体的意义上说，本心就是儒家讲的"仁"。但是，现实社会生活中的人，由于受到"量智"思维的限制，常常把世界看成物质的，让

"习心"蒙蔽了本心,不能体认价值本体,遂形成善与恶的分化。因此,熊十力主张用"性智"思维取代"量智"思维,祛除"习心",树立本心,培育根基于"内圣"的道德价值理念。熊十力强调,"内圣"应当通过"外王"即经世致用体现出来,试图矫正宋明理学"有内圣无外王"的空疏之弊。总之,本心是"新唯识论"的最高范畴和核心范畴,而"内圣外王"则是终极的价值目标。

(2) 冯友兰的"新理学"。冯友兰是新程朱型的、广义现代新儒家重镇。他奉程朱理学为正宗,融会新实在论的思想资源,运用逻辑分析的方法,建构了"新理学"思想体系。他认为,在人们经验所及的"实际"(现象界)之外,潜存着超验的"真际"。"真际"在逻辑上先于"实际",它是"实际"的范型、目的和根据。真际就是程朱理学中所说的"理世界",也可以称为"大全""太极""真际""天"或"哲学中的宇宙"(有别于"科学中的宇宙"或"实际的宇宙")。"理"构成宇宙万物的形式因,"气"构成宇宙万物的质料因,"道体"构成宇宙万物的动力因,而"大全"则构成宇宙万物的目的因。"理世界"既是存在意义上的本体,也是价值意义上的本体。人通过"觉解"的途径与"理世界"发生关系,形成主观的精神状态,也就是人的精神境界。按照人对"理世界"的觉解程度,人生中的境界可以划分为自然、功利、道德、天地等四种类型,其中天地境界为最高境界。在此种境界中的人,"经虚涉旷","自同于大全","极高明而道中庸",主观精神与真际本体合而为一。天地境界就是传统中国哲学所说的天人合一的境界。从真际先于实际的本体论原则出发,经过"觉解"的途径,达到最高的天地境界,这就是新理学的基本框架。

(3) 贺麟的"新心学"。贺麟是新陆王型的、广义现代新儒家重镇。他承续陆王学脉,借鉴新黑格尔主义的思想材料和思想方法，建立了"新心学"思想体系。贺麟认为，世界是心的表现。通常所说的"物"，颜色和形状由意识渲染而成；条理和价值也是由心赋予的。事物的客观性来自人的认识的普遍性和共同性，即所谓"人同此心，心同此理"。所以"心和物是不可分的整体"。在这个整体中，心为本质、为主宰、为逻辑主体。他把这种宇宙观引申到认识论方面，便形成"自然的知行合一论"。在知行合一的展开过程中，知是行的本质，行是知的表现；知永远决定行，故为主；行永远为知所决定，故为从。依据心理合一的宇宙观和"自然的知行合一论"，贺麟构想了"合理性、合人情、合时代"的现代儒者人格，主张由"重忠孝仁爱信义和平的道德之儒商儒工"出来做社会的柱石。

除了熊十力、冯友兰、贺麟之外，比较著名的现代新儒家还有马浮和钱穆。

马浮（1886—1967），字一浮，号湛翁，别号蠲戏老人。他长期隐居在西湖畔，钻研学问。旧学功底深厚，擅长诗词书画，精通多种外语。抗日战争时期，他在四川乌尤寺创办复性书院，出任主讲。他在学界的名气很大，贺麟称他是"中国文化仅存之硕果"。在他的门人的眼里，"先生守程朱居敬穷理之教，涵养之粹，读书之博，并世未见其比"。马浮为复性书院所立的学规是："主敬为涵养之要，穷理为致知之要，博文为立事之要，笃行为进德之要。"主要著作有《泰和会语》《宜山会语》《尔雅台答问正续篇》《复性书院讲录》等。

马浮认为，文化是精神的产物，而儒家的六艺之学则是人类文化的根本。"全部人类之心灵，其所表现者不离乎六艺，其所演变者不能外乎此。"他承继程朱看重经典、读书务博的学风，重视对儒家经典的研读；也承继陆王"发明本心"的传统，把心性视为六艺的根基。他说："性外无道，事外无理。六艺之道，即吾人自性本具之理，亦即伦常日用所当行之事也。"① 又说："一切道术皆统摄于六艺，而六艺实摄于一心，即是一心之全体大用也。"② 既然心性是六艺之道的根基，那么，治学的原则当然是由博返约，"今明心外无物，事外无理，即物而穷理者，即此心之物，而穷其本具之理也。此理周遍充塞，无乎不在，不可执有内外"③。马浮调和朱陆，但侧重于道的普遍性和绝对性，实则倾向于朱，而不是陆。马浮的名声很大，但在理论上的创新程度不是很高。

钱穆（1895—1990），字宾四，江苏无锡人。1949年以前曾在北京大学、西南联合大学、江南大学任教授，到台湾后曾任"中央研究院"院士。著有《先秦诸子系年》《中国近三百年学术史》《国史大纲》《国史新论》《中国文化史导论》《宋明理学概述》等四十余种。他自述："自问薄有一得，莫匪宋明儒者之所赐。"④ 他以宋明理学为指导思想记录历史，以叙述历史的方式阐发宋明理学。他很重视儒学的特色，并且将其与外国文化加以比较，得出的结论是："大抵中国主孝，欧西主爱，印度主慈。故中国之教在青年，欧西在壮年，印度在老年。我姑赐以嘉名，则中国乃青年性的文化，欧西为壮年性文化，而印度为老年性文化也。又赠之以美谥，则中国文化为孝的文化，欧西为爱的文化，而印度为慈的文化。"⑤ 在他看来，孔子堪称青年人的楷模。"孔子中国之大圣，其为人也发愤忘食，乐以忘忧，不知老之将至，是孔子终身常带一种青年气度也。《论语》中国之大典，二

---

① 马浮：《复性书院讲录》卷三，江苏教育出版社2005年版。
② 马浮：《泰和宜山会语》，辽宁教育出版社1998年版。
③ 马浮：《复性书院讲录》卷一，江苏教育出版社2005年版。
④ 钱穆：《宋明理学概述》序，台北：台湾学生书局1977年版。
⑤ 钱穆：《中国文化与中国青年》，见《中国现代思想史资料简编》，浙江人民出版社1982年版，第398页。

十篇首《学而》，子曰：'学而时习之，不亦说乎？有朋自远方来，不亦乐乎？'有子曰：'孝悌为仁之本。'曾子曰：'吾日三省吾身，为人谋而不忠乎？与朋友交而不信乎？传不习乎？'是孔门弟子教训皆主为青年发。《论语》即一部青年宝训也。"① 在他看来，儒学有恒常的价值，"只因有孔子的心教存于中国，所以中国能无需法律宗教，而社会可以屹立不摇。此后的中国乃至全世界，实有盛倡孔子心教之必要。"钱穆主要是从史学的角度倡导儒学的，在哲学上没有多少建树。

（三）20 世纪 50 年代以后港台新儒家的活跃

20 世纪 50 年代以后，师承于熊十力的唐君毅、徐复观、牟宗三等人来到香港，并且经常到台湾任教讲学，来往于港台之间。在他们的推动下，港台新儒家开始兴起。港台新儒家的第一项重大举措就是创办新亚书院。1949 年 6 月，唐君毅、张丕介、程兆熊等人共同创办新亚书院，唐君毅出任教务长。到 20 世纪 60 年代初，这所书院发展成为有哲学、历史、中文、数学、生物、物理、化学等学科的综合性学院。1963 年，新亚、崇基以及联合三所书院合并，组建了香港中文大学。新亚书院可以说是港台新儒家的研究基地，徐复观、牟宗三都曾在此执教。港台新儒家的第二项重大举措是创办《民主评论》。这份由徐复观筹措资金在香港创办的杂志，是港台新儒家主要的思想阵地。港台新儒家的第三项重大举措是发表《为中国文化敬告世界人士宣言——我们对中国学术研究以及中国文化与世界文化前途之共同认识》（以下简称《宣言》）。他们在与世界各国学者交往的过程中，深深感到西方学者对以儒学为主干的中国文化存在着很大的误解，觉得自己有责任站出来纠正这种误解，提升中国文化在国际上的

---

① 钱穆：《中国文化与中国青年》，见《中国现代思想史资料简编》，浙江人民出版社 1982 年版，第 400 页。

地位。唐君毅与当时在中国台湾的牟宗三、徐复观以及在美国的张君劢联系，达成共识。由唐君毅起草，四人共同署名，于1958年元旦在《民主评论》和《再生》杂志上同时发表了这份《宣言》。钱穆也参与了《宣言》起草，因有些看法与其他人存在分歧，故而没有在《宣言》上署名。

《宣言》4万多字，表达了港台新儒家的基本主张和共同的学术立场。他们对西方学者关于中国文化的偏见提出批评。《宣言》指出，有的西方学者出于传教的目的，曲解中国文化；有的人出于政治的目的，图解中国文化；有的人则出于好奇心，把中国文化看成博物馆中的文物。在某些西方人的眼里，中国文化与古埃及文化、古波斯文化、小亚细亚文化一样，都属于已经死亡了的文化。针对这种偏见，《宣言》严正声明：尽管中国文化有缺陷，称为"病人"未尝不可，而称为"死人"则断断不可。有数千年历史的中国文化，仍旧是活的生命存在，"这中间有血、有汗、有泪、有笑，有一贯的理想与精神在贯注"。因此，考察中国文化时，应当抱有"同情"和"敬意"："敬意向前伸展增加一分，智慧之运用亦随之增加一分，了解亦随之增加一分。"（见《宣言》第三节）《宣言》在海外产生了较大的影响，标志着港台新儒家作为一个学术群体已经形成。在这个学术群体中，唐君毅、徐复观、牟宗三无疑最具代表性。

唐君毅是仁者型的港台新儒家。他侧重于从正面疏通中国文化的精神与价值，纠正民族文化虚无主义倾向。在本体论研究方面，熟悉西方哲学的唐君毅也从生命进路切入，但同熊十力相比，还是向前推进了一步。他的本体论思想更加凸显人文色彩，并且指向道德理性。他不再以佛教为对话的主要对手，更为重视中国哲学与西方哲学的比较与会通。他借鉴德国古典哲学（尤其是黑格尔哲学）的理论思维成果，诠释儒家的心性之学，力图证成"道德自我"的本体论地位。

在他看来，宇宙间万物在时空中固然相互外在，然而在这种外在性中隐含着万物之间相互联系着的内在性。内在性是超越于物质世界之上的，其实是生命的表现形式。于是，唐君毅从物质世界跃升到生命的世界。他指出，生命的特质在于，它必须求得自身的不断延续，求其过去的生命内在于现在的生命，求现在的生命内在于将来的生命。唐君毅由此得出结论："任一生物，皆有一使全宇宙的物质皆表现其身体之形式之潜在的要求。此是一生命之盲目的大私，亦即其晦暗之原始之无明，或欲征服一切之权力意志。"① 在这里，他把宇宙的内在性归结为生命，把生命理解为动态的本体，理解为盲目的意志，显然是接受了从叔本华到柏格森西方现代非理性主义的影响。但唐君毅并不是非理性主义者。在他看来，生命的世界还不是究极的世界，因为在生命的世界中尚无自觉的价值意识，尚处在"无明"状态。因此，必须超越生命的世界，继续向前探究。

唐君毅对生命世界作了这样的分析：生物的生命活动不可避免地受到生存环境的限制，不过这种限制随着生命的发展可以被突破、被超越。到了生命的高级形态，"克就此时超越自身之形式之限制，而有所增益上言，则生物之本性即不得说为不自觉之大私或无明，而是不断自其私之形式解放，以开明其自体，而通达于外者"②。这段分析表明，唐君毅已摆脱了非理性主义，而跨入理性主义的轨道。他由非理性的生命世界跃升到理性的人文世界，并且把人文世界描述为体现道德价值的世界，运用现代的哲学语言表达了"仁者与万物同体"的儒家情怀。在人文的世界中，"大私""无明""权力意志"等非道德的因素均被化除，形而上的精神实体郎现。至此，唐君毅终于由形而下达到形而上，

---

① 唐君毅：《文化意识与道德理性》，台北：台湾学生书局1986年版，第62页。
② 唐君毅：《文化意识与道德理性》，台北：台湾学生书局1986年版，第62页。

由物质世界、生命世界的"杂多"求得人文世界的"统一",证成他心目中的本体——"生生不息之几之形上实体或形上之宇宙生命精神"。这种宇宙生命精神是通过人自觉体现出来的,从这个意义上说,它就是"本心""仁体""道德自我""精神自我""超越的自我""道德理性"。我们从唐君毅哲学思考步步展开的过程中不难看出,他的本体论思想始终关注着人文的价值、道德的价值。他的本体论无疑是一种唯心主义,但不是西方哲学中那种认知意义上的唯心主义,而是道德意义上的唯心主义。唐君毅的本体论思想既有熊十力的痕迹,又透出黑格尔式的思辨,就其理论深度来说,显然已超出了熊十力。

徐复观是勇者型的港台新儒家。他对形而上的哲学思辨不感兴趣,甚至对他的师友有所批评,怀疑他们"把中国文化发展的方向弄颠倒了"。照他看来,儒学的根基建立在"仁心"或"本心"这一价值的自我意识上就足够了,没有必要对其作形而上的本体论证明。他认为,"仁心"规定了人生的价值或意义,认同这一价值意义的源泉,并且由此引出生活格局、社会秩序,这就是儒家思想的基本路数。显然,徐复观的新儒学思想同其师友一样,也是基于"仁心"这一最高范畴,也是贯彻"内圣外王"的理路。同其师友不同的是,他不愿意把思考的重点放在本体论方面,以免人们把儒学视为难以涉足其间的畏途。照他看来,与其费力地探讨内圣(本体)如何建立,不如探讨外王(科学和民主)如何开出,这样才会使新儒学更具现代感、更有社会影响力。

那么,外王如何从内圣开出呢?徐复观提出的方案是"转仁成智"。所谓"仁"是指价值的自我意识,而"智"是指认知理性。他认为由"仁"无法直接开出科学和民主,因此必须转仁成智才能实现儒学的现代转化。他指出,传统儒学之所以没有开出科学和民主,原因之一就在于没有实现转仁成智。徐复观对传统儒学保有深沉的同情和崇高的敬意，但并不讳言传统儒学的缺点。他认为传统儒学大都为统治者说话，很少为被统治者说话，现代新儒家必须转变立场，做被统治者的代言人。他是这样说的，也是这样做的，发表大量政论文章，抨击当局的专制主义政策，为呼吁民主而大声疾呼。

严格地说，徐复观的"转仁成智"说并没有回答如何从内圣开出新外王的问题，只是肯定由内圣应该开出新外王。他的主张实则是推进传统，而不是保守传统。他极力证明传统的儒学同现代的民主政治并不矛盾，从儒家典籍中找出"天听自我民听，天视自我民视"之类的民主思想的闪光点，但从未作出从儒学中直接开出民主政治的断语。徐复观这样处理传统儒家学说与民主政治的关系，表现出较强的批判精神、正视历史的求实精神和面向世界的时代精神。这在狭义新儒家当中颇为独特。

牟宗三是智者型的港台新儒家。他沿着生命—人文—道德的进路，明确地提出"道德的形上学"，最后完成了对新儒家思想的本体论诠释。牟宗三指出，"道德的形上学"不同于"道德底形上学"。后者是从形上学角度研究道德，并非是"形上学"本身；前者"则是以形上学本身为主，而从'道德的进路'入，以由'道德性当身'所见本源渗透至宇宙之本源，此就是由道德而进至形上学了，但却是由'道德的进路'入，故曰'道德的形上学'"①。按照牟宗三的解释，儒家所谓"仁"，所谓"本心"并非仅指道德意义上的主体，而应当视为宇宙万有的本体，故称"道德的形上学"——这正是儒家哲学的特质之所在。所谓"道德的形上学"，也就是指儒家一脉相传的内圣心性之学或"成德之教"。它所讨论的主要问题有两个方面："首在讨论道德实践所以可能之先验根据（或超越的根据），此即是心性问题是也。由

---

① 牟宗三：《心体与性体》第1册，台北：正中书局1968年版，第140页。

此进而复讨论实践之下手问题，此即是工夫入路问题是也。前者是道德实践所以可能之客观根据，后者是道德实践所以可能之主观根据。宋明儒心性之学之全部即是此两问题。以宋明儒词语说，前者是本体问题，后者是工夫问题。"① 立足于"本心仁体"这一"道德的形上学"的基本理念，牟宗三试图解决"外王如何从内圣开出"的问题。他使用三个术语评判传统儒学：一是道统，即"道德的形上学"，这是儒学的最突出的理论成就；二是学统，即科学知识，传统儒学对此不够重视；三是政统，即民主政治，在这方面只有理性之运用表现而无理性之架构表现。总的结论则是在传统儒学当中"有道统而无学统与政统"。换句话说，传统儒学事实上并未开出新外王，未开出科学和民主。那么，在理论上从儒家的内圣之学能否开出新外王呢？牟宗三的回答是肯定的。他认为开出的具体途径就是"良知的自我坎陷"，即从德性主体转出知性主体，以便为科学、民主的发展提供依据。他说："由动态的成德之道德理性转为静态的成知识之观解理性，这一步转，我们可以说是道德理性之自我坎陷（自我否定）：经此坎陷，从动态转静态，从无对转有对，从践履上的直贯转为理解上的横列。"② 至于如何从道德主体"坎陷"出知性主体，他并未做出令人信服的说明。

三　基本类型

现代新儒家是一批明确表示接续儒家道统的学者，大体上可以分为两种类型：一种类型是广义新儒家，本书以冯友兰、贺麟等人为代表；另一种类型是狭义新儒家，本书以梁漱溟、熊十力、唐君毅、牟宗三等人为代表。

---

① 牟宗三：《心体与性体》第1册，台北：正中书局1968年版，第8页。
② 牟宗三：《政道与治道》，台北：台湾学生书局1983年版，第58页。

（一）广义新儒家

广义新儒家的道统观念比较宽泛，冯友兰奉程朱为正统，贺麟则力图化解陆王与程朱的对立，但倾向于陆王。他们在建立思想体系的时候，没有选择非理性主义的生命进路，而是选择了理性主义的学理进路。同狭义新儒家相比，广义新儒家不能算是严格意义上的学派，他们之间有明显的观点分歧。广义新儒家可以说只有"学"而没有"派"。

冯友兰采取逻辑分析的进路建构了"新理学"体系。他用"理""气""道体""大全"等四个"逻辑观念"解释世界："理"是万事万物的形式因，"气"是质料因，"道体"是动力因，"大全"是目的因。根据人对"理世界"的觉解程度，人生境界可以划分为自然、功利、道德、天地等四种境界，其中天地境界为最高境界。在天地境界中的人，就是儒家所说的圣人，也就是进入天人合一境界中的理想人格。新理学引入当时现代西方哲学界较为流行的逻辑分析方法，改造传统儒家哲学的思维方式，对于推动儒学的现代转换，具有促进作用。一般说来，传统的儒家学者虽然提出一些深邃的哲理，但不重视逻辑论证，因而理论性显得比较薄弱。新理学力图纠正这个缺点。冯友兰以知性思维的逻辑性和明晰性纠正了直觉思维的独断性和神秘性，开辟了中国哲学研究的新路。同时，冯友兰的新理学彰显出理学世界的超越性，由超越性讲到内在性，对于全面弘扬宋明理学的学术精神做了必要的工作，而狭义新儒家往往尊陆王而黜程朱，从生命的进路承续内圣学，但沿着他们的进路恐怕讲不出超越性来。从这个意义上说，新理学的确有狭义新儒家所不及之处。

贺麟采取逻辑综合的进路建构了"新心学"体系。在他看来，心与物是不可分的整体：不能离开心，解释事物的存在；也不能离开物，把心抽象化。心有两种含义，一为"心理上的心"，二为"逻辑上的心"。"心理上的心"规定物,"逻辑上的心"规定理。"心理上的心"是"被物支配之心",相当于宋明理学中的"已发",故"心亦物也";"逻辑上的心"是"超经验的精神原则,是经验的统摄者,行为的主宰者,知识的组织者,价值的评判者,是心理意义的心由以成立的根据",相当于宋明理学中的"未发"。"未发"为"已发"之体,故"心为物之体,物为心之用"。心与物是不能两相分离的,所有的现实存在物,都是心物合一的。贺麟合心而言实在,合理而言实在,合意义价值而言实在,得出的结论是:"从哲学看来,仁乃仁体,仁为天地之心,仁为天地生生不已之生机,仁为自然万物的本性,仁为万物一体生意一般之有机关系之神秘境界。简言之,哲学上可以说是有仁的宇宙观,仁的本体论。离仁而言本体,离仁而言宇宙,非陷于死气沉沉的机械论,即流于黑漆一团的唯物论。"① 通过对"仁"这一儒家伦理规范的强调,贺麟新心学的宇宙论也就从唯心主义过渡到了泛道德主义,从而实现了向儒家学脉的复归。

(二) 狭义新儒家

狭义新儒家有比较明显的学派特征,他们或为道友,或为师生,交往很多,关系密切。狭义新儒家既有"学",又有"派"。梁漱溟与熊十力是道友,而唐君毅、徐复观、牟宗三都是熊十力的从学弟子,也是道友。在思想上,他们有许多共识。他们有较强的道统意识,都把儒家内圣学视为道统;他们自觉地接着陆王心学讲,尊陆王而贬程朱;他们采取生命的进路,融会中外哲学资源,试图建构道德的形上学;他们肯定儒学的现代价值,主张从内圣开出外王,同科学、民主等现代文明成果接榫。

梁漱溟是狭义新儒家的开山,他确立了这一学派的基本风格。首先,他第一个站出来"替儒家说话",从现代理论需要的

---

① 贺麟:《文化与人生》,商务印书馆1988年版,第10页。

角度肯定儒学的价值。他从西方发生第一次世界大战的严酷事实中看出,西方文化绝非如某些中国人原来想象得那么美妙。尽管中国在物质文明方面的成就远不如西方,但在精神文明方面却具有西方文化不可比拟的优长。他的这种儒家思想优于西方文化的看法,尽管在后来的狭义新儒家当中有所修正,但基本上得到比较一致的认同。其次,他采取生命的进路诠释儒学的现代价值。他认为柏格森的生命哲学与儒学有相通之处,借鉴柏格森的思想方法和思想资料,从主体主义立场出发,接上陆九渊、王阳明等心学一脉,为狭义新儒家定下了崇陆王而贬程朱、发挥内圣学的基本发展思路,这在后来也成为狭义新儒家理论的基本风格。

梁漱溟提出儒学优位论、主体主义和生命的进路,可以说表述了狭义新儒家的基本理念,但他都未来得及作出充分的论证。他只是开启者,而不是终结者。他在草创新儒学思想之后,便转向实践方面,长期致力于乡村建设运动和其他社会活动,在理论方面没有取得多少进展。梁漱溟的道友熊十力接过他在北京大学的教职,多年从事教学和理论研究,担负起了发展狭义新儒家基本理论的任务。他从生命层面进入人文层面,确认儒家"本心"范畴的本体论意义。他在《新唯识论》中写道:"本书生命一词,为本心之别名,则斥指生生不息之本体而名之。"[1] 本心具有"翕"和"辟"两种功用,施设宇宙,统摄宇宙,构成存在的本体;"仁者,本心也。即吾人与天地万物所同具之本体也。"[2] 本心也是人生价值的源头。他依据"体用不二"论,发挥内圣学,提出"性体呈露"说。

熊十力的新儒学特别关注两个问题:一是本体如何建立的

---

[1] 《熊十力论著之一:新唯识论》,中华书局1985年版,第525页。
[2] 《熊十力论著之一:新唯识论》,中华书局1985年版,第567页。

问题，二是外王如何从内圣开出的问题。他对第一个问题投入的精力比较多，但由于他对西方哲学并不十分熟悉，主要是采取与佛教对话的方法展开他的哲学构想；其中虽多有创见，可是对西方哲学的回应，毕竟有些力不从心。这对熊十力的理论思维深度，不能不构成一个明显的限制。就连他的弟子牟宗三也觉得乃师的本体论思想"没有十字打开"。至于外王如何从内圣开出的问题，他解决得也不够理想。他的"外王"观念也比较陈旧，尚未明确地赋予科学与民主的内涵。尽管受到主客观条件的限制，熊十力对上述两个问题的解决不够圆满，然而正是他把这两个问题凸显出来，为后来的狭义新儒家开辟了广阔的理论思考空间，从而为狭义新儒家的发展起到了导向的作用。1949年以后，狭义新儒家的研究中心转到港台地区，熊十力的弟子唐君毅、徐复观、牟宗三成了狭义新儒家的代表。他们的新儒学思想各有特色，但也有共性。其共性就是，他们都试图以各自的方式解决"本体如何建立"和"外王如何开出"这两个狭义新儒家的基本问题。

　　唐君毅也是从生命进路切入的，但同熊十力相比，又向前推进了一步。他立足于人文主义立场，试图通过与西方哲学对话的方式，进一步回答"本体如何建立"的问题。他从西方哲学中引入"理性""自我"等哲学范畴，认为本体就是"道德自我"或"道德理性"，把儒家的心性之学诠释为超验的唯心论。在他看来，宇宙间万物在时空中固然都是相互外在的，然而在这种外在性中也隐含着万物之间相互联系着的内在性。内在性是超越于物质世界之上的，其实是生命的表现形式。于是，唐君毅从物质世界跃升到生命的世界，又从生命世界跃升到人文世界。为此，他进一步提出了"生命三向说"和"心灵九境说"，展开了他关于"道德自我"的系统论述。

　　不喜欢哲学思辨的徐复观，不大关心"本体如何建立"的问题，而特别看重"外王如何从内圣开出"的问题。徐复观提出的解决方案是"转仁成智"。所谓"仁"是指价值意义上的自我意识，而"智"是指工具理性。以往的儒家过分拘泥于"仁"，而没能转"仁"成"智"，因而无法开出科学和民主。现代新儒家应当在先儒的基础上，把儒学向前推进一步，实现"转仁成智"，实现儒学的现代转化，接纳科学和民主。徐复观已经意识到，工具理性的缺失是传统儒学的不足之处，弥补这一不足乃儒学实现现代转化的关键。至于从"仁"何以可能转出"智"，或者说，从价值理性何以可能转出工具理性，他似乎还未作深入的理论探讨。

牟宗三沿着梁漱溟开辟的生命进路，认同熊十力的本心本体论，吸收唐君毅和徐复观的研究成果，最后建构成"道德的形上学"。他强调，儒家立足于人所特有的"智的直觉"，从有限进入无限，达到了"道德的形上学"。所谓"道德的形上学"，就是道德意义上的本体论，有别于西方哲学中认知意义上的本体论。这种"道德的形上学"，就是儒家做人的哲学依据，就是儒家独特的理论造诣，就是先儒所说的天德良知，就是儒家的安身立命之地。牟宗三强调，儒家的"道德形上学"，已经超越了康德，达到了西方哲学没有达到的理论高度。依据"道德的形上学"，牟宗三提出"坎陷"说。他指出，首先必须从德性主体"坎陷"出知性主体，然后才可以从儒家的内圣学开出新的外王学，即开出科学和民主。至此，他比较系统地回答了狭义新儒家的两个基本问题，为这一学派的发展画上了句号。他的新儒学思想是狭义新儒家的最高阶段，换言之，狭义新儒家到牟宗三这里便宣告终结了。这里所说的"终结"不等于"完结"，不等于说牟宗三后继无人，只是说他的后继者很难再沿着他的思路继续推进他的理论，很难在学理上有新的突破。

关于狭义新儒家思潮的发展变化情形，本书将在第八章专题介绍。

第二节 冯友兰的新理学

广义新儒家没有像狭义新儒家那么明晰的学脉，他们的道统观念也比较宽泛，有的奉程朱为正统，有的力图化解陆王与程朱的对立。他们当中有的采取理性的进路建立儒家哲学本体，有的从历史学或政治学的角度彰显儒家精神。马浮、钱穆、张君劢、方东美等人都可以称为广义新儒家。限于篇幅，本书仅评述新理学家冯友兰和新心学家贺麟的新儒学思想。

一 其人其书

冯友兰（1985—1990），字芝生，河南唐河人。早年毕业于北京大学，曾就读于美国哥伦比亚大学，获博士学位。回国后曾在中州大学、广东大学、燕京大学执教，从1928年起任清华大学哲学系教授兼主任，1929年任该校文学院院长。抗日战争期间任西南联合大学文学院院长。清华大学复校后，曾主持过校务，任清华大学校务会议主席。

1937年，在清华大学南迁的路上，冯友兰开始构思起草，1939年写成《新理学》（商务印书馆出版），阐述他自己的哲学观点。这本书的问世，标志着新理学思想体系基本形成。这时，他不仅以中国哲学史家的身份闻名于世，还以哲学家的身份蜚声哲学论坛。理论创造的闸门一打开，独到的思想有如潮水奔泻。紧接着，冯友兰在1940年又出版了两本书。一本是《新世训》（开明书店出版），在这本书中，他运用新理学观察人生问题，提出新理学的修身理论。他曾在大学设置修身课程，为大学生们讲授此书。另一本是《新事论》（又题《中国到自由之路》，商务印书馆出版）。在这本书中，他运用新理学观察中国实际存在的社会问题和文化问题，提出他关于中国社会和中国文化发展出路的构想。1942 年，他的《新原人》一书脱稿，在《思想与时代》杂志上连载，1943 年由商务印书馆出版。这本书阐述了新理学的人生哲学，与《新理学》相互照应，显示出新理学思想体系由本体论讲到人生论的理论架构。新理学思想体系问世之后，引起学术界热烈的讨论和辩难。

1943 年，冯友兰在《哲学评论》第 8 卷第 1—2 期上发表长文《新理学在哲学中的地位及其方法》，对学术界提出的几种批评意见作出答辩。此后他在该文的基础上又写出两本书，对其新理学思想体系作了补充论证。一本是《新原道》（又题《中国哲学的精神》），1945 年由商务印书馆出版，另有英文版在国外学界广泛流传。在这本书中，冯友兰运用新理学观点诠释中国哲学，力图证明新理学开出中国哲学的"新统"，代表着中国哲学的"最新进展"。另一本是《新知言》，1946 年由商务印书馆出版。在这本书中，冯友兰对维也纳学派"形上学不能讲"的说法作出回应，声称新理学找到了讲形上学的新思路。

从 1939 年到 1946 年的 7 年时间里，冯友兰连续出版 6 本书。他称这些书为"贞元六书"，意即这些书的问世，一方面宣告旧时代的终结，另一方面宣告新时代的到来。通过"贞元六书"，冯友兰创立了富有新意的新理学思想体系，使他成为当时中国大学中名声最大、影响最大的哲学家。

1946 年，冯友兰任美国本薛文尼（宾夕法尼亚）大学客座教授，1947 年任清华大学校务会议主席。从 1952 年起任北京大学哲学系教授、中国科学院哲学社会科学部委员。曾当选为第二、三、四届全国政协委员、第四届全国人民代表大会代表。著作编为《三松堂全集》，由河南人民出版社出版。

冯友兰沿着理性主义思路，把新实在论同程朱理学结合起来，创立了新理学思想体系。

二 "理世界"为何是本体？

冯友兰受过比较系统的西方哲学学术训练，以解释世界为哲学的首要问题。他从客体性的视角出发，提出"理世界"本体论学说。他认为，"理"在逻辑上先于现存的事物，为事物所依照的本体，构成事物存在的形式因；"气"为事物所依据的条件，构成事物存在的质料因；"道体"作为理气相结合的过程，构成事物存在的动力因。唯有"理世界"方可称为"大全"，并且构成现存世界的目的因。

（一）客体性视角

在冯友兰之前，梁漱溟和熊十力都试图建构本体论。他们立足于主体性原则，对客体世界的成因做出哲学解释，已经跨入现代哲学的门槛。但是，他们所建构的主体意义上的本体，只是动态的过程，并没有找到确定性的哲学根据。他们用没有确定性的主体所解释的客体世界，当然也没有确定性可言。按照梁漱溟的说法，宇宙不是"一的宛在"，而是"多的相续"；在熊十力的眼里，宇宙不过是"刹那刹那生，刹那刹那灭"的"一团功用"而已。他们所描述的宇宙，都没有确定性。没有确定性的客体世界，不可能成为主体的认识对象和改造对象，并不能算是真正的、名副其实的客体。换句话说，在梁漱溟和熊十力的本体论思考中，实际上只有飘忽不定的、抽象的主体，并没有确定的客体。他们的本体论学说对世界的解释力是有限的，他们只是接触到主体性原则，并没有具体地贯彻这一原则，没有展开论述主客体的相互关系。他们对客体世界所做出的哲学解释，没有充分体现出哲学思考的现代性向度。在本体论思考方面，冯友兰比他们前进了一步。他建构了"理世界"本体论，用理的确定性解释客体世界的确定性。理作为"某种事物之所以为某种事物者"是具有确定性的，依照某种理而成为存在着的某种事物，当然也就具有确定性了。具有确定性的事物才能成为认识的对象，才能成为科学研究的对象。

梁漱溟和熊十力的本体论是对普通人的世界观的否定。梁漱溟反对把世界仅看成既定的事实，强调世界不过是"相续"的过程而已；熊十力反对执着于"物相"，认为世界仅仅是"诈现的迹象"；冯友兰同他们不同，他提出的"理世界"本体论，则是对普通人的世界观的肯定。他并不否认，客观世界作为经验事实来说，的确是存在的。不过，在冯友兰看来，普通人的世界观只知其"然"，而不知其"所以然"，仍需要提升到哲学的高度。他提出的"理世界"本体论学说，就是力图对普通人的世界观作出一种哲学解释，形成一套一种关于世界观和人生观的学问。

诚如冯友兰自己所言，新理学是接着宋明理学中程朱一派讲的，而"理世界"观念则是程朱理学与新理学之间的接口。朱熹提出"理世界"的观念，但没有经过充分的逻辑论证，因而在理论上显得没有力量。程朱理学在古代社会可以借助圣人的话语，傍依圣人的权威得以推广，但圣人的权威在现代中国已经被消解了，已不能范围人心了。在这种情况下，必须找到一种方法，弥补程朱理学的缺陷，帮助理学寻回存在空间。冯友兰找到的办法就是逻辑分析的方法。他试图运用这种方法，证成"理世界"的本体论意义，把程朱理学进一步发展成为新理学。

冯友兰把新理学的"理世界"本体论学说，叫作"新形上学"，意思是说，他从新的视角，从"形上"的高度，或者说从本体论的高度，对世界的客观实在性作出了一种新的哲学解释。他从考察形下的、实际存在的事物开始讲起，最后讲出来一个抽象的、潜存的"理世界"。从表面上看来，冯友兰似乎也承认客观事物是存在的，可是，他以隐晦的手法，把事物自身的客观实在性抽象掉了，认为事物的客观实在性，并不取决于事物本身，而取决于形上的本体—界——理世界。他说："在我们的经验或可能底经验中，有如是如是的事物……山如山的是，水如水的是。这座山如这座山的是，这条水如这条水的是。一切事物，各如其是，是谓如是。一切底如是就是实际，形上学就是从如是底实际出发，对之作形式底释义。"① 意思是说，实际事物不过是"我们经验或可能底经验中"的现象（"如是"）。那么，隐藏在现象后面的本体（"是"）是什么呢？本体如何派生出事物？为了回答这些问题，冯友兰提出了"理""气""道体"等一系列"逻辑底观念"，建构了"理世界"本体论学说。他的基本观点是：一切经验中实际的事物，最终都归结为"理""气""道体""大全"等一系列"逻辑底观念"，从这些"逻辑底观念"中，就能演绎出一切实际的事物。

（二）理的逻辑在先性

冯友兰采用"逻辑分析"的方法探求事物的本体，断定"理"的逻辑在先性。他从经验事实（事物存在）出发，通过对于事物及存在（如是）作形式的分析，即"就某种事物著思"，得到了"理"的观念。他说："新理学的形上学的第一组主要命题是：凡事物必都是甚么事物。是甚么事物，必都是某种事物。某种事物是某种事物，必有某种事物之所以为某种事物者。借用中国旧日哲学的话说，'有物必有则'。""某种事物之所以为某种事物者，新理学谓之理。"② 在这里，冯友兰首先把具体事物（"甚么事物"）抽象为"某种事物"，然后离开具体事物的特殊本质，孤立地分析某种事物之所以为某种事物的原因或根据，从而得出了"理"的观念，并认为"理"就是决定某种事物之所以为某种事物的究极本体。关于"理"，冯友兰作了如下的规定：第一，"理"是潜存于真际的共相。冯友兰说："此所谓理，在西

---

① 冯友兰：《新知言》，商务印书馆1946年版，第58页。
② 冯友兰：《新知言》，商务印书馆1946年版，第59—60页。

洋哲学中,名为共相,形式或概念。"① 第二,"理"是超时空、超动静的绝对。由于理是脱离了物质世界的抽象共相,自然也就同物质存在的时空形式和运动属性毫不相干。第三,"理"是第一性的永恒实在。冯友兰说:"理世界在逻辑上先于实际的世界。"这意味着,真际的理是第一性的,实际的事物是第二性的。由于理是第一性的,所以"万理不生不灭,不增不减"②,不受实际事物生灭变化的干扰。这样,理同客观事物的固有联系就被割断了。理就成了第一性的、抽象的实体,带上了"形上学"的意味。至此,冯友兰从对形下的、经验中的实际事物作了一番"逻辑分析"之后,最终导出形上的、超验的、真际的"理",确立了"理世界"本体论学说的基本观点。他所采用的"逻辑分析"方法,实则是从有限的实际世界出发,推导出无限的理世界,并没有遵循形式逻辑中的思维规则,对理世界作出有说服力的逻辑证明。因为他只有一个前提,即实际事物存在,单从这一个前提出发,并不能证明理世界必然潜在。

"理"是冯友兰用来解释实际世界的本体论依据。他指出,真际中的理,乃实际世界中的事物的最高的典型或法则。简言之,"理"为事物之"极"。他解释说:"所谓极有两义,一是标准之义……一是极限之义。每理对于依照之事物,无论就极之任何一义说,皆是其极。"③ 其一,就"极"的标准之义而言,理是事物的原型,事物是理的摹本,二者是体用关系,理为体、事为用。他举例说:"必有圆之理,始可有圆之性,可有圆之性,始可有圆底物,所以圆之理是体,实现圆之理之实际底圆底物是用。"④ 这说明理是事物的本体,事物是理的作用或表现。其二,

---

① 冯友兰:《三松堂学术文集》,北京大学出版社1988年版,第422页。
② 冯友兰:《新理学》,商务印书馆1939年版,第56页。
③ 冯友兰:《新理学》,商务印书馆1939年版,第54页。
④ 冯友兰:《新理学》,商务印书馆1939年版,第49页。

就"极"的极限之义而言，理是事物追求的目标，事物是理的分项，二者之间是"理一分殊"的关系。事物必须依照（即分有）"理"，才能成其为事物，理是事物的主宰者。冯友兰说："说理是主宰者，即是说，理为事物所必依照之而不可逃；某理为某事物所必依照而不可逃。不依照某理者，不能成为某事物。不依照任何理者，简直是不成东西。"① 这无疑是说，事物是由理所派生出来的，事物之所以存在，乃由于它摄取了理的实在性；理规定了事物的性质，如果不依照理，事物"简直是不成东西"。

（三）道体为理气结合的过程

真际中的理，何以能表现于实际的事物呢？针对这个问题，冯友兰又对事物及其存在作了"逻辑分析"，并"就一个一个底事物着思"，预设了"气"的观念。他说："在新理学的形上学的系统中，第二组主要命题是：事物必都存在。存在底事物必都能存在。能存在底事物必都有其所以能存在者。借用中国旧日哲学家的话说：'有理必有气'""事物所有以能存在者，新理学谓之气。"② 冯友兰在肯定理潜存的前提下，承认事物是存在的。他认为事物存在除了以理为本体外，还须以气为条件。如果说理是事物存在的充分条件的话，那么，气则是事物存在的必要条件。从逻辑的角度上，冯友兰把气界定为"绝对的料"："所谓绝对的料，我们名之曰真元之气。有时亦简称曰气"③。在新理学中，"气"是没有任何内容的、空洞的逻辑观念，用冯友兰的话说，"气"相当于"无"。它不是任何具体物，也没有物质性可言。气不是物质一类的东西，也属于精神的范畴；但它又不含理性或概念的意涵，只是纯粹的经验性质料。冯友兰没有采用美国新实在

---

① 冯友兰：《新理学》，商务印书馆1939年版，第125页。
② 冯友兰：《新知言》，商务印书馆1939年版，第61页。
③ 冯友兰：《新原道》，商务印书馆1945年版，第118页。

论者"感觉材料"的称谓，用中国哲学的术语称之为"气"，其哲学意涵则是相同的，都试图找到一种解释世界的非理性的、感性的前提。

然而，"理"通过什么方式同"气"结合起来派生出事物呢？为了回答这一问题，冯友兰通过对事物及其存在加以总括，提出了"道体"观念。他说："在新理学的形上学的系统中，第三组主要命题是：存在是一流行。凡存在都是事物的存在。事物的存在，都是其气实现某理或某某理的流行。总所有底流行，谓之道体。一切流行涵蕴动。一切流行所涵蕴底动，谓之乾元。借用中国旧日哲学家的话说：'无极而太极'，又曰：'乾道变化，各正性命'。"① 在这里，他把理与气相结合的运动（"流行"）过程称为"道体"或"无极而太极"。他认为理和气在运动的过程中结合起来而派生出事物；对于事物的形成来说，道体为动力因。

冯友兰从动态分析的角度对事物及其存在加以总括，提出"道体"的观念；又从静态分析的角度对事物及其存在加以总括，提出"大全"的观念。他说："在新理学形上学的系统中，第四组主要命题是：总一切底有，谓之大全，大全就是一切底有。借用中国旧日哲学家的话说：'一即一切，一切即一'。"② 冯友兰强调，"大全"并不是实际存在的一切事物的总和，因为实际中的一切事物仅仅是"部分的全"。在实际之上还有由"理"组成的真际，真际包括实际。只有真际才称得上"大全"。在新理学中，"理世界""真际""大全"的哲学意义相同，都是对本体界的称谓。大全是实际存在的一切事物发展的总目标，从这个意义上说，它构成一切事物发展的动力因。

综上所述，新理学的形上学把客观世界说成经验中的"实

---

① 冯友兰：《新知言》，商务印书馆1939年版，第64页。
② 冯友兰：《新知言》，商务印书馆1939年版，第65页。

际"之后,从所谓"实际"出发,进一步抽象出、分析出本体"理"作为解释事物的形式因,总括出、综合出本体"大全"作为解释事物的目的因,抽象出经验材料"气"作为解释事物的质料因,总括出纯粹的流变过程"道体"作为解释事物的动力因,以这四个"逻辑底观念"构成新理学本体论学说的基本架构。这四个"逻辑底观念",都是围绕着"理世界"这一核心观念展开的。理的总和就是"理世界"。"理世界"被设置为上位概念,在外延上包容作为下位概念的"实际世界",所以,"理世界"就是大全、就是真际。气是"理世界"中的理由真际转化为实际中的事物的质料因,道体则是促成这种转化的动力因。"大全"并不是实际存在的一切事物的总和,因为实际中的一切事物仅仅是"部分的全"。在实际之上还有由"理"组成的真际,真际包括实际。换句话说,只有真际才称得上"大全"。在新理学中,"理世界""真际""大全"的哲学意义相同,都是对本体界的称谓。大全是实际存在的一切事物发展的总目标,从这个意义上说,它构成一切事物发展的目的因。冯友兰的"理世界"本体论有如下特色。

第一,紧紧抓住思维与存在的关系,勾勒出二重化的世界图式。新理学对事物存在的哲学依据作了比较充分的解释,形成系统的存在本体论学说。这种学说并不否认客观世界(在新理学中称为"实际世界")的实在性,可是,却把客观世界的实在性归结为"理世界"的实在性,从而把程朱理学的"理在事先"说同西方哲学中一般先于个别的实在主义学说融合在一起了。在存在本体论方面,新理学推进了儒家学理,理论深度也超过了梁漱溟和熊十力。新理学对于事物确定性的解释,显然比梁漱溟和熊十力的说法更有说服力。同梁漱溟、熊十力主体设定客体的思路不同,冯友兰采取了客体主义的思路。在新理学中,思维和存在之间的矛盾得到充分的展开:"理世界"或"真际"作为共相或一般概念的总和，相当于思维；而"实际"则是存在的同义语。唯其如此，在新理学中，"理世界"与现实世界，或者"真际"与"实际"，构成了对立的关系。程朱理学所讲的"一个世界"，在新理学中变成了"两个世界"，贯彻了冯友兰"接着程朱理学讲，而不照着程朱理学讲"的意向。

第二，突显本体的超越性，为儒家伦理的普适性提供哲学依据。新理学的本体论思考，其理论兴趣并不仅仅在于解释"事实的世界"，最终目标还在于建立"意义的世界"或者"价值的世界"。证成"理世界"的存在本体论意义，只是冯友兰演绎儒家现代意义所做的第一步工作，他要做的第二步工作则是把"理世界"作为"讲人道之根据"，进而演绎儒家的价值本体论。新理学的本体论思考，出发点是存在本体论，同西方哲学的思路比较接近；归宿点却是价值本体论，又回到了中国哲学的传统。冯友兰坦言，"理世界"有神秘主义色彩。他承认"道体"不可思议、"大全"不可思议等说法，已经超出了理性主义的范围；但他强调，这种超出正是本体论思考的"最高底得获"。他说："有许多哲学底著作，皆是对于不可思议底思议，不可言说底言说，学者必须经过思议，然后可至不可思议底。经过了解，然后可至不可了解底。不可思议底，不可了解底，是思议了解的最高底得获。哲学底神秘主义是思议了解的最后底成就，不是与思议了解对立底。"① 在价值本体论的意义上，冯友兰把"理世界"称为"圣域"，即成就儒家所说的圣人的哲学依据。由于"理世界"具有超越性、至上性、恒常性，使儒家伦理的普适性得到论证。儒家伦理作为"人之所以为人"的道理，不仅适用于古代社会，同样也适用于现代社会。儒家伦理历来注重道德规范，"理世界"也为这种规范诉求做了哲学论证。相比较而言，梁漱溟和熊十力重

---

① 冯友兰：《新原人》，商务印书馆1943年版，第194页。

视道德的自觉性,以现代的方式接续了陆王心学的学脉;冯友兰重视道德伦理的规范性,以现代的方式接续了程朱理学的传统。

第三,受到方法的限制,有多元主义的色彩。程朱理学采用整体直观的方法,所形成的本体论以"天理"为核心范畴,有一元论的色彩。用朱熹的话说就是,"统体以太极,物物一太极","一个就是万个"。所谓"理一分殊",强调的是"天理"为"一",具体事物为"多"。"多"受到"一"的制约,各个事物之间是有内在关系的。新理学采用逻辑分析的方法,"就一个一个事物著思",所形成的本体论以"理世界"为核心范畴,有多元论的色彩。"理世界"是无数个理的集合,各个理都是独立自存的,不存在一个把众理贯穿为一体的"天理"。在新理学中,众理之间的关系已变成外在关系,不再是程朱理学所讲的内在关系。新理学中的理,实际上是知性概念的本体化。这种知性思维的局限,乃造成其本体论学说多元主义色彩的根本原因。冯友兰还放弃了朱熹"心包万理"的说法,强调理具有"纯客观"的性质,强调理是自在之物。那么,如何把自在之物转化为为我之物呢?这成为新理学难以解决的问题。

三 "人生境界"怎样划分?

冯友兰作为现代哲学家,讲哲学从解释世界入手;可是他作为现代新儒家,必须以安顿儒家伦理价值为归宿。儒家伦理既有德性伦理的诉求,也有规范伦理的诉求。陆王心学一脉比较重视前一方面,侧重于阐发儒学的内在性原则,以"本心"为核心范畴;程朱理学一脉比较重视后一方面,侧重于阐发儒学的超越性原则,以"天理"为核心范畴。在五四时期,随着君主帝制的解体,传统的儒家伦理规范体系被解构。在这种情况下,现代新儒家重构儒学价值观,只能首先从阐发儒学的内在性原则入手,接着陆王心学一脉讲。但是,如果只讲内在性原则,而不讲超越性原则，儒家伦理会变得十分抽象，无法发挥规范社会风气的作用，难以落实到生活实践层面。因此，仅仅接着陆王心学讲是不够的，还必须接着程朱理学讲。冯友兰建构新理学，就是一种程朱理学的现代讲法。他与梁漱溟、熊十力的区别在于，没有侧重于阐发儒学的内在性原则，而侧重于阐发儒学的超越性原则。

同程朱理学一样，新理学也把儒家伦理规范的终极依据归结为"理"。冯友兰不赞成那种把儒家伦理规范一概指斥为"旧道德"的偏激之论，主张用分析的眼光来看待儒家伦理。他认为，在传统的儒家伦理规范中，的确有同"以家为本位"社会相应的旧道德，如忠、孝、仁，等等。不过，即便是旧道德，也可以转化为新道德。"我们可以说，对于君尽忠，对于父尽孝，是旧道德；对于国家尽忠，对于民族尽孝，是新道德。"① 在传统的伦理规范中，除了忠孝之类的旧道德外，还包含着适用于任何社会的道德，这些道德无所谓新旧。他说："照我们的看法，有社会，有各种底社会。有些道德，是因某种社会之有而有底，如一民族或国家，自一种社会转入另一种社会，则因原一种社会之有而有底道德，对于此民族或国家，即是旧道德；因另一种社会之有而有底道德，对于此民族或国家，即是新道德。但大部分底道德是因社会之有而有底。只要有社会，就需有这些道德，无论其社会，是哪一种社会。这种道德中国人名之为'常'。常者，不变也。照传统底说法，有五常，即仁，义，礼，智，信。"② 按照冯友兰的看法，儒家一向倡导的五常之教，虽属"旧情"，但亦可获得"新性"，明确肯定五常具有普适价值。他认为，无论中国将来发展成为什么种类的社会，五常都是需要的。至于"三

---

① 冯友兰：《新理学》，商务印书馆1939年版，第360页。
② 冯友兰：《新理学》，商务印书馆1939年版，第359页。

纲",由于社会的变迁,显然已经过时,因为它只适用于"以家庭为本位"的社会。而"五常"永远不会过时,因为它符合"人之所以为人"或"社会之所以为社会"之理。这样的"理"具有超越性和普适性,无论在何种社会都可以成为道德评价的尺度。

冯友兰特别看重行为主体对于理世界的觉解在道德价值判断中的决定作用。对于行为主体来说,理世界是超越的、理想的;凡是道德行为,必须建立在行为主体对理世界的觉解之上。于是,行为主体对于理世界的觉解程度,便成为他评价人生境界的准则。冯友兰在《新原人》中写道:"人对于宇宙人生底觉解程度,可有不同。因此宇宙人生,对于人底意义,亦有不同。人对于宇宙人生在某种程度上所有底觉解,因此宇宙人生对于人所有底某种不同底意义,即构成人所有底某种境界。"① "境界"一语源于佛学。《无量寿经》上说:"比丘白佛,斯义弘深,非我境界。"《入楞伽经》上也说:"我弃内证智,妄觉非境界。"在佛教中,境界是指修行者对佛的觉悟所达到的程度。冯友兰借用此语,是指人对于理世界的体认程度以及由此形成的主观精神状态。用哲学术语来说;理世界是"自在之物",而境界则是"为我之物";理世界是客观的,而境界则是主观的;理世界是一般的,而境界则是特殊的;理世界是超越的,而境界是内在的。每个人借助自己的觉解能力,在觉解理世界的基础上,形成了属于他的主观精神世界,在新理学中称为境界。对于觉解者来说,境界就是他自己建立的意义世界或价值世界。严格说来,每个人都有他自己的境界,甚至可以说每个人都有他自己此时此刻的境界或彼时彼刻的境界,没有完全相同的境界。但是,可以把人生中的境界,大体上归纳为由低到高的四种类型,即自然境界、功利

---

① 冯友兰:《新理学》,商务印书馆1939年版,第57页。

境界、道德境界和天地境界。通过对这四种境界的评述，冯友兰阐发了儒学价值观的超越取向。

他指出，在自然境界中的人，顺习、顺才而行，对理世界不知不识，没有明确的人生目的，境界最低。在功利境界中的人，虽有明确的人生目的，但只知道为自己打算，自私自利，境界也不高。在这两种境界的人，其行为都没有道德价值，因而都不是人生的理想境界。在道德境界中的人，已觉解"社会的全"，其行为是行义的而不是为利的，具有道德价值，境界比较高。这种人就是儒家所说的贤人。贤人已达到自觉的人生境界，不过尚处于"天理与人欲交战"的阶段，因而有继续提升的必要。

天地境界才是冯友兰心目中的理想境界，在天地境界中的圣人才是他心目中的理想人格。他在《新原人》中写道：

> 天地境界的特征是：在此种境界中底人，其行为是"事天"底。在此种境界中底人，了解于社会的全之外，还有宇宙的全，人必于知有宇宙的全时，始能使其所得于人之所以为人者尽量发展，始能尽性。在此种境界中底人，有完全底高一层底觉解，此即是说，他已完全知性，因其已知天。他已知天，所以他知人不但是社会的全的一部分，而并且是宇宙的全的一部分。不但对于社会，人应有贡献，即对于宇宙，人亦应有贡献。①

贤人与圣人是有区别的。贤人仅觉解了"社会的全"，即关于社会的全部的理；圣人则觉解了"宇宙大全"，即完成了对整个理世界的体认。圣人的境界到了至极顶峰，故谓之"极高明"。贤人站在"社会"的高度"行义"——尽人之伦、尽人之职，

---

① 冯友兰：《新理学》，商务印书馆1939年版，第553页。

"对社会有所贡献";圣人站在"宇宙"的高度"事天"——尽天之伦、尽天之职,"对宇宙有所贡献"。"事天"以"知天"为前提,"知天"意味着对宇宙人生的完全的了解和最后的觉悟,这种觉悟使人的生活获得最大的意义,使人生具有最高的价值。在道德行为方面,圣人做到了"不勉而中",故谓之"道中庸"。总之,"极高明而道中庸"的圣人,是新理学最推崇的理想人格。圣人的境界既是自觉的,又是自由的;既是明觉的,又是混沌的。按照冯友兰的看法,圣人应具有以下四种特征。

第一,"极高明而道中庸"。这是圣人最主要的特征,也是新理学所倡导的处理天人关系的最高原则。所谓"极高明"就是接受新理学的宇宙观,从而使人的主观的精神世界同"纯客观"的宇宙大全合而为一,达到"自同于大全"的程度。所谓"道中庸"是指圣人基于对真际的信仰而发出的行为。"圣人有最高底觉解,而其所行之事,则即是日常底事。此所谓'极高明而道中庸'。"① 就行为方面看,圣人"并不作与众不同的事",这是其"庸"的一面;圣人虽做一些平常的事,却能自觉地、完全地依照各种理的规定,这是其"中"的一面。圣人之所以为"圣",就在于他做平常的事时,使平常的事具有不平常的意义。做了圣人,依然"担水砍柴""事君事父";但对于圣人来说,"担水砍柴,无非妙道""事君事父,无非妙道"。圣人"即其所居之位,乐其日用之常",完全化解了"入世间"与"出世间"、"内圣"与"外王"之间的矛盾。

第二,"有我而无我"。冯友兰所说的"我",具有两层含义,其一是"自私",其二是"有主宰"。前者就个人与社会的关系而言,后者就主体自身而言。说圣人"无我",是从"无自私"而言;说圣人"有我"是从"有主宰"而言。圣人"自同于大全,

---

① 冯友兰:《新原人》,商务印书馆1943年版,第78页。

'体与物冥','我'与'非我'的分别,对于他已不存在。就'我'的'有私'之义说,他是无'我'底。但自同于大全者,可以说是'体与物冥',也可以说'万物皆备于我'。由此方面说,自同于大全,并不是'我'的完全消灭,而是'我'的无限扩大"①。就"有我"与"无我"的关系而言,冯友兰认为"无我"是"有我"的前提,人必先"无我",而后才可"有我";必先无"假我"而后才可有"真我"。代表理想人格的圣人正是体现了"有真我"与"无假我"的统一。圣人有"我之主宰",已将道德原则、道德规范内化为自身的一部分,"行之亦不待努力",而能"不勉而中,不思而得","从心所欲不逾矩",无一丝人欲而达"无我"之境。

第三,"无为而有为"。冯友兰在继承儒家思想的同时,也吸收并改造了道家"无为"的思想,用来建构其理想人格学说。冯友兰对"无为"的理解与界定与老子不同:老子以顺应物性为无为,以知识、思虑以及情欲为人为,因而主张"绝圣去智"有出世倾向;而冯友兰则认为人之有思想、有知识、有情欲、有作为都是自然而然的,是一种必然的"势",因而顺应物性、顺应人性,出乎"真我"之自然选择的行为都是"无为",只有出于"假我"之选择的行为才是不可取的"有为"之举。这样,他就把"无为"思想纳入积极入世的范围之内。积极入世,也就是朝着"势"的方向努力从事,"顺道而行",这既可以说是"有为",也可以说是"无为"。"无为"规定着"有为"的方向;"有为"是为了更彻底地"无为"。圣人就是实现了"无为而有为"之人格的典型。

第四,"无知而有知"。冯友兰说:"在同天境界底人,是有知而又是无知底。同天的境界,是最深底觉解所得。但同天的境

---

① 冯友兰:《新原人》,商务印书馆1943年版,第195页。

界，却是不可了解底。"① 同天的"天"是指大全。大全是不可思议的，同于大全的境界，也是不可思议的。圣人明白此道理，正是因为他具有最深的觉解。也就是说，大全的"无知"是由圣人的"有知"而得。冯友兰提出的"有知"与"无知"统一、由"有知"而达"无知"的观点，显然是从老庄之处借取了思想的资粮。不过，老庄所说的"见道"，强调的是一种纯粹的直观，不甚重视理性认识和理性作用，而冯友兰则以儒家的理性主义解释"觉解"，认为觉解是由概念、推理的理性认识而达到的精神状态，从而有别于道家的"见道"。

冯友兰通过对天地境界中圣人品格的具体描绘，构建成其理想人格学说，为其人生哲学圆了最后一笔，并于此最终以儒家学说为主体，吸取道家思想的资粮，熔儒、道为一炉。冯友兰所说天地境界中圣人之最高明处，乃在于其能由知天、事天、乐天而自同于大全。所谓自同于大全，即如庄子所说："天地者，万物之所一也。得其所一而同焉，则死生终始，将如昼夜，而莫之能滑，而况得丧祸福之所介乎？"（《庄子·天地》）道家称此为"体与物冥"，儒家则称此为"万物皆备于我"。儒、道两家都强调我与万物天地为一，我与天地万物参化。这并不是指肉体的消灭，不是指物质上的一种变化，而是指精神上的一种境界。冯友兰指出："所以自同于大全者，其肉体虽只是大全的一部分，其心虽亦只是大全的一部分，但在精神上他可自同于大全。"② 精神上同于大全，即可不受任何限制。不受限制，即谓之自由。可见，人自同于大全，也就是说获得了精神上的自由，这有似于道家所说的"逍遥游"境界。"逍遥游"是一种完全的精神自由，"无待于物"而能"乘天地之正，御六气之辩"，以游于无穷。

---

① 冯友兰：《三松堂全集》第4卷，河南人民出版社1986年版，第634页。
② 冯友兰：《三松堂全集》第4卷，河南人民出版社1986年版，第633页。

冯友兰吸收了这种思想，并以此为其人生境界说的价值目标之一——自由。他为其人生境界说设定的另一个目标是自觉，此自觉即儒家所提倡的道德理性主义原则。自觉，指自己有所认识而觉悟。正因为是自己认识到的，因而其"自觉"在一定程度上又可说是自愿的。圣人自觉自愿依道德而行，以达逍遥的"同天"境界。可见，理性自觉是达到精神自由的桥梁和手段。只有在自觉的基础上，才能有真正的精神自由。

冯友兰通过分析四种人生境界设定了自由、自觉两个价值目标。他倡导尽心知性——尽伦尽职的道德原则，检讨自然主义和功利主义人生观的局限性，突出"极高明而道中庸""即世间而出世间"的价值主导意识，以求对现代社会经济生活做出回应，重新确立人生的意义及其归宿。四种境界说是冯友兰新理学思想体系的重要组成部分，也是很有理论特色的学术思想。冯友兰一方面从深层挖掘道家注重自由的合理内核，另一方面挖掘儒家价值观中注重自觉的合理内核，力图实现自由与自觉的统一，熔儒、道价值观于一炉。用他的话来说，就是"儒家墨家教人能负责，道家能使人外物，能负责则人严肃，能外物则使人超脱。超脱而严肃，使人虽有'满不在乎'的态度，而却并不是对于任何事物都'满不在乎'。严肃而超脱，使人于尽道德的责任时，对于有些事，可以'满不在乎'。有儒家墨家的严肃，又有道家的超脱，才真正是从中国的国风中养出来的人，才真正是'中国人'"①。此"中国人"就是冯友兰心目中的理想人格——在天地境界中的圣人。他认为这种理想人格应付现代社会生活仍可以发挥"无用之大用"的效应，从而可以使儒学实现现代转换。冯友兰到晚年转变哲学立场后，不再提及"理世界"，却多次谈到人生境界问题。

---

① 冯友兰：《三松堂全集》第 4 卷，河南人民出版社 1986 年版，第 363 页。

第三节　贺麟的新心学

梁漱溟和熊十力从主体出发,沿着生命的进路,形成了没有确定性的世界图式;冯友兰从客体出发,采取逻辑分析的方法,为世界的确定性找到了哲学依据,但他把思维与存在对立起来,勾勒出多元主义的、二重化的世界图式。贺麟总结他们的理论思维成果和教训,找到了新的诠释视角。这个视角就是主体与客体的内在统一。贺麟接受了梁漱溟和熊十力的主体性原则,以"心"为解释世界的逻辑起点,但不认同他们的生命进路以及没有确定性的世界图式。贺麟接受了冯友兰关于理为世界的"范型"的观点,但不认同冯友兰"逻辑分析"方法、思维与存在对立的思路以及多元主义的、二重化的世界图式。贺麟沿着理性主义思路,力求把主体与客体统一起来,把思维与存在统一起来,消解多元主义的、二重化的世界图式,重申"一个世界"的原则。他运用"逻辑综合"的方法,利用新黑格尔主义和陆王心学两种资源,创立了新心学思想体系。

一　其人其书

贺麟(1902—1992),字自昭,四川金堂人。毕业于清华学校之后,到美国奥柏林大学、哈佛大学留学,获硕士学位后,留学德国柏林大学。因日本帝国主义发动侵华战争,未及学业完成,便提前返回祖国。从1931年起,在北京大学哲学系先后任讲师、副教授、教授。

贺麟的学术专长是西方哲学,长期担任中国哲学会"西洋哲学名著翻译委员会"主任。在他的组织下,有二十几部西方哲学名著被译成中文出版。其中他翻译的有鲁一士著《黑格尔学述》、开尔德著《黑格尔》、斯宾诺莎著《致知篇》(再版改名《知性改进论》)、黑格尔著《小逻辑》和《早期神学著作》。后来还与人合译了斯宾诺莎著《伦理学》以及黑格尔著《哲学史讲演录》和《精神现象学》。

他虽然是研究西方哲学的专家，但清楚地意识到，介绍西方哲学的目的在于提高本民族的理论思维能力。他不甘心只做绍述别人思想的哲学史家，还要做一个有建树的哲学家。他选择的创新路径，就是把儒家思想同西方唯心主义哲学结合在一起；所取得的成果，就是新心学思想体系。1930 年，他在国外留学时就写了《朱熹与黑格尔太极说之比较观》。1937 年在西南联合大学任教期间，陆续发表了《五伦观念的新检讨》《儒家思想的新开展》等文章，汇编成《近代唯心论简释》《文化与人生》二书，还写了评述当时中国哲学发展现状的专著《当代中国哲学》（新版改名为《五十年来的中国哲学》）。这三本书是他阐释新心学思想体系的基本著作。

北京大学复校后，贺麟担任训导长。但他从未迎合上司，绝不干迫害进步学生的事。他多次顶住压力，拒绝开除进步学生。一些特务学生报到他手中的黑名单，一律扣下，绝不上送。他还多次出面保释被捕的学生，帮助思想进步的教授躲避警方的追捕。1948 年 12 月 25 日，北京大学举行 50 周年校庆，学生会特地送给贺麟一面锦旗，上绣"我们的保姆"字样，以表示对他的感谢和爱戴。

从 1955 年起，他离开执教多年的北京大学，调任中国科学院哲学社会科学部哲学所、中国社会科学院哲学所研究员。曾当选为第三届与第五届全国政协委员。晚年加入中国共产党。他的著作经整理后重新出版，主要有《文化与人生》《五十年来的中国哲学》《现代西方哲学讲演集》《哲学与哲学史论文集》等。

二 心理如何合一？

贺麟也重视"理"。他采取理性主义的进路建构本体论，而没有像梁漱溟和熊十力那样采取生命的进路。不过，他与冯友兰不同，没有把"理"看成外在超越的、独立自主的"自在之物"，而是看成与主体即"心"密切相关的、内在的"为我之物"。他意识到，倘若把"理"看成"自在之物"，在理论上会遇到无法解决的难题："自在之物"何以可能转化为"为我之物"？他引述郑昕的话说："'一事有一事之理，一物有一物之理'，假定满坑满谷，死无对证之理，于事何补？于人何补？"他认为郑昕对"理世界"本体论的批评非常深刻。在贺麟看来，既然无法把"理"从自在之物转化为"为我之物"，那么，就不如直接承认"理"就是"为我之物"。基于这种认识，贺麟选择了"心理合一"的本体论原则。他说："心即是理，理即是在内，而非在外，则无论认识物理也好，性理也好，天理也好，皆须从认识本心之理着手。不从反省心着手，一切都是支离骛外。"① 照他看来，心有两种含义，一为"心理上的心"，二为"逻辑上的心"。"心理的心"是物，"逻辑的心"是理。心理的心是"被物支配之心"，相当于宋明理学中的"已发"，故"心亦物也"；逻辑的心是"超经验的精神原则，是经验的统摄者，行为的主宰者，知识的组织者，价值的评判者，是心理意义的心由以成立的根据"，相当于宋明理学中的"未发"。"未发"为"已发"之体，故"心为物之体，物为心之用"。心与物是不能两相分离的，所有的现实存在物，都是心物合一的。贺麟并不讳言自己是唯心主义者，坦言自己的哲学体系就是"新心学"。在展开唯心主义本体论时，他提出了"合心而言实在""合理而言实在""合意义价值而言

---

① 贺麟：《近代唯心论简释》，独立出版社1944年版，第27页。

实在"三个命题。

(一) 合心而言实在

所谓"合心而言实在",意思是说,事物的客观实在性来自"心"的实在性。贺麟在处理心与物的关系时,直接把心提升到了主体和实体的位置。贺麟认为,哲学所要解释的世界,并不是与人无关的纯粹的自然世界,而是纳入人的主观的认识范围的客观世界。纯粹的自然世界即令存在,由于其并没有纳入人的认识范围,并不具有哲学上的可解释性,对于人来说,不过是"黑漆一团"而已。具有哲学上可解释性的世界,只能是纳入人的主观认识范围的客观世界。要解释这个客观的世界,必须预先解释主体的先在性。解释主体既然是先在的,就只能自己规定自己,因而也就具有实体的性质。这就意味着,心是唯一实在的主体。贺麟从主体性的心出发,解释客观世界,取消了事物自身的客观实在性,把事物的实在性归结为心的实在性。他说:"普通人所谓'物',在唯心论者看来,其色相皆是意识所渲染而成。其意义,条理,与价值皆出于认识的或评价的主体。此主体即心。"① 在他看来,物本身没有实在性,其颜色、形状等外在的属性都来自主体的感觉,其本质与规律等则来自思维的规定,因此,物的实在性都是从"心"那里获得的。

从"合心而言实在"的命题反映出,贺麟在本体论方面首先选择了主体主义为出发点,同梁漱溟、熊十力有些相似。但是,为了说明事物的确定性,贺麟又不能像梁漱溟和熊十力那样把自己完全限制在主体主义的立场上,必须吸收新理学客体主义的思维成果,必须引入"理"的范畴。他指出,新心学所说的"心",并不仅指"生命本体",也不仅指个人的意识,而是指普遍的共同的意识。这种泛化或客体化了的"心",也就是"理"。这样,

---

① 贺麟:《近代唯心论简释》,独立出版社1944年版,第1页。

贺麟又提出了"合理而言实在"的命题,从客体的角度对新心学本体论做了进一步的展开论证。

(二) 合理而言实在

贺麟在区分"心理的心"和"逻辑的心"的基础上,又规定:"逻辑意义的心即理,即所谓'心即理也'。""逻辑意义的心,乃一理想的超经验的精神原则。"这样,逻辑意义的心作为理,已超出了个体意识经验的范围,具有了普遍性、共同性和理想性。个体的心是个别,而理则是一般。从一方面来看,心与理是统一的,心即理,理就是心,"理是心的一部分,理代表心之灵明部分。理是心的本质"①。从另一方面看,心与理又存在着区别:心是主体性范畴,与感觉经验、主观意志、情感欲望有关;而理是客体性范畴,表示精神实体的普遍性、恒常性。通过这种解释,贺麟认为已经消除了程朱与陆王的对立。他强调,事物的客观性除了用"心"来说明之外,还得由"理"来担保:"一物之色相意义价值之所以有其客观性,即由于认识的评价的主体有其客观的必然的普遍的认识范畴或评价准则。若用中国的旧话来说,即由于'人同此心,心同此理'。"② 由于心具有实在性,所以物才具有客观性。"所谓物质,一定是经过思考的物质。所以不可离心而言物。"贺麟举例说:"黑板之所以为客观的黑板因其建筑在吾人共同的主观基础上,离开主观,没有客观。凡是'客'的东西,一定要经过'观',宇宙自然是客观的。因为我们大家对它有共同的了解,共同的认识,若大家不能认识,无有'观',则世界即不成其为'客观'世界了。"③ 贺麟用群体主观认识的共同性证明事物的客观性,当然没有充分的说服力。把他

---

① 贺麟:《近代唯心论简释》,独立出版社1944年版,第22页。
② 贺麟:《近代唯心论简释》,独立出版社1944年版,第1页。
③ 贺麟:《当代中国哲学》,胜利出版公司1947年版,第73—74页。

的说法反过来讲，也可以用事物的客观性来证明群体主观认识的客观性：如果说黑板是客观的仅仅由于大家对它有"共同的观"的话，那么，大家对它为什么会有"共同的观"呢？还不是因为黑板自身是客观存在的吗？倘若没有实际存在的黑板，大家怎么能有"共同的观"呢？这是新心学没有解释也无法解释的问题。

贺麟不仅用"理"来担保事物的客观性，还用"理"来担保事物的本质规定性。从主体出发说明客体，在这一点上贺麟与梁漱溟、熊十力是一致的；贺麟同他们的区别在于，试图给事物的确定性找到哲学依据。贺麟承认，每个事物都有其本质的规定性。他说："性（cssence）即事物之真实无妄的本质，亦即物之精华。凡物有性则存，无性则亡。……性为代表一物之所以然及其所当然的本质，性为支配一物之一切变化与发展的本则或范型。凡物无论怎样活动发展，终逃不出其性之范围。但性一方面是一物所已具的本质，一方面又是一物须得实现的理想或范型。"① 由于每个事物都有其本质的规定性，此物非彼物，相互区别开来，也就有了自身的确定性。不过，贺麟并不承认本质是事物自身固有的，而是将其归结为"心中之理"。他强调说："本性是普遍的具体的，此种具体的共相即是'理'。如'人'、'物'之性各为支配其活动之原理。故唯心论即唯性论，而性即理，心学即理学，亦即性理之学。"②

每个事物之所以有确定性，除了取决于本质的规定性之外，还取决于它在空间中的特定位置和时间中的特定序列。贺麟承认事物有本质的规定性，也承认事物有时空的规定性，并且用理来担保事物的时空规定性。他接受康德的时空观，认为时空并不是事物自身的规定，而是主观认识对于客观事物的规定。第一，

---

① 贺麟：《近代唯心论简释》，独立出版社1944年版，第3页。
② 贺麟：《近代唯心论简释》，独立出版社1944年版，第5页。

"时空是理"。时空作为先验的范畴,使经验中变易无常的事物有了确定性。第二,"时空是心中之理"。时空不仅是先验的,而且是主观的。"离心而言时空,而言时空中之物,乃毫无意义。"第三,"时空是自然知识所以可能的心中之理或先天标准"。人们运用时空范畴整理感性材料,使之形成清晰明白的自然知识。第四,"时空是自然行为所以可能的心中之理或先天标准"。人们依照约定俗成的时空观念组织安排社会生活,"若无权断而一面又是客观的公共的时空标准,则社会事业群体生活就不可能。"贺麟把这四个命题概括为一句话就是:"时空是自然知识和自然行为所以可能的心中之理或标准。"①他把事物的客观规定性、本质规定性、时空规定性都纳入"心中之理",从而更加彻底地贯彻唯心主义原则。

(三) 合意义价值而言实在

提出"合心而言实在"和"合理而言实在"两个命题,贺麟已完成了对世界的唯心主义解说。可是,他作为现代新儒家,不能停留在存在本体论上,必须从存在本体论翻转到价值本体论,才能为儒家伦理找到哲学依据。于是,他在论述了"合心而言实在""合理而言实在"以后,又提出了"合意义价值而言实在"的命题。他指出,只有对主体有价值的东西,主体才会认同它的实在性。从这个意义上说,"唯心论又名理想论或理性主义"。按照唯心论的看法,"吾人理想愈真切,则对事实之认识亦更精细。理想可以制定了解事实之法则和方法,使吾人所搜集之事实皆符合理想的方式,而构成系统的知识。理想不惟不违背事实,而且可以补助并指导吾人把握事实,驾驭事实"②。按照这种理想主义的视角,儒家伦理当然具有实在性。他说:"从哲学看来,仁乃

---

① 贺麟:《近代唯心论简释》,独立出版社1944年版,第24页。
② 贺麟:《近代唯心论简释》,独立出版社1944年版,第6页。

仁体，仁为天地之心，仁为天地生生不已之生机，仁为自然万物的本性，仁为万物一体生意一般之有机关系之神秘境界。简言之，哲学上可以说是有仁的宇宙观，仁的本体论。离仁而言本体，离仁而言宇宙，非陷于死气沉沉的机械论，即流于黑漆一团的唯物论。"① 通过对"仁"这一伦理规范的强调，贺麟新心学也就从存在本体论过渡到了价值本体论，实现了向儒家传统的复归。

总的看来，贺麟提出的本体论学说有以下三个特点。

第一，把思维与存在统一起来，重申"一个世界"的原则。贺麟从主体出发解释世界，其唯心主义哲学立场是十分明确的。但他没有完全把自己限制在主体的范围之内，而是着眼于主体与客体的统一性，着眼于思维与存在的统一性。他强调事物的确定性，在理论上避开了熊十力把世界说成"诈现的迹象"的虚无主义倾向。他引入"理"的范畴，用来担保事物的确定性；强调心与理的同一性，也避开了新理学把"理世界"同实际世界对立起来的多元主义倾向。贺麟强调世界只有一个而不是两个，用理性综合的方法取代逻辑分析的方法，更加贴近中国哲学的传统。

第二，把规范性与自觉性统一起来，突出"心即理"的原则。贺麟把自己的本体论称为新心学，表示是接着陆王一脉讲的，可是，他并不排斥程朱理学，把二者都视为儒家哲学的正统，不存有门户之见，这在现代新儒家中是少见的。梁漱溟和熊十力认同陆王心学，但对程朱理学缺少同情。梁漱溟曾批评程朱理学"取途穷理于外""不甚得孔家之旨"；熊十力也批评理学家"失却孔子广大与活泼的意思"。冯友兰的新理学接着程朱理学讲，可是对陆王一派同情不够，视陆王心学为形而下学。贺麟与他们不同，明确表示要化解程朱理学与陆王心学之间的对立。他

---

① 贺麟：《文化与人生》，商务印书馆1947年版，第6页。

说:"我尝说,讲程、朱而不能发展到陆、王,必失之支离。讲陆、王而不能回复到程、朱,必失之狂禅。"① 新心学本体论的核心论点是"心即理",力求把程朱理学与陆王心学统一起来。熊十力的本体论以"本心"为核心范畴,突显儒家伦理的自觉性原则,但未涉及规范性原则;冯友兰的本体论以"理世界"为核心范畴,突显儒家伦理的规范性原则,但忽略了自觉性原则。如果说熊十力的本体论是"正题"、冯友兰的本体论是"反题"的话,贺麟的本体论则是"合题"。基于"心即理"的核心论点,贺麟一方面注重儒家伦理的自觉性原则,主张树立"仁的宇宙观,仁的本体论";另一方面注重儒家伦理的规范性原则,主张"对理念尽忠",论证恪守伦理规范的必要性。他试图把这两条原则统一起来。

第三,把理想与现实统一起来,突出入世主义原则。熊十力认为,"本体是备万理、含万理、肇万化,法尔清净本然",是超时空的理想境界;冯友兰所说的"理世界"也超然于实际世界之上,以"天地境界"为终极的价值目标。他们的本体论对儒家理想主义原则论证得比较充分,可是对儒家的现实主义原则却关注不够。贺麟认为理想就在现实之中,没有把理想抽象化。在新心学中,理想不再是超时空的本然境界。他这样处理理想与现实的关系,更加贴近儒家的入世主义传统。

三 何谓新式儒者人格?

在本体论方面,贺麟消解了二重化的宇宙图式,强调"心与物是不可分的整体",强调世界只有一个。他否定了超验的理世界,强调"心即理"。与此相应,在价值观方面,他不认同单纯超越的价值取向,不再认同抽象的儒者人格。他认为,儒者人格

---

① 贺麟:《五十年来的中国哲学》,辽宁教育出版社1989年版,第33页。

是一种具体的人格，其内涵将随着时代的变迁而更新。他清醒地认识到，中国社会已处在转型时期，即由农业社会转变为工商业社会。社会环境变了，儒者人格的内涵也应随之发生变化。成就新时代的儒者，不可能再选择耕读传家的旧模式，而应当选择顺应时代的新模式。在工商业社会，不但需要儒农，更需要儒工、儒商出来"做社会的柱石"。换句话说，新式儒者并不是仅仅觉解了天地境界的圣人，而应当是适应现实社会需要的理想人格。这样的人格，既有高尚的道德品格，又有出众的才学技能，应当是德才兼备的楷模。他已走出唯动机论的误区，试图在道德评价中贯彻动机与效果相统一的原则。他指出，在新式儒者身上，应当体现出合理性、合人情、合时代三种价值取向。

（一）合理性

贺麟所说的"合理性"，是指在哲学上认同"心即理"的本体论观念，提升恪守儒家道德规范的自觉性。他虽然没有像冯友兰那样把"理"看成超验的、潜在的"自在之物"，而是看成与心合而为一的"为我之物"，但是他并没有否定"理"的本体地位。同冯友兰一样，他也把"理"视为儒家伦理规范的终极依据。他认为，新式儒者应当从对于"理"的本体论信念出发，自觉地恪守儒家的伦理规范。他说："合理性即所谓'揆诸天理而顺'。"① 对于新式儒者来说，合理性是最根本的要求，其他要求都应以此为准绳。

依据唯心主义就是理想主义的观点，贺麟强调，合理性就是合理想。"因为理想基于人类的本性。理想出于理性，人是有理性的动物，理想是构成人格的要素，人类所以异于禽兽，伟人所以异于常人，全看理想的有无和高下。"② 一个人立足于理性，追

---

① 贺麟：《文化与人生》，商务印书馆1947年版，第11页。
② 贺麟：《文化与人生》，商务印书馆1947年版，第103页。

求理想，改造现实生活中不符合理想的地方，才能提升人格的品位。对于现实生活中的人来说，理想是他争取自由必不可少的条件。倘若没有理想作为争取自由的标准，也就谈不上自由。自由不是放任，不能为所欲为或随遇而安，要以理想追求为动力，不懈地向既定的价值目标前进。理想又是认识现实的主观条件，一个人从理想出发反观现实，发现现实中不合乎理想的缺陷，才会形成改造现实的动机。理想是征服现实的指南针，人类任何有意义、有价值的建树，都是理想与现实有机结合的结果。贺麟由此得出结论："理想为主，现实为从，理想为体，现实为用。"① 他把理想放在首位，认为理想是衡量现实的价值尺度。所以，在他看来，对于新式儒者来说，合现实、合理想乃是首要的价值定位。只有选择了明确的价值目标，才会自觉地追求真、善、美，成就理想人格。在价值观方面，贺麟不像狭义新儒家那样主观，过分强调在心性上下功夫；也不像冯友兰那样客观，过分强调在"觉解理世界"上下功夫：他力图把主客观两个方面统一起来。

依据合理性或合理想的原则，贺麟对儒家的伦理规范表示认同，对三纲五伦做了新检讨。冯友兰已对五常表示认同，但没有对三纲表示认同。贺麟比冯友兰走得更远，对三纲也表示认同，认为三纲五伦作为儒家完整的规范体系在现代仍旧具有普适性。他甚至强调三纲比五伦更为重要，因为"三纲说实为五伦观念之核心，离开三纲而言五伦，则五伦说只是将人与人的关系，方便分为五种，此说注重人生、社会和等差之爱的伦理学说，并无传统或正统礼教的权威性与束缚性"。照他来看，五伦仅表示相对的道德关系，对于构成这种关系的双方都有道德约束，一方对另一方尽道德义务似乎是有条件的。例如，臣是否应尽臣道，要视君是否尽君道而定；如果君不尽君道，臣似乎就有理由拒绝尽臣

---

① 贺麟：《文化与人生》，商务印书馆1947年版，第104页。

道。"这样一来，只要社会上常有不君之君，不父之父，不夫之夫，则臣弑君，子不孝父，妇不尽妇道之事，事实上、理论上皆应可以发生。"① 如果不在理论上走出这种相对主义的误区，势必导致人际关系的紧张和社会秩序的失调。为了避免这种情况的出现，汉代儒家用三纲说发展了先秦儒家的五伦说，使儒家的伦理规范体系臻于完善。"三纲说要补救相对关系的不安定，进而要求关系者一方面绝对遵守其位分，实行单方面的爱，履行单方面的义务。所以三纲说的本质在于要求君不君，臣不可以不臣；父不父，子不可以不子；夫不夫，妇不可以不妇。换言之，三纲说要求臣、子、妇尽单方面的忠、孝、贞的绝对义务，以免陷入相对的循环报复，给价还价的不稳定的关系之中。"② 在贺麟看来，三纲说比五伦说更深刻、更有力量，更能反映儒家伦理的特质。

毋庸讳言，贺麟关于三纲说的新检讨，表现出明显的理性专制主义的倾向，但他并非有意地维护封建主义道德。对于建立在人身依附关系之上的封建主义道德，贺麟明确地表示反对，称为旧道德，并不认为这种道德在现代社会中具有合理性。他对三纲说所做的新检讨，无非是站在唯心主义的哲学立场上，对恪守伦理规范的必要性所作的一种理论论证，以期提高道德责任感和自觉性。他作为一个唯心主义者，当然不可能到社会存在中去寻找道德的根据，也只能到理性本体中去寻找道德的根据。他以"理"的至上性说明三纲的普适性，强调道德行为必须自觉地接受道德规范的约束，同康德把道德规范的根据归结为"绝对律令"的观点十分相近，主张建立稳定的社会秩序，表达了一种社群主义的诉求。

（二）合人情

在如何构想新式儒者人格的问题上，贺麟的出发点是唯心主

---

① 贺麟：《文化与人生》，商务印书馆1947年版，第57—58页。
② 贺麟：《文化与人生》，商务印书馆1947年版，第59页。

义的理想主义。但他心目中的理想，并不是抽象的精神境界，而是体现在具体的生活世界之中的高尚人格。他主张在现实生活中成就新式儒者人格。基于理想与现实相统一的观点，贺麟在提出合理性原则的同时，也提出合人情的原则。他解释说："合人情即求其'反诸吾心而安'。"① 新式儒者的行为固然要合乎理性，但绝不是冷冰冰地、被动地接受伦理规范的约束，也要发乎自愿、合乎人情，并且使他人也觉得可以接受、可以效仿。贺麟所说的"合人情"，是指适应商品经济的新环境，树立新功利主义的人生态度。

依据合人情的原则，贺麟重新审视道德价值与功利价值的关系，强调"功利与非功利（道德的）不是根本对立的，是主从的关系。非功利是体，功利是用，理财与行仁政，并不冲突，经济的充裕为博施济众之不可少的条件"②。照他看来，功利和道德非但不是对立的，反倒是相辅相成的：功利乃实现道德理想的必不可少的条件。例如，"我们不能说求金钱是人生的目的。但可利用金钱作为发展个性、贡献国家、服务社会的手段"③。人们在谋求功利、维护功利、分配功利的时候，只要不违背恕道和公平公正原则，就不应该受到指责。贺麟把与市场经济相匹配的功利观念充实到人格理论中，大胆地纠正了以往某些儒家对功利主义的偏见。不过，他并没有放弃儒家道德至上的理念，在他的眼里，道德仍旧是"体"，功利也只是"用"而已，功利还须围绕着道德的轴心转。他的致思方向显然不是推翻儒家的伦理思想体系，而是谋求传统与现代的沟通与衔接。

贺麟不赞成对功利主义过分地加以指责。有些儒家嘲笑追求

---

① 贺麟：《文化与人生》，商务印书馆1947年版，第66页。
② 贺麟：《文化与人生》，商务印书馆1947年版，第209页。
③ 贺麟：《文化与人生》，商务印书馆1947年版，第210页。

功利的人说，这种人即便到死的时候，还是伸着两只手，张着嘴，不肯闭上双眼，流露出一副向外追求而得不到满足的可怜相。贺麟的回应是：这些批评者缺少对于功利主义的同情的了解，不懂得"追求的经过，追求的精神，本身就有价值"。如果人生没有功利追求，容易走上逃避人生的道路。倘如人人都沿着这条路走下去，整个社会将变得死气沉沉，没有了人生的乐趣。贺麟对这些批评者做了反批评，指责他们不能"因为自己敝屣福利，乃忽视他人的福利；自愿牺牲福利，便不尊重他人的福利，强迫别人也去牺牲福利。自己逃避人生，便斥肯定人生的人为向外追逐。这是不对的"①。他充分肯定人生，肯定功利追求的价值，倡导竞争意识，试图把儒学价值观转化为市场经济时代社会发展的精神动力。

贺麟明确地把新式儒学价值观诠释为"新式的功利主义"，以区别于狭隘的功利主义。他指出，新式儒学价值观就是一种新式的功利主义。新式儒者不谋求个人的利益，而是谋求博施济众，谋求群体的利益乃至全社会的利益，故而新式功利主义也可以称为社会的理想主义或社会福利主义。"简言之，这就是为全体为社会设法谋福利，为平民求利益的道德理想。"② 他认为这种新功利主义同儒家注重内心道德和纯义务的道德思想并不矛盾。"因为内心的道德思想注重人格修养，不受物质的限制，保持自己的纯洁，这固然很好，但新功利主义则要进一步，从人格的保持到人格的发展；从不受物质的支配，到支配物质；从消极的个人人格修养，到积极的大众福利的增进。"③ 他在儒家人格理论中增添了人格发展、创造物质财富、增进大众福祉等新内容，表现

---

① 贺麟：《文化与人生》，商务印书馆1947年版，第209页。
② 贺麟：《文化与人生》，商务印书馆1947年版，第211页。
③ 贺麟：《文化与人生》，商务印书馆1947年版，第211页。

出很强的现代性。他的这种解释，不是背离儒家传统，而是商品经济时代对传统的发扬光大。在贺麟看来，新式儒者理所当然认同这种人生态度。

依据合人情的原则，贺麟用现代的眼光看待公与私的关系，扬弃了宋明理学的"存天理灭人欲"之说，对利己主义表示宽容。他指出，"要想人绝对不自私，不仅失之'责人重以周'，甚至有一些违反本心，不近人情"①。在现实生活中，既然无法做到"纯公无私"，那么，也就不必不分青红皂白地责难自私。按照贺麟的看法，"自私"不一定就是一个贬义词，其中也包含着自保、自为、自爱的正面的意思。"自私"得坦白，开明，合理，便叫作"利己主义"。利己主义作为一种理想，也可以改进人的道德生活状况。"第一，在于有自我意识，承认自我有利己的权利，得免于混沌漂浮，漫无自我意识，沦为奴隶而不自知觉的危险。第二，利己主义否定了中古时代空洞的绝对无私的高压，确认个人应有的权利与幸福。"② 他认为，新式儒者不必再像宋明理学家那样苛责自私或利己，而应当抱着同情、理解、宽容的心态对待自私或利己。冯友兰在对功利境界中的人的评说中对利己主义已经表示出相当程度的宽容，贺麟则进一步加大了对宽容的力度，并且对宽容的必要性作了更为充分的论证。

贺麟不再把公与私截然对立起来，强调二者可以相互协调、兼容不悖。他指出，在处理公私关系时，不必再拘泥于根本没有可行性的"纯公无私"，而应当代之有可行性的"假私济公"，即把对个人利益的追求引导到"济天下之大公"的目标上。他依据儒家的人性善理论，认为这种引导是可以实现的。理由是"人是不愿意自私的，人之作利己的事，是势之不得已的。他的最后的

---

① 贺麟：《文化与人生》，商务印书馆1947年版，第67页。
② 贺麟：《文化与人生》，商务印书馆1947年版，第69页。

归宿,他的内心深处的要求,是想打破人我的隔阂,泯除人我的界限的"①。他分析说,如果一个人总是做利己的事情,总是把自己摆在与他人对立的位置,总是置身于竞争、冲突之中,在精神上会产生受压抑的痛苦。由于感受到相互隔阂带来的悲哀,便会产生相互沟通的渴求。这时,他便会发现,利己主义实际上对自己并无利可言,于是,自然而然地形成忘怀物我、超越一己之私的心理,愿意从事于合内外、超人我的工作,力求真正的自我实现,投身于服务社会、忠爱国家的公共事业。这时,他自然而然地便会由利己主义者转化为道德理想主义者。所以,以"假私济公"为起点,其归宿则是"超私归公"。贺麟的结论是:"我们由假私济公说起,一直说到超私归公,假私济公是天道,但亦未始不可加以人为的努力。超私归公是修养达到的事,但亦未始不可以说是理性的法则,宇宙的大道。"② 至此,贺麟借助于儒家性善论,一方面充分肯定利己主义在现实生活中的正当性;另一方面又将其纳入道德理想主义的轨道,实现了合理性原则与合人情原则的统一。

(三) 合时代

重视现实是贺麟新儒学价值观的鲜明特色。基于理想与现实相统一的观点,他特别注意把握现代社会的时代性。在他看来,凡是现实的,必定是合理性的、合人情的,同时也必须是合时代的。贺麟认为儒学不是一套一成不变的、僵死的教条,而是一种生生不息的文化精神,它将随着时代的发展而发展。儒家的开山者孔子本人就是一位"圣之时者也",历来主张"礼以时为大"。由此看来,合时代乃儒学题中应有之义。按照贺麟的解释,合时代就是"审时度势,因应得宜",使儒学的文化精神与时代精神

---

① 贺麟:《文化与人生》,商务印书馆1947年版,第69页。
② 贺麟:《文化与人生》,商务印书馆1947年版,第69—70页。

相适应。作为现代新儒家，贺麟对传统儒学怀有深切的同情和敬意，但他并没有被传统束缚起来。他主张："我们要国家社会的现代化，还须从使每个人的人生观的现代化做起。"①

至于如何实现"人生观的现代化"，贺麟主张从以下三句话着手。

第一句话是"欲知人不可以不知物"。他说的"物"是指自然界。"知物"就是掌握自然科学知识，在"知物"的基础上树立健全合理的人生观。具体地说，就是通过观察自然、认识自然，借助自然这面镜子，深入了解人生的意义与价值。"自然本可以为人生的工具。利用自然，征服自然就是充实我们的工具，因此可使我们的生活更扩展，更丰富，更有意义。"②

第二句话是"欲知人不可以不知天"。他说的"天"是指超然的"心理合一"的本体。"知天"就是认同这个超然的本体，以此为安身立命之所。这种认同，既可以说是哲学意义上的，也可以说是宗教意义上的。从"知天"的角度看人生，可以明白人是有限的、相对的存在，而"天"是无限的、绝对的存在。"天"是人的根本，是人的终极关怀之所在。"我们要真正了解人，了解人的地位、人的意义，只知道人与人的横的关系是不够的，要了解人对天、对神、或永恒之理的纵的关系，才能完全。"③

第三句话是"欲知生不可以不知死"。"死亡"是"人生"的反面。要透彻地了解人生，必须学会正确地看待死亡。正确地看待死亡，也就是从人生以后的角度了解人生。如果不能正确地看待死亡，也就无法树立健全合理的人生观。传统儒学不重视死亡问题的研究，贺麟认为现代新儒学应当有所改进。

---

① 贺麟：《文化与人生》，商务印书馆1947年版，第321页。
② 贺麟：《文化与人生》，商务印书馆1947年版，第313页。
③ 贺麟：《文化与人生》，商务印书馆1947年版，第314页。

这三句话总括起来，就是主张从多个层面、多个角度看待人生，以求透彻地了解人生的意义和价值。在贺麟看来，传统儒学在这三个方面都存在着不足。"中国人历来对于物的研究不大注意，已经缺了一面，而中国又向来缺乏真正的宗教，对于神亦不大理会，因此又缺了一面。"① 中国人恪守"未知生，焉知死"的古训，对死亡问题也不够重视。贺麟主张应当改变这种情况，在现代新儒学中充分体现合时代的原则。

贺麟强调，必须认清当今时代已经是工商业经济时代，而不是农业经济时代。在当今时代，不但需要儒农，更需要儒商、儒工出来做社会的柱石。在这种语境中开发儒学的思想资源，其目的在于造就现代社会所需要的人才。因此新式儒者不能仅仅是天地境界中的"极高明而道中庸"的圣人，而应当是品学兼优、德才兼备的楷模。

贺麟强调，必须认清当今时代已经是民主政治的时代，而不是君主专制的时代。因此，新式儒者应当积极接纳民主精神，养成现代的诗礼风度。贺麟反对把儒家思想仅仅看成维护封建专制主义的工具，认为其中也包含着民主主义的因素。例如，"天视民视，天听民听""民贵君轻"等思想，都是民主思想的闪光。新式儒者应当挖掘儒家民主思想的资源，进而接受来自西方的民主观念和民主制度，养成新型的诗礼风度。他们不仅举止儒雅，而且作风民主，能够引领社会新风气。"凡具有诗礼风度者，皆可谓有儒者气象。凡粗暴鲁莽，扰乱秩序，内无和悦的心情，外无整齐的品节，即是缺乏礼意。"贺麟认为新式儒者的诗礼风度同现代的民主政治是可以兼容的，不能把二者对立起来。辜鸿铭曾站在旧儒学的立场上拒斥民主政治，批评西方文明"无诗之美，无礼之和"。贺麟不认同辜氏的说法。他说："辜鸿铭指斥西

---

① 贺麟:《文化与人生》，商务印书馆1947年版，第314页。

洋近代工商业文明的民主政治,却陷于偏见与成见。彼只知道中古贵族式的诗礼,而不知道近代民主化的诗礼。"① 在现代生活中,竞争选举,国会辩论,政治家的出入进退,都颇有"礼"的意味;人们劳动之余,唱歌跳舞,自得其乐,相当美化而富有诗意。照贺麟看来,辜氏的说法与事实不符,未免把儒家诗礼风度看得太呆板、太狭隘了。在民主政治时代,儒学依然有存在的空间,完全可以为政治文明建设提供思想资源。

贺麟认为,合理性、合人情、合时代三种新式儒者的价值取向相互联系着,构成一种完整的人格,缺一不可。在这三条当中,合理性是根基,合人情与合时代是合理性的具体展开。如果只求合时代而不求合理性,便会失掉儒者的操守,流为俗不可耐的赶时髦;如果只求合人情而不求合理性,便会流为感情用事,听凭自觉,任性偏执。这都会偏离儒者应有的价值取向。

---

① 贺麟:《文化与人生》,商务印书馆1947年版,第12页。

第八章　狭义现代新儒家

与广义新儒家相比，狭义新儒家可以说是一个比较严格意义上的学派。这一学派的开山者是梁漱溟，而本体论基础的奠基者则是熊十力。师承于熊十力的唐君毅，在超越论的维度上，发展了乃师的思想；而熊十力的另一个弟子牟宗三，则在存有论的维度上，发展了其师的思想。

第一节　梁漱溟的新孔学

在五四时期，针对全盘否定中国文化的偏见，梁漱溟第一个举起现代新儒家的旗帜。他一反严复以来知识分子扬西抑中的思路，竟主张用儒学挽救西方文化的危机。他不无豪迈地宣称："我又看着西洋人可怜，他们当此物质的疲敝，想要得精神的恢复，而他们所谓精神不过是希伯来那点东西，左突右突，不出此圈，真是所谓未闻大道，我不应当导他们于孔子这一条路来吗？"① 梁漱溟既是现代新儒学思潮的开山者，也是狭义新儒学的开山者。他的许多观点，在后来的狭义新儒家那里，都得到了认同。

---

① 梁漱溟：《东西文化及其哲学》序，商务印书馆1922年版。

一　其人其书

梁漱溟（1893—1988），原名梁焕鼎，原籍广西桂林，出生在北京。早年曾参加京津同盟会，民国初年担任过北京政府司法部秘书。他一度崇信佛教，曾发愿素食不婚，还两次自杀舍身求法，未遂。他后来出佛入儒，成为现代新儒家思潮的开山者。他未读过大学，是自学成才的。1916 年，他在《东方杂志》上发表哲学论文《究元决疑论》，引起北京大学校长蔡元培的注意，遂于 1917 年受聘为北京大学哲学系特约讲师，主讲印度哲学（实际上讲佛教哲学）。

梁漱溟就任北大教职时，新旧两派争论很厉害。新派学人陈独秀、李大钊、蔡元培、胡适等人倡导新文化运动，旧派学人表示反对。梁漱溟同新派经常来往，不反对新文化运动，支持新派倡导白话文，但不认同新派的批孔立场。他也不是旧派营垒中人，批评旧派"思想的内容异常空乏，并不曾认识了旧化的根本精神所在"。他开辟了一个新的学术方向，这就是现代新儒家思潮。

梁漱溟的哲学思想来源主要有三个：一是佛教唯识学；二是宋明理学，特别是王艮的思想；三是法国哲学家柏格森的生命哲学。他发现，"只有孔子的那种精神生活，似宗教非宗教，非艺术亦艺术，与西晚近生命派的哲学有些相似"①。他把儒学同生命哲学加以融会贯通，找到了开启现代新儒家思潮的路径。1920 年秋，他在北京大学发表学术演讲，题目是"东西文化及其哲学"，后来又以同样的题目在山东省讲了第二次。他的学生陈政和罗常培把两次演讲稿整理成书，由商务印书馆出版。这本书是他的成名之作，阐述了他酝酿多年的新儒学思想。

1924 年，他辞去北大教职，到山东接办曹州中学高中部，打

---

① 梁漱溟：《东西文化及其哲学》，商务印书馆 1922 年版，第 153 页。

算以此校为基础筹办曲阜大学，没有成功。后来专门从事乡村建设运动，任山东乡村建设研究院研究部主任。抗日战争期间以村治派领袖的身份参加国民参政会，担任参议员。他与张澜等人发起成立"民主政团同盟"，担任民盟秘书长。新中国成立后，当选为全国政协委员、常委。著作编为《梁漱溟全集》，山东人民出版社出版。

二 "大生命"为何是本体？

在本体论方面，中国古代哲学探讨问题的哲学思维模式，与西方近代哲学相比，有很大的不同。由于中国古代哲学以天人关系为基本问题，没有把主体与客体对立起来，几乎没有哲学家单独从存在的角度探求本体。中国古代哲学家大都遵循天人合一的哲学思维模式，把宇宙和人生合在一起，看作具有内在联系的有机整体。与此相关，在中国古代哲学中，本体不仅仅被视为万物存在的哲学依据，更重要的是被视为人生意义价值的哲学依据。同西方近代哲学相比，中国哲学比较注重本体的价值意义。同西方近现代哲学接触以后，现代新儒家的本体论思考方式发生了变化。一方面，他们接受西方近现代哲学的影响，从主客二分的维度思考本体论问题，试图构建解释世界的存在本体论学说；另一方面，也继承中国哲学天人合一的学脉，努力把存在本体论翻转为价值本体论，突显本体的价值意义。

梁漱溟从柏格森哲学中受到启发，采取生命的进路，从主体出发诠释儒学，这后来成为狭义新儒家的基本风格。"生命"是梁漱溟从柏格森那里接受的第一个哲学观念。从这个观念出发，他突破了天人合一的模式，开始从主客二分角度，思考宇宙存在的本体论依据。他不否认万物存在，但认为万物的存在依据不在于其自身，而来自规定万物的本体——大生命。他把宇宙视为"生活"或"生命"的表现形式，声称"在我思想中的根本观念是'生命'、'自然',看宇宙是活的,一切以自然为宗"①。在梁漱溟哲学中,生活、生命、自然是同等程度的本体论观念,都是对动态的宇宙本体的称谓。他说:"照我们的意思,尽宇宙是一生活,只有生活,初无宇宙。由生活相续,故而宇宙似乎恒在,其实宇宙是多的相续,不似一的宛在。宇宙实成于生活之上,托乎生活而存者也。这样大的生活是生活的真象,生活的真解。"②这是梁漱溟关于生命本体论的基本概括。

在他看来,宇宙作为既成的事实,并不是独立的存在,必须以生命本体为终极依据。宇宙与生命既有区别,又有联系:宇宙是现象,生命是本体;宇宙是静态的"宛在",生命是动态的"相续"。从根本上说,宇宙不过是生命的表现形式而已。梁漱溟的结论是:"宇宙是一大生命。从生物的进化史,一直到人类社会的进化史,一脉下来,都是这个生命无尽无已的创造。"③ 无论是自然现象,还是社会现象,在梁漱溟看来,都是生命的创造;宇宙的统一性就在于其为生命的本性的表现形态。梁漱溟所说的生命,是一个哲学意义上的概念,并不是生物科学意义上的概念。在他看来,哲学意义上的生命,不必依赖于载体。"生活就是'相续',……生活与'生活者'并不是两件事,要晓得离开生活没有生活者,或说只有生活没有生活者—生物。再明白地说,只有生活这件事,没有生活这件东西。所谓生物,只是生活。生活生物非二,所以都可以叫做'相续'。"④ 按照这种解释,生命过程就是一切,任何事物都不作为实体而存在。

梁漱溟提出生命本体论,本来是他在柏格森的启发下所作的理论创新,可是他强调,这种本体论在儒家原有哲学中也是有充

---

① 梁漱溟:《朝话》,商务印书馆1940年版,第135页。
② 梁漱溟:《东西文化及其哲学》,商务印书馆1922年版,第48页。
③ 梁漱溟:《朝话》,商务印书馆1940年版,第79页。
④ 梁漱溟:《朝话》,商务印书馆1940年版,第48页。

分根据的。他找到的例证之一是：孔子的形而上学就是"以生活为对，为好的态度。这种形而上学本来就是讲'宇宙之生'的，所以说'生生之谓易'。由此孔子赞美叹赏'生'的话很多，像是：'天地之大德曰生'；'天何言哉，四时行焉，百物生焉，天何言哉'；'致中和天地位焉'；'唯天下至诚为能尽其性，能尽其性则能尽人之性，能尽人之性则能尽物之性，能尽物之性则可以赞天地之化育，可以赞天地之化育则可以与天地参矣'；'天地变化，圣人效之'；'大哉圣人之道，洋洋乎发育万物，峻极于天'；如此之类总是赞叹不止。这一个'生'字是最重要的观念，知道这个就可以知道所有孔家的话。孔家没有别的，就是要顺着自然道理，顶活泼顶流畅的去生发。他以为宇宙总是向前生发的，万物欲生，即任其生，不加造作必能与宇宙契合，使全宇宙充满了生意春气"①。

他找到的例证之二是："他相信恰好的生活在最自然，最合宇宙自己的变化——他谓之'天理流行'。"② 梁漱溟的这些说法，应当视为他从生命本体论出发，对儒家哲学所作的一种独到的理解、一种独到的诠释，我们不必考究这种说法是否完全符合儒家哲学的原意，但应当承认其确有新意，那就是从现代哲学的角度为儒学的现代转型找到了切入点。另外，传统儒家哲学的本体论，的确不是实体本体论，而是动态本体论。尽管以往儒家没有把动态本体明确地归结为生命，但毕竟同生命本体论有契合之处。因此，梁漱溟的诠释，也不是完全没有根据的。我们不能说梁漱溟曲解了儒家哲学，因为他是接着传统儒家哲学，并不是照着传统儒家哲学讲的，他必须找到新的讲法。

梁漱溟在提出"尽宇宙是一生活"的论断之后，进一步从内

---

① 梁漱溟：《东西文化及其哲学》，商务印书馆1922年版，第121页。
② 梁漱溟：《东西文化及其哲学》，商务印书馆1922年版，第129页。

在性角度探究生命的根本，做出的第二个论断是"生活的根本在意欲"。梁漱溟认为，每个人所面临的宇宙，都是眼、耳、鼻、舌、身、意等六根不断地"探问或追寻"的结果。而"在这些工具之后则有为此等工具所自产生二操之以事询问者，我们叫他大潜力或大要求或大意欲——没尽的意欲"。按照梁漱溟的解释，所谓"大意欲"就是叔本华所说的"宇宙意志"。他说："生活就是没尽的'意欲'——此所谓'意欲'与叔本华所谓'意欲'略相近——和那不断的满足与不满足罢了。"① 这样，他便从生命本体论过渡到意志本体论。

梁漱溟把宇宙意志与唯识宗所说的"阿赖耶识"看成同等程度的观念，借用佛教唯识宗的术语展开说明意志本体论的意涵。他指出，每个人面对的"殆成定局的宇宙"，其实是"表层的生活"或"影像"。用通行哲学术语说，就是现象。至于造成"殆成定局的宇宙"的终极原因，则来自宇宙意志或阿赖耶识。梁漱溟解释说："所变现影像何自来呢？与此之本质皆在阿赖耶识。……唯一的物件只此阿赖耶识，东看西看，上看下看，所碰到的都是他。不过不单是影像是随时变现，非恒在的东西，就是这内外的本质，你看他死呆呆的物质世界，实在也是迁流不息，相续而转。一块石头不是一块石头，是许多石头的相续。不但影像是随人变现各自不同，你眼识所见的红白属你，我眼识所现的红白属我；就是本质也非客观存在而是随人不同的，你的宇宙是你所现，我的宇宙是我所现，此时最可注意的，内外俱是一阿赖耶识而竟被我们打成两截，中间加了重重隔膜。"② 末那识在现象世界变现的过程中起的作用至关重要，因为它是联系阿赖耶识与认知主体的中间环节。"最关重要的还是在第七识（即末那识），大约

---

① 梁漱溟：《东西文化及其哲学》，商务印书馆1922年版，第24页。
② 梁漱溟：《东西文化及其哲学》，商务印书馆1922年版，第85页。

有生命无生命是生物非生物之辨"全在于此。末那识借助生物体的感官"极狞恶的在那里东寻西找",变现出现象世界。从作为宇宙意志的阿赖耶识到末那识,从末那识再到生物体的感官寻求;在生物体的感官寻求的过程中,变现出现象世界,这就是梁漱溟构想的现象世界发生论。

从梁漱溟对现象世界的发生原因的解释中,自然而然地引出主体主义的结论。他指出,无人身的宇宙意志,最终通过有人身的主体落到了实处。"有一个地方是宇宙大生命的核心,这个地方就是'人'。""宇宙本来在'我',——每一生命为一中心,还之之宇宙皆为其所得二为宰制。""一切生活都由有我,必有我才活动才生活。"① 梁漱溟把认知主体叫作"现在的意欲"或"现在的我",把与主体相对的现象世界叫作"前此的我"或"已成的我"。现象世界作为客体,是由主体设定的,是主体活动所留下来的陈迹。他对物质宇宙的成因所作的哲学解释是:

> 这个差不多成定的宇宙——真异熟果——是由我们前此的自己而成功这样的;这个东西可以叫做"前此的我"或"已成的我",而现在的意欲就是"现在的我"。所以,我们所说小范围生活的解释即是"现在的我"对于"前此的我"之一种奋斗努力。所谓"前此的我"或"已成的我",就是物质世界能为我们所得到的,如白色,声响,坚硬等感觉对他现出来的影子呈露我们之前者;而这时有一种看不见,听不着,摸不着的非物质的东西,就是"现在的我"。这个"现在的我"大家或谓"心"或"精神",就是当下的一活动,是与"已成的我"——物质——相对待的。②

---

① 梁漱溟:《东西文化及其哲学》,商务印书馆1922年版,第160页。
② 梁漱溟:《东西文化及其哲学》,商务印书馆1922年版,第49页。

至此,梁漱溟从生命这一"根本观念"出发,经由"大意欲"(宇宙意志),落实到"现在的我",完成了对现存世界的哲学解释,形成了一个以"生命—意欲—我"为骨架的世界观。梁漱溟的世界观,具有以下几个特点。

第一,试图贯彻主体性原则,已迈入现代哲学门槛。梁漱溟作为现代中国哲学家,他已掌握了主客二分的哲学思维方式。他把物质世界视为现象意义上的存在,主张从主体的把握客体,直接面对物质与精神的关系这一哲学基本问题。在他看来,主体只具有精神的规定性,称其为"现在的我";物质世界并非独立的客观的存在,可以归结为"已成的我"。众所周知,西方近代哲学的主体性自觉,以笛卡儿提出"我思故我在"为标志。梁漱溟从"现在的我"出发解释世界,同笛卡儿提出"我思故我在"一样,标志着中国现代哲学家已达到对于主体性原则的自觉。

第二,视宇宙为发展过程,具有浓重的非理性主义色彩。梁漱溟心目中的主体,不是黑格尔式的理性概念,而是后黑格尔时代所流行的非理性的生命。他没有像西方近代理性主义者那样,把宇宙本体归结为物质实体或精神实体,而是归结为有生命的演化过程。他把生命本体与叔本华所说的宇宙意志联系在一起,从而同非理性主义思潮相衔接。他以生命本体诠释传统儒学"天地之大德曰生"等命题,找到儒家的动态本体论与西方非理性主义思潮之间的结合点。

第三,突显个体主义,强调每个人都是一个认知主体。在梁漱溟的宇宙观中,主体就是个体。每个人作为主体,都可以变现出只属于他自己的现象世界。他的说法是:"盖各自有各自的宇宙——我宇宙与他宇宙非一。抑此宇宙即是他——他与宇宙非二"。① 按照这种说法,他只能承认小我,而不能承认大我。他没

---

① 梁漱溟:《东西文化及其哲学》,商务印书馆1922年版,第48页。

有为大我给出哲学依据,也没有为"公共的宇宙"给出哲学依据。唯其如此,梁漱溟在理论上遇到了一个无法克服的困难:既然每个个体都看成一个能变现出他自己的宇宙的主体,那么,各个主体之间如何发生关系?他自己就有这样的疑难:当我的意欲同他人的意欲发生了冲突,该怎么办呢?"例如,我要求别人不要恨我,固然有时因为我表白诚恳可以变更旁人的'他心',而有时无论如何表白,他仍旧恨我,或者口口声声不恨而心里照旧的恨。这对我的要求满足与否是毫无一定由我作主的。"① 当这个主体与那个主体发生矛盾时,这种矛盾在他的哲学系统中将是无法解决的难题。其实,按照梁漱溟的个体主义世界观,并不会发生这种矛盾,因为他并没有在各个主体之间建立起普遍的联系。既然各个主体之间不存在普遍联系,那么,便不会有相互沟通的理由,也不会有相互冲突的理由。

三 "三量"的认识何在?

传统儒学采用天人合一的哲学思维模式建构本体论,并不对其作认识论上的论证。梁漱溟采用主客二分的哲学思维模式建构生命本体论,则必须找到认识论上的根据。他找到的根据就是"直觉"。"直觉"是梁漱溟从柏格森那里接受的第二个哲学观念。在他看来,"直觉"也可以印证儒家思想:"儒家尽用直觉,绝少来讲理智。"他把概念的认识称为理智,认为理智不可能成为认识本体的渠道,只有直觉才是认识本体的唯一渠道。他借用佛教唯识学的术语,阐述直觉主义认识论,并以此作为生命本体论的认识论基础。

(一) 现量—感觉论

梁漱溟把感觉叫作现量。他说:"所谓'现量'就是感觉。

---

① 梁漱溟:《东西文化及其哲学》,商务印书馆1922年版,第52页。

譬如我喝茶时所尝到的茶味，或我看见桌上白布所得到的白色，都是'现量'。"① 在佛教唯识学中，"量"是计量的意思。按照唯识学的说法，感觉就是"见分"（认知主体）和"相分"（被知客体）直接发生关系。梁漱溟也是这样看待感觉的。按照他的看法，感觉既然是主体与客体直接发生关系，那么，便是瞬间发生、瞬间消失的，因而不具有把握本质的功能，只能停留在"性境"即现象的层面。例如，"看见白布的'白'即是'性境'；'白'是我的影像，我所以觉得'白'是由视神经对于外界的刺激而反射者；因为无论什么人不能不用眼睛看，用眼睛看时，所得即为我眼识之所变现，而非布之本质"②。按照他的这种说法，由感觉所得到的认识，尽管同本质有某种对应的关系，但并不能把握本质，不过是由感官变现出来的现象而已。这样，他就在本质和现象之间划了一道不可逾越的鸿沟，否定了人通过现象认识本质的可能性。诚然，感觉的确不能直接感知事物的本质，感性认识有待于上升到理性认识，但感觉毕竟是人透过现象深入本质的桥梁。梁漱溟拆毁了这座桥梁，为他抬高直觉埋下了第一道伏笔。他所说的本质，并非仅指事物具体的本质，主要是指宇宙万物所依据的抽象本体，也就是"大生命"。基于这样的现量—感觉论，梁漱溟不可能像贝克莱那样，依据经验主义理路建构本体论，而是选择了直觉主义的理路。

（二）比量—理智论

梁漱溟把概念的理性认识叫作比量。他说："'比量智'即是今所谓'理智'，也是我们心理方面构成智识的一种作用。"这种作用就是"将种种感觉综合其所同简别其所异，然后才能构成正确明了的概念"。例如"茶"这个概念，一方面就是把红茶、绿

---

① 梁漱溟：《东西文化及其哲学》，商务印书馆1922年版，第70页。
② 梁漱溟：《东西文化及其哲学》，商务印书馆1922年版，第70页。

茶、清茶、浓茶等"自相"总括为"共相",另一方面就是同非茶的液体如白水、菜汤、油、酒等区别开来。他不否认概念的认识来源于感官认识,但不认为概念的认识把握到了认识对象的本质。在他看来,概念的认识非但没有深入本质,反而离本质更远了。由概念得到的"独影境",与本质并无瓜葛。"'独影境'是有影无质的;当我心中作'茶'之一念时,其所缘念亦为一影像,然此影像无质为伴而与'见分'同种生;照直说,就是非借于客观之物才变生的,而是我心中自生私有的。"① 在他看来,概念的认识只是在主观范围对感性经验所作的加工,不是离本质更近了,而是更远了。概念连具体事物的本质都不能认识,当然更不可能成为认识宇宙本体的途径了。基于这种看法,梁漱溟在建构本体论的时候,不可能像黑格尔那样,选择理性主义理路,而只能选择直觉主义理路。

在梁漱溟看来,由于人们拘泥于概念的认识,势必造成对于生命本体的疏离,造成人与人之间关系的疏离。倘若人们一味地诉诸理智,将破坏天人合一的本然状态。"在直觉中'我'与其所处的宇宙是混然不分的,而这时节被他打成两截,再也合拢不来,一直到而今,皆理智的活动为之也。"② 他把理智看成对于本体的遮蔽,为抬高直觉埋下了第二道伏笔。基于这样的"比量—理智"论,他在哲学上不可能像西方理性主义者那样崇拜理性,只能以非理性主义为认识论依据。

(三) 非量—直觉论

沿着非理性主义理路,梁漱溟强调直觉在认识过程中起决定作用。他的理由是:"光靠现量是不成功的。因为照唯识家的说法,现量是无分别,无所得,——除去影像之外,都是全然无所

---

① 梁漱溟:《东西文化及其哲学》,商务印书馆1922年版,第71—72页。
② 梁漱溟:《东西文化及其哲学》,商务印书馆1922年版,第63页。

得，毫没有一点意义，如果从头一次见黑而无所得，则累若干次仍无所得，这时间比量智岂非无从施其简、综的作用？所以现量与比量中间，另外有一种作用，就是附于感觉——心王——之'受''想'二心所，'受''想'二心所对于意味的认识就是直觉。"① 他认为直觉超越主客二分，使二者浑然一体，故称之为"非量"。他指出，由直觉所得到的是一种有情味的知识。比如，欣赏一幅书法作品，感觉所得到的是黑的笔画，理智也无从表达其中的奥妙，只有直觉才能体会其中的意味，捕捉难以言传的精神。这意味、精神"既不同乎呆静之感觉。且亦异乎固定之概念，实是一种活形势也"。

梁漱溟强调，直觉是内省的知识。"着眼研究者是内界生命，其所用是直觉。"② 通过内省的直觉，可以发现内界生命与"大生命"之间的关联，证得终极本体。他的说法是："要晓得感觉与我们内里的生命是无干的，相干的是附于理智的直觉。我们内里的生命与外面通气的只是直觉的窗户。"③ 直觉是梁漱溟为其"大生命"本体论找到的唯一认识论根据，不过这并没有对其本体论学说做出充分的论证。从理性主义的观点看，梁漱溟的直觉论仍旧是一种非理性主义的独断论。在认识论方面，梁漱溟并没有深入其中，没有深入研究认识是如何形成的理论问题，只是颠覆了传统的经验论和唯理论，并且高扬直觉论。尽管如此，他毕竟是中国最早涉足认识论领域的哲学家之一。

四 怎样把握"三路向"的文化观？

梁漱溟生活在全球化时代，比以往的儒者有更宽广的视野。

---

① 梁漱溟：《东西文化及其哲学》，商务印书馆1922年版，第72页。
② 梁漱溟：《东西文化及其哲学》，商务印书馆1922年版，第71—74页。
③ 梁漱溟：《东西文化及其哲学》，商务印书馆1922年版，第121页。

他找到了一种关于儒学的新的诠释方式，那就是文化比较的方式。他在论述了本体论和认识论之后，立即把话题转向文化观，提出"三路向"说。

梁漱溟的文化观念，不是通过考察文化事实之后概括出来的，而是从"大生命"本体论演绎出来的。他说："文化是什么？不过是一民族生活的样法罢了，同是个民族，同是个生活，何以他表现出来的生活样法成了两异的采色？不过是他那为生活的样法最初本因的意欲分是两异的方面，所以发挥出来的便两样罢了。"① 他非常重视文化的民族性和差异性，但也不否认文化的普适性与可通约性。基于这种认识，他把人类的文化路向划分为意欲向前要求、意欲调和持中、意欲反身向后三种类型。

第一路向是西洋文化。西洋文化"以意欲向前要求为其基本精神"，在思维方式上以崇尚理智为基本特征。这是一种功利主义的路向。他不否认，西方人"向前要求的路向"有可取的一面，那就是推动了生产力的发展，在物质生活方面取得了很大的成就；但是，在精神生活方面却是失败的。由于过度的功利追求，"他们精神上也因此受了上伤，生活上吃了苦，这是十九世纪以来不可掩的事实！"② 西方的功利主义路向违背了生命本性，不可能给人们带来真正的幸福。"当西洋人力持这种态度以来，总是改造外面的环境以求满足，求诸外而不求诸内，求诸人而不求诸己，对着自然界就改造自然界，对着社会就改造社会，于是征服了自然，战胜了威权，器物也日新，制度也日新，改造到大改造一步，理想的世界出现，这条路便走到了尽头！"③ 梁漱溟指出，当人类社会发展处于"人对物质的问题之时代"，西洋的功

---

① 梁漱溟：《东西文化及其哲学》，商务印书馆1922年版，第79页。
② 梁漱溟：《东西文化及其哲学》，商务印书馆1922年版，第63页。
③ 梁漱溟：《东西文化及其哲学》，商务印书馆1922年版，第167页。

利主义路向是适用的，而今已进入"人对人的问题之时代"，这种路向也就过时了。"曩者之满足求诸外求诸人，这时只得还而求诸内，求诸己。"他预言，西洋式的功利主义路向将为儒家一向倡导的调和主义路向所取代，人类文化的发展将由第一路向转第二路向。

第二路向是以儒学为主干的中国文化。中国文化以"意欲调和持中"为基本精神，在思维方式上以崇尚直觉为基本特征。这是一种顺世主义的路向。按照这种路向，人们"遇到问题不去要求解决，改造局面，就在这种境地上求我自己的满足。譬如屋小而漏，假使照本来的路向一定要求另换一间屋，而持第二路向的遇到这种问题，他并不要求另换一间屋，而就在此种境地之下变换自己的意思而满足，并且一般的有兴趣。这时下手的地方并不是前面，眼睛不往前看，他并不想奋斗的改造局面，而是回想的随遇而安。他所持应付问题的方法只是自己意欲的调和罢了"①。西方文化把人同环境对立起来，当成改造的对象，梁漱溟称之为"有对"的文化；中国文化主张把人同环境调和起来，当成顺应的对象，故而梁漱溟又称之为"无对"的文化。

梁漱溟承认中国文化存在着"早熟"的问题，即在没有解决"人对物质的问题"的情况下，过早地转向了"人对人的问题"；但也有西方文化所不及之处。他预言，西方文化的下一步发展将选择第二路向，从中国文化获取思想资源。他采用比较的手法，充分肯定中国文化的现代价值，坚信中国文化可以解救西方文化的危机，断言"世界未来文化就是中国文化的复兴，有似希腊文化在今世的复兴那样"②。

第三路向是以佛教为主干的印度文化。印度文化以"意欲反

---

① 梁漱溟：《东西文化及其哲学》，商务印书馆1922年版，第53—54页。
② 梁漱溟：《东西文化及其哲学》，商务印书馆1922年版，第199页。

身向后"为基本精神,乃一种出世主义的路向。按照这种路向,"遇到问题他就想根本取消这种问题或要求。这时他既不像第一路向的改造局面,也不像第二路向的变更自己的意思,只想根本将此问题取消"①。在梁漱溟看来,印度文化可以解决人的情志问题,既要求生活而又不为老、病、死所困扰。印度文化将来有可能取代中国文化,但现在还不宜在中国和世界提倡。

通过三种文化路向的比较,梁漱溟得出的结论是:不走全盘西化的老路,排斥印度的态度,"批评地重新地把中国原来的态度拿出来"。他所说的中国文化就是指儒学。虽然他对儒学的现代价值作了充分的肯定,但并不主张把儒学原封不动地拿出来,而是主张加以改造和发展。他的"三路向"说,其实并不是一种建立在实证研究基础上的文化学理论,而是一种高扬儒学现代价值的表达方式。

五 怎样确立"求诸内"的价值观?

梁漱溟借鉴柏格森的生命哲学,将"大生命"视为宇宙的本体。不过,值得注意的是,梁漱溟的生命观念与柏格森的生命观念并不完全一样。在柏格森那里,生命是用来揭示存在的本体论范畴,在价值上是中立的;在梁漱溟那里,生命却是价值判断的主体。梁漱溟称这种价值判断的主体为"内里的生命"。他借用"生命""直觉"等现代哲学的术语,为儒家一向重视的"我欲仁则仁至矣""为仁由己""反求诸己""先立乎其大""发明本心""致良知"等内在性原则,找到了现代的表述方式。同正统理学家一样,梁漱溟也以"求诸内"的价值观为归宿。

梁漱溟认为,价值判断与事实判断是有区别的。事实判断以主客二分为前提,他称之为"有对"。在事实判断中,主体的认

---

① 梁漱溟:《东西文化及其哲学》,商务印书馆1922年版,第54页。

识为客体所规定,与自由意志无关。价值判断超越主客二分,诉之于直觉,他称之为"无对"。由于价值判断与事实判断的不同,人们的价值取向可以有两种不同选择。一种是"求诸外",立足于事实判断;另一种是"求诸内",立足于价值判断。

沿着"求诸外"的取向,形成功利主义、个人主义的价值观,以西方的现代人为代表。抱着这种价值观的西方现代人,把自己当作主体,把自然和社会当作客体,要求通过改造客体来满足自己的愿望,把自己置于与客体相对立的位置。梁漱溟说:"西洋人所做的生活以理智为其唯一重要工具,此甚明白之事。"① 他认为,理智认定是个体功利主义价值观形成的根本原因。理智"一认定一计算,在我就失中而倾倚于外了。……制定这个是善那个是恶,这个为是那个为非,这实是大错"。抱着功利主义、个人主义价值观的人,都是自我中心主义者,都把自己与外界对立起来,把自己同他人对立起来。这种人"小我"意识强,私心重,斤斤计较,患得患失。梁漱溟称这样的人生为"算账的人生",并且认为这样的人生同"孔家的人生"格格不入:"最与人相违的生活就是算账的生活。所谓不仁的人,不是别的,就是算账的人。"② 在他看来,西方人的这种人生态度,背离了生命本体,并不值得中国人仿效。针对西化派"全盘西化"的主张,他批评说:"因为那西洋人从来的人生态度到现在已经见出好多弊病,受了严重的批评,而他们还略不知拣择的要原盘拿出来。"③ 他反对把西方的功利主义和个人主义观念不加批判地搬到中国来。

沿着"求诸内"的取向,形成直觉主义、群体主义的价值

---

① 梁漱溟:《东西文化及其哲学》,商务印书馆1922年版,第158页。
② 梁漱溟:《东西文化及其哲学》,商务印书馆1922年版,第134页。
③ 梁漱溟:《东西文化及其哲学》,商务印书馆1922年版,第205页。

观，以中国的儒家为代表。梁漱溟认为，儒学价值观与西方功利主义、个人主义价值观的根本区别在于，它并不以主体与客体的分别为前提，直接建立在生命本体之上。"中国古人却又见于人类生命之和谐——人自身是和谐底，人与人是和谐底（所谓'能以天下为一家，中国为一人'者在此），以人为中心底整个宇宙是和谐底，（所以说'致中和天地位焉，万物育焉'，'赞天地之化育，与天地参'等等）儒家对于宇宙人生，总不胜赞叹。"① 儒学价值观并不突显个体性原则，而是突显合群体性原则，以和谐为核心价值。如果说西方人的功利主义、个人主义价值观是理智型的，那么，儒学价值观是直觉型的。中国人"不像西洋有那样的知识（科学）发达成就而依之以为生活，其理智无甚作用是很明的，……他那人与自然的浑融不是由直觉吗？其社会生活上人与人的尚情感而鲜计较，不是用直觉吗？其所依以为生活之一切学术莫非玄学化，艺术化，不都是用直觉的吗？"② 在梁漱溟看来，以儒学为主体的中国文化与以功利主义为核心的西方文化在价值取向上不同，在思维方式上不同，在行为方式上不同，是两种不同类型的文化。

依据生命主义和直觉主义，梁漱溟对儒学价值观做了新的阐发。他说："孔子就因为把握得人类生命更深处作根据，而开出无穷无尽之前途。"③ "他不分什么人我界限，不讲什么权利义务，所谓小体礼让之训，处处尚情而无我。"④ 他把儒学价值观的特色概括为"尚情而无我"，并作了展开的论述。

第一，"尚情"就是随感而应。梁漱溟指出："人自然会走对的路，原不须你操心打量，遇事他便当下随感应，这随感而应，

---

① 梁漱溟：《中国文化要义》，路明书店1949年版，第144页。
② 梁漱溟：《中国文化要义》，路明书店1949年版，第159页。
③ 梁漱溟：《中国民族自救运动之最后觉悟》，中华书局1933年版，第76页。
④ 梁漱溟：《东西文化及其哲学》，商务印书馆1922年版，第152页。

通常是对的。""这种直觉人所本有，并且原非常敏锐，除非有了杂染习惯的时节。你怎么能复他本然敏锐，他就可以活动自如，不失规矩。"① 在这里，他对儒家的性善论作了直觉主义的诠释：人性作为生命本体的体现是至善，道德价值的判断就是良知的自我发现，就是一任直觉。这种判断与理智的考量无关，取决于主体自身的自觉与自愿。道德价值的判断依据在于其内在性，而不是外在性。照梁漱溟看来，程朱理学取途穷理于外，"不甚得孔家之旨"。理由是"在孔子只有所谓人生无所谓性理，性理乃宋人之言孔子所不甚谈者。"他认为儒家伦理是一种德性伦理学，并不是程朱理学家所诠释的规范伦理学。由于受新文化运动的影响，他对程朱理学抱着一种批评的态度，对传统礼教也抱着一种批评的态度。他说："自宋以来，种种偏激之思想，固执之教条，辗转相传而益厉，所加于社会人生的无理压迫，益已多矣。"② 在批判"固执之教条"这一点上，梁漱溟同新文化运动的倡导者并没有分歧。不过，他坚决反对抓住一点，不及其余，因此而全盘否定儒学的价值观。他从"尚情"的角度对宋儒的天理学说作了新的解释："这自然流行日用不知的法则就是'天理'，完全听凭直觉活动自如，他自然不失规矩，就谓之'合天理'。"③ "孔子的伦理，实寓于他所谓絜矩之道在内，父慈，子孝，兄友，弟恭，总使两方面相济。"④ 在他看来，儒家伦理的普适性来自内在德性的自觉，并非来自外在的理性强制。

第二，"尚情"就是履行仁道。梁漱溟对儒家伦理的核心范畴"仁"做了这样的解释："孔子所谓仁是什么？此敏锐的直觉，

---

① 梁漱溟：《东西文化及其哲学》，商务印书馆1922年版，第125—126页。
② 梁漱溟：《东西文化及其哲学》，商务印书馆1922年版，第150页。
③ 梁漱溟：《东西文化及其哲学》，商务印书馆1922年版，第127页。
④ 梁漱溟：《东西文化及其哲学》，商务印书馆1922年版，第152页。

就是孔子所谓仁。""仁就是本能,情感,直觉。""仁只是生趣盎然。"① 既然是这样,那么求仁也就是追求情感上的安慰,在"安"字上求得"仁"。"直觉敏锐且强的人其要求安,要求平衡,要求调和就强,而得发诸行为,如其所求而安,于是旁人就说他是仁人,认其行为为美德,其实他不过顺着自然流行求中的法则而已。"② 追求情感上的安慰的过程,也就是向内心探索、体验生命本性的过程。梁漱溟由此得出结论:"孔家情之安定都为其生活重心在内故也。""孔家所以值得特别看重,越过东西一切百家的,只为唯他圆满了生活,恰好了生活。"③ 他对儒家仁学的解释,同传统儒学虽然有所不同,但他仍旧承袭了儒家历来主张"内自省""内自讼"的内在性原则。

第三,"尚情"就是自得其乐。梁漱溟指出:"人生快乐就在生活本身上,而不在有所享受于外,试着指给大家一条大路,就是改换那求生活于外边享受的路子而回头任取自身活动的乐趣,各自找个地方去活动。人类的天性就是爱活动,就在活动上而有乐趣。"顺着本能自觉活动,"情"安"理"得,就是"乐";反之,就是"苦"。——这就是梁漱溟对"孔颜之乐"做的新阐发。依据这种苦乐观,他得出的结论是:"中国的一切起居享用都不如西洋人,而中国人在物质上所享受的幸福,实在倒比西洋人多。盖我们的幸福乐趣,在我们能享受的一面,而不在所享受的东西上,——穿锦绣的未必便愉快,穿破衣的或许很乐;中国人以其与自然融洽游乐的态度,有一点就享受一点,而西洋人风驰电掣的向前追求,以至精神沦丧苦闷,所得虽多,实在未曾从容享受。"

---

① 梁漱溟:《东西文化及其哲学》,商务印书馆1922年版,第134页。
② 梁漱溟:《东西文化及其哲学》,商务印书馆1922年版,第127页。
③ 梁漱溟:《东西文化及其哲学》,商务印书馆1922年版,第135页。

第四,"无我"就是拒斥来自理智小我的干扰。"尚情"是梁漱溟从正面对儒学价值观的论述,"无我"则是他从反面对儒学价值观的说明,也就是反对从理智角度看待人生的价值。他指出,从直觉的角度看,"人生没有什么意义可指,如其询问,那么,不论何人当下都已圆足无缺无欠(不待什么事业,功德,学问,或什么好的成就,而后才有价值)人生没有什么责任可负,如其追问,那么只有当下自己所责于自己的"。而从理智的角度看,"开口就是权利义务,法律关系,谁同谁都是要算账,甚至父子夫妻之间也都是如此;这样生活实在不合理,实在太苦"①。"无我"才能"无欲",因为"人在欲望中恒只知为我而顾不到对方;反之,人在情感中,往往只见对方而忘了自己"②。在他看来,无"小我"才会有"大我",才会树立"仁者与万物同体"的儒者情怀。

归结起来,梁漱溟对儒学价值观的新阐发,就是解构儒家即成的伦理规范体系,而保留儒学人性善的价值理念。他的第一个着眼点是论证儒家的合群体性原则,强调和谐的理念,希望以此改变当时中国社会面临破产的局面,达到中国社会重建的目的。他的这种愿望无疑是美好的,无奈在当时社会动荡的情况下,并没有可操作性。借用司马迁的话说,可谓是"迂阔远于事情"。他的第二个着眼点是论证儒家的内在性原则,试图重建"安身立命之地"。他肯定人的生命本性中有自我完善的终极依据,符合儒家的一贯主张。可惜的是,他只是过分强调内在性的非功利主义取向,却忽视了儒家经世致用的功利主义取向,并且把这两种取向截然对立,未能全面把握儒家的"合内外之道"。在梁漱溟的价值观中,由于没有把内在性同经世致用联系在一起,因而显

---

① 梁漱溟:《东西文化及其哲学》,商务印书馆1922年版,第152页。
② 梁漱溟:《中国文化要义》,路明书店1949年版,第149页。

得十分抽象。他对个人主义、功利主义价值观的批评是深刻的，有力地揭示了西方现代社会中流行的"现代病"，足以使我们引以为戒，肯定儒学有对治"现代病"的功效，但是他未能发掘出儒学能够适应现代性发展的价值。他的价值观基本上是传统型的，尚未实现从传统到现代的转化。他的价值观诉诸本能，诉诸直觉，诉诸情感，诉诸过程，没有设定终极的价值目标，忽略了对儒家工夫论的阐发，有浓重的自然主义色彩。他对于儒家的人文主义精神、道德理想主义精神的挖掘，显然做得不够充分。梁漱溟在价值观方面的偏向，在他的道友熊十力那里，得到了一定程度的矫正。

第二节 熊十力的新唯识论

梁漱溟是狭义新儒家学派开启者，但不是终结者。他在草创新儒学思想之后，便转向实践方面，长期致力于乡村建设运动和其他社会活动，在理论方面没有取得多少进展。梁漱溟的道友熊十力，接过他在北京大学的教职，多年从事教学和理论研究，担负起发展狭义新儒家哲学理论的任务。在狭义新儒家学派中，熊十力的地位应该说比梁漱溟还重要。港台新儒家唐君毅和牟宗三接着熊十力的思路，进一步发展了狭义新儒学思想。

一 其人其书

熊十力（1884—1968），原名继智，又名定中、升恒，字子真，湖北黄冈人。由于家境贫寒，14岁尚为人放牛，仅读过半年乡塾。他刻苦自励，勤奋好学，也是一位自学成才的哲学家。

1902年，他到武昌参加新军，考入湖北陆军特别小学堂。1906年加入日知会，并组织黄冈军学界讲习会。1911年参加辛亥武昌起义，任都督府参谋。辛亥革命以后他追随孙中山参加护法运动。护法运动失败以后,他十分苦恼,"念党人竞权争利,革命终无善果,又目击万里朱殷,时或独自登高,苍茫望天,泪盈盈雨下。以为祸乱起于群众昏无知,欲专力于学术,导人群以正见"①。此后,他便从一位热心革命的战士,转身成为热衷于学术研究的学者。1920年入南京"支那内学院",师从欧阳竟无,研习佛教唯识学,1922年被聘为北京大学哲学系特约讲师,后晋升为教授。

他一生的学术活动,可以说围绕着创立"新唯识论"思想体系展开的。1932年,他出版《新唯识论》文言文本,表达了出佛入儒的意向,初步确立了"新唯识论"思想框架。此书出版后,在"支那内学院"引来一片激烈的反对声。刘衡如在《内学》第六辑上发表《破新唯识论》,批判熊十力的学术观点。院长欧阳竟无亲自为之作序,直斥熊十力"乳臭膊窥""逞才智""灭弃圣言量"。面对来自师门的汹涌攻势,熊十力不得不作答。1933年,他出版《破"破新唯识论"》一书,进一步申诉自己的学术见解。1944年,他出版《新唯识论》语体文本,完成"新唯识论"思想体系的创建,成为狭义新儒学本体论学说的奠基人。港台新儒家唐君毅、徐复观、牟宗三都曾师从于他。与《新唯识论》语体文本相配合,他在20世纪40年代还出版了《读经示要》《十力论学语要》《十力语要初续》等著作。1949年以后,他又出版了《新唯识论》删简本以及《原儒》《体用论》《明心篇》《乾坤衍》等著作,进一步完善其新儒学思想。

1956年参加全国政协会议,当选为第二、三、四届全国政协委员。1958年辞去北大教授职务,定居于上海。"文革"期间遭受迫害,病逝于上海虹口医院。著作编为《熊十力全集》,湖北教育出版社出版。

---

① 熊十力:《十力语要》第4卷,1948年刊印本,第59页。

二 怎样确立"体用不二"论?

梁漱溟讲新儒学虽然涉及本体论问题,但并不以此问题为重点,他更为关心的问题是文化问题和社会改造问题。在《东西文化及其哲学》一书中,涉及本体论的篇幅并不多,即便谈到本体论,往往也是仅限于提出论断,而不做展开论证。在狭义新儒家当中,真正重视本体论研究的学者,当数熊十力。他甚至认为哲学就是本体论,反对有些西方哲学家"哲学就是认识论"的说法。他用毕生精力创建"新唯识论"体系,反复申明"《新论》本为发明体用而作","本书根本问题不外体用","学者如悟透体用义,即于宇宙人生诸大问题,豁然解了,无复疑滞"①。

在本体论方面,梁漱溟受柏格森的影响较深,只讲到存在层面,而未讲到价值层面。在他的理论视野中,生命作为本体,固然可以作为认同儒家伦理的前提,但其本身在价值上是中立的,并没有赋予儒家伦理以本体论的意涵。换句话说,梁漱溟没有对儒家伦理做出本体论证明。为了把儒家伦理提到本体论的高度,熊十力不再受西方哲学中解释世界模式的限制,找到了中国式的本体论讲法,这就是"体用不二"的模式。所谓"用",是相对于人而言的,关涉价值判断,而不仅仅是事实判断。与"用"相关的"体",不能仅仅具有存在的意涵,还应当具有价值的意涵。熊十力创立的本体论学说,努力突出中国特色,可以称为"体用不二"论;以儒学的固有范畴"本心"为核心,亦可称为"本心"本体论。

熊十力也是从生命的进路进入本体论研究领域的。他也接受柏格森生命主义的影响,认同动态的过程本体论,承认"生命论者,其所见,足以与《新论》发明者自不少"。不过,他有自己

---

① 熊十力:《新唯识论》,商务印书馆1944年版,第241页。

独立的思考，并不认同生命论者的非理性主义倾向。第一，他不赞成柏格森把生命本体说成"盲目冲动"，批评说："近人柏格森创化论的说法，不曾窥到恒性，只要臆为一种盲动，却未了生化之真也。"① 他对生命的哲学含义重新做了这样的界定："夫生命云者，恒创恒新之谓生，自本自根之谓命。二义互通，生即是命，命亦即是生故，故生命非一空泛的名词。吾人识得自家生命即是宇宙本体，故不得内吾身而外宇宙。吾与宇宙，同一大生命故。此一大生命，非可剖分，故无内外。"② 熊十力只承认生命的本体论含义，而拒斥其非理性主义的含义。在他看来，"盲目冲动"不过是"习心"的表现而已，不能用来表示本体。第二，他也不赞成柏格森把直觉说成本能，批评柏格森把直觉与本能混为一谈。他认为生命本体的认识论根据并不是本能，而是"性智"。第三，他认为柏格森并没有把本体与功用统一起来。按照柏格森的创化论，物的形成有"如滚雪球，越滚越大。依据滚雪球的譬喻来讲，虽时时刻刻创加新的雪片，却总有故的雪片不灭"，岂不意味着物自成其为物，已经脱离了本体的控制吗？在熊十力看来，柏格森并没有达到体用不二的高度。他没有照着柏格森的讲法讲，力图超越柏格森，回归体用不二的中国传统思路，立足于"一个世界"的世界观，创立一种有儒家特色的本体论学说。

熊十力认为，哲学的根本任务就是探求本体，而本体既有别于现象，又不在现象之外。不过，要想证得本体，首先必须从超越现象的视角下手，他称为"扫荡一切相"。他举例说，要认识麻绳的本相，不能仅看绳子的外形，而要空掉绳子的外形来，才会认识到绳子的本相为"麻"。浸淫于佛教多年的熊十力，借用佛经上的绳麻之喻，说明本体与现象的对立关系：本体是真实

---

① 《熊十力论著之一：新唯识论》，中华书局1985年版，第681页。
② 《熊十力论著之一：新唯识论》，中华书局1985年版，第535页。

的，现象不是真实的；现象遮蔽本体，必须否定现象，才能冥证本体。熊十力接受佛教真谛与俗谛二分模式的影响，把"扫相"作为建构本体论的第一步。

熊十力要扫荡的第一种相是"物相"，也就是批评那种把事物本身看成真实存在的朴素的唯物论观点。他认为，朴素唯物论者执着于"物相"或"外境"，犯了"应用不无计"的错误。何谓"应用不无计"？他解释说："此在日常生活方面，因应用事物的惯习，而计有外在的实境。即已妄计的所由而立名，曰应用不无计。"① 人们出于日常生活的需要，总是把自己面对的世界看成是客观实在的，或者以为瓶、盆等具体物存在于心之外，或者以为整个物质世界存在于心之外。在熊十力看来，这种朴素的唯物论观点，妨碍对真实本体的冥证，必须予以破除。他采用感觉分析的方法破斥对于"物相"的执着："应用不无计者，或别计现前有一—粗色境，离心独存。殊不知这种境，若是离开了我的心，便没有这个东西了，因为我的识别现起，看着他，只是白的，并没有整个的瓶；触着他，只是坚的，也没有整个的瓶。我们的意识，综合坚和白等形相，名为整个的瓶。在执有粗色境的人，本谓瓶境是离心实有的，但若以实事求是的态度来审核他，将见这种瓶境，离开了眼识看的白相和身识触的坚相，以及意识综合的作用，这瓶境还有什么东西在那里呢？由此可知，瓶境在实际上说全是空无的。"② 通过扫荡"物相"，熊十力认同佛教"因缘所生法，所见即是无"的说法，批评唯物主义世界观，指责"唯物论者，把物质看作为本原是极大的错误"。

熊十力要扫荡的第二种相是"心相"，也就是批评把事物看成感觉的复合的经验论的唯心主义世界观。唯心主义经验者执着

---

① 《熊十力论著之一：新唯识论》，中华书局1985年版，第257页。
② 《熊十力论著之一：新唯识论》，中华书局1985年版，第257—258页。

于"心相",认定"存在就是被感知",把感觉经验当成本体。熊十力不认同这种说法,主张"对彼执取境的识为实有的这种见解,加以破斥",进而扫除证成真实本体的思想障碍。

熊十力指出,"心"有两种含义:一种是作为认知主体的心,叫作"习心";另一种是作为宇宙本体的心,叫作"本心"。习心局限在感觉经验的范围内,与物质现象相对升起,与"物相"相对而言,由此形成"心相"。"心相"与"物相"一样,也构成对于本心本体的遮蔽,必须予以破除。熊十力援引佛教的缘起说破斥习心,认为这种"妄执的心,或取境的识,根本是没有自体的"①。佛教缘起说认为,一切事物必须具备种种因缘、条件而后升起。宇宙人生中的种种现象,都存在于因缘关系之中;离开这种关系,并不能独立存在,所以是没有自性的。《中阿含经》卷四十七上说:"此有则彼有,此无则彼无,此生则彼生,此灭则彼灭。"据此,熊十力对习心做了这样的破斥:"妄执的心(或取境的识)就是缘生的。换句话说,这个心就是许多的缘互相借待而现起的一种相貌,当然不是有自体的,不实在的。若把众多的缘一一拆除,这个心在何处呢?实际上可以说他是毕竟空、无所有的。"习心并不能成为本体,因为它是相对的、有条件的。由习心变现的"心相",以"物相"为条件,倘若离开"物相","心相"不会孤零零地升起。"物相本空,心相亦泯",二者都是不真实的。通过扫荡"心相",熊十力否定了把认知主体看成实在的经验唯心主义世界观。

"扫相"是熊十力为建立本体论所做的准备工作,用他的话来说,"就本体上说,是要空现象,而后见体"。通过对于"物相"和"心相"的扫荡,熊十力既否定了唯物论的本体论思路,也否定了唯心主义经验论的本体论思路,从而为思考本体论问题

---

① 《熊十力论著之一:新唯识论》,中华书局1985年版,第278页。

找到了整体主义的视角。在他看来，要想冥证本体，不能从部分入手，不能走就事论事的现象主义的理路，必须超越部分、超越现象，采取总体直观的理路。这种理路就是首先把宇宙视为具有普遍联系的有机整体，然后考察构成普遍联系的哲学依据，寻找整个宇宙赖以存在的本体。熊十力把这一理路叫作"即用显体"。

从整体的角度看，没有自性的物相和心相，都可以称为"用"。"用"不可能独立存在，必须以本体为终极原因，因而可以由"用"而及"体"。关于本体，熊十力认为应当有以下的规定性。

（1）"本体是备万理、含万理、肇万化，法尔清净本然。……清净者，没有染污，即没有世间所谓恶之谓。本然者，本谓本来，然谓如此。当知，本体不是本无而今有的，更不是由意想安立的，故说本来。他是永远不会改变的，故以'如此'一词形容之。"本体是宇宙万有的本原，是第一性的实在。对于本体来说，再没有什么可以追溯的了。它是理想的完满的境界，与世间的"恶""染污"形成鲜明的对比。它既是存在的终极依据，也是价值的终极依据。

（2）"本体是绝对的，若有所待，便不名为一切行的本体了。"简言之，本体是绝对的，不是相对的。一切心物现象都是相对的、有条件的，然而相对之中蕴含着绝对，这个绝对就是本体。一切心物现象都统一于绝对的本体，本体就是各种现象之间的普遍联系的终极依据。

（3）"本体是幽隐的，无形相的，即是没有空间性的。"从空间的角度说，本体具有超越性质。

（4）"本体是恒久的，无始无终的，即是没有时间性的。"从时间的角度说，本体也具有超越的性质。本体没有时空的规定性，因而与物质世界中的事物是有区别的。熊十力认为，时间和空间只是物质世界中的具体事物存在的形式：每个事物都有东西南北中的"分布相",这就是空间的规定性;都有过去、现在、未来的"延续相",这就是时间的规定性。本体不是任何具体事物,因而不受时空规定的限制。

(5)"本体是全的,圆满无缺的,不可分割的。"本体作为整体来说,并不是部分的相加,而是对任何部分的超越,因而是不可分割的大全。

(6)"若说本体是不变易的,便已涵着变易了;若说本体是变易的,便已涵着不变易了,他是很难说的。本体是显现为无量无边的用,即所谓一切的行的,所以说是变易的,然而本体显现为万殊的用和一切的行,毕竟不曾改移他的自性。他的自性,恒是清净的刚健的,无滞碍,所以说是不变易的。"① 本体自身恒是清净,可谓"不易";但作为万化之源,只能通过变动不居的心物现象得以表现出来,这就是所谓"即变易而不易"。总之,本体是动与静的统一,是变与常的统一,具有辩证的性质。这意味着本体不可能是刚性的实体,而是柔性的演化过程。因此,不能用形而上学的观点看待本体,而必须用辩证的观点把握本体。

熊十力以上述六点关于本体的看法为衡量尺度,认为佛教所说的"恒转"、生命哲学所说的"生命"以及儒学所说的"本心",都是表示本体的哲学观念。在这三个哲学观念中,熊十力最认同的本体论范畴还是"本心"。第一,本心是存在的主体。它"物物而不物于物,遍为万物的实体",是绝对的主宰者。第二,本心体现在发展变化的过程之中。它以动态的方式"通万物言其统体"。第三,本心是由主体变现客体的根据。它通过"识"变现出外物、外境等客体,并且把客体消纳于自身之中。熊十力力图把本体论、认识论、运动观统一起来,建构一个系统的本体论学说体系。

---

① 《熊十力论著之一:新唯识论》,中华书局1985年版,第313—314页。

熊十力对儒学本体论的推进还在于，他从本心本体论出发施设"翕辟成变"的宇宙论，试图对物质宇宙的成因做出哲学解释，从而表现出现代哲学的理论特征。他指出，本体自身是空寂的、清净的，只有借助翕和辟两种势用，才能体现出来。由翕而形成物质宇宙；由辟使物质宇宙复归于本体。这就是他创立的"举体成用"论或"翕辟成变"论。翕是指本体收敛、凝聚而形成物质世界的趋势和功用，故说"即依翕故，假说为物"。辟是指本体发散、刚健使物质世界复归与本心的趋势和功用，故说"即于辟故，假说为心"。熊十力提出"翕辟成变"论，旨在解决本体如何建立物质世界以及物质世界如何复归于本体这样两个问题。

怎样由翕而形成物质世界？熊十力的解释是：由翕的势用形成不可再分的"动圈"，叫作"小一"。"此小一或凝势，是刹那刹那，生灭灭生。""小一"不同于原子、电子之类的关于物质结构的概念，它不是物理学意义上的点，而是形而上学意义上的点，有如莱布尼茨所说的单子。由"小一"构成的物质世界并没有实在性，只不过是"诈现的迹象"而已。

熊十力强调，由翕而形成的物质世界并不能脱离本体的制约，因为辟的势用使之永远复归于本体。在熊十力的宇宙论中，翕和辟不可分割地联系在一起，乃本体功用的两个侧面。"翕和辟本非异体，只是势用之分殊而已。辟必待翕而后得所运用，翕必待辟而后见为流行，识得主宰。如果只有辟而没有翕，那便是莽莽荡荡无复有物。……如果只有翕而没有辟，那便是完全物化，宇宙只是顽固坚凝的死物。即是死物，他也就无有自在的力用，易言之，即是没有主宰的胜用，而只是机械的罢了，然而事实上宇宙却是流行无碍的整体。我们把宇宙万象分割成段段片片的东西来看，那是依托翕的势用的迹象，而误起分别，所以如此。实则弥满于翕之中而运于翕者，只是辟的势用。"宇宙之所以没有完全物化，没有成为"顽固坚凝的死物"，就是有辟的势用的缘故。如果说翕是本体的异化，那么，辟则是本体在物质世界中的直接显现，"辟虽不即是本体，却是不物化的，是依据本体而起的，他之所以为无形，为无所不在，为向上等等，这正是本体底自性的显现。易言之，即是他举体成用"①。

至此，熊十力完成了以"体用不二"为核心论点的本体论建构。他从扫荡"物相"和"心相"入手，否定从部分或从现象视角考察本体的唯物主义思路和经验唯心主义的思路，确立从总体、从动态过程考察本体的整体主义思路。他从整体主义思路得出的结论是：恒转、生命、本心皆是对本体的称谓，并选择本心为核心范畴。依据本心本体，他又施设"翕辟成变"宇宙论，对物质宇宙的成因做出哲学解释：物质宇宙是本心的异化；异化而成的宇宙仍复归于本心。这就是"体用不二"论的基本思想。"体用不二"论的特色是以下三方面。

第一，有注重过程、消解实体的生命主义色彩。同梁漱溟一样，熊十力也接受了柏格森生命哲学的影响。不过，他的独立思考能力显然超过了梁漱溟。"体用不二"论纠正了梁漱溟的非理性主义倾向，把现代新儒学纳入理性主义与非理性主义相调和的发展轨道。这一本体论学说避免了过度的非理性主义倾向，但依旧保持着生命主义色彩。熊十力强调，本体是动态的过程，绝不是抽象的实体；本体内在于物质宇宙的演化过程中，并非超越于物质宇宙之上。他认为，一些西方近代哲学和佛教哲学，都犯了"遗用而觅体"的错误，都把本体说成脱离现象世界、凌驾于现象世界之上的抽象的精神实体。从这样的精神实体很容易导致有神论的结论，使哲学成为变相的神学。与此形成鲜明对比的是，"体用不二"论充分肯定本体与现象的一致性，从而避开了有神

---

① 《熊十力论著之一：新唯识论》，中华书局1985年版，第321页。

论趋向。

第二，有佛教虚无主义色彩。传统儒学本体论学说关注的重点是价值问题，而不大关注存在的问题。"体用不二"论作为现代哲学理论，同传统儒学本体论学说有一个明显的区别，就是不仅关注价值问题，同时也关注存在问题。"翕辟成变"论就是熊十力对物质宇宙的成因做出的一种哲学解释。但是，他所描绘的宇宙不过是"诈现的迹象"而已，每个事物自身并没有客观实在性，也没有确定性。他举例说："桌子哪，几子哪，人哪，鸟哪，思想等精神现象哪，乃至一切物事，都不是一一固定的相状，实际上都只是功用。譬如我写字的笔，不要当他是一件东西，实际上只是一团功用，我们把他唤做笔罢了。"① 他常常把物比作"香火轮"：在黑夜里，有一个人在远处手持燃着的香火旋转摇动，香火头形成的轨迹，看上去就像个"火轮"。在他看来，宇宙万物如同这个"火轮"一样虚幻不实。这种解释显然带有佛教虚无主义的色彩。熊十力为了维护本心本体的至上性，不得不放弃客体的确定性。他的本体论学说，与梁漱溟一样，仍旧局限在主体主义的范围内，并没有充分展开论述主体与客体的关系问题。

第三，有儒家道德理想主义色彩。在梁漱溟的本体论中，"我"只是认知主体，在价值上是中立的。熊十力把儒家已有的哲学范畴"本心"视为本体和主体，已经突破了个体主义的限制，完成了从"小我"到"大我"的转折。在熊十力那里，"本心"不再是非理性主义意义上的"小我"，而是道德理性主义意义上的"大我"，这就为彰显儒家道德理念的现代价值提供了本体论依据。"本心"作为本体，既有存在的意涵，也有价值的意涵。熊十力强调"本心"就是理想的完满的境界，就是道德价值的源泉，就是人的安身立命之地，这就接上了儒家固有的传统。

---

① 《熊十力论著之一：新唯识论》，中华书局1985年版，第301页。

从这个意义上说，熊十力称得上是现代新儒家本体论的奠基人。"体用不二"论把"本心"本体泛化到物质世界中，取消了本体单独存在的可能性，没有把世界二重化，只承认一个世界。尽管熊十力把物质世界说成"诈现的迹象"，但他毕竟承认物质世界的现实性。这就为他走出佛教出世主义转向儒家入世主义提供了哲学依据。

三　怎样确立"性体呈露"说？

同梁漱溟一样，熊十力也重视儒学价值观的内在性原则，并试图对此做出本体论证明。他说："在宇宙论中，该万有而言其本原，则云本体。即此本体，以其为吾人所以生之理而言，这一名真的自己。"①"仁者本心也，即吾人与天地万物所同具之本体也。"②由于本心本体具有道德的意涵，理所当然地成为人生价值的终极依据，"就人生行履言，全性成行"。展开地说，"性即体。全者，言其无亏欠也。吾人一切纯真、纯善、纯美的行，皆是性体呈露，故云全性成行"③。熊十力把本心本体称为"真实源头"："此个真实源头，如何道他不是至善、至美？"这一点正是儒学价值观的根本之所在。儒家求仁的价值取向，"皆从本体滚发出来"。"识得孔氏意思，便悟得人生有无上的崇高底价值，无限的丰富意义，尤其是对于世界，不会有空幻的感想，而自有改造的勇气。"④人生以至真、至善、至美的本心本体为"安身立命之地"，便可以充实、高尚、奋进有为的价值感和使命感。

熊十力没有像梁漱溟那样突显儒学价值观的非功利主义倾向，而是把内在性原则紧紧同经世致用联系在一起。他强调，内

---

① 《熊十力论著之一：新唯识论》，中华书局1985年版，第249页。
② 《熊十力论著之一：新唯识论》，中华书局1985年版，第567页。
③ 《熊十力论著之一：新唯识论》，中华书局1985年版，第389页。
④ 《熊十力论著之一：新唯识论》，中华书局1985年版，第348页。

圣外王并重才是儒学的基本精神，不认为轻视事功为儒学的题中应有之义。他指出，儒学"大中至正，上之极广大高明，而不溺于空无，下之极切实有用，而不流于功利"①。比如，孔子在评论路由、冉求、公西华等弟子的专长时，称赞他们都有经邦定国的才干，并不像后儒那样忽视事功。内圣外王并重乃儒家入世原则的题中应有之义。儒家既然主张入世，反对出世，当然不会忽略事功，而是注重德行与事功的统一，强调寓"神化不测之妙于庸言庸行之中"。很可惜，孔子倡导的内圣外王的精神在后儒中并没有得到发扬，致使中华民族愈益式微。熊十力感叹地说："孔子内圣外王的精神，庄子犹能识之。至宋明诸师，而外王之学遂废。自此，民族式微。此非我辈今日之殷鉴耶?"② 从"一任直觉"到"内圣外王"，这是熊十力对现代新儒学价值观所做的重要调整。港台新儒家都对熊十力倡导内圣外王之道表示认同，并进一步推演出"由内圣开出新外王"的说法。

基于内圣外王并重的原则，熊十力不再像梁漱溟那样，把儒学的价值取向同近代西方人的价值取向对立起来，不认同梁漱溟的文化"三路向"说。他认为，中西文化并非截然对立，可以相互补充。他承认西方文化有值得中国人学习和借鉴的地方，例如，"西洋社会与政治等等方面，许多重大改革，而中国几无之"。在中国，"数千年来君主政治，时或遇着极昏暗，天下自然生变，到变乱起时，也只任互相杀伐。俟期间有能者出来，才得安定，仍然作君主。此便是顺事自然，不加人力改造。若是肯用人力改造局面时，他受了君主政治许多昏暗之祸，自然会想到民治制度，用来大改造一番。西洋人便是这样，中国人却不如

---

① 熊十力:《十力语要》第4卷，1948年刊印本，第39页。
② 熊十力:《十力语要》第2卷，1948年刊印本，第68页。

此"①。在社会改造、制度设计方面，西方人走在了我们的前面。"西洋改造之雄，与夫著书立说，谈群理究治术之士，皆以其活泼泼的全部精神，上下古今，与历史万事万物，而推其得失之由，究夫万变之则。其发明真理，持以喻人，初若奇说怪论，久而知其无以易也。如君臣问题、贫富问题、男女问题，乃至种种皆是也。"相比之下，"宋儒翻身工夫甚密，其于察世变，皆极肤也"②。熊十力认为，中国文化与西方文化可以相互补充，相得益彰。"今谓中西人生态度，须及时予以调和，始得免于缺憾。中土圣哲反己之学，足以尽性至命。斯道如日经天，何容轻仪！至于物理世界，则格物之学，西人所发皇者，正吾人今日所当挹取，又何可忽乎？今日文化上最大问题即在中西之辨。能观异以会其通，庶几内外交养，而人道亨、治道具矣。吾人于西学，当虚怀容纳，以详其得失；于先哲之典，尤须布之遐陬使得息其臆测，睹其本然。融会之业，此为首基。"③ 他的中西文化观仍旧把儒家的内圣学摆在"首基"的位置，虽未能跳出"中学为体，西学为用"的老路，但毕竟比梁漱溟表现出更大的开放性。

基于内圣外王并重的原则，熊十力试图把独立、自由、平等等现代的价值理念充实到儒学的价值体系之中。关于独立，他的界定是："乃无所依赖之谓也。"展开地说，"此云独立，即是尽己之谓忠，以实之谓信。唯尽己，唯以实，故无所依赖，而昂然独立耳"④。他仍旧认同儒家"忠""信"观念，但强调人格独立才是落实这些观念的前提，已经摒弃了人身依附的旧观念。关于自由，熊十力认为也是可以同儒家思想沟通的。"古代儒家政治理想，本为极高尚之自由主义，以个人之尊严为基础，而互相协

---

① 熊十力：《十力语要》第 2 卷，1948 年刊印本，第 59 页。
② 熊十力：《十力语要》第 2 卷，1948 年刊印本，第 68 页。
③ 熊十力：《十力语要》第 2 卷，1948 年刊印本，第 73 页。
④ 熊十力：《十力语要》第 2 卷，1948 年刊印本，第 27 页。

和，以成群体。期于天下之人人，各的自主而亦互相比辅也。春秋太平之旨在此。"① 又说："自由者，非猖狂纵欲，以非理、非法破坏一切纲纪，可谓自由也。最精之义则莫若吾夫子所谓'我欲仁，斯仁至矣'。"② 从自由的积极意义说，同儒家的自我完善的意思是一致的；从自由的消极意义说，同儒家合群体的意思并无冲突。关于平等，他说："平等者，非谓无尊卑上下也。然则平等之义安在耶？曰：以法治言之，在法律上一切平等。国家不得以非法侵犯其人民之思想、言论等自由，而况其他乎？以性分言之，人类天性本无差别。故佛说：'一切众生皆得成佛'，孔子曰：'当仁不让于师'，孟子曰：'人皆可以为尧舜'，此皆平等义也。"③ 他一方面接受了"在法律面前人人平等"的新观念，另一方面却把平等同尊卑观念扯在一起，并把实现平等的希望寄托在"人类天性本无差别"上，表述上有些矛盾。即便如此，他对民主政治的真诚企盼，还是值得肯定的。从熊十力对独立、自由、平等之类的现代价值理念的认同上看，熊十力的价值观比梁漱溟表现出更强的现代性。

在熊十力的哲学思考中，"本心"本体既是价值的终极依据，也是价值的理想目标。这个目标的实现，不是像梁漱溟说的那样，只是"因任自然"是不能达到的，还要靠人持之以恒的努力修行。这就是要做儒家常说的"做工夫"。至于现代儒者应当如何做工夫，熊十力强调以下三点：

一是证量，体认本心本体。他把这叫作"主人公自明白了。"按传统的说法，就是"发明本心"或"先立乎其大"。他指出，这一过程不会自然实现，"此须有修养工夫，真积力久，感染尽

---

① 熊十力：《十力语要》第 2 卷，1948 年刊印本，第 75 页。
② 熊十力：《十力语要》第 2 卷，1948 年刊印本，第 27 页。
③ 熊十力：《十力语要》第 2 卷，1948 年刊印本，第 27—28 页。

净，真体呈现"①。

二是保任，坚定信念。他说："凡夫不知保任此端倪，每有初念顷，是非不惑；及稍一转念，便为私欲所使，而障蔽其本明。故学者自远于凡夫，必于一念是非之明处，引其端而扩之，至于穷万理、达至道、得大智慧。"② 按传统的说法，就是"涵养性情"。在熊十力看来，每个人都有本心，凡夫之所以是凡夫，问题出在不能保任本心，使之为私欲障蔽。因此，只有证量工夫还不够，更重要的是经常保任本心的明觉状态。

三是推扩，落实到行为层面。他说："吾人只念念顺从吾知体之明，而推扩去，则私欲或习心，自不得起。推扩工夫稍歇，则习心便乘间而横溢。"保任工夫与推扩工夫是一致的。"保任自是推扩中事，非可离推扩工夫，而别言保任。推扩者，即依本体之明，而推扩之耳。"推扩就是"向事物上去格量"，以本心本体指导生活实践，经世致用，因此"正是工夫吃紧处"。所以，他的结论是："推扩工夫，方是立大本之道。譬如通渊泉之流，源源不竭，沛然莫御，所谓有本者如是也。""推扩工夫正是良知实现，私欲、习心无由潜伏。正如太阳常出，魍魉全消。"③

熊十力立足于体用不二的本体论，强调儒学价值观的基本精神是内圣外王，突破了对立性思维，比梁漱溟显示出更强的开放性和现代性。他实现了由生命本体到人文精神的转折，从自然主义到理想主义的转折，从直觉本能到涵养工夫的转折，从非功利主义到经世致用的转折。他建构的本心本体，同梁漱溟的生命本体一样，都是对儒家心性之学的现代诠释，都是接着陆王心学一脉讲的，都以内在性为根基。至于如何在现代中国社会中重建儒

---

① 熊十力：《十力语要》第3卷，1948年刊印本，第72页。
② 熊十力：《十力语要》第3卷，1948年刊印本，第49页。
③ 熊十力：《十力语要》第3卷，1948年刊印本，第50—51页。

家伦理规范，如何设定超越的境界追求，如何从内圣开出外王，他还没有来得及深入思考，把这些话题留给了他的弟子。

第三节　唐君毅的超越论

唐君毅沿着熊十力的生命进路，深度开发西方哲学资源，采用"道德自我"这个现代的哲学术语，取代熊十力的本心本体，更加凸显人文色彩。他提出心灵九境说，试图把内在性与超越性统一起来，重申儒学内在超越的价值诉求，对儒家人生哲学做了现代诠释。

一　其人其书

唐君毅（1909—1978），四川宜宾人，出生在书香之家。父亲是大学教师，曾执教于华西大学、成都大学、四川大学等高校，著有《孟子大义》。唐君毅毕业于重庆联合高中后，考入北京中俄大学。仅读一年，便转入北京大学；在读一年后，又转入南京中央大学。在中央大学，他主修哲学，副修文学，曾听熊十力讲授"新唯识论"。31岁时，受聘为中央大学哲学系专任讲师，后来晋升为副教授、教授，开始了长达四十余年的大学执教生涯。

1949年到香港以后，他与钱穆、张丕介、程兆熊共同创办新亚书院，并担任该院教务长。新亚书院并入香港中文大学以后，他被聘为哲学讲座教授，担任该大学第一任文学院院长。1974年退休以后，他和徐复观、牟宗三等人在新亚书院旧址重建新亚研究所，担任所长。1975年应台湾大学之聘任哲学系客座教授。他是港台新儒家的领军人物。1958年，他执笔起草《为中国文化敬告世界人士宣言——我们对中国学术研究及中国文化与世界文化前途之共同认识》，徐复观、牟宗三、张君劢都在这份宣言上署上了名字，同时发表在《民主评论》和《再生》杂志上。这份宣言实际是港台新儒家的思想纲领。

主要著作有《道德自我之建立》《人生三书》《文化意识与道德理性》《哲学概论》《中国哲学原论》《生命存在与心灵境界》等，编为《唐君毅著作选》，2005 年由中国社会科学出版社出版。另有霍韬晦主编《唐君毅全集》，1989 年由台湾学生书局出版。

二　何谓"道德自我"？

在本体论方面，唐君毅同梁漱溟、熊十力一样，也是沿着生命进路，从探寻现存世界的终极根据入手，希望以此加固儒学的哲学理论基础。由于他具有较好的外语能力，并且经过系统的西方哲学思维训练，能够更加得心应手地使用西方哲学的思想资料，因而同他的老师辈相比，现代性更为突出。他不再像熊十力那样，以同佛教对话为阐发儒学的主要手段，更为重视中国哲学与西方哲学的比较与会通。他借鉴德国古典哲学（尤其是黑格尔哲学）的理论思维成果，诠释儒家的心性之学，力图证成"道德自我"的本体论意义。他的理论思维水平，比梁漱溟和熊十力有较大提高。他并不掩饰自己的唯心主义哲学立场，承认自己是超越的唯心论者。

在他看来，宇宙间万物在时空中固然都相互外在，然而在这种外在性中也隐含着万物之间相互联系着的内在性。内在性是超越于物质世界之上的，其实是生命的表现形式。于是，唐君毅从物质世界跃升到生命的世界。他指出，生命的特质在于，它必须求得自身的不断延续，求过去的生命内在于现在的生命，求其现在的生命与将来的生命。唐君毅由此得出结论："任一生物，皆有一使全宇宙的物质皆表现其身体之形式之潜在的要求。此是一生命之盲目的大私，亦即其晦暗之原始之无明，或欲征服一切之权力意志。"① 在这里,他把宇宙的内在性归结为生命,把生命理解为动态的本体,理解为宇宙的意志,可以说是接着从叔本华到柏格森西方现代非理性主义思路讲的。不过,唐君毅并不是非理性主义者。在他看来,生命的世界还不是究极的世界,因为在生命的世界中尚无自觉的价值意识,尚处在"无明"状态。因此,必须超越生命的世界,继续向前探究。

唐君毅对生命世界作了这样的分析:生物的生命活动不可避免地受到生存环境的限制,不过这种限制,随着生命的进一步发展,可以被突破、被超越。到了生命的高级形态,"克就此时超越自身之形式之限制,而有所增益上言,则生物之本性即不得说为不自觉之大私或无明,而是不断自其私之形式解放,以开明其自体,而通达于外者"。从这段分析可以看出,唐君毅已摆脱非理性主义,而跨入理性主义的轨道。他由非理性的生命世界跃升到理性的人文世界,并且把人文世界描述为体现道德价值的世界。在这里,他运用现代的哲学语言表达了"仁者与万物同体"的儒家情怀。在人文的世界中,"大私""无明""权力意志"等非道德的因素均被化除,形而上的精神实体朗然出现。至此,唐君毅终于由形而下达到形而上,由物质世界、生命世界的"杂多"求得人文世界的"统一",证成他心目中的本体——"生生不息之几之形上实体或形上之宇宙生命精神"。这种宇宙生命精神是通过人自觉地体现出来的,从这个意义上说,它就是"本心""仁体""道德自我""精神自我""超越的自我""道德理性"。

我们从唐君毅哲学思考步步展开的过程中不难看出,他的本体论思想始终关注着人文的价值、道德的价值。他的本体论无疑是一种唯心主义,但不是西方哲学中那种认知意义上的唯心主义,而是道德意义上的唯心主义。唐君毅的本体论思想既有熊十

---

① 唐君毅:《文化意识与道德理性》,台北:台湾学生书局1986年版,第62页。

力的痕迹，又透出黑格尔式的思辨，就其理论深度来说，显然已超出了他的老师。

三 如何区分"心灵九境"？

梁漱溟和熊十力在五四以后儒学价值体系被解构的情况下，勇敢地站出来为儒家说话，从强调儒学价值观的内在性入手，肯定儒学价值观的普适性，肯定儒学在现时代重建价值世界或意义世界仍旧是重要的思想资源，但他们没有讲出儒学价值观的超越性。冯友兰注意到儒学价值观的另一个特色，强调儒学价值观的超越性，以超越原则论证儒家伦理在现时代的有效性，但由于受到新理学体系的限制，无法把超越性与内在性统一起来。贺麟强调儒学价值观的现实性，绕过超越性和内在性的关系问题。如何把内在性和超越性有机地统一起来？这成为唐君毅需要面对的理论问题。现代新儒家们之所以对中国文化和孔孟程朱陆王等思想家恋恋不舍，有一个重要的原因，就是他们普遍认为在世界各民族有关生命的学问中，唯有中国儒家的境界最高，有可能最切合现代人的精神需求。不管是梁漱溟的"文化三路向"，还是冯友兰的"人生四境界"，都没有脱离这个主题。唐君毅则在晚年撰成了洋洋80万言的《生命存在与心灵境界》一书，把现代新儒家的这一诉求推向了一个新的阶段，提出"人生九境"说，使狭义新儒家的人生哲学臻于完善。

在价值观方面，唐君毅以"现实自我"为考察的起点，以"道德自我"的实现为终极目标。他指出，在生命存在过程中，心灵处在活动状态。对于心灵活动，可以从"顺观""横观""纵观"三个向度来考察。他说：

生命心灵活动之由后向前，如易传言尺蠖之信；由前而后，如易传言龙蛇之蛰；由内而外而开，如天开图画；由外而内而阖，如卷画于怀。其由下而上，如垒土成台；其由上而下，如筑室地下。于生命心灵活动之前而后，说主观心态之次序相续；于主观心态中之思想与发出之言说，求前后一致贯通之处，说思与言说中之理性，即逻辑中之理性。于生命心灵活动之由内向外，知有客观事实。于人求思想与客观事实相一致贯通处，说知识中之理性。于生命心灵活动位于主观客观之现实事物之上，以由下而上处，说思想中之目的理想。"顺观"以"前后向"为特征，心灵只作向外的考察，寻求一种对于世界的理解，由此形成"客观境"。"横观"以"内外向"为特征，不仅寻求一种对于世界的理解，还寻求一种对人自身的理解，由此形成"主观境"。"纵观"以"上下向"为特征，把主客两个方面统整起来，形成一种关于世界与人生的总体观，由此形成"超主观客观境"。他所说的"境"，是对"境界"的简称，有"类型"的意思，也有"阶段"或"程度"的意思。①

这三种类型境界，分别表示人们对世界和人生的三类不同的看法与体验。在"客观境"中，心灵沿着由前而后进的向度活动，这时则觉得主体即"体"最重要。在"主观境"中，心灵沿着由内而外的向度活动，这时则觉得客体即"相"最重要。在"超主观客观境"中，心灵沿着由下而上向度活动，这时则觉得"用"最重要。体、相、用三者，分而各具意义，合则相互融洽，浑然一体。在此基础上，唐君毅创设了"心灵九境"说。

第一境，"万物散殊境"。在此境中的人，生命心灵活动指向周边世界，看不到自身的体、相、用，没有达到心性自觉。打个

---

① 唐君毅：《生命存在与心灵境界》上册，台北：台湾学生书局1986年版，第39页。

比方说,就像打开门户,走进房间,所看到的只是事物的个体。此境界的核心概念是"殊相",即把世界视为个体的集合体,看不到个体之间的联系,故用"万物散殊"来形容。与这种世界观相对应,此境中的人,只追求个人自我保存和个体欲望的满足,信奉个人主义人生观,没有树立起"大我"观念。这种仍把意识局限于"小我"的范围内,因而境界最低。

第二境,"依类成化境"。在此境中的人,心灵意识到:世界并非个体事物的堆积,个体事物皆从属于"类"。他的眼光不再仅仅观照个体,而是将个体归类,观其物相,并观实体出入于类,以成变化。此境的核心概念是"共相",即把世界视为共相的集合体,比第一种境高出一个档次。

第三境,"功能序运境"。在此境中的人,不仅意识到万物依类成化,进而意识到各种事物之间存在着因果联系,故而比第二境又高出一个档次。他把世界看成认识的对象,意识到人要想达到自己的目的,必须把握事物之间的因果联系,以便获取所期待的效果,故称"功能序运境"。所有依因果观念而建立的哲学,都可归于此类境界。

对于以上三境,唐君毅通称为"客观境",其实是他从世界观维度对精神现象所作的哲学诠释。接下来三境,他便转向知行观维度,继续对精神现象作哲学诠释,他称为"主观境"。

第四境,"感觉互摄境"。在此境中的人,以感性的方式认识客体殊相。他作为能感觉的主体,首先把客体物相纳入时空格式,形成各种各样感觉。每一种感觉都是对于客体殊相的认识。心灵主体把各种各样的感觉整合起来,形成关于客体物相的比较完整的认识,故称"感觉互摄境"。"互摄"的意思是说,各种感觉皆为心灵主体所含摄。

第五境,"观照凌虚境"。在此境中的人,以理性的方式认识客体共相。他的眼光不再局限于客体殊相,进一步发现了纯共相的世界或纯意义的世界，并且用语言文字符号表示出来。这种纯共相或纯意义的世界，由于心灵的观照而显现，故称为"观照凌虚境"。在此境中形成的认识，具有抽象性，比经验性认识深刻，故而比第四境高出一个档次。

第六境，"道德实践境"。在此境界中的人，已将对纯共相或纯意义世界的认识落实到生活实践中，据此树立道德理想，促成道德人格的完成。就化知为行来说，此境比第五境又高出一个档次。一切重道德的人生哲学，都可归于此类境。

最后三境是唐君毅从价值观维度对精神现象所作的哲学诠释，他称为"超主观客观境"。这个"超"字表明，价值取向是一种超越的精神追求，既不受主体限制，也不受客体限制。人追求精神超越的方式，可归纳为三种，依次构成第七、八、九境。

第七境，"归向一神境"。此境的要义为："言一神教所言之超主客而统主客之神境。"在此境中的人，精神已超越主客关系，指向彼岸世界，故唐君毅又称此境为"神教境"。在此境中的人，精神追求已经超出哲学层面而进入宗教层面。这是一种外在的超越方式，在至上神的帮助下，实现了对于此岸世界的超越，表达出对彼岸世界的向往。通过对此境的描述，唐君毅对宗教信仰尤其是基督教信仰表示同情的理解。

第八境，"我法二空境"。此境"言一切有情众生之实证得其执之空，即皆可彰显其佛心佛界，以得普度"。所谓"我法二空"，就是佛教说的"去我执、去法执"。达到这种境界，也就是进入成佛的境界，故唐君毅又称此境为"佛教境"。这是一种净化心灵的超越方式，力求摆脱此岸世界中的诸多烦恼，进入"常乐我净"的最高境界。通过对此境的描述，唐君毅对佛教信仰表示同情的理解，并且流露出佛教高于基督教的意思。

第九境，"天德流行境"，又名"尽性立命境"。此境"论儒教之尽主观之性，以立客观之天命，而通主客，以成此性命之用之流行之大序，而使此性德之流行为天德之流行，而通主客、天人、物我，以超主客之分者"。此境就是指儒家一向追求的天人合一的理想境界，唐君毅称其为"儒教境"①。这是一种内在的超越方式，是道德自我的直接呈现，并不预设彼岸世界。在此境中的人，"大我"已经将"小我"化除，"现实自我"与"道德自我"合而为一，达到了人生的最高境界。

在上述人生九境中，前三境为"客观境"，中三境为"主观境"或"知识境"，后三境是"智慧境"。唐君毅认为，以类而言，各为一境，自成一类；以序而言，则居前者为先；以层次而言，则居后者为高。也就是说，唐君毅花费如此多的心血，无非是要论证一个结论：在各种形态的世界观、知行观和价值观中，儒学处在最高的位置。他将"万物散殊境"视为最低境，将"天德流行境"视为最高境，以这种独特的诠释方式，对儒家安身立命之道表示认同。在他看来，以儒学为主干的中国文化，最大特点就是充分彰显人文主义精神。这一点正是中国未来文化复兴的根基。唐君毅不否认西方虽然也有人文主义传统，但其层次甚低，缺陷甚多，不能凸显和实现人的生命价值。

唐君毅是一位道德决定论者，以道德理性为核心内容的人文精神在他的哲学里，既占据着学问的最高层次，又负有统摄其他各种学问的重大使命。他在关注"内圣"的时候，也不能不关注像政治等"外王"的时代问题。但他是把政治置于道德价值之下来讨论的。在他看来，所谓民主政治、贵族政治和君主政治，都不过是形式而已，如果没有道德理性作基础，都不会结出好的果实。因此，他认为，最根本的政治就是道德理性，法律以及民权等观念只是手段；一旦每个人都成了圣贤，法律和民权都是可以

---

① 唐君毅：《生命存在与心灵境界》上册，台北：台湾学生书局1986年版，第47—52页。

不要的。实际上，唐君毅的意思无非是说，只要将中国传统文化中的道德理性发扬光大，就不必再在政治形式上做什么文章了，中国当下的任务不是急急忙忙地去抄袭西方的议会和选举制度，而是"承继中国固有之和融贯通而充实圆满的人文精神，再开出分途发展之社会文化领域，使社会有各种不同之社会文化力量，各种社会团体组织之存在，而并存不悖，然后中国政治之民主，乃具备其实效条件"①。对于西方文化的步步进逼和儒家文化"花果飘零"的悲凉景象，唐君毅又简单地归结为国人的"浅薄"与"中风狂走"，归结为国人对功利主义的追求。唐君毅把儒家内圣学的重建当作第一位的事情，他认为把这件事情做好了，民主政治等外王方面的事情自然就不难办了。

第四节 牟宗三的存有论

在牟宗三之前，狭义新儒家在建构本体论的时候，有一个共同之处，那就是首先从解释世界的角度入手形成存在本体论学说，然后再把存在本体论翻转成价值本体论，为儒家伦理提供哲学依据。可是，他们遇到的难题是：存在本体论何以可能翻转为价值本体论？他们并没有找到有说服力的理由。也许有见于这种理论上的困难，牟宗三不再采用先讲存在本体论然后再讲价值本体论的思路，而是首先从价值本体论讲起，然后再引申到存在本体论。他从关注价值本体论的视角切入，沿着生命—人文—道德的进路，建构了被他称为"道德的形上学"的本体论学说。他认为，"道德的形上学"仍具有现代价值，可以由内圣开出新外王来，可以与科学、民主接榫，可以成为现代性的培养基。他对人生哲学和政治哲学，皆做了儒家式的现代诠释。

---

① 唐君毅：《人文精神之重建》，台北：台湾学生书局1974年版，第418页。

一 其人其书

牟宗三（1909—1995），字离中，山东栖霞人。他出生在耕读传家的望族，家族中曾出现过多位有名的学问家。他15岁离开家门，就读于栖霞县立中学，1933年毕业于北京大学哲学系。在大学三年级时，他选修熊十力讲授的《新唯识论》，接受熊十力新儒学思想的影响，并同其建立起非同寻常的师生之谊。熊十力颇欣赏牟宗三的资质，视其为"俊才"；牟宗三则对熊十力恭敬有加，终身执弟子礼。他在回忆录中说，遇到熊十力，"始见到了一个真人，始嗅到了学问与生命的意味"。在他眼里，熊十力"是一个有光辉的生命"的人，是"能通华族慧命而不隔"的人。

大学毕业以后，他主要以教书为业，也从事编辑工作。曾加入国家社会党，担任过国社党机关刊物《再生》的主编、《历史与文化》的主编、《理想历史文化》杂志编辑、云南大理民族文化书院讲师、华西大学讲师。他始终没有放弃哲学研究和逻辑学研究，写出《认识心之批判》《逻辑典范》两部专著。

1949年离开大陆到台湾后，他应台湾师范学院（台湾师范大学的前身）之聘，主讲理则学、哲学概论、中国哲学史等课程。1951年他主持师院人文讲习会，后来又成立了人文友会，经常开展学术活动。1956年，师院升格为大学。他被迫离开，应聘为东海大学人文学科系主任。1960年，他应香港大学之聘任教授，主讲中国哲学。1968年应友人唐君毅之邀到新亚书院任教，随新亚书院并入香港中文大学。1974年退休后回到台湾，先后在文化大学、师范大学、成功大学、中兴大学、佛光山佛学院讲学，可以说是这一学派的集大成者。

牟宗三的主要著作有《才性与玄理》《心体与性体》《佛性与般若》《智的直觉与中国哲学》《现象与物自身》《圆善论》

等，收入《牟宗三先生全集》，全套 33 册，由台湾经联出版事业有限公司出版。

二 何谓"道德的形上学"？

牟宗三把儒家哲学理解为一种"道德的形上学"，即由道德的进路讲出来的本体论学说，有别于西方哲学讲本体论的种种进路。他采用中西哲学比较的方法，申诉"道德的形上学"何以成立的理由，提出"二层存有论"学说。

（一）道德的进路

牟宗三首先提出的问题是：什么是道德的终极依据？他注意到中国文化和西方文化回答这个问题的思路是不同的。以基督教为文化背景的西方人，一直在人性之外去寻找，把上帝视为道德的终极依据，即便在近代德国古典哲学家康德那里，也不例外。康德在回答什么是道德的终极依据的问题的时候，仍然预设了上帝存在、物自身、意志自由三个假设。所以，尽管康德提出"实践理性"的范畴，接触到道德的进路，然而最终只成就了"道德神学"，并没有成就"道德的形上学"。康德是牟宗三最重视的西方哲学家，但还是把他当成批评的对象。他分析说，康德把自由意志看成道德自律的根据并没有问题，问题在于，在康德那里，自由意志只是一种假设，乃无法证实的"理性体"，"而忘记意志自由就是一种心能，就是本心明觉之活动。它当然是理性体但同时亦是心体，明觉体，活动体，……纯粹的智的直觉在此'明觉之活动'上有其可能之根据"①。中国儒家哲学在寻求道德的终极依据的时候，选择了与西方人不同的思路。儒家哲学首先从考察人性入手，进而追溯到超越的本体，即"道德的形上学"。黑格

---

① 牟宗三：《智的直觉与中国哲学》，台北：台湾商务印书馆 1971 年版，第 194 页。

尔认为，中国儒家哲学讲的只是一些有关道德的实际范例，只是一些道德的经验事实，只是一些形而下的生活感受，"一点思辨的哲学都没有"。牟宗三不认同这种看法，他说："我们不能说孔子的那个代表真实生命、代表全德、一切德所从出的'仁'是个经验的概念，是个后天的观念"。① 如果把孔子的"有杀生以成仁，无求生以害仁"的说法，把孟子"君子所性，虽大行不加，虽穷居不损"的说法，都只看成寻常的道德教训，实则流于皮相之见，并未得到儒家思想的精义。牟宗三强调说：儒家的"这些话俱表示在现实自然生命以上，种种外在的利害关系以外，有一超越的道德理性之标准，此即仁义、礼义、本心等字之所表示。人的道德行为、道德人格只有毫无杂念无歧出地直立于这超越的标准上始能是纯粹的，始能是真正地站立起。这超越的标准，如展为道德法则，其命于人而为人所必须依之以行，不是先验的、普遍的，是什么？"② 在牟宗三看来，儒家伦理建立在终极依据之上，这个终极依据就是超验的、普适性的"道德的形上学"，就是价值意义上的本体。儒学中仁义、礼义、本心、良知等语汇，都是对价值本体的称谓。牟宗三关于儒家伦理体现普遍的道德准则的说法是可以成立的，至于把这种普遍的道德准则上升到精神实体的高度，称之为"道德的形上学"，那就是他的一家之言了。

牟宗三指出，儒家讲"道德的形上学"所采取的进路与西方哲学不同。西方哲学中的形上学是"自然的形上学"，哲学家们讲本体，有的采取认知的进路，如柏拉图、罗素；有的采取宇宙论的进路，如亚里士多德、怀特海；有的采取存在的进路，如胡塞尔、海德格尔；有的采取生物学的进路，如柏格森、摩根；有的采取实用论的进路，如杜威、席勒；有的采取分析或抽象的进

---

① 牟宗三：《心体与性体》第1册，台北：正中书局1968年版，第117页。
② 牟宗三：《心体与性体》第1册，台北：正中书局1968年版，第119—120页。

路，如斯宾诺莎、莱布尼茨、笛卡儿。"皆非道德的进路入，故其说讲之实体、存在或本体，皆只是一说明现象之哲学概念，而不能与道德实践使人成一道德的存在生关系者。"① 唯一的例外也许是康德。康德提出"实践理性"的观念，接触到道德的进路，然而他最终也只不过成就了"道德的神学"，而没能成就"道德的形上学"。

（二）道德形上学的证成

牟宗三采取与康德对话的方式，对"道德的形上学"做出理论论证。康德承认自由意志作为道德自律的根据，不过他认为这只是一种假设，因为人们既不能感觉到它，也不能直觉到它。牟宗三认为，儒家的"道德的形上学"足以推翻康德的论断。他分析说，康德的失误之处在于：仅仅把自由意志理解为"理性体"，而没有理解为"具体的呈现"。康德不认为人有"智的直觉"，牟宗三与此相反，断言人肯定具有"智的直觉"。此种"智的直觉"，就是孟子所说的"恻隐之心""羞恶之心"或"理义悦我之心"。正是此心证成本心仁体，证成"道德的形上学"。本心仁体一方面自给自立道德法则，发布无条件的定然命令，另一方面又能感之、悦之、觉之，如此说来，"此本心仁体连同其所发布的无条件的定然命令如何不是具体的呈现？智的直觉即在此本心仁体之悦与明觉中有它的根源，因而有其可能"②。牟宗三认为，儒家的"道德形上学"立足于"智的直觉"，已经超越了康德，达到了西方哲学没有达到的理论高度。

牟宗三指出，"道德的形上学"的理念在孔子那里就已经基本形成了，后儒进一步继承和发展这种理念，逐渐形成了儒家的道统。"以曾子、子思、孟子及《中庸》、《易传》与《大学》为

---

① 牟宗三：《心体与性体》第 1 册，台北：正中书局 1968 年版，第 37—38 页。
② 牟宗三：《心体与性体》第 1 册，台北：正中书局 1968 年版，第 195 页。

足以代表儒家传承之正宗,为儒家教义发展之本质。"后儒中理论贡献最大的当数宋明理学。理学家明确提出"天道性命而为一""心性天为一"的观点,完成了儒家"道德的形上学"的建构。"依宋明儒大宗之看法,《论》、《孟》、《中庸》、《易传》是通而为一而无隔者,故成德之教是道德的同时即宗教的,就学问言,道德哲学即涵一道德的形上学。"① 在宋明理学当中,他认为陆王一脉为正宗,程朱一脉为"歧出"。

牟宗三自诩是儒家正宗的继承者,是"道德的形上学"在现时代的阐释者。其实,"道德的形上学"是他的理论创造,是他对儒家心性之学(或称内圣学)所做的一种理解和诠释。正是他自己把儒家的道德准则上升到本体论的高度,看成超验的、至上的、唯一的精神实体。在牟宗三的哲学视野中,这个至高无上的精神实体具有主体和客体两方面的规定性:从主体的角度说,可以叫作"心体""道德自我";从客体的角度说,可以叫作"性体""道德理性"。心体和性体是分开来说,统而言之,则叫心性本体。这个心性本体,就是他所说的"道德的形上学"。他说:

> 儒者所说之"性"即是能起道德创造之"性能";如现为体,即是一能起道德创造之"创造实体"(Creativereality)。此不是一"类概念",它有绝对的普遍性(性体无外,心体无外),惟在人而特显耳,故即以此体为人之"性"。自其有绝对普遍性而言,则与天命实体通而为一。故就统天地万物而为其体言,曰形而上的实体(道体 Mctophysical reality)。此则能起宇宙生化的"创造实体";就其具于个体之中而为其体言,则曰"性体",此则是能起道德创造之"创造实体",而由人能自觉地做道德实践以证实之,此所以言本

---

① 牟宗三:《心体与性体》第1册,台北:正中书局1968年版,第20页。

心即性也。

　　心即是体，故曰心体。自其为"形而上的心"（Metaphysical mind）言，与"于穆不已"之体合而为一，则心亦而性矣。自其为"道德的心"而言，则性因始有真实的道德创造（道德行为之纯亦不已）之可言，是则性亦如心矣。是故客观地言之曰性，主观地言之曰心。自"在其自己"而言，曰性；自其通过"对其自己"之自觉而有真实而具体的彰显呈现而言曰心。……心性为一而不为二。①

在对儒家心性之学的阐释中，牟宗三首先把儒家的道德准则提升到价值本体的高度，然后再把价值本体拓展为宇宙万有的本体，最终形成自称为"道德形上学"的心性本体论。心性本体论的基本论点是：心性不仅是道德何以可能的终极依据，也是宇宙万有何以可能的终极依据。他运用现代哲学思维方式，对"道德的形上学"做了论证和展开。

"道德的形上学"何以能够成立？牟宗三找到理由就是人具有"智的直觉"，人借助"智的直觉"，就可以证实"道德形上学"的存在。康德出于现象与物自体对立的二元论观点，认为本体不可知，认识的对象仅限于现象界。本体虽不可知，但可思，即通过超验的理性直观思考它。不过，这种超验的理性直观能力也许上帝才会有，人并不具有这种能力。牟宗三把康德所说的"超验的理性直观"译为"智的直觉"，并且表示不认同康德的说法。他批评说："吾人在上帝身上构成'智的直觉'这一概念，这种构成全是想象、游戏，或只是神学而知，总之可说全是戏论。智的直觉之构成既是戏论，则它们不免只是一逻辑概念。如是，则物自身之积极意义仍是形式的，仍是一种对于彼岸之猜

---

① 牟宗三：《心体与性体》第 1 册，台北：正中书局 1968 年版，第 40—42 页。

想，其具体而真实的意义仍不能呈现。不但不能呈现，甚至其形式的积极意义亦不见得真能稳定得住。"① 针对康德"人没有智的直觉"的观点，牟宗三指出：在中国儒家心性之学的系统中，可以断定人具有"智的直觉"能力。

牟宗三分析说，按照康德哲学的说法，人是有限的，被限制在时空所限定的现象界之中，只有上帝才是无限的；而按照儒家的心性之学，则没有必要预设所谓上帝，因为人自身就是无限的。"若从此看人，则人即具有无限性。当然具有这种无限性的人不会就是上帝那样无限的存在，而且根本上亦与上帝不同。例如圣人、真人、佛，都是具有无限性，至少亦在转出'智的直觉'下，始可成圣、真人、和佛；而且亦可视圣、真人、佛为一无限的存在；而这无限的存在亦不同于上帝。"② 既然人是"无限性"的，当然也就应当具有"智的直觉"能力。所谓"智的直觉"，就是"良知的自我呈现"，心性本体自己证实自己。"智的直觉"有别于感性的直觉。感性直觉关涉认知主体对于现象界中的客体的认识，乃被动地应付外物，属于认识论的范畴；"智的直觉"是心性的"自我活动"，并不涉及外物，不属于认识论的范畴，而属于本体论的范畴。换言之，"智的直觉"并不是通常的认识，而是"郎现"。牟宗三说："'智的直觉'的主观活动，与其所照的自己为郎现的客观性是一。这里无真正的能所的对偶，只是一超然的大主之郎现。"③ "智的直觉"不受主体与客体相互关系的限制，就此而言，又被牟宗三称为"逆觉体征"。

牟宗三所说的"智的直觉"实际是熊十力所说的"性智"的

---

① 牟宗三：《现象与物自身》，台北：台湾学生书局1984年版，第10页。
② 牟宗三：《现象与物自身》，台北：台湾学生书局1984年版，第27页。
③ 牟宗三：《现象与物自身》，台北：台湾学生书局1984年版，第61页。

另一种表述。熊十力在《新唯识论》中说:"性智者,即是真的自己底觉悟。此中真的自己一词,即谓本体。……申言之,这个觉悟就是真的自己。离开了这个觉悟,更无所谓真的自己。此具足圆满的明净的觉悟的真的自己,本来是独立无匹的。以故,这种觉悟虽不离感观经验,要是不滞于感官经验而恒自离系的。"①他们都试图通过非理性主义的途径为心性本体论寻找理论依据。熟悉康德哲学的牟宗三,采取批评康德的方式表述观点,多了一些思辨哲学的味道,但并没有为人具有"智的直觉"找到充分的根据。他断言人具有无限性,所指人乃抽象的人,并不是具体的人,在现实世界中找不到这样的人。我们知道,具体的人都是有限的,因为具体的人都是要死的。具体的、有限的人怎么可能有"智的直觉"?这个问题在牟宗三那里并没有得到回答。康德站在理性主义的立场上,认为具体的人不具有"智的直觉",牟宗三站在非理性主义立场上批评康德的说法。

(三)二层存有论

在本体论方面,牟宗三的心性本体论与熊十力的本心本体论大同小异;而在对世界的解释方面,牟宗三不再沿用乃师的翕辟成变论。他采用佛教《大乘起信论》中"一心开二门"的框架,提出"二层存有论"的新说。

在牟宗三哲学中,"一心"是指心性本体,"二门"是指由心性本体开显出两界:道德界和现象界。前者为"无执的存有",后者为"执的存有"。牟宗三认为,心性本体不是新理学所描述的那种只存有不活动的静态的"理世界",而是动态的存有,叫作"即本体即流行"。本体的流行过程通过人得以实现。人之所以能够成为心性本体的体现者,取决于人的两种知识能力。一种是直接从心性本体发出的关于价值的知识能力,叫作"智知"

---

① 熊十力:《新唯识论》,商务印书馆1944年版,第249页。

"智心"或"无限心",由此开显出直接呈现心性本体的道德界,即通常所说的价值的世界或意义的世界。另一种是间接从心性本体发出的关于现象的知识能力,叫作"识知""识心"或"有限心",由此开显出间接表现心性本体的现象界,即通常所说的现实世界或生活世界。牟宗三依据心性本体解释世界,所描绘的世界虽然是以心性本体为终极依据的整体,但有两个层次。一层是价值的世界、意义的世界、道德的世界、理想的世界、超时空的世界、无限的世界、本然的世界;一层是实然的世界、生活的世界、在时空的世界、有限的世界、经验中的世界、现象的世界。"对无限心(智心)而言,为物自身,对认知心(识心、有限心)而言,为现象。由前者,成无执的(本体界的)存有论。由后者,成执的(现象界的)存有论。"① 前者相当于佛教所说的"真谛",后者相当于"假谛"。牟宗三解释世界的时候,把重点放在后者。

从本然的角度看,牟宗三认为现象世界不过是"遍计所执"的产物,对其抱着一种贬斥的态度。他告诫人们:"我们依德性底优先性与宗纲性来提挈宇宙以见人之本来面目与宇宙之本来面目。我们的感性与知性所搅扰而扭曲的人生与宇宙不是人生与宇宙之本来面目。则是人生与宇宙的僵滞。人陷于此僵滞而认定是真实,忘却本来面目久矣:故需要本体界的存有论以松动而朗现之。"② 然而,从实然的角度看,他也承认现象世界是不可忽视的。牟宗三所描述的现象世界,尽管没有自身的真实性,但也不再是熊十力所说的"诈现的迹象"。他承认现象世界中的事物具有确定性,并且以"知性主体"作为这种确定性的担保。"知性主体"既有别于心性本体,又同心性本体有关系。

---

① 牟宗三:《现象与物自身》,台北:台湾学生书局1984年版,第15页。
② 牟宗三:《现象与物自身》,台北:台湾学生书局1984年版,第30页。

三 内圣能开出新外王吗？

在港台新儒家当中，唐君毅侧重于人生哲学，而牟宗三则侧重于政治哲学。为了证明儒学契合现代性，证明儒学同科学、同民主之间存在着兼容关系，他提出了"由内圣开出新外王"的理论。

在对儒学作评判的时候，牟宗三创造了一系列术语。第一个术语是道统。道统属于"内圣学"范畴，指的就是以"挺立道德主体"为宗旨的"道德的形上学"。在他看来，"道德形上学"乃儒学最突出的理论成就，具有恒常的、普适的价值。它指导着人们树立价值理念，既适用于古代社会，也适用于现代社会。在现时代，"道德形上学"的基本架构不必改变，但可以重新诠释，并且可以以此为"首基"开出新的外王学，从而获得更广泛的解释力，与现代的物质文明和制度文明相衔接。第二个术语是学统。学统属于"外王学"范畴，指的是体现工具理性的科学技术。第三个术语是政统，即民主政治。牟宗三同意熊十力的看法，认为传统儒学确实存在着对工具理性、对科学知识重视不够的问题。由于对科学技术重视不够，所以科学技术没有西方发达；由于科学技术不够发达，物质文明程度也落后于西方。现代新儒学必须解决这个问题，顺应中国社会现代转型的大趋势。在传统儒学当中，还存在着有道统而无政统的问题，尽管其中不乏民主思想因素，但没有促成民主制度的实施。他不否认，由于传统的儒学只局限于内圣学，事实上并未开出新外王。

那么，在理论上从儒家的内圣之学能否开出新外王呢？牟宗三的回答是肯定的。牟宗三从"道德的形上学"出发，提出"坎陷"说，试图从学理上把工具理性与价值理性统一起来。他指出，由内圣开出新外王具体途径就是"良知的自我坎陷"，即从德性主体转出知性主体，以便为接纳现代的科学技术、民主政治提供哲学依据。

第九章　中国实证哲学

在中国现代哲学史上，除了现代新儒家思潮外，还有一种非马克思主义哲学思潮，那就是中国实证哲学思潮。这一思潮发端于近代，而长足发展则在现代完成。现代新儒家比较关注人生价值的取向问题，而中国实证派则比较关注科学知识如何获得的问题。

中国实证哲学思潮的核心话题是：科学知识如何获得？把重点放在考察人对于世界的认知关系上，现代性更为鲜明。前现代的中国古代哲学，以社会稳定为关注点，重视"修身、齐家、治国、平天下"，着重突显道德理性或价值理性，可以暂时搁置工具理性。中国社会迈入现代以后，现代化事业开始起步，社会发展成为最主要的关注点。在这种情况下，工具理性当然不能再被搁置起来了。中国实证派的哲学家，努力纠正古代哲学轻视"闻见之知"的偏向，高扬工具理性，以适应中国社会现代转型的理论需要。他们深入研究主观与客观的关系，知识与行为的关系，经验与理性的关系，创立了几种有中国特色的知识论学说。

第一节　概述

中国实证哲学思潮的开山，当数在五四时期传播实用主义的胡适。在科学与玄学论战中，丁文江高扬唯觉主义，把实证论在中国推向高潮。张东荪提出多元主义的认识论，折中实证论和先验论，并接着实证哲学的问题来讲。金岳霖沿着客观主义路线，突破了实证论的藩篱，在本体论和知识论方面均取得重要理论思维成果。

一　发展历程

西方的实证哲学思潮是近代社会的产物，而中国实证哲学思潮则主要是现代社会的产物。中国实证哲学思潮的发展历程，大体上可以划分为引入期、发展期、反思期三个阶段。

（一）引入期

中国实证哲学思潮的源头可以追溯到严复和王国维。严复开启中国实证哲学思潮的先河，把英国实证论者赫胥黎、斯宾塞、穆勒的著作译成中文。严复在对中西文化加以比较之后，承认中国传统学术有缺陷，极力推崇西方文化的"实测内籀"之学。他认为，中学和西学的明显区别在于："中国夸多识，而西人尊新知。"① 中国的传统学术以"夸多识"为基本特征，遂以读书穷理为基本方法；西方近代学术以"尊新知"为基本特征，遂以经验实证为基本方法。由于各自采取的方法不同，学术风格也不同：西学务致实用，中学务虚玄思。由于各自采取的方法不同，实际效果也不同：西方越来越强盛，中国越来越衰弱。严复认为，中国要想改变积贫积弱的状况，必须改变思想方法，从"夸多识"转向"尊新知"。他在中国学术界大力倡导西方的实证科学，倡导实证方法，初步绍述经验原则和逻辑原则，呼吁改革传统的思维方式，起到了振聋发聩的作用。

继严复之后，王国维成为中国实证哲学思潮另一位推动者。他通过研读康德的哲学著作，接受西方哲学思维方式的训练，从

---

① 《严复集》第1册，中华书局1986年版，第3页。

认识论的角度入手，研究实证方法的哲学基础，把实证方法提升到实证原则的高度。他发明了在现代史学界有重大影响的"两重证据法"，主张运用地下出土的史料参订现有文献：一方面根据现有文献解释地下史料；另一方面根据地下史料对现有文献加以考订，在史学研究领域贯彻实证原则。他是中国最早使用"实证"这一术语的学者。王国维虽偏爱哲学思考，但没有成为专业的哲学家。他在讲到自己的思想形成过程时说："余疲于哲学有日矣。哲学上之说，大都可爱者不可信，可信者不可爱，余知真理而余又爱其谬误。伟大之形而上学，高严之伦理学，与纯粹之美学，此吾人所酷嗜也。然求其可信者，则宁在知识论上之实证，伦理学上之快乐论，与美学上之经验论。知其可信而不可爱，觉其可爱而不能信，此近二三年中最大之烦闷。"[①] 在可爱与可信之间挣扎的王国维，虽然倾向于实证哲学的可信，可是难以忘怀形而上学的可爱。同严复一样，王国维也不能算是严格意义上的实证论者，但他们不失为开中国实证哲学思潮先河的思想家。

（二）发展期

胡适、王星拱、丁文江等人称得上是中国第一代实证论者，在发展期最具代表性。胡适留学美国，师从杜威，接受了实证哲学在美国的分支——实用主义的思想。实用主义具有实证哲学的基本特性：拒斥形而上学的思考方式，主张在现象的领域内思考哲学问题，标榜实验的方法和科学方法。1917年，胡适回国，撰写了题为《实验主义》的长文，对实用主义哲学的基本观念及历史发展做了详细介绍。他明确表示："我是一个实验主义的信徒。"他崇奉实证哲学，用"拿证据来"这一口号，概括实证哲学的怀疑精神，并且把实用主义的思想方法归结为"大胆的假

[①] 《王国维文选》，上海远东出版社1997年版，第108页。

设，小心的求证"的公式。在真理论方面，他也接受了实证哲学的一般原则：强调真理的有用性、相对性和可证实性。在五四时期，"科学"和"民主"是两个最有号召力的口号，胡适抓住这一契机，大力弘扬实用主义作为"科学方法"的一面，迅速扩大实证哲学的市场，使之成为20世纪初在中国最有影响力的哲学思潮之一。我们把胡适称为中国第一个实证论者，既符合他本人的思想实际，也符合中国现代哲学史的史实。

不过，由于胡适本人是个人文学者，并不是自然科学家，因此尽管他喜欢谈论"科学方法"，可是由于缺乏自然科学方面的学养，只能泛泛而谈，不能不使人产生隔靴搔痒的感觉。自然科学家兼哲学家王星拱、丁文江等人，弥补了胡适的不足，似乎比胡适更有资格谈科学方法。他们有坚实的自然科学学养，以自然科学家的身份说话，结合科学史来推广实证哲学，扩大了该思潮的影响力；他们结合自然科学知识宣传实证主义，更容易为读者接受。在五四时期，王星拱出版《科学方法论》一书，介绍了实证主义的嫡传——马赫主义哲学。马赫主义把哲学归结为认识论，把世界看成"感觉要素的复合"。马赫主义主张以经验作为科学的出发点，否定现象以外还有本质存在，认为科学和人类认识所及的对象只是感性经验。在1923年的科学与玄学的论战中，号称"科学神"的丁文江，也是马赫主义者，他与"玄学鬼"张君劢就"科学能否解决人生观问题"展开论战，打出"唯觉主义"和"存疑主义"的理论旗帜，进一步扩大了马赫主义的影响。以这场论战为标志，中国实证哲学思潮达到了巅峰。他们不像胡适那样空泛地议论科学方法，而是结合科学研究的过程阐发实证论的原则，比较详尽地论述科学的哲学基础、科学知识的来源、科学的功能及其与逻辑的关系等问题，有一定的理论深度。丁文江表示相信"存疑的唯心论"，既反对物质实体，又反对精神实体，主张取消一切"玄学"即形上学。在他看来，只有感觉经验才是科学知识的唯一基础。他认为，"科学的材料原都是心理的现象"，根本不需要用"形上学"作科学知识的担保。王星拱也主张"知识最初的起源都由于器官的感触"①。两人都认为，科学方法是万能的，可以解决人生问题，而科学方法就是"辨别事实的真伪，把事实取出来详细的分类，然后求他们的秩序关系，想一种最简单明了的话来概括它"。②显然，他们所理解的科学方法，主要是指经验归纳法；至于演绎法，并未引起他们充分的重视。

（三）反思期

由于实证哲学在中国的发展，激起了人们对认识论问题的兴趣，引导人们在这方面做进一步的探索，于是，中国实证哲学思潮的发展顺理成章地进入反思期。实证主义是在19世纪末、20世纪初传入中国的，在当时中国学者的眼里，还是比较新鲜的；可是在西方它的理论缺陷已经暴露出来，受到诸多批评，已不能引领主流了。中国现代学者在接受实证主义影响的同时，也接受了实证主义批评者的影响，因而找到了独立思考的空间。到20世纪30年代至40年代，张东荪、金岳霖先后尝试建立起自己的认识论体系，以解决实证论无法解决的问题。这些问题是：怎样从特殊的经验中得到一般性的科学知识？客观实在与人的认识的关系究竟如何？就他们的学说自身而言，很难归结为实证主义，但他们的观点确是针对实证主义所提出的问题讲的，可以姑且称为"后实证哲学"。在反思期，张东荪和金岳霖都是有思想原创力的哲学家。他们试图突破实证论的局限，建立起有中国特色的知识论学说体系。

张东荪从康德那里受到启发，沿着主观主义的思路，主张用

---

① 王星拱：《什么是科学方法》，载《新青年》第7卷第5号。
② 张君劢、丁文江等：《科学与人生观》，山东人民出版社1997年版，第42页。

先验论修正实证论的"唯觉主义"观点,把各种认识论学说综合起来,成就一家之言。他认为,仅仅用感觉论并不能充分说明认识的来源问题,因为感觉并不等于作为认识对象自身的"存在者"。"感觉既不是外物的写照,又不是外物的翻译,乃竟好像有几分无中生有的样子。"① 但他也不否认感觉是认识的一个要素,只是认为感觉需要和其他要素合作才能发挥作用。他运用康德的范畴和先验逻辑来克服实证论感觉论的片面性,提出了所谓"多元认识论"。尽管这一理论观点杂陈,具有浓厚的折中主义色彩,没有完全突破实证论的局限,但它毕竟朝着走出实证论的方向迈出了一步。

在20世纪的中国专业哲学家当中,真正做到接着实证论的问题讲而又突破实证论局限的学者当数金岳霖。他借鉴英美新实在论,沿着客观主义的思路十分认真地研究认识的形成等问题,提出自己的独到见解。他认为,仅靠感觉经验并不能形成知识,认识归根结底来自独立存在的外物。在知识形成的过程中,必须看到"意念"的抽象作用。他虽然也认为知识来源于感觉,但否认感觉是主观的,而强调它也有其客观来源,人们必须承认被感知对象的客观性。这种观点,最终突破了实证论的樊篱。金岳霖受到新实在论的影响,走上了探讨知识与智慧的道路,提出了关于意念双重作用的新理论。他没有采用中国传统哲学的写作方式,而以西方逻辑的方式表述其哲学观点,同时又对传统形而上学有所同情。他比较成功地把中西哲学融会贯通,取得了一些有价值的理论思维成果。

二 学术特色

来自西方的实证主义传入中国之后,与中国的文化背景相适

---

① 张东荪:《认识论》,上海书局1934年版,第48页。

应,与中国的社会需要相结合,形成有中国特色的实证哲学思潮。按照古语的说法,"橘生淮南则为橘,橘生淮北则为枳"。中国的实证哲学思潮,不能不有别于西方哲学思潮。我们不能把中国实证哲学思潮看成西方实证主义的简单植入,而应从中看到中国学人的理解和创新。同西方实证哲学相比,中国实证哲学思潮的学术特色,大体上可以概括为以下五点。

(一) 外生性

在鸦片战争之后,中国原有的社会形态被西方入侵者的炮火打碎。在救亡图存的过程中,中国人以理性的态度认识到向西方人学习的必要性。起初中国人仅限于向西方学习枪炮的制造技术;后来先进的中国人则意识到学习西方社会理论和制度的必要性,于是,发起维新变法运动。在维新变法失败后,中国人又把向西方学习推进了一步,即向西方学习哲学,引进西方文化的根基。实证主义正是在这个过程中逐步进入中国的。

在中国的文化传统中,虽然也出现某些实证观念的萌芽,如考据学中有些学者应用了实证的方法,但毕竟没有形成独立的实证哲学思潮。组成中国传统文化主要内容的儒家、道家、佛家三大学统,均以培养各自的理想人格为宗旨;对于实证哲学本身的探讨,鲜有涉及。实证哲学是西方实证科学发展起来以后的产物,是以西方实证科学作为基础的哲学流派。它要求从观察和实验的事实及知识出发,摒弃抽象的形而上学原则;它倡导清晰、实证、准确的思维方式,这同中国传统意象思维完全不同。由于中国实证哲学的外生性,决定了它的倡导者几乎都是在西方文化语境中成长起来的新式学者,因而很难在普通人或非实证主义者中间获得普遍的认同。从严复开始,到王国维、胡适、丁文江、王星拱、洪谦、张东荪、金岳霖等,他们无一不是西方文化的接受者和传播者。这些人引入源于西方的实证哲学,从文化血脉来讲,已经与中国传统文化相疏离,不能不染上西化的色彩。他们要想在中国开拓实证哲学的市场，不能不努力化解中西文化差距，因而面临着较大的困难。经过这些学者几十年的辛勤耕耘，实证哲学思潮在中国学术界已获得了一定的地位，但始终没有成为主导性的话语。

（二）社会功利性

实证哲学被引入中国，首先是作为改造社会的武器出现的，其次才是以哲学的面目出现的，因而带有明显的社会功利性。中国没有实证哲学的传统，它之所以能够在中国获得发展的空间，同它能够适应当时中国社会变革的需求有密切的关系。中国社会由传统转向现代，需要培育工具理性，改变道德理性一统天下的局面。中国学者从西方引入实证哲学，抱有明确的改造中国传统社会的功利目的，并非出于单纯的理论兴趣。

严复、胡适等学者都是作为社会改革的倡导者而出现在思想界的，都以实证哲学作为其社会变革主张的理论依据。严复提倡"实测内籀"之学，并以此来揭露中国旧文化的空疏、陈腐。他对中学与西学加以比较，认为"中之人好古而忽今，西之人力今以胜古"，将西学的"实测内籀"的方法与传统旧学的方法对立起来。他力图劝导人们对西学进行了解和吸收，对中学进行批判和拒斥。到了胡适的时代，中西合流逐渐成为自觉的过程，同时对传统文化的批判也日趋深入。他把实证原则作为一种新学风提出来，鼓吹"大胆假设，小心求证""拿证据来"，并以此为扫除旧思想、旧观念的工具。丁文江、王星拱等人以科学作为评判一切的标准，使科学的观念在中国深入到大众生活当中。他们引入实证哲学的着眼点，并不仅仅在于它是一种哲学的理论，而且更重要的在于它是一种改造社会、除旧布新的工具。

中国实证哲学思潮大体上可以分为两个层面：一是哲学层面上的知识论探讨，二是在大众传播层面上的科学思维和科学风尚的宣传。在哲学层面上，以胡适、张东荪、洪谦、金岳霖等人为代表，他们就知识的形成及真理问题，做了比较深入的研讨，形成独立的见解和思考，取得了一定的理论思维成果；在大众传播层面上，实证哲学辐射而形成尊重科学、信奉科学的社会风气，使科学成为大众转变思想观念的坐标系。在这种风气的引导下，科学观念成了中国人观察现实的工具，成为处理各种问题的手段。在这个层面上，实证哲学取得了比较大的成功，起到了影响社会舆论的作用。

（三）不同步性

实证哲学进入中国之后，走上了一条与西方实证主义既有区别又有联系的路。从中国实证哲学发展历史来说，先期传入中国的实证哲学尽管来自西方，但毕竟有自己独立的发展历程。这一发展历程不是一条直线，而是一条曲线：它在中国的发展，常常由于受到国内各种因素的干扰而中断。在西方，实证主义思潮有明确的两个发展阶段：一是早期的实证主义，二是逻辑实证主义。而在中国却没有形成这样的发展轨迹。在中国，尽管有亲炙于石里克的洪谦作为逻辑实证主义在中国的传人，但逻辑实证主义在中国的社会影响和学术影响都不大，构不成新的发展阶段。20世纪40年代以后，西方逻辑实证主义哲学汇入分析哲学思潮，进入对前实证主义哲学原则的探讨阶段；而中国受实证哲学影响的哲学家张东荪、金岳霖等人仍然沿传统知识论的路线演进，未能与西方实证哲学的发展趋向保持同步。

中国实证哲学思潮所讨论的问题，与西方实证主义也是不同步的，甚至在主题上也缺少相似性。西方实证主义在起步阶段，孔德、穆勒、斯宾塞等人站在哲学的立场上，讨论哲学的出路，认为哲学应以自然科学的方法建立清晰明白的系统，知识应以现象和经验为基础；但严复、王国维等人却没有深入地讨论这些哲学问题，而是将实证哲学作为区别于中国传统学术的新思潮介绍到中国来。当实用主义在美国流行的时候，师从杜威的胡适接受了它，然而胡适在中国宣讲实用主义时并不是照本宣科，而是做了选择：他特别突显"拿证据来"的理性原则和"有用即真理"的观念，而对实用主义的宗教观几乎避而不谈。西方实证论者把拒斥形而上学当作一项重要任务。西方实证论哲学自孔德以来，一直保持着反对"形而上学"的姿态。孔德认为，"真正的实证精神是用对现象的不变的规律的研究来代替所谓原因"。穆勒说："我们没有关于现象以外的任何东西的知识，我们关于现象的知识是相对的，不是绝对的。"此后，马赫主义、实用主义、逻辑实证主义一直都采取拒斥"形而上学"的态度。马赫声称，他的观点是排除一切形而上学的问题的，不论这些问题被认为只是片刻不能解决的或是根本永远无意义的。相比之下，中国实证派的哲学家对形而上学的态度要宽容得多，并不完全认同西方实证论的反形而上学传统。他们一方面赞成经验论，另一方面在研究形而上学问题时，又与西方实证论者的理论倾向相左。除了胡适、丁文江、洪谦等人比较坚决地表示反对形而上学之外，其他人如严复、王国维、金岳霖等对形而上学问题都保持了一定的兴趣。严复虽承认本体不可知、不可思议，但并不否认其有意义，不否认本体的存在。王国维承认实证论"可信"，但觉得这种哲学并不"可爱"。他向往"可爱"的哲学，其实就是对形而上学表示亲近。金岳霖在知识论和逻辑学上都有重大贡献，但他将知识论与形而上学区别对待，承认形而上学可以使人得到情感上的满足。他一方面接着实证主义提出的问题讲知识论，另一方面着手建立以"道"为核心的本体论学说体系。他们始终没有放弃对现象背后终极原因的探寻。

（四）兼容性

中国实证哲学思潮中的哲学家对形而上学的宽容态度，根源于中国传统文化的影响。他们试图把中国传统哲学与实证哲学融会贯通，从而使中国实证哲学思潮表现出兼容性。中国与西方在近代的冲突，在某种意义上可以归结为中西两种文化的冲突。在向西方学习的过程中，中国人认识到西方科学的先进性，进而认识到西方科学的思维方式与中国思维方式的区别，于是，讲究精确、实证的思想方法被中国人作为西方科技的根基介绍到中国，既作为发展中国科学的出发点，又作为反省传统文化的出发点。严复以西方文化为参照系，对中西之学做出对比，他指出："中之人好古而忽今，西之人力今以胜古"；"其为学术也，一一皆本于即物实测"；"理之诚妄，不可以口舌争也，其证存乎事实"。从严复开始，实证的观点开始成为新式知识分子反省传统文化的工具。在反省过程中，他们使实证哲学得以在中国立足，迅速传播，并且逐渐发展成为一种社会思潮。接受实证哲学影响的学者，均发表过批评传统文化的言论，都要求走出传统，与世界的潮流接轨。

但是，这只是中国实证哲学思潮与中国传统文化关系的一个方面。从另一方面看，中国的实证哲学思潮的发展又受到传统文化的影响，从而表现出中国特色，使之与西方实证主义相区别。中国实证哲学思潮对中国传统哲学的继承，主要表现在对程朱派的改造和吸收上。严复虽然对传统旧学有批判，斥之为无用之学。但在方法论上，批判的矛头主要指向陆王，而对程朱则有保留。他认为，程朱以格物致知来认识理，设定了认知对象，而陆王则重主观，没有确定认知对象，相比之下，程朱比较接近科学方法。胡适的看法与严复基本上是一致的，也对朱子的格物致知说表示同情。金岳霖在构造他的知识论体系时，也受到中国传统文化的影响，力图将中国固有文化同西方文化结合起来，用他的话来说，就是"旧瓶装新酒"。出于对中国传统文化的感情，在他的哲学中保留了许多中国哲学的固有名词，如无极、太极、几、数、理、势、情、性、用等，并赋予这些字词一些新的含义。在《论道》中，道、式、能等语汇本身都属于中国的文化传统，充分说明他的哲学体系接受了中国文化的影响。所以，实证哲学与传统文化间的作用及影响是双向度的，而不是单向度的。

回顾中国实证哲学，它不仅作为一种哲学而存在于中国现代学术史，更重要的是，它作为一种思潮，影响了中国现代思想的形成及其命运的选择。实证原则、实证哲学被中国学者作为异质文化而接受，进而形成广泛的影响，使人们思考的对象从自身修养转向救世治世，从格物致知的修身养性转到讲求实效的科学探索。实证主义在中国有启蒙的作用：一方面推动中国哲学走向世界；另一方面把西方哲学引入中国，成为中西哲学交流与融会的一个中介。

（五）不充分性

由于中国没有严格意义上的实证哲学传统，实证哲学思潮很难同固有的思想材料相结合；由于20世纪初中国实证科学比较落后，水平不高，也无法为它提供坚实的科学基础。中国实证哲学思潮所处的语境，真可以说是先天不足、后天不利。中国社会在20世纪处于急促的变革时期，哲学流派的更迭频繁而迅速，除了马克思主义哲学之外，其他哲学流派很难保持长久的影响力，中国实证哲学思潮也不例外。从这一点来说，中国实证哲学思潮很难有发展空间。由于这些原因，中国实证哲学思潮没有得到长足的发展。在五四时期，胡适倡导的实用主义相当走俏；到1923年科学与人生观论战，中国实证哲学思潮达到了巅峰状态，此后便转向衰微。严格地说，中国实证哲学只有十几年的历史，到20世纪30年代就已进入后实证哲学时期，张东荪和金岳霖均要求突破实证哲学的藩篱，着手创立自己的哲学体系，他们不能算是严格的实证论者，只能算是中国实证哲学思潮中的哲学家。他们的学说只能算是实证哲学的余波。即便在中国实证哲学的鼎盛时期，胡适、丁文江等人也是宣传、介绍得多，研究、探讨得少。对于实证主义的基本理论，他们没有做出值得称道的建树。

三 相关的社会思潮

实证主义在西方大概算是一种哲学思潮,而实证哲学在中国则引发出几种比较广泛的社会思潮。在推动中国社会的发展方面,实证哲学起到了振聋发聩的作用。在文化反思过程中,接受实证哲学的学者,始终以异质文化为参照系,运用实证哲学的思想观念作为重新考量传统文化的理论依据和分析工具。在中国现代史上,与中国实证哲学相伴的社会思潮,主要有以下几种。

(一) 西化思潮

实证哲学与中国近现代的西化思潮是紧紧联系在一起的,它引导中国相当大的一部分新式知识分子在文化取向上选择西方文化。

从严复开始,在"中学"与"西学"之间进行比较与选择就已开始了。在严复看来,中国文化的缺点是"无实""无用",极而言之,可以说是"始于作伪,终于无耻"。要想改造中国文化落后的现状,就必须学习优于中国文化的西方文化。他指出:"至于近世三百年,舟车日通,且通之弥宏,其民弥富,通之弥早,其国弥强。非彼之能为通也,实彼之不能为不通也。……通则向者之礼俗宗教,凡起于一方,而非天下之公理,非人性所大同者,皆岌岌乎有不终日之势矣。""灾福不同,而非天下之公理,非人性所大同,其终去而不留者,则一而已矣。"[①] 严复提出的公理,是指中国文化必须服从的规范和出路,也就是指西方文化。在他看来,"二百年来之天运人事皆为其通而不为其塞。汽机电气既用,地球固弹丸耳。……而谓五洲上腴如中国者,可深闭固拒以守其四千年之旧俗,虽至愚者,知其不然矣"[②]。他大声呼吁:中国人再也不能拘守旧思想、旧习俗、旧观念了,必然将

[①] 《严复集》第4册,中华书局1986年版,第989—990页。
[②] 《严复集》第1册,中华书局1986年版,第79页。

目光转向西方，从那里找到出路。

到了五四时期，由于受实证哲学的影响，陈独秀举起科学和民主的旗帜，把新文化运动推向高潮，大张旗鼓地反对孔教，反对旧道德，反对旧文学旧艺术。他认定的发展逻辑是：既然民主和科学能把西方引到高度文明发达的社会，那么，也一定能帮助中国达到这一目标。基于这种判断，他曾把西化视为挽救中国民族危亡的必由之路。民主和科学成为向西方学习的突破口，也成为改变中国社会的突破口。

在中西文化的对比选择中，中国第一个实用主义的信奉者胡适提出"全盘西化"的文化主张。他从对东方文化的不满意，进而主张一切向西方学习。胡适在《我们对于西洋近代文明的态度》一文中说："东方的文明的最大特色是知足。西洋的近代文明的最大特色是不知足。知足的东方人自安于简陋的生活，故不求物质享受的提高；自安于愚昧，自安于'不识不知'，故不注意真理的发现与技艺器械的发明；自安于现成的环境与命运，故不想征服自然，只求乐天安命，不想改革制度，只图安分守己，不想革命，只做顺民。……西方人大不然。他们说'不知足是神圣的'。物质上的不知足产生了今日钢铁世界，汽机世界，电力世界。理智上的不知足产生了今日的科学世界。社会政治制度上的不知足产生了今日的民权世界，自由政体，男女平权的社会，劳工神圣的喊声，社会主义的运动。神圣的不知足是一切进化的动力。这样充分运用人的聪明智慧来寻求真理以解放人的心灵，来制服天行以供人用，来改造物质的环境，来改革社会的制度，来谋人类最大多数的最大幸福，——这样的文明应该能满足人类精神上的要求；这样的文明是精神的文明，是真正理想主义的文明，决不是唯物的文明。"[①] 1930 年，胡适在《介绍我自己的思

[①] 《胡适文存》第三集，黄山书社 1996 年版，第 10 页。

想》中更透彻地指出，我们必须"死心塌地的学人家。不要怕模仿，因为模仿是制造的必要预备工夫。不要怕丧失我们自己的民族文化，因为绝大多数人的惰性已经够保守那旧文化了，用不着你们少年人去担心"①。

显而易见，胡适的西化思想有些极端，表现出民族文化虚无主义的倾向，但在当时对于国人克服守旧心态、形成开放观念是有帮助的。在胡适之后，中国马克思主义者采取理性的态度，批评地吸取实证哲学和西化思潮的合理成分，积极促进中外文化的交流，在中国现代化建设的历史进程中使改革开放的观念逐渐深入人心，使中国人民形成放眼世界的眼光和胸怀。

(二) 科学主义思潮

实证哲学与科学主义不是一个概念，但二者有比较紧密的联系。汤姆·索雷（Tom Sorell）在谈到科学主义的时候说："科学主义是一种信仰，它认为科学，特别是自然科学，是人类知识中最有价值的部分——之所以最有价值，是因为科学最具权威性、最严密、最有益。"② 按照这一说法，把科学视为人类文明发展最高阶段的实证论无疑属于科学主义的范畴，但科学主义的外延显然要比实证论大，科学主义的信奉者不都是实证论者。在中国近现代思想发展史上，实证科学、实证哲学、科学主义构成一条明晰的线索。在"科学"上升为"主义"的进程中，实证哲学起到了催生作用。

从明清之际开始，近代实证科学开始传入中国，可惜未形成广泛的社会影响，到雍正年间，中西文化交流中断，实证科学也随之淡出中国人的学术视野。直到19世纪中叶，随着清朝的国运衰落和西方列强的入侵，西方实证科学再次传入中国。中国人

---

① 《胡适文存》第四集，黄山书社1996年版，第459页。
② 杨国荣：《科学的形上之维》，上海人民出版社1999年版，第119—120页。

对实证科学和西方文明的理解是从"器"与"技"开始的。人们先是领略到"船坚炮利"的厉害，然后产生"师夷之长技以制夷"的愿望。在洋务运动中，人们对科学的认识由"器"和"技"提高到"格致之学"，科学以理论形态出现，如数学、光学等，人们对科学的理解也不断地深化。在19世纪后期，维新思想家出现，他们又将对科学的理解推进一步，目光由"器"与"技"，转向其背后的思想观念，对科学的追寻开始上升到"道"的形态，同时又将科学与世界观、价值观相联系：它不仅就自然对象及其原理发挥其功能，且被赋予世界观与价值观的功能。在维新思想家那里，已经出现科学主义的萌芽，不过这时"科学"尚未上升为"主义"。

实证科学的传入和发展为实证哲学的传入做了铺垫。为了真正把实证科学引入中国，严复和王国维大力倡导实证方法和实证原则，以期改造传统的思维模式。在此基础上，胡适把实用主义引入中国，成为中国第一个实证论者。此后，王星拱、丁文江等人也加入中国实证哲学的营垒。在他们的努力推动之下，实证哲学终于成为现代中国一种具有广泛影响的社会思潮。

在实证哲学的引导下，1923年发生了有名的科学与人生观的论战。这次论战是中国科学主义形成的标志。科学在那时的中国已经上升为"主义"，变成一种信念，成为构建理论体系的支点，并且渗透到学术和政治及社会生活的各个领域，开始影响和支配人生观。此时，科学已经超出了实证研究的范围，成为价值和信仰的基础。这表明科学主义在中国已成为一种主导性的思潮。有相当大一批知识分子把科学当成摧毁传统价值观念的工具，当成更新知识、除旧布新的理论依据，当成勾勒未来理想社会蓝图的主色调。总之，他们把科学当作一种最好的东西，当作万能的灵丹妙药，把科学方法作为寻求真理和知识的唯一方法来接受、来宣扬。

用今天的眼光来看，科学主义的确存在着严重的缺陷。尽管科学主义者极端崇拜科学精神与科学方法，但科学发展所需要的社会机制却往往被他们忽视。在科学主义者那里，科学仅仅成为一种口号而被信奉，几乎成为支配所有观念的依据。科学主义虽然影响了社会生活的各个方面，但并不直接有益于科学的发展。人们把科学作为基本教条应用于生活的各种情境，通过对方法的崇拜导致了方法论上的形而上学。科学的形而上学化之后带来的后果是工具理性压倒价值理性，从而造成科学与人文、理性与价值、生活世界与科学图景之间的严重对立。这种对立对于科学的发展并无好处。从中国现代史看，尽管科学主义风行几十年，但并未促使科学本身获得相应的发展。不过，我们不能用今天的眼光苛责20世纪20—30年代的思想家。他们在当时大力倡导科学主义，对于人们转变观念、对于科学威信的提高还是有积极意义的。对此，我们应当予以充分的肯定。

（三）自由主义思潮

辛亥革命之后，大批留学生从欧美、日本回国，并且多在文化教育界任职。这些人中许多人直接接受了欧美自由主义，时常也在报刊发表一些宣传自由主义的言论，也有一定的影响。但由于缺乏共同的思想基础，这时的自由主义者尚处于无组织状态，未能在政坛上形成一股政治力量。中国自由主义在中国有组织、有阵地、有影响，形成一种政治派别，乃在实证哲学思潮兴盛以后。有实证哲学倾向的思想家不一定是自由主义者（如王国维），但实证哲学事实上的确为中国的自由主义者们提供了共同的思想基础。从这个意义上说，中国自由主义思潮可以说是实证哲学在社会政治层面的展开。

殷海光认为，一个人只要具备下列属性中的四种，在中国即可被称为自由主义者：一是批判以孔学为主的传统；二是提倡科学；三是追求民主；四是好尚自由；五是倾向进步；六是用白话文。如果按照这种观点，接受实证哲学影响的学人大都可以称为自由主义者。20世纪20—30年代，中国实证哲学思潮在中国进入鼎盛时期，自由主义派也随之作为一种政治力量活跃在政坛。胡适既是中国实证哲学思潮的代表，又是自由主义派的领袖。胡适一改"不谈政治"的初衷，积极参与政治活动，呼吁建立"好人政府"，组织"人权派"，联络其他自由主义者创办言论阵地《努力周报》。丁文江也不甘寂寞，发表了《少数人的责任》等文章，阐述他自由主义的政治主张。

以胡适为首的自由主义派在中国的命运实在不佳。当清朝政权没落瓦解、传统意识形态失去其作用时，中国社会应树立什么样的价值体系还未确定，自由主义思想得到乘虚而入的机会。但是，自由主义在中国没有丰厚的生存土壤，随着强力政权在中国的建立，自由主义就被压制下去。在国民党南京政府建立之后，实施"政治训导"，在意识形态方面加强控制，"三民主义"被教义化，传统的伦理道德也被重新提出来，树立为当时的社会规范，其保守的一面自不待言。在这种情况下，国民党政府的专制政治被广泛地宣传和接纳，政府以强权夺取了民众思想的空间。此时，自由主义者不得不改变原来的政治立场。吴稚晖，这位曾经宣扬自由、平等、博爱的无政府主义者，这位"发誓不读线装书"的反孔斗士，竟成为国民党政府的政客。丁文江在1934年后不再鼓吹民主政治，而要求实行理想的"专制"和开明的"独裁"。就连胡适也落到了"说罢人权道王权"的地步。

对于20世纪30年代的胡适，人们欣赏他的批判精神，却听不进他的治国方略；他对保守主义和专制独裁的抨击，引起国民党当局的不满；他对民族主义的冷漠以及温和的改良主义主张，受到共产党人的批判；他的全盘西化主张，受到文化保守主义者的猛烈攻击。这些因素注定了自由主义在中国必然失败。格里德在《胡适与中国的文艺复兴》中这样分析中国的自由主义派失败的原因:"……自由主义在中国失败并不是因为自由主义者本身没有抓住为他们提供的机会,而是因为他们不能创造他们所需要的机会。自由主义之所以失败,是因为中国那时正处在混乱之中,而自由主义所需要的是秩序。自由主义的失败是因为,自由主义所假定应当存在的共同价值标准在中国却不存在,而自由主义又不能提供任何可以产生这类价值准则的手段。它的失败是因为中国人的生活是由武力来塑造的,而自由主义的要求是,人应靠理性来生活。"①

在中国当时的情况下,自由主义只能是一种政治理想,无法同现实社会相容。自由主义者身处在十字街头,心存于象牙之塔,曲高和寡,失败当然在所难免。我们回顾自由主义思想的历程,可以看到,自由主义派与实证哲学思潮几乎保持着同步:一个反映在政治诉求上,一个反映在思想观念上。自由主义作为一种政治诉求在中国无疑没有可行性,然而作为一种社会批判思潮却并非没有价值。它在多个层面上揭露封建文化的落后性,拒斥专制主义政治,宣扬人权、自由、民主、平等、博爱的理念,对于中国社会的进步也起到了一些积极的作用。

第二节 胡适的实用主义思想

胡适自称是"实验主义的信徒",五四时期在中国传播实用主义,推崇"科学方法",开启了现代中国实证哲学的发展方向。

一 其人其书

胡适(1891—1962),原名胡洪骍,字适之,1891年生于安

---

① [美]格里德:《胡适与中国的文艺复兴》,江苏人民出版社1989年版,第368页。

徽绩溪县的官僚兼商人之家。胡适自幼聪颖，勤奋好学。他幼年在私塾中阅读了很多儒家经典，13岁来到上海，学习日文、数学、英文等；14岁时接触到《天演论》，以"物竞天择，适者生存，试申其义"为题，写出一篇短文。他还读了严复译的《群己权界论》和梁启超的一些著作。这些书对胡适影响极大，使他"知道《四书》《五经》之外，中国还有学术思想"，使他"相信中国之外还有很高等的民族，很高等的文化"。

1906年，胡适已15岁。这时，他的成熟程度，已经超过了他的年龄。他关心社会政治，曾有《破除迷信，开发民智》《警告中国的女儿》《呜呼！鉴湖女侠秋瑾之墓》等文发表。17岁时，他凭借自己的文学功底，接任《竞业旬报》主任，同年又开始了他的教学生涯。从此，他开始了一边教书、一边著文的生活。

1910年，胡适19岁。他下决心发奋读书，终于考取赴美官费留学生资格。在美国，他先入康奈尔大学学农，后改读文科。1915年转入哥伦比亚大学，成为实用主义哲学家杜威的学生。1917年胡适回国，受到蔡元培校长的器重，担任北京大学教授，开始了他提倡新文化和实用主义思想的活动。五四期间，他曾挑起"问题与主义"的论战。

20世纪30年代，胡适正值壮年，随着抗日战争的爆发，他由执教转为从政，为抗战奔走求援。他的抗日主张有妥协论的特色，认为中国武力不如日本，先是主张议和避战，后又提出"苦撑待变"的主张。从1938年起，胡适任国民政府驻美大使。1942年被聘为行政院高等顾问，但未回国到任。1946年任北京大学校长。1949年后，年近六旬的胡适，过起流亡美国的寓公生活。20世纪60年代，他往来于台美之间，从事政治和学术活动，那期间受到蒋介石的器重，1958年被任命为台湾"中央研究院"院长，直到1962年在台湾病逝。

著名学者唐德刚说："胡适之先生是现代中国最了不起的大学者和思想家，他对我们这一代，及至今后若干代的影响，是无法估计的。"他一生学术活动广泛，在哲学、文学、史学等方面都有专门论著。实用主义思想是他的指导思想。

胡适的著作很多，早年发表的文章大都收录《胡适文存》（上海亚东图书馆1921—1930年版）、《胡适论学近著》（商务印书馆1935年版）等书，哲学著作有《先秦名学史》《中国哲学史大纲》《戴东原的哲学》等。胡适去世以后，大陆和台湾都很重视整理他的遗著。大陆重新出版的胡适的著作主要有：《中国哲学史大纲》（卷上），商务印书馆1987年影印版、东方出版社1996年横排版；《先秦名学史》（中译本），上海学林出版社1983年版；《胡适的日记》，中华书局1985年版；《胡适来往书信选》（上、中、下），中华书局1979—1980年版；《丁文江传》，海南国际新闻出版中心、海南出版社1993年版；《胡适文存》，黄山书社1996年版；《胡适全集》，安徽教育出版社出版。除此之外，还编辑出版了《胡适哲学思想资料选》（华东师范大学出版社1981年版）等多种胡适著作的选本。台湾整理出版的胡适著作主要有：《胡适手稿》（十集）（台湾"胡适纪念馆"1966—1970年版）、《胡适选集》（十四册）（台湾文星书店1966年版）、《胡适与中西文化》（台湾水牛图书出版事业有限公司1984年版）等。

胡适作为中国现代史上具有重要影响的人物，一向为人们所关注。20世纪50年代曾发动批判胡适运动，发表批判胡适的文章数以百计。由于受到"左"的思想的影响，这些批胡文章颇多过激之词，很少有人深入、认真地研究胡适的学术思想。80年代以后情况发生了变化，胡适成为学术研究的热点之一，发表了大量研究胡适的学术论文，出版了一批研究胡适的专著。研究胡适的著作主要有：耿云志著《胡适年谱》（四川人民出版社1989年版），耿云志、闻黎明编《现代学术史上的胡适》（生活·读书·

新知三联书店1993年版)、唐德刚著《胡适杂忆》(华文出版社1990年版),白吉庵著《胡适传》(湖南教育出版社1987年版、人民出版社1993年版),易竹贤著《胡适传》(湖北人民出版社1987年版),沈卫威著《胡适传》(河南大学出版社1988年版),朱文华著《胡适评传》(重庆出版社1988年版),章清著《胡适评传》(江西百花洲文艺出版社1992年版),欧阳哲生著《自由主义之累》(上海人民出版社1993年版),郑大华著《梁漱溟与胡适》(中华书局1994年版)。安徽大学胡适研究中心还编辑出版不定期刊物《胡适研究》,第一辑已由东方出版社于1996年出版。

二 为何关注工具理性?

同任何前现代的哲学理论形态一样,中国古代哲学比较重视价值理性的培育,而不大重视工具理性的培育。在知识论态度方面,中国古代哲学家们通常把知识分成两类:一类叫作"天德良知"或"大体之知";另一类叫作"见闻之知"或"小体之知"。前者关乎价值理性,后者关乎工具理性。大多数学者并不重视工具理性,甚至有人把科学技术视为"奇技淫巧",不屑一顾。也有些学者在科学技术方面有贡献,不过他们大都是科场的失败者,致力于科学技术事业,只是一种无奈的选择。例如,李时珍是在屡试不第的情况下,才全身心地投身于编纂《本草纲目》。在古代社会,搞科学技术的学者,非但不会受到社会舆论的尊重,反而会受到歧视。在中国搞现代化事业,必须扭转这种学术导向,提升对工具理性重要性的认识,培育符合中国国情的现代性。胡适引进实用主义,切合了中国社会现代发展的这种理论需要。

在胡适引入实用主义之前,中国近代的思想家就开始扭转轻视工具理性的倾向。在中国传统文化中,以非功利主义为特征的儒家哲学占主导地位。尽管也存在着有功利主义倾向的思想流派，如先秦的墨家和法家、宋代的陈亮和叶适、明清之际的颜李学派等，但都不能改变非功利主义占主流地位的情形。直到近代，情况才发生了较大的变化。由于受到西学的冲击，许多进步的思想家批评儒学的非功利主义倾向，对功利主义思想表示同情。严复弘扬西学，贬抑中学，视西学为新学，中学为旧学，指斥旧学"无实，无用"；章太炎在《訄书》中大力表彰具有功利主义倾向的思想家颜元和戴震，而批评儒家的正统观念。由于近代出现了这种变化，以功利主义为特征的实用主义接踵而来，并且迅速地传播开来，应当说是顺理成章的事情。近代以来功利主义倾向在中国抬头，对工具理性越来越重视，这为实用主义在中国的传播准备了条件。

　　出于对工具理性的重视，中国近代思想家大力倡导进化论哲学。在近代中国，没有哪一种思潮比进化论的影响更大。无论是维新派，还是革命派，都把进化论奉为圭臬。达尔文创立的进化论本来是一种自然科学理论，但对现代哲学的发展却产生极大影响，促使哲学的理论形态发生重大变化。进化论成为主流话语以后，机械唯物主义受到致命的打击，德国的古典哲学也被挤到了后排，注重证据、反对玄思成为新学风的标志。"自从这个'拿证据来'的喊声传出来以后，世界的哲学思想就不能不起一个根本的革命，——哲学方法上的大革命。于是十九世纪前半的哲学的实证主义就一变而为十九世纪末年的试验主义了。"① 进化论不承认一成不变的终极本体，把世界看成永不休止的发展过程。如果把这个过程仅仅理解成经验事实的话，很容易倒向实用主义。在实用主义的思维方式上，明显地打着进化论的烙印，例如讲究人与环境的关系、探求人应付环境的方法、拒斥形而上学等，都

---

① 《胡适文选》，上海亚东图书馆1922年版，第241页。

立足于进化论的观点处理哲学问题。正是因为实用主义与进化论有如此密切的联系，所以，中国思想界在接受进化论的基础上，再接受实用主义，便不会遇到多大的困难。尤其值得注意的是，近代先进的中国人并没有仅仅把进化论当作一种自然科学理论，而是当作救亡图存的思想武器。与其说人们关注它的科学意义，毋宁说关注它的哲学意义。在进化论的导引下，科学的威信大增，标榜科学的哲学理论也随着大行其道。正是在这样的思想背景下，傍依进化论的实用主义，很方便地在中国找到了市场。随着进化论的盛行和逐步深入人心，使实用主义的传播获得适宜的土壤。

实用主义之所以能够在现代中国迅速传播开来，还有一个原因，就是在知识论态度上，同中国古代哲学比较接近。中国古代哲学家不大重视理论体系的建立，而特别重视理论的实践效果，形成了重行的传统。"行"包含着目的性，对于目的性的清楚了解和准确定位，也就是"知"。中国哲学家心目中的知，不是西方哲学中所说的"为学术而学术"的纯知识，而是与"行"紧密联系在一起的实用知识。中国哲学家强调，知识来自实际，指导实际，"学至于行而止"。中国哲学家往往把知与行相提并论，主张知行合一，即把知落实到行动上。美国实用主义者声称实现了"哲学革命"，意思是说他们改变了西方人"为知识而知识"的传统，把关注的重点从"知"转到了"行"。实用主义强调人的认识活动的创造性，强调一切科学和认识的对象均出于人本身的创造。这种行为主义的知识论态度，背离了西方哲学的重知传统，却同中国哲学的重行传统拉近了距离，因而比较容易为中国学者所接受。

胡适在美国留学期间师从杜威，接受了实用主义。他未回国之前，就已参加新文化运动，在《新青年》杂志上发表文章。在这些文章中就已渗透着实用主义思想。回国以后，他更加积极地宣传实用主义。1919 年 4 月，他在《新青年》第 6 卷第 3 号上发表长文《实验主义》，对皮尔斯、詹姆士、杜威等美国几位主要的实用主义者的思想做了比较全面、比较系统的介绍。他以实用主义为指导思想，撰写《中国哲学史大纲》，在北大讲授中国哲学史，试图用重新诠释中国传统哲学的方式为实用主义在中国找到落脚点。

为了扩大实用主义的影响，胡适等留美归来的学者以江苏省教育会、北京大学、知行学会的名义邀请杜威来华讲学。1919 年 4 月底，杜威偕妻子、女儿来到上海，胡适、蒋梦麟、陶行知等人特地到上海迎接。杜威原计划在中国讲学几个月，因讲演颇受欢迎，竟拖了两年零两个月之久。他到过辽宁、河北、山西、山东、江苏、江西、湖南、湖北、浙江、福建、广东等 11 个省，几乎走遍了大半个中国，做了数十场讲演。他的讲演稿被迅速地译成中文，刊登在《新青年》《每周评论》《晨报副刊》《新潮》《觉悟》《学灯》等著名的刊物上，影响之大，波及全国。后来北京出版社出版了"杜威五大讲演录"，其中有《社会哲学与政治哲学》《教育哲学》《思想之派别》《现代的三个哲学家》《伦理讲演纪略》等，再版十几次，成为当时最畅销的书籍之一。

胡适在北京大学开设"杜威著作选读"课，大受学生欢迎。他在 1919 年 10 月 27 日的日记中写道："我初限此班不得过 30 人，乃今日第一次上课竟有 60 余人之多。"北大学生傅斯年、罗家伦、顾颉刚等人接受了杜威、胡适的实用主义思想，俨然形成一个学派。

五四时期，进步的知识分子对实用主义大都抱着欢迎和同情的态度。正如艾思奇所说："在哲学上，胡适所标榜的实验主义占了一时代的上风，其他的哲学思潮自然未尝没有介绍，但对于传统的推翻，迷信的打破，科学的提倡，是当时的急务，以'拿证据来'为中心口号的实验主义被当时认做典型的科学精神。"

"实验主义的治学方法在某种意义上可以说是与传统迷信针锋相对，因此就成为五四文化中的天之骄子。"① 不少初步具有共产主义思想的知识分子，也都受到实用主义的影响，发表了一些带有实用主义色彩的言论。毛泽东曾表示支持湖南健学会某会员做的题为《采用杜威教育主义》的讲演，称赞这篇讲演"能得其道"。他还沿着胡适"多研究问题"的思路，参与组织湖南"问题研究会"。在该会的会章中，列出了 140 多个具体社会问题，号召大家研究。陈独秀说："杜威博士关于社会经济（即生计）的民治主义解释，可算是各派社会主义的共同主张。"② 甚至到 1923 年科学与人生观论战发生之后，陈独秀还想组建唯物史观与实用主义的联合战线，共同对付玄学派。

尽管胡适屡称自己是实用主义的信徒，其实他并没有简单地把实用主义稗贩到中国来。许多胡适的批评者指斥胡适为"美国实用主义的应声虫"，并不符合事实。对于胡适来说，美国实用主义只是他的思想来源之一，并非他思想的全部。他并没有机械地照搬照抄美国的实用主义，而是按照自己的理解进行了改铸加工。他依据一个中国现代哲学家所能达到的理解程度，从实在论、真理论、方法论三个方面阐释实用主义的基本思想。

三 实在与经验的关系怎样？

胡适基本上接受了实用主义的实在观，称赞杜威是哲学史上的一个"大革命家"。他在《胡适文存》中写道："因为他把欧洲近世哲学从休谟和康德以来的哲学根本问题一齐抹煞，一齐认为没有讨论的价值。一切理性派与经验派的争论，一切唯心论和唯物论的争论，一切从康德以来的知识论，在杜威的眼里，都是

---

① 《艾思奇文集》第 1 卷，人民出版社 1981 年版，第 57、59 页。
② 《独秀文存》，安徽人民出版社 1987 年版，第 251 页。

不成问题的争论，都可'以不了了之'。"① 杜威自称超越哲学根本问题，找到了彻底的经验主义立场。胡适表示接受杜威的哲学立场，也用经验主体在先的眼光看待实在，从解释"实在"入手开始哲学思考。在哲学思维模式方面，胡适已不再局限于中国传统哲学天人合一的模式，要求从主体与客体相互关系的视角考察"实在"，把"实在"当成第一个哲学话题。在他看来，"实在"并不是指物质的客观实在性，而是指纳入人们主观范围之内的经验事实。他在介绍实用主义的实在观时说："我们所谓'实在'含有三大部分：（A）感觉；（B）感觉与感觉之间及意念与意念之间的种种关系；（C）旧有的真理。"② 他把实在的论域严格地限定在感觉经验的范围之内，把实在与感觉经验等同起来，唯心主义倾向是显而易见的。

　　胡适注意到实用主义经验论与西方哲学史上以往的经验论之间的区别。他认为，西方传统哲学中关于经验的理解不得要领，只有杜威才真正了解经验的底蕴。关于"经验"，杜威以下几点看法，胡适都表示认同。

　　第一，经验是人应付环境的事业，应付环境的活动。实用主义认为，以往的哲学把经验理解为由感觉得来的知识，这就把经验凝固化了。实用主义把凝固化、知识化的经验重新还原为人应付环境的过程、行为。胡适说："经验确是一个活人对于自然的环境和社会的环境所起的一切交涉。"他受到进化论的启发，把经验放到"环境"中加以考察，做了动态的解释，使"经验"一词带上了进化论的意义。他引证杜威的话说："经验就是生活；生活不是在虚空里面的，乃是在一个环境里面的，乃是由于这个

---

① 《胡适文存》第一集，黄山书社1996年版，第230页。
② 《胡适文存》第一集，黄山书社1996年版，第228页。

环境的。"① 实用主义强调经验不是"死"的，而是"活"的，确有与前人不同之处，胡适比较准确地抓住了这一点。当然，胡适所说的"环境"并非指客观世界，而是指经验所涉及的世界。

第二，经验的特性在于投向未来。既然经验是活生生的人与环境的交互作用，那么它的指向就不能是过去，而是未来。胡适认为，经验不仅仅是指已经发生了的经验事实，其中也应包括对付未来、预料未来、联络未来的事情，并且后者比前者更重要。以前的经验论建立在对历史的考量上，而实用主义的经验论建立在对未来的展望上。他说："旧說于現狀之外只承認一個過去，以为经验的元素只是记着经过了的事。其实活的经验是试验的，是要变换现有的物事；他的特性在于一种'投影'的作用，伸向那不知道的前途；他的主要性质在于连络未来。"以往的经验论是向后的，而实用主义的经验论是向前的，这是二者之间的一大区别。胡适指出，经验之所以能发挥"投影"作用，是因为"经验里面便含有无数连络，无数贯串的关系"，并不是凝固不变的、既定的经验事实。经验者根据这种关系，便可以预测未来、联络未来。他不再像以往的经验论者那样，把经验看成客体，看成经验事实，而是看成主体有意识的活动过程、建构过程。在这个过程中，主体与客体保持着一致性。

第三，经验和思想是一回事。实用主义认为，由于以往的经验论把经验局限在感觉的范围之内，把经验同思想对立起来，因而二者之间的关系问题成为无法解决的难题。实用主义将经验与思想之间关系的问题取消了，把思想也纳入经验的内涵之中，对经验做了最广义的诠释。胡适说："旧派的人把经验和思想看作绝对相反的东西。他们以为一切推理的作用都是跳出经验以外的事。但是我们所谓经验里面含有无数推论。没有一种有意识的经

---

① 《胡适文存》第一集，黄山书社1996年版，第232页。

验没有推论的作用。"他认为实用主义关于经验的看法具有革新的意义，那就是纠正了前人在思想和经验之间倚重倚轻的偏向。既然经验和思想是一回事，"那么，一切经验派和理性派的纷争，连带休谟的怀疑哲学和康德那些支离繁碎的心法范畴，都可以丢在脑背后了"①。胡适把"思想"合并到"经验"中，已经不再把思想视为知识，而视为某种行为。他强调，以往的经验论以"知"为重心，而实用主义经验论以"行"为重心。

应当说胡适比较准确地把握了杜威实用主义的基本精神，不过也应当看到，胡适经验主义实在论的侧重点与杜威并不完全一样。杜威的实用主义思想是在詹姆士受到批评之后提出来的，所以他极力标榜"经验主义的自然主义"，强调经验自然、经验者和经验的对象都包括在经验之中，认为主体和客体并不是存在的两个分离的项目或形态，而至多是为了经验内的一定目的而确立的某种区别而已，二者没有根本的不同。胡适在现代中国阐述经验主义的实在论，语境与杜威不同，没有必要像杜威那样努力去消解主体与客体之间的疏离，反倒努力突显人本主义原则或主体性原则，强调从主体出发把握客体的必要性。他说："实在是我们自己改造过的实在。在这个实在里面含有无数人造的分子。实在是一个很服从的女孩子，她百依百顺地由我们替她涂抹起来，装扮起来。"他还把实在比作100个大钱，既可以人为地分成两堆50个，又可以分为四堆25个，还可以分为十堆10个。总之，每个人的心目中都可以形成他自己的"实在"。比如，"一个诗人和一个植物学者同走出门游玩，那诗人眼里只见得日朗风清，花明鸟媚；那植物学者只见得道旁长的什么草，篱上开的是什么花，河边栽的是什么树。这两个人的宇宙是大不相同的"②。

---

① 《胡适文存》第一集，黄山书社1996年版，第231页。
② 《胡适文存》第一集，黄山书社1996年版，第228页。

胡适强调实在是人们经验到的实在，是经过加工、人化了的实在，许多研究者都批评胡适实在观的唯心主义性质，但忽略了胡适实在观在促进中国哲学思维方式变革方面的积极意义。由于中国古代哲学处于前近代阶段，哲学家们并没有自觉地研究主体与客体的关系问题。在中国传统哲学中，天人合一的哲学思维模式占统治地位，于是主客体关系问题被掩盖起来。古代哲学家并不特别关注主体问题，不可能形成从主体出发把握客体的自觉意识。针对这种倾向，胡适突破了原有的哲学思维模式，高扬主体性原则，对于中国哲学思维方式跨入近现代有着推动作用。在天人合一的哲学思维模式下，主体性原则不被充分关注，客体性原则同样也不被关注。由于人与实在的关系被涂上一层伦理的色彩，古代哲学家并不专门研究实在问题，只是有意无意地触及这个问题。胡适则从实在观入手展开哲学思考，表明现代中国哲学家的思维模式与古代哲学家有很大的区别。在胡适那里，哲学不再是包罗万象的学问，已成为一门独立的学科，所以他才会把"实在"作为一个单独的哲学问题提出来加以探究。在实在观方面，胡适立足于人本主义，大胆地追求个性，也反映出当时中国先进知识分子的精神风貌，凝结着五四时期要求个性解放、个性自由，要求冲决封建网罗的时代精神。从这个意义上说，他的经验主义实在观尽管有唯心主义倾向，但在当时还是起到思想启蒙的作用。

四　为何说"真理是工具"？

胡适不仅把实在理解为在经验中不断形成、发展着的过程，同时也把认识理解为在经验中不断形成、发展着的过程，从而形成"有用即真理"的真理观。在实在观方面，他是一个过程论者；在知识论方面，他也是一个过程论者。

在实用主义看来，思想、观念、知识、真理都从属于经验，都是人们借以联络经验的工具。凡是能够成功地把各种经验联络起来的思想、观念、知识，都可称为真理。在实用主义中的语汇里，经验、思想、观念、知识、真理都是同义词。在胡适那里，真理论与知识论是一回事。他的基本观点是："真理原来是人造的，是为了人造的，是人造出来供人用的，是因为他们大有用处所以才给他们'真理'的美名的。我们所谓真理，原不过是人的一种工具，真理和我手里的这张纸，这条粉笔，这块黑板，这把茶壶，是一样的东西；都是我们的工具。"① 他认为，真理是人们为了很好地应付环境提出来的假设，未必一定符合客观事物及其规律。胡适不同意从反映论的角度解释真理，并不从主客关系的意义上说明认识的真理性。他夸大了真理在形式方面的主观性，而消解了真理的客观内容。他同所有的实用主义者一样，抹去了真理的神圣光环，将其等同于知识、等同于经验。在他的眼里，并没有作为信仰的真理，只有作为理性工具的真理。他讲的真理论，其实就是知识论。他是中国现代哲学史上第一个研究知识论的哲学家，从工具理性的角度解释真理或知识。不过，他并没有把知识看成既定的形态，而是看成经验的形成过程。他不对既定的知识作哲学解释，不追问知识是从哪里来的问题，没有深入研究认识过程中的主观与客观的关系问题，着重说明知识对于行为主体的指导意义，甚至不承认真理或知识具有客观性。他只承认知识或真理的相对性，拒绝讨论知识或真理的绝对性、客观性等问题。

　　胡适既不承认知识或真理具有绝对性、客观性，也不承认知识或真理具有普遍适用性。他强调，知识或真理处在变动的过程中，"一切主义，一切学理，都该研究。但只可认作一些假设的［待证的］见解，不可认作天经地义的信条；只可认作参考印证

---

① 《胡适文存》第一集，黄山书社1996年版，第225页。

的材料,不可奉为金科玉律的宗教;只可用作启发心思的工具,切不可用作蒙蔽聪明、停止思想的绝对真理"①。在他看来,没有什么永恒不变的真理,甚至自然科学方面的定理、学理等也不例外。因此,真理并不是必须遵循的准则,只是供人们提出假设时参考的材料。胡适把关于真理的话题放在不断发展的过程中,将实用主义的真理论称为"历史的真理论":"因为这种真理论注重的点在于真理如何发生,如何得来,如何成为公认的真理。"胡适关于"真理是一个过程"的思想,有其合理的一面;但他夸大了认识的相对性,取消了衡量真理的客观尺度。他把真理仅仅理解为"假设",而未能将其看成人类认识发展的里程碑,这是对科学抽象的贬抑。在这里,实用主义经验论的狭隘性已经暴露出来了。

在胡适看来,既然真理是人造的工具,当然也就不存在什么客观依据,更谈不上检验真理的客观标准了。按照实用主义的观点,真理之所以称为真理,不在于其"真",而在于其是否"有用",是否会产生效果。他引用詹姆士的话说:"凡真理都是我们能消化受用的;能考验的,能用旁证证明的,能稽核查实的。凡假的观念都是不能如此的。"胡适把真理比作银行的支票:"一个观念(意思)就像一张支票,上面写明可支若干效果;如果这个自然银行见了这张支票即刻如数兑现,支票便是真的,——那个观念便是真的。"②胡适不否认真理应该同实在相符合,不过他所理解的实在,本身就具有随意性,如同"任人打扮的女孩子"。他所说的"符合",不是临摹实在,乃是应付实在、适应实在。

具体地说,真理的用处就在于它能够成为联络经验的中介,把人的一部分经验同另一部分经验满意地联络起来,协调起来。

---

① 《胡适文存》第四集,黄山书社 1996 年版,第 454 页。
② 《胡适文存》第一集,黄山书社 1996 年版,第 223—224 页。

胡适把这种作用叫作"摆渡"或"做媒"。"真理之所以成为公认的真理，正因为它替我们摆过渡，做过媒。"① 所谓"摆渡"是指真理起到联络作用，帮助人们从一部分经验过渡到另一部分经验，从而更有效地应付环境。他举例说，一个人在山林里迷了路，他根据以往的经验，知道顺着流水可以走出山林。他按照这个法子做，果然脱险了。这样，"顺流水可以走出山林"便是一条得以证实的真理。所谓"做媒"是指真理起到协调作用，帮助人们把原来的旧思想同新发现的事实协调起来，好像媒婆一样把一双男女拉拢起来做夫妻。比如，人们发现地球是圆的，那么，圆球上的物体向下的时候为什么不掉到太空中去？为解决此问题，牛顿提出"万有引力"的定律，使之得到满意的解释，于是大家便公认万有引力说是一条真理。

由于实用主义把研究重点从真理与对象的符合移到真理的效用上，因而特别强调真理的相对性。胡适认为，真理"乃是这个时间、这个境地、这个我的这个真理。那绝对的真理是悬空的，是抽象的，是笼统的，是没有凭据的，是不能证实的"②。在他看来，真理不过是人们在具体场合提出的假设，这种假设是用来解释现象的，解释得满意可称为真理，解释得不满意，不妨剥夺这真理的资格，寻找别的假设代替它。就好像摆渡的船破了，可以再造一个；这个媒婆不中用，赶走她，再另请高明。在这里，胡适已接触到"真理总是具体的"的思想，但他仅把真理看成个体的特殊认识，抹杀了真理的共性、一般性，不可避免地导致"公说公有理、婆说婆有理"的相对主义、怀疑主义观点。

胡适倡导实用主义的真理观，在中国现代哲学史上具有积极的理论意义。

---

① 《胡适文存》第一集，黄山书社1996年版，第226页。
② 《胡适文存》第一集，黄山书社1996年版，第215页。

首先，它包含着崇尚理性的怀疑主义精神，具有反对封建主义、教条主义、信仰主义、独断论的积极意义，对于人们更新观念、解放思想有一定帮助。胡适说："譬如'三纲五伦'的话，古人认为真理，因为这种话在古时宗法的社会很有点用处，但是现在时势变了，国体变了，'三纲'便少了君臣一纲，'五伦'便少了君臣一伦。还有'父为子纲'、'夫为妻纲'两条，也不能成立。古时的'天经地义'，现在变成废语了。"① 胡适突出实用主义的怀疑精神、实证精神，也是对传统哲学独断论倾向的批判，表现出他试图用现代思维方式改造传统思维方式的理论意向。他指出："古来的哲学家可以随便乱说：这个人说的'道'，那个人说是'理'，第三个人说是'气'，第四个人说是'无'，第五个人说是'上帝'，第六个人说是'太极'，第七个人说是'无极'。你和我都不能断定哪个说的是，哪一个说的不是，只好由他们乱说罢了。"② 胡适站在实用主义的立场上，大胆地推翻旧思想的权威，主张"重新估定一切价值"，表现出很强的批判意识和启蒙精神。胡适主张取消一切外在权威，以自身作为价值尺度，从哲学角度表达了新式知识分子要求个性解放的愿望。从这一点来看，他提出的"有用即真理"的观念与笛卡儿"我思故我在"的命题有异曲同工之妙。

其次，它改变了古代中国哲学过分张扬价值理性而忽视工具理性的状况，引起了当时国人对工具理性的关注。中国古代哲学讲究"无用之大用"，重视"天德良知"，而漠视"闻见之知"；看重哲学在身心修养方面的作用，而不看重实用知识对实践的指导作用。胡适的真理观与古代哲学不同，提出"有用即真理"的偏激口号，明确表示认同工具理性。对于现代中国人知识价值观

---

① 《胡适文存》第一集，黄山书社1996年版，第225—226页。
② 《胡适文存》第一集，黄山书社1996年版，第215页。

的转变有推动作用。他要求人们多几分务实的精神，摒弃那种坐而论道、游谈无根的坏风气。他呼吁人们把目光从理想引向现实，不要再沉湎于理想主义的空谈，以免落入空谈误国的困境。胡适所说的"有用"，很大程度上是指科学知识的有用性，因而他的"有用即真理"的观念，同五四时期高扬科学的呼声也是一致的。

当然，胡适的实用主义真理观也不是没有消极的意义，那就是拒斥马克思主义在中国的传播。不过，应当肯定，在五四时期胡适的实用主义真理观的积极方面占主导地位，而五四运动以后其消极因素方渐渐上升到主导方面。胡适的真理观作为一种知识论，开启了知识论这一哲学成为独立学科之后的专门话题，表明中国哲学的发展已迈入现代阶段。从胡适开始，知识论逐渐成为中国实证哲学思潮的核心话题之一。尽管胡适对知识论的研究并不深入，但不能不承认他毕竟是在现代中国哲学史上涉足知识论研究领域的第一人。

五　"实证"怎样成为"方法"？

实用主义者胡适强调"有用即真理"，其实，他并没有完全把真理当作知识形态来看待，而是当作一种探索的方法来看待。他只是涉及了知识论问题，并没有深入研究知识过程中主观与客观、感性与理性的关系等理论问题。他格外看重的是如何获取知识的思想方法问题。胡适在介绍阐述实用主义时，很注意把握其注重思想方法的特点。他反复申述，实验主义自然也是一种主义，但实验主义只是一个方法，只是一个研究问题的方法。

胡适介绍说，杜威的实用主义思想方法可分为五个步骤：

第一，疑难的境地；

第二，找出疑难之点究竟在什么地方；

第三，假定种种解决疑难的方法；

第四，把每种假定所含的结果一一想出来，看哪一个假定能够解决这个困难；

第五，证实这种解决使人信用，或者证明这种解决的谬误，使人不信用。

胡适的体会是，杜威的思想方法有以下几点值得注意。其一，杜威的方法是一种历史的方法，他戏称为"祖孙的方法"。胡适说："他（指杜威）从来不把一个制度或学说看作一个孤立的东西，总把它看作一个中段：一头是它所以发生的原因，一头是它自己发生的效果；上头有它的祖父，下面有他的子孙。"① 他认为这种思想方法最富有"评判精神"，不是一种僵化的观点，主张把一切事物都放在发展过程中加以考察。其二，杜威的方法归纳与演绎并重。从第一步到第三步，偏向归纳法；从第三步到第五步，则偏向演绎法。这种方法注意内容与形式两个方面的配合，不是形式逻辑意义上的思想方法。其三，杜威的方法最注重假设。在这五步之中，假设是中心环节。胡适的体会是："思想的真正训练，是使人有真切的经验来做假设的来源；使人有批评判断种种的假设的能力；使人能造出方法来证明假设的是非真假。"② 其四，杜威的方法是"实验的方法"。讲究从具体的事实与境地入手，将一切学说理论都当作待证的假设，以实验为真理的唯一试金石，非常看重实证性与可行性。

根据自己的体会，胡适把实用主义的方法，由五步简化为三步。

第一，从这个那个具体问题下手，先研究问题的种种方面的种种事实，看看究竟病在何处；

第二，根据一生的经验学问，提出种种解决的办法，提出一

---

① 《胡适文存》第一集，黄山书社1996年版，第277页。
② 《胡适文存》第一集，黄山书社1996年版，第239页。

副医病的丹方；

第三，用一生的经验学问，加上想象的能力，推想每一种假定的解决法该有什么样的效果，推测这种效果是否真能解决眼前的这个困难问题，最后寻出个解决的方法。

后来，他又把这三步概括为一个公式，叫作"大胆的假设，小心的求证"，用于表述实用主义方法的要义。胡适的方法与杜威的方法大体上是一致的，都把问题看作思维的起点，把假设看成解决问题的方案，而将效果作为证明的凭据。相比较而言，胡适的表述更为简洁，因而也更容易被中国人所了解。

首先，胡适阐述的思想方法大体上描述了科学家的思考过程，具有一定的科学因素。自然科学家在从事研究时，往往经过这样几个步骤：一是选题，二是设计方案，三是提出假设，四是通过实验验证假设的正确程度，最后得出符合科学规律的认识。胡适力图把这种科学研究的程序上升到哲学高度，推而广之。他十分重视"实验室的态度"，曾对科学方法表示出敬意和认同。正是因为这样，当时的许多知识分子都欣赏胡适的方法，将其当作"科学方法"来接受。

其次，胡适注重假设，表现出一种勇于探索的学术精神，这与旧式学者的思想方法相比，是一个明显的进步。旧式学者往往以"代圣贤立言"为己任，满足于在故纸堆里讨生活，思想保守，不敢越雷池一步，缺少大胆假设的思想能力。胡适突破了旧式学者的狭隘眼界，提倡大胆假设，透露出对圣贤的轻慢，吹来一股新风气。他要求改变旧式学者"以孔子之是非为是非"的信仰主义、教条主义态度，鼓励大胆探索，鼓励独立思考，无疑具有呼吁思想解放的意义，这有助于中国人突破传统思维方式的束缚。

再次，胡适的方法贯穿着"尊重事实，尊重证据"的实证精神，反对武断立论，主张宁可"疑而失之，而不信而失之"。胡适认为，某一种理论在未经证实之前，只能看作待证的假设，而不能自封为真理；即便经过证实，也并非一成不变。这种态度亦有可取之处。他要求打破旧的学术规范，建立新的学术规范，鼓励开拓进取，对于新兴学科的建设是有一定帮助的。

最后，胡适的方法也有致命的缺陷，并不是严格意义上的科学的方法。胡适所说的事实，并非客观事实，乃指个人感觉到的经验事实，这就从根本上背离了实事求是的科学原则。他所说的问题、疑难也不是指事物发展过程中存在着的矛盾，而是指主观范围之内经验之间的不协调情形。他所说的假设，没有建立在充分占有第一手材料、经过科学分析的基础之上，而是根据以往的经验和学问得到的突如其来的灵感、直觉。胡适说，假设有两个来源：一个是天才，一个是学问。他强调，假设"这一步在临时思想的时候不可强求的，是自然上来，如潮水一样，压制不住的。他若不来时，随你怎么搔头抓耳挖尽心血，都不中用"。他甚至把假设建立在"大胆"的基础之上，说什么"假设不大胆，不能有新发明"，"假设愈大胆愈好"，这显然是错误的。他所说的假设，由于割裂了假设与客观事实之间的联系，虽然也可能是对的，但很难保证科学性。至于胡适讲的证明，既不是指建立在事实基础上的科学论证，也不是形式上的逻辑证明，而是指"根据一生的经验、学问加上想象力推论出来的效果"，这种效果令人满意，就算得到了证明。他提出的证明原则，完全是主观的，不一定有多少说服力。此外，胡适的方法是随着过程而不断推移的，往往只注意局部的、小的具体问题，而不能对全过程做宏观的概括分析，未能摆脱经验主义的狭隘性。

总而言之，胡适的实用主义方法，就是从主观经验出发去寻找疑难问题、通过假设找到满意的结论的方法。他的方法同其经验论、真理论是一致的，都贯彻了主观主义的思想路线。不能否认在胡适的方法中含有某些合理成分；但从本质上看，毕竟是一种错误的思想方法。采用这种思想方法可能在某些问题上取得成功，但毕竟不能为科学研究提供普遍的指导原则。胡适的方法论没有为科学知识提供坚实的哲学基础，含有明显的怀疑主义倾向，运用这种方法容易导致偏颇的结论。例如，五四时期史学研究领域的疑古之风，同胡适的方法论就有直接的关系。

第三节 丁文江的科学主义思想

尽管胡适是中国第一个表示认同实证论的哲学家，但他作为一个实用主义者，比较强调经验的行为意义，不太关注经验的认识意义，因而没有充分展开实证主义的基本原则。与胡适同时代的科学哲学家丁文江等人，弥补了这一缺陷。他们比较关注经验的认识论意义，通过引入马赫主义，比较充分地展开了实证主义的基本原则。在著名的科学与玄学的论战（或称科学与人生观论战）中，丁文江作为科学派的代表，在中国把实证哲学思潮推向巅峰。

一 其人其书

丁文江（1887—1936），字在君，江苏泰兴人。他作为一名地质学家、作为我国近现代地质事业的开拓者和创始人之一而载入史册；同时作为20世纪20年代中"科玄论战"的主将，在中国现代哲学史上占有一席之地。丁文江自幼受到良好的教育，5岁时能够"寓目成诵"，9岁时读完四书五经，13岁中秀才，享有"神童"的美誉。他考秀才那一年，一篇《汉武帝通西南夷论》，深得泰兴知县龙璋的赏识。这件事成为他人生的一个转折点。龙璋力劝丁家送丁文江去日本留学，使他获得系统接受西方现代教育的机会。在出国前夕，他赋诗明志：

男儿壮志出乡关，学业不成誓不还；
埋骨何须桑梓地，人间到处有青山。

从 1902 年到 1911 年，丁文江先后在日本和英国度过了九年时光，其中有近八年的时间在英国度过。这期间，丁文江生活艰苦，据说他当时一共只有两双袜子，冬天时常常未等烤干就穿在脚上。但他学习刻苦，成绩优异，最后他得到了英国学生的最高荣誉——进剑桥大学深造的机会。可惜，他的家庭已无力承担该校昂贵的学费，不得不选择学费较低的格拉斯哥大学。在那里，他主修动物学，副修地质学，获得双学士学位。

九年的留学生活，使丁文江成为博学的学者。罗素很欣赏他的才华，称赞他是"我所见中国人中最有才华最有能力的人"。美国学者夏绿蒂·弗思夫人对丁文江做了专门研究，她认为，"丁文江在英国掌握了一个科学家的国际性专业和思维方式"。丁文江涉足天文、地质、地理、动物、考古、遗传、文学、历史等领域，在矿业、交通、外交方面也有一定的造诣。他能够阅读法、德、日、英文资料，能操英、法、德三种语言。丁文江是一位学有大成的学者，回国后清廷赐予他"格致科进士"。

从 1913 年起，他担任中华民国临时政府工商部矿政司地质科科长，创办地质调查所，并兼任北京大学地质系教授。在他的努力下，北大地质系成为 20 世纪 30 年代亚洲最有名的地质系，日本、苏联的许多博士研究生在此攻读学位。他非常重视调查，"登山必至山顶""移动定要步行"，是当时地质学家当中"爬山最多的人"。他足迹遍及云南、贵州、广东、河北、山西、四川等省，先后组织了四次大规模野外考察，写出数十篇调查报告，为中国地质事业做出了重大贡献。

1935 年底，为解决粤汉铁路机车用煤问题，丁文江亲自到湖南铁路沿线考察煤矿储量。12 月 7 日，他在湘潭县潭家山煤矿考察，在宾馆不慎煤气中毒，引发脑血管出血，于1936年1月5日辞世，年仅49岁。安葬于长沙岳麓山。

丁文江一生都努力寻找"实业救国""教育救国"的道路，既是一位有能力的实干家，又是一位优秀的地质学家，还是文坛上的活跃人物。他与胡适、傅斯年等人创办努力社，创办《努力周报》《独立评论》等，发表了大量文章。1923年，他作为科学派的领军人物同张君劢展开科学与人生观论战，发表《玄学与科学》《玄学与科学——答张君劢》《玄学与科学的讨论的余兴》等文章，阐述他的哲学见解。

二　科玄论战是怎样掀起的？

丁文江的实证主义思想是在"科学与玄学"的论战中展开的，因而要想了解他的观点，必须先搞清楚这场论战的来龙去脉。

科学与玄学的论战发生在1923年。这场论战大体分为两个阶段。在第一阶段，论战的一方是科学派，以丁文江为代表，得到胡适和吴稚晖支持。另一方是玄学派，以张君劢为代表，得到梁启超支持。双方围绕着科学能否解决人生观问题展开争论。到1923年12月20日，中国共产党理论刊物《新青年》第2期发表了陈独秀著《科学与人生观》序和瞿秋白著《自由世界与必然世界》，对上述双方的唯心主义观点均加以批判，强调只有唯物史观才是科学的人生观。这样，遂形成科学派、玄学派和唯物史观派三方的鼎立，使这场论战进入第二阶段。

科学与人生观的论战是由张君劢的一次讲演引起的。1923年2月，张君劢在清华大学做《人生观》讲演，认为科学无论如何发达，都不能解决人生观问题的看法。为了证明这种观点，他列出五点理由。他说："人生观之特点所在，曰主观的，曰直觉的，曰综合的，曰自由意志的，曰单一性的。惟其有此五点，故科学无论如何发达,而人生观之解决,决非科学所能为力,惟赖诸人类之自身而已。"① 他所说的"人生观"是广义的,并不仅指对于人生价值的认识,而是指关于人类社会、宇宙万物总的看法,相当于通常所说的世界观。在他看来,凡是对于"我以外之物与人"的观察、主张、要求,都属于人生观的范围。显然,他讲的是从主体与客体相互关系的角度看待人生观问题的。他认为人生观是主观的,与客体无涉,与科学无关。他讲的"科学与人生观"的关系问题,其实是科学与哲学之间的关系问题。他认为哲学独立于科学之外,不可能为科学所取代。

同年4月,丁文江接替回乡奔丧的胡适主编《努力周报》,他在《努力周报》上发表《玄学与科学——评张君劢的"人生观"》,反驳张君劢的看法,拉开了科学与玄学的论战的序幕。针对丁文江的批评,张君劢做出回应,写出《再论人生观与科学并答丁在君》,进行反驳。丁文江继续发炮,发表《玄学与科学——答张君劢》和《玄学与科学的讨论的余兴》等文章,驳斥张君劢的申辩,遂使这场论战进入高潮。论战在学术界引起广泛的兴趣,许多学者都纷纷发表文章表示自己的看法,其中有胡适、吴稚晖、梁启超、林宰平、唐擘黄、王抚五、范寿康等人,有的人表示支持丁文江,有的人表示支持张君劢。论战持续了近一年,发表的文章有数十篇之多。到1923年底,玄学派将有关文章收集在一起,编了一套论文集《人生观之论战》,上、中、下三册,由泰东图书局出版,张君劢为之作序。科学派也将有关文章收集在一起,编辑成《科学与人生观》一书,由亚东图书馆出版,胡适、陈独秀为之作序。1997年,山东人民出版社把上述两本书合编为《科学与人生观》一书,纳入"现代中国思想论著选粹"丛书。

---

① 张君劢、丁文江等:《科学与人生观》,山东人民出版社1997年版,第38页。

到 1923 年底，陈独秀、瞿秋白、邓中夏等共产党人发表文章，对科学派和玄学派的错误观点分别做出批评，试图运用唯物史观解决科学与人生观的问题，将论战引向第二个阶段。陈独秀指出，人生观是在一定的客观物质条件下形成的，绝非主观意志的产物。他认为科学派对玄学派的批评有一定的道理，但没有击中要害，没能说明什么样的人生观才是科学的人生观，不懂得"只有客观的物质的原因可以变动社会，可以解释历史，可以支配人生观，这便是'唯物的历史观'"①。瞿秋白认为，科学派与玄学派争论的问题其实是自由与必然的关系问题，他在文章中用辩证唯物主义的观点说明自由与必然的辩证关系。在中国马克思主义者那里，已经把科学与人生观的论战转变成马克思主义哲学的宣传运动。

三 科学万能吗？

针对张君劢"科学不能解决人生观问题"的中心论点，丁文江做出"科学可以解决人生观问题"的论断，立论的主要理由就是"科学万能"。他指出："科学的万能，不是在他的结果，是在他的方法。""在知识界内，科学方法是万能。"② 他认为，科学作为认识方法，具有普遍的意义，所适用的范围，既涵盖自然万物，也涵盖社会人生，没有任何限制。人生观作为一种社会心理现象，并不能排除在科学研究的范围之外，所以，科学理所当然地能够解决人生观问题。

那么，什么是科学方法呢？胡适在《丁文江的传记》中介绍说，丁文江有个非正式的说法和正式的说法。按照他的非正式的说法，科学方法就是科学精神，或者说是受约束的常识的推理方

---

① 张君劢、丁文江等：《科学与人生观》，山东人民出版社 1997 年版，第 7 页。
② 张君劢、丁文江等：《科学与人生观》，山东人民出版社 1997 年版，第 51 页。

法。他举例说，科学方法和近300年经学大师治学的方法是一样的。"梁任公讲历史研究法是科学方法，胡适之讲《红楼梦》也是科学方法。"他的正式的说法是："我们所谓科学方法，不外将世界上的事实分起类来，求他们的秩序，等到分类秩序弄明白了，我们再想出一句最简单明白的话来，概括这许多事实，这叫做科学的公例。事实复杂的当然不容易分类，不容易求他的秩序，不容易找一个概括的公例，然而科学方法并不因此而不适用。"① 这两种说法的精神实质是一样的：都把科学方法理解为经验归纳的方法或分类的方法。他对科学方法的这种理解，大概同他的职业习惯有关。他是搞地质学出身的，地质学很重视实地勘测、野外考察、归纳分类，因此，丁文江把归纳方法摆在科学方法的首位。他主张从经验事实出发，从特殊上升到一般，概括出"公例"，得出合乎客观事实的科学结论。

丁文江强调归纳、分类，但也不排斥概念、推理的作用。他不否认，在科学研究中，离不开概念推理的逻辑方法。他认为推论的方法之所以是科学的，有效的，其原因在于"凡常人心理的内容，性质都是相同的"。依据这种相同的性质，便可以从他人直接的所知推论到自己间接的所知。因此，判断推论的知识正确与否，应当遵循三条准则。

第一，"凡概念推论若是自相矛盾，科学不承认他是真的"。也就是说，在思维过程中必须遵守同一律、矛盾律、排中律。一个合乎科学的命题首先必须在思维形式上是正确无误的，然后才能谈得上内容正确与否。这是他从思维形式方面对真命题所做的规定。

第二，"凡概念不能从不反常的人的知觉推断出来，科学不承

---

① 张君劢、丁文江等：《科学与人生观》，山东人民出版社1997年版，第42—43页。

认他是真的"。也就是说，合乎科学的命题还应当能够还原到正常人的感觉经验之中。只有在感觉经验方面能够得到实证的命题，才是合乎科学的命题。这是他从思维内容方面对真命题所做的规定。

第三，"凡推论不能使寻常有论理训练的人依了所根据的概念，也能得同样的推论，科学不承认他是真的"①。也就是说，合乎科学的命题必须得到大家的公认，具有可接受性、可传递性。这一条是对上述两条的综合。

丁文江提出的这三条标准，并没有从正面回答"命题何以为真"的问题，只是用否定的语式判定"那些命题科学不承认他是真的"，表明了他在真理观方面的相对主义倾向。在他拟定的三条标准中，第二条最重要。他强调演绎必须建立在归纳的基础上，推论应立足于经验、观察。这反映出他的归纳主义学术立场。他所阐述的科学方法，无疑具有明显的缺陷，即过分夸大归纳的作用，而对演绎的作用没有予以足够的重视，有忽视科学抽象和理论分析的倾向。当时就有人对他提出的关于科学方法的定义表示不满，认为他没有说清楚科学的内涵，这种批评不是没有道理的。但是，也应看到，他主张研究问题应当从事实出发，而不是从抽象概念出发，确实在一定程度上体现出科学精神，并且对于维护科学的威信起到了积极的作用。

丁文江倡导科学方法，反对张君劢等人所标榜的"玄学方法"。他认为科学方法是建立在理性的基础之上的。以理性的尺度来衡量，玄学家所说的"生命冲动""良心自觉"一类的观念，都是毫无根据的独断、臆说。基于实证论的立场，他坚决主张"严格地不信任一切没有充分证据的东西"。"无论遇见甚么论断，甚么主义，第一句话是：拿证据来！"从实证论的观点看，柏格森、张君劢的生命哲学是完全站不住脚的。因为他们拿比喻和猜

---

① 张君劢、丁文江等：《科学与人生观》，山东人民出版社1997年版，第47页。

想假充证据，无法令人信服。丁文江分析说，对于"生命冲动"一类的假定，既不能证明其有，也不能证明其无，因而就无法承认它是真的；因为提出这种假定的人，并没有履行证明它的义务。既然提出这种假定的人，并没有履行证明的义务，那么，他的官司就输定了。丁文江打比方说：某人声称他白日能见到鬼，我们不能证明他是否真的见到了鬼，因为这个证明的责任在他，而不在我们。正常人都是见不到鬼的，据此我们完全有理由判定：此人不是说谎，就是神经有毛病。在丁文江看来，柏格森、张君劢硬把"生命冲动""自由意志"说成宇宙本体，如同声称白日能见到鬼一样，荒诞无稽。他提倡独立思考，主张说话要有证据，反对信仰主义、蒙昧主义、独断论，这是对五四运动以来崇尚科学、崇尚理性的启蒙主义精神的继承和发扬。但是，他用实证主义的眼光看待哲学，要求哲学家一定把哲学结论都建立在实证的基础之上，也是不可能做到的。哲学以世界总体为研究对象，提出关于世界总体的学问，这种学问是无法建立在实证经验的基础之上。

丁文江认为，科学的目的不在于求得一成不变的"公例"，而在于更准确地观察事实。从这个意义上说，任何学科都有"公例"可求，都可以获得合乎科学的认识。基于此，他反驳了张君劢提出的社会、生理及生物学领域的没有"公例"可言、不能推知未来的观点。丁文江以遗传学上的"孟德尔定律"为例说："若是我们拿一种黄皮的玉蜀黍来和白皮的杂种，新生出来的玉蜀黍上面有几粒是黄皮的，几粒是白皮的，都可以预先算得出来。近年来这种遗传性上大发明，在我个人眼光看起来其重要不亚于爱因斯坦的相对论。"[①] 他指出，张君劢的错误在于："把科学的分类当作科学的鸿沟。"照他看来，人们把物理、化学、生物学、社会学等学科划分开来，只是为了研究的方便。其实，各

---

① 张君劢、丁文江等：《科学与人生观》，山东人民出版社1997年版，第190页。

种学科都是科学的分支，相互之间有着内在的联系。他说："我并不是说生计学是同物理学一样的确实，我也并不是说各种科学的材料不可分出来研究，我说是分类是为方便起见，确实是程度问题，不能拿得来证明知识界真有鸿沟。"丁文江由此得出结论：一切事实都有公例可求，都可以成为科学的对象。"凡是事实都可以用科学方法来研究，都可以变成科学。一种学问成不成一种科学，全是程度问题。"[1] 他不否认，对于宇宙人生一类问题的认识比较复杂，比较艰难，至今尚不成熟，但这一类问题不是永远不能用科学方法来解决的。照他看来，尽管现在尚未有一种大家公认的科学的人生观，但不能断言科学不能解决人生观问题。他坚信，总有一天会出现一种大家都接受的科学的人生观。囿于马赫主义哲学立场，丁文江始终拿不出一个大家公认的科学的人生观，也没有对社会科学、科学人生观的内涵做出具体阐述，这使得他的反驳显得软弱无力，无法使他的论敌服气。

丁文江提出科学万能论，强调科学方法的普遍适用性，维护科学的威信，要求解除封建主义、教条主义陈腐观念的束缚，对于中国人思维方式的变革具有促进意义。不过，"科学万能论"的偏激性是显而易见的。他主张用科学吞并一切人文学科，特别是取代哲学，这是一种典型的实证主义的理论诉求。他确立了科学的霸权话语，把科学变成了崇拜的对象和信仰的对象。这样看待科学，本身就"不够科学"。在丁文江的理论视野中，工具理性主导一切，并没有给价值理性留下空间。

四 科学与人生观的关系如何？

丁文江在提出"科学可以解决人生观问题"论断之后，并没有建构一个"科学的人生观"，只是对科学与人生观的关系做了

---

[1] 张君劢、丁文江等：《科学与人生观》，山东人民出版社1997年版，第188页。

几点说明。

（一）科学能帮助人培养追求真理的精神，提高人的审美情趣。他指出，科学的目的是排除个人主观的成见，求得人们达成对于真理的共识。主观的成见是妨碍人们树立正确人生观的最大障碍，唯有科学才能帮助人们搬开这个障碍，指导人们树立正确的人生观。他驳斥了张君劢"科学务外，玄学务内"的说法，认为科学不仅能帮助人们认识自然世界，而且能帮助人们认识人类自身。科学是人们进行自我教育和自我修养的最好工具，它可以使人养成爱真理的诚心，体味宇宙的伟大，了解生活的乐趣。他说，只有拿望远镜仰察过天空的虚漠、用显微镜俯视过生物的幽微的人，才能体会到"活泼泼"的心境；而这种心境是枯坐谈禅、妄言玄理者绝对想象不到的。

（二）科学能帮助人们破除各种有神论观念，冲决迷信的网罗，从蒙昧中摆脱出来。他说："在知识界内科学方法万能。科学是没有界限的，凡是现象都是科学的材料，凡是用科学方法研究结果，不论材料性质如何，都是科学。从这种知识论所得的结论是，凡举直觉的哲学、神秘的宗教，都不是知识，都不可以作我们的向导。我不相信有主宰世界的上帝，有离身体而独立的灵魂。"[①] 他指出，玄学与神学是孪生姐妹；科学与玄学势不两立，它既是玄学的对头，也是神学的对头。科学能帮助人们从玄冥的天国返回现实的尘世，树立正确的生活信念。

（三）科学能够帮助人们培养"宗教心"，树立道德观念和群体意识。丁文江反对有神论，但不反对"宗教心"。他认为"宗教心"是组织社会的必要条件；没有"宗教心"无法组织社会，无法确定人生的价值。他给"宗教心"下的定义是："宗教心是为全种万世而牺牲个体一时的天性，是人类合群以后长期演化的

---

① 丁文江：《我的信仰》，载《大公报》1934 年 5 月 6 日。

结果，因为不如此，则不能生存。不但人类，就是合群的动物如蚁如蜂，都有这种根性。"他从进化论的角度出发，提出"宗教心"概念，并把"宗教心"解释为人类的群体意识。照他看来，"宗教心"是从物的群体性演化而来的；人人都有"宗教心"，人类靠着"宗教心"组织社会，维系社会的存在与发展。他还指出，既然人类是从动物进化而来的，那么在动物群中种种不利于群体的劣根性在人类身上也会有反映。这种劣根性突出地表现为"嫉妒心"。于是，在人性中形成"宗教心"与"嫉妒心"之间的矛盾：前者使人向善，后者使人为恶。当社会上"宗教心"占上风时，社会就进化；当社会上"嫉妒心"占上风时，社会就退化。

丁文江认为，使人为善或为恶虽然有先天的因素，但主要还是后天教育的结果。科学担负着对人们进行后天教育的使命。通过学习科学，人们的"宗教心"得以发扬，而"嫉妒心"得以抑制。他说："我们所以极力提倡科学教育的缘故，是因为科学教育能使宗教性的冲动，从盲目的变成功自觉的，从黑暗的变成功光明的，从笼统的变成功分析的。我们不单是要使宗教性发展，而且要他发展的方向适宜于人生。"① 他主张把科学方法由自然领域进一步推广到社会领域，认识人类自身，改造人类自身，让科学"作人类宗教性的明灯：使人类不但有求真的诚心而且有求真的工具，不但有为善的意向而且有为善的技能"。

他认为，社会能否发展进步，取决于富有宗教心的"少数人"能否担负起领导的责任。他在《少数人的责任》中指出："我们中国政治的混乱，不是因为国民程度幼稚，不是因为政客官僚腐败，不是因为武人军阀专横，是因为'少数人'没有责任心，而且没有负责任的能力。"他所说的"少数人"指受过高等

---

① 张君劢、丁文江等：《科学与人生观》，山东人民出版社1997年版，第205页。

教育，特别是留学回国的现代知识分子，当然也包括他自己在内。他当仁不让地宣称："我们不是少数优秀分子，谁是少数的优秀分子？我们没有责任心，谁有责任心？我们没有负责任的能力，谁有负责任的能力？"① 他的这番话充分反映出现代知识分子要求改变中国落后面貌的参与意识，反映出他们忧国忧民、以天下为己任的爱国主义精神。

丁文江的上述看法当然谈不上科学的人生观。他对人的理解是抽象的，过分夸大"少数人"的作用，夸大"宗教心"的作用，未能跳出唯心史观的窠臼。他的"宗教心"理论其实是把动物的合群性简单地搬到人类社会，其实是一种社会达尔文主义的人学观念。就连丁文江的好朋友胡适也看出来了：丁文江虽倡言科学可以解决人生观问题，但究竟何为"科学的人生观"？丁文江始终未能说清楚，因而他无法彻底驳倒自己的论敌。

五 "唯觉"与"存疑"的关系如何？

丁文江的"科学万能"论建立在感觉主义的哲学基础之上。他是一位典型的感觉主义者，认为感觉到的事实是唯一可靠的实在；至于感觉之外有无实体，在他看来，则不得而知。他认为，凡是感觉到的事实都可以成为科学的对象。在科学与玄学论战中，张君劢称丁文江的哲学是"唯觉主义"。丁文江欣然接受这一称谓，他自述："用君劢的名词，我的知识论是唯觉主义。"据丁文江自己解释，从本体论的角度看，唯觉主义也可以叫作"存疑的唯心论"。他强调，这种哲学与赫胥黎、达尔文、斯宾塞、詹姆士、毕尔生、杜威、马赫一脉相承，是科学家在研究哲学问题时形成的"科学知识论"。他说："凡研究过哲学问题的科学家如赫胥黎、达尔文、斯宾塞、詹姆士、毕尔生、杜威，以及德国

---

① 丁文江：《少数人的责任》，《努力周报》1923年第67期。

马哈派的哲学，细节虽有不同，大体无不如此。因为他们以觉官感触为我们知道物体惟一的方法，物体的概念为心理上的现象，所以说是唯心；觉官感触的外界，自觉的后面，有没有物，物体本质是甚么东西：他们都认为不知，应该存而不论，所以说是存疑。"① 站在感觉主义的哲学立场上，丁文江坚决主张取消形而上学即本体论问题，要求用"奥康的剃刀"将此问题剔除。理由是人们无法超出自己的感觉经验的范围，无法直接与本体打交道。他借用毕尔生常用的一个比喻来说明这个观点："我们的神经系就譬如一组的电话。脑经是一种很有权力的接线生，觉神经是叫电话的线，动神经是答电话的线。假如接线生是永远封锁在电话总局里面，不许出来同叫电话答电话的人见面，接线生对于他这班主顾，除去听他们在电话上说话以外，有甚么法子可以研究他们？存疑唯心论者说，人之不能直接知道物的本体，就同这种接线生一样：弄来弄去，人不能跳出神经系的圈子，觉官感触的范围，正如这种接线生不能出电话室的圈子，叫电话的范围。"② 感觉本来是主观联系客观世界的桥梁，可是在丁文江眼里，却成了阻碍人类认识客观世界的屏障。他把人的认识能力严格地限制在感觉的范围之内，从感觉主义走向不可知论，即他所说的存疑主义。

丁文江指出，人们无法知道在感觉范围之外是否存在着物质实体或精神实体，关于实体所做的任何论断都会导致独断论。比如，唯心论者所推崇的"自我"或"精神实体"，很难说确有其事。因为"自我"或"精神实体"其实不过是"记忆情感所联合的复杂体"。虽然我们明明白白地觉得有个"我"，事实上并非如此。至于认为精神实体超越于物质之上，更是毫无根据。他表示："我们决不能相信超物质而上的精神与外相隔绝的内，或是

---

① 张君劢、丁文江等：《科学与人生观》，山东人民出版社1997年版，第48页。
② 张君劢、丁文江等：《科学与人生观》，山东人民出版社1997年版，第49页。

离非我而独立的我。"他以事实为例分析说,喝几杯烧酒,"我"就会胡说;嗅一些氮氧,"我"就会狂笑;饮食消化太慢,"我"就会烦躁不安;内腺分泌失常,"我"就会恐惧;而打上麻醉药,"我的精神""我的肉"都不知哪里去了。总之,他认为"自我"不过是诸多因素的总和:"所有记不得的经验、多年前的感触、不自知的欲望,都与我有密切的关系。管束我的精神的,有'身体上的营养,动物性的行动,野蛮人的传说,孩童时的印象惯例式的回效,承继来的知识'。"① 概括起来说,"自我"离不开"非我","自我"不是独立存在的实质。这就是他对传统唯心论的批判。

丁文江既拒斥唯心主义者提出的精神实体观念,也不承认唯物主义者提出的物质观念。他依据感觉主义,对物质观念的由来做了这样的分析:"我们所谓物,所谓质,是从何而知道的?我坐在这里,看着我面前的书柜子。我晓得他是长方的,中间空的,黄漆漆的,木头做的,很坚很重的。我视官所触的是书柜子的颜色、形式,但是我联想到木头同漆的性质,推论到他的重量硬度,成为我书柜子的概念。然则这种概念,是觉官所感触,加了联想推论,而所谓联想推论,又是以前觉官所感触的经验得来的,所以,觉官感觉是我们晓得物质的根本。我们所以能推论其他可以感触觉官的物质,是因为我们记得以前的经验。我们之所谓物质,大多数是许多记存的觉官感触,加了一点直接觉官感触。假如我们的觉官的组织是另外一个样子的,我们所谓物质一定也随之而变——譬如在色盲的人眼里头蔷薇花是绿的,所以冒根在他的《动物生活与聪明》那部书里边叫外界的物体为'思构'。"② 他从动物学家摩尔根那里借用来"思构"一词,表示他

---

① 张君劢、丁文江等:《科学与人生观》,山东人民出版社1997年版,第202页。
② 张君劢、丁文江等:《科学与人生观》,山东人民出版社1997年版,第44—45页。

只能从认识的角度接受物质概念,而不能从本体论的角度接受物质概念。总之,丁文江把各种本体论学说都视为"玄学",一概加以反对。他说:"玄学家吃饭的家伙,就是存疑唯心论者认为不可知的、存而不论的、离心理而独立的本体。这种不可思议的东西,伯克莱叫他做上帝;康德、叔本华叫他为意向;布虚那叫他为物质,克列福叫他为心理质,张君劢叫他为我。他们始终没有大家公认的定义方法,各有各的神秘,而同是强不知以为知,旁人说他模糊,他自己却以为玄妙。"① 在这里,他提到庸俗唯物主义者毕希纳,也提到贝克莱、康德、叔本华、克列福、张君劢等唯心主义者,似乎对双方各打五十大板,其实他批判的重点显然在于后者。他把批判的矛头指向各种神秘观念,主张对之加以怀疑或存而不论,其用意是为科学的发展扫除障碍。

丁文江之所以赞成"唯觉主义"以及"存疑的唯心论",是因为在他看来这种学说最能充分体现实证精神。他非常欣赏赫胥黎的一句名言:"严格地不信任一切没有充分证据的东西。"他在引述了赫胥黎的几段关于存疑主义的论断之后,加以发挥说:"存疑主义是积极的,不是消极的;是奋斗的,不是旁观的。要'严格地不信任一切没有充分证据的东西','用比喻同用猜想来同我说,是没有用的',所以无论遇见甚么论断,甚么主义,第一句话是'拿证据来!'他的证据不充分,我们不信他;他拿比喻猜想来作证据,我们一定要戳穿了他的西洋镜,免得他蒙混人。"② 中国传统哲学不大注重理论论证,往往以"圣贤之言"为立论的根据。丁文江极力倡导怀疑主义、实证主义精神,应当说是对传统思维方式的一大冲击,这对于进中国哲学的现代转化

---

① 张君劢、丁文江等:《科学与人生观》,山东人民出版社1997年版,第48—49页。

② 张君劢、丁文江等:《科学与人生观》,山东人民出版社1997年版,第194页。

未尝没有积极意义。西方早期启蒙主义思想家笛卡儿等人曾把怀疑作为否定传统思维方式的锐利武器。丁文江推崇怀疑精神，同笛卡儿一样，也具有反对独断主义、信仰主义和教条主义的进步作用。他树起感觉的权威，反对因循守旧、盲从心理，主张以感觉的尺度重新探索世界，这也是一种人文精神、理性精神的表现。

从认识论的角度看，丁文江是一个感觉主义者；从本体论的角度看，他是一个不可知论者。恩格斯在《社会主义从空想到科学的发展》中把英国的赫胥黎等休谟主义者叫作"羞羞答答的唯物主义者"；列宁在《唯物主义与经验批判主义》中认为这种提法"完全是从彻底坚持唯物主义的观点出发的"①。恩格斯和列宁的意思是说，在赫胥黎的不可知论中隐含着唯物主义因素。这种评价对于丁文江来说，同样适用。丁文江虽然反对各种各样的本体论学说，但从未否认过客观物质世界的存在。这就为他在实践中转向唯物主义留下了余地。他在理论上高扬唯觉主义和存疑主义，而在实际工作中却贯彻注重调查的唯物主义作风。翁文灏公允地指出，中国人"努力野地查勘之风气，实赖先生以身作则，认真倡导而成"。在地质界，丁文江一向被同行视为唯物主义者。潘云唐在《卓越的爱国主义地质科学家——丁文江先生诞辰一百周年》中，把丁文江与张君劢的论战，称为"一场唯物主义世界观与唯心主义世界观的大论战"，甚至丁文江的论敌也把他看成唯物主义者，张君劢说："在君如能弃其唯物主义或唯觉主义（如皮耳生是也），从我而学为唯心主义者，则人生观虽出于自由意志而不至于不可以一朝居者，其义自可豁然贯通。若抱其唯物主义唯觉主义而不变，虽我百端辩说，恐亦无法，以回在君之观

---

① 列宁：《唯物主义与经验批判主义》，人民出版社1970年版，第340页。

听也。"① 尽管丁文江从未明确地表述过唯物主义哲学观点,并一再引用毕尔生、马赫、赫胥黎的言论为立论的根据,但还是有人把他看成唯物主义者。这恰恰说明丁文江的实际哲学倾向与他的立论表述之间的确存在着矛盾。他是一位出色的地质学家,却不是一位高明的哲学家。

丁文江高扬唯觉主义和存疑主义,比较充分地展开了实证哲学的基本思想。尽管他使用的语言大都是借来的,很少提出原创性的思想,但对于中国现代哲学的发展来说,还是有重大理论意义的。中国传统哲学不太重视认知意义的研究,而特别重视价值意义的研究;不太重视"小体之知"或"见闻之知",而特别重视"大体之知"或"天德良知"。这种情况决定中国传统哲学不可能同科学建立起直接的联系,它也无意为科学研究提供理论指导。如果这种情况不改变,中国哲学就无法与科学知识接轨,无法与现代性接轨。于是,如何在知识论方面加大研究力度,如何推动传统哲学思维方式的变革,便成为摆在现代中国哲学家面前的一项重大课题。丁文江可以说是自觉面对这项课题的哲学家之一。

丁文江把实证哲学推向巅峰,同时也暴露出它的局限性。尽管丁文江特别关注科学知识是如何形成的问题,可是,按照唯觉主义的思路,却无法解决这个难题。他不得不面临这样的困惑:知识固然来自感觉,可感觉到的东西都是特殊的,而科学知识却是一般的;那么,如何从特殊上升到一般?由于这个原因,中国现代哲学家不能不接受丁文江的理论思维教训,认真反思实证哲学的局限,在知识论研究方面独辟蹊径。张东荪、金岳霖就是这样的一些哲学家。他们力求突破实证哲学的局限,把知识论研究引向深入。张东荪和金岳霖当然不能算是实证论者,可是他们的

---

① 张君劢、丁文江等:《科学与人生观》,山东人民出版社1997年版,第84页。

话语方式和哲学问题毕竟都是接着实证哲学讲的。从这个意义上说，他们的哲学思考可以看作实证哲学的余波。如果没有丁文江等实证论者开风气之先，也不会有张东荪、金岳霖等人的认识论专著行世于后。从这个意义上说，丁文江是中国现代哲学发展史上不可或缺的一环。

第四节　张东荪的多元主义认识论

丁文江已经迈入知识论领域，但他毕竟不是专业的哲学家，只是树立起一种唯觉主义的观点，并未意识到认识论问题的复杂性。真正意识到认识论问题的复杂性，并且做了深入思考的专业哲学家，当数张东荪。中国现代哲学史上，他是自觉地意识到认识复杂性的第一人。

一　其人其书

张东荪（1886—1973），浙江杭县（今余杭）人，自幼受过正统的儒学教育。19岁（1905年）东渡日本，接受近代教育，开始接触西方科学与哲学，毕业于东京帝国大学。回国后曾主要从事报刊编辑工作。辛亥革命后，他担任过南京临时政府内务部秘书，追随梁启超，并成为研究系中的骨干。他的文笔很快，是当时舆论界有名的记者。从1912年起，他担任过上海《大共和日报》、梁启超主持的《庸言》和《大中华》的编辑，并为上海反袁杂志《正义》写有关宪法问题的文章，给章士钊创办于东京的《甲寅》杂志提供政论文章。他积极参与政治，是当时著名的政论家。1917年他接替张君劢，在上海主编《时事新报》，还参与编辑《改造与解放》杂志，倡导民主政治和渐进社会主义。他非常关注新文化运动，热心介绍西方思潮，曾发起影响深远的社会主义论战。自1925年起，张东荪开始大学任教生涯，先后在

《多元认识论重述》《知识与文化》《思想与社会》和《理性与民主》等，译著有柏格森著《创化论》和《物质与记忆》。

二　唯觉主义说得通吗？

张东荪是中国最早讲授新康德主义者文德尔班著《西方哲学史教程》的中国现代哲学家之一，受新康德主义的影响比较大。贺麟在《五十年来的中国哲学》一书中，这样评论张东荪：

> 他自称是折衷派、杂家，举凡实用主义、新实在论、批评的实在论、层创论、新唯心论等他都有所介绍，当时有人讥讽他的著作是"并非创新，任何片断都取自外国，举凡古代近代欧美的大哲学家，他都本其涉猎之广，抄起来了，所以他的哲学恰恰是外国哲学家的纂集"（见郭湛波《近五十年中国思想史》，北平人文书店，一九三六年版，第184页）。但他主要的观点仍是康德的认识论，其在《多元认识论》（一九三四年出版）一书中，他自述："我的认识多元论大体上可说是循康德的这条轨道"（《多元认识论》第45页）。他认为知识之所以可能，是由于感相及其背后的条理、格式、设准、概念等所构成。他介绍康德主要是介绍康德的认识论和伦理学，他认为康德"本体界之有发现与现象者在知识方面为先验的格式；在行为方面为自律的意志（即实践理性）。然而先验的格式必有所对，换言之，即必有与后天的材料，故其发现为有限制；而自律的意志则无所待而自足，故其发现乃较能发挥自如也……是前者止为'必然'而无不然；后者虽应然而尚能不然"（《道德哲学》，中华书局一九三三年版，第318页）。他认为这样就能把握康德哲学的两大批判，即《纯粹理性批判》和《实践理性批判》的精

华,这在当时是起了一定的影响的。①

贺麟的看法符合张东荪的思想实际。张东荪研究认识论的基本思路是:立足于康德的先验论,反思实证论的局限性,试图寻找到一条折中的路线。

张东荪的有些看法与实证论者相似。例如,他也极力回避哲学基本问题,反对各种本体论学说,声称"把形而上学中的本体论根本上完全取消"。他认为唯心论与唯物论的争论毫无意义,"我们现在最好恭恭敬敬地把这两个名辞送到垃圾堆中,上贴一条封条写着'永不叙用'四字"②。他也很重视经验,认为研究认识论应当从经验出发。他说:"我以为哲学的起点亦是经验的。"③他关于概念的看法同实用主义是一致的,认为概念建立在经验的基础之上,其"根据不是在外界的自然性质而乃只是我们对付其的经验态度"④。在他看来,概念不是代表外物的符号,而乃代表我们对付外物时许多行为的符号。他认为认识离不了经验、行为,并表示"我的思想于此是完全赞成唯用论"。从这些言论中可以看出,他的哲学思想同实证哲学确实有十分密切的关系。

不过,张东荪对实证论者倡导的唯觉主义并不满意。在他看来,唯觉主义过于简单化,有必要建立一个比较复杂的认识论学说体系。他所做的第一步工作,就是从理论上批判丁文江的"思构"说,以便突破唯觉主义的藩篱。他分析说,丁文江虽然标榜"存疑的唯心论",但其唯心论并不彻底,甚至不能同唯物论划清界限。他说:"丁在君先生主张外界的物件只是我们官感的'所

---

① 贺麟:《五十年来的中国哲学》,辽宁教育出版社 1989 年版,第 99 页。
② 张东荪:《条理、范畴与设准》,《哲学评论》第 4 卷第 3—4 期合刊,1931 年。
③ 张东荪:《科学与哲学》,商务印书馆 1978 年版,第 12 页。
④ 张东荪等:《认识论》,上海世界书局 1934 年版,第 115 页。

构'，与素朴的实在论以为确有照样的外物自然不同，所以他自称为存疑的唯心论，就是说外物只是感觉，感觉以外则存而不论。这样一来确是把前门关了，就是由感觉向外而到物体的路切断了。关了前门以后如再开后门则必仍可由后门出去绕到前门的门口。"① 他指出，丁文江好像是用感觉说明外物，取消了外物自身的实在性，其实不然。他用神经说明感觉，又用生理说明神经，再用化学元素说明生理。按照这个逻辑推下去，他必定用外物说明化学元素。绕了一个圈子，又回到外物的实在性上来。所以，丁文江的思构说"表面上是实证论，而暗中早退到唯物论里去了"②。通过对"思构"说的分析批判，张东荪确立了主观主义的哲学立场。

另外，张东荪批判了丁文江"思想无论如何复杂，总不外乎觉官的感触"的观点。他分析说，丁文江的这个命题包含着三层意思：其一，"思想的发动是感觉"。思想好比是子弹，感觉好比是枪身，把思想归结为感觉，有如把子弹等同于枪身，这是说不通的。其二，"思想的材料是感觉"。思想好比是食品，而感觉好比是面粉。可是，面粉不等于就是食品，这一条也站不住脚。其三，"思想的主要是感觉"。这一条也有问题。既然说思想的主要成分是感觉，那么就等于承认其中有不属于感觉的因素，尽管这种因素是次要的。总而言之，丁文江"思想即是感觉"的论点，在学理上是经不住推敲的。

通过对唯觉主义的分析批判，张东荪得出的结论是：认识的来源及其形成过程绝不像丁文江说得那么简单。如果说丁文江是现代中国第一个从认知意义上重视认识论问题的哲学家，那么，张东荪可以说是第一个重视认识论问题的复杂性的哲学家。张东

---

① 张东荪：《科学与哲学》，上海商务印书馆1924年版，第41页。
② 张东荪：《科学与哲学》，上海商务印书馆1924年版，第42页。

苏主张用康德的先验论来克服唯觉主义的简单化倾向。按照先验论，感觉虽是思想的材料之一，但不是主要的材料，更不是唯一的材料。思想的形成同概念推论有关。"感觉只是生硬的材料，而概念推论就好像厨子的手段一样，把他烧熟了成了一碗美菜。……若说厨子的手段是天生的，便是说概念推论是人们从先天所具有的，这便是康德的先验哲学。"① 在张东荪看来，先验论比实证论更有解释力。先验论不否认感觉是一切知识的材料，在这一点上与实证论一致；但它强调材料必须经过"装置能力"的加工方可成为成品。他说："可见从唯感觉论的立脚点既决不能主张类（即概念）是自存于外界的，又不能说就是感觉，这种唯感觉主义便不能不自然而然投降于先验派哲学承认于感觉的材料以外另有理性的法式了。"②

不过，张东荪也没有完全接受康德的先验论立场。他不同意康德的范畴论以及关于自在之物的说法，试图用新实在论、实用主义对之加以改造。这样就形成了他的"多元论的认识论"。他自述："我的思想来源总括言之是怀特海一流的实在论，与康德的先验哲学，以及路易士与席勒一流的唯用主义。"③ 1931年，张东荪在《哲学评论》上发表《条理、范畴与设准》一文，提出多元认识论的基本观点。1934年他与别人合作写出《认识论》一书，该书中由张东荪执笔的第五章《认识的多元论》详尽地阐述了他的观点。1936年他又写出《多元认识论重述》一文，对他的观点做了补充论证，标志着他的多元认识论体系最后形成。

张东荪声称，他所说的"多元论"，乃相对于"一元论"或"二元论"而言的。他认为，以往的认识论学说都犯了一元论或

---

① 张东荪：《科学与哲学》，上海商务印书馆1924年版，第49页。
② 张东荪：《科学与哲学》，上海商务印书馆1924年版，第50页。
③ 张东荪：《条理、范畴与设准》，载《哲学评论》第4卷第3—4期合刊，1931年。

二元论的错误；其实认识是由外界的条理、交界的感觉、内界的格式以及经验的概念等多元组成的，单纯地归结为其中某一元都不妥当。他分析说："经验论以感觉为起点，由感觉而推以内界，由内界推到外界。实在论以外界为起点，由外界而推到感觉，由感觉再推到内界。唯心论以格式与设准为起点，由此而推过去依然可以转一周为止。总之，他们都想把这个圈子改为直线，于是乃有两端。而在我看来，根本上就不是一个圈子；就不能有所还元。我以为在根本上是五种互相独立的。由感觉不能知外物；由格式不能知感觉；由设准不能知格式；由概念不能知设准。这便是我的主张所以与历来认识论上各种学说不同之故。他们的学说可以名为认识论上一元论或认识论上的两元论，而我此说则当名之曰认识论上的多元论。"① 这段话概述了他的多元论认识论的基本思想。一方面用先验论补充经验论；另一方面又用经验论限制先验论，这是张东荪多元主义认识论的主旨。接下来，我们将具体评述他关于感觉、外在根由、先验格式、设准、概念的看法。

三 如何看待"非存在的感相"与"潜在的条理"？

张东荪首先探讨了认识的来源问题。在这个问题上，他的看法与丁文江有不同之处。丁文江认为认识的来源只有一个，那就是感觉；而在张东荪看来，认识的来源不仅只有感觉一个，而应当有两个：一个是感觉，它是认识的直接来源，张东荪称为"显现的所与"；另一个是条理，又叫作"外在根由"，是认识的间接来源，他称为"潜伏的所与"。对于这两个来源的不同性质，他分别做了论述。

（一）非存在的感相

他不同意实证论者把感觉与存在等同起来的观点，认为感觉

---

① 张东荪等：《认识论》，上海世界书局1934年版，第112页。

具有主观性,称为"不存在者"。"若照旧式的讲法,所谓不存在者即是'幻相'。"① 在他看来,感觉是主观自生的,并不是对于外物的反映或摹写。"感觉既不是外物的写照,又不是外物的翻译,乃竟好像有几分无中生有的样子。"② 他拒斥唯觉主义,也拒斥唯物论反映论。他对唯物论反映论的看法,同实证论者是一致的。

为了说明感觉是"不存在者",同外物有区别,他找到两点理由。第一点理由是生理学唯心主义者提出的"同质刺激异质感觉"说。德国生理学家约翰内斯·米勒在实验中发现,用同一束电流刺激人的不同感官,可以形成不同的感觉。例如,刺激眼睛,会引起闪光的感觉;刺激耳朵,会引起音响的感觉。他由此得出结论说:外界刺激与主观形成的感觉是不同的两回事。张东荪认为这种说法可以印证他的观点。第二点理由是批判实在论者德雷克提出的"视觉差异"说。德雷克认为,对于同一个认识对象,不同的人会形成不同的感觉;即使同一个人处的位置不同也会形成不同的感觉。例如,面对一块悬挂着的红绿相间的格布,站在近处看,形成红绿相间的印象;若站在远处看,看到的却是一片紫色。这两种不同的感觉,究竟哪一种同对象相符合呢?不得而知。可见,不同的感觉并不是完全由对象引起的,而是由观察者自己造成的。张东荪接受了德雷克的观点,并加以发挥说:"我们常人看花是红的,而色盲的人看去是紫的。其实这样的感觉对于本人都是真的。"③ 他认为感觉因人而异,因时而异,因地而异,并不是由外界事物作用于人的感官形成的,而是"由我们产生出来的",足见感觉是"不存在者"。

---

① 张东荪:《多元认识论重述》,《张菊生先生七十生日纪念论文集》,上海商务印书馆1936年版,第118页。
② 张东荪等:《认识论》,上海世界书局1934年版,第48页。
③ 张东荪等:《认识论》,上海世界书局1934年版,第47页。

其实，张东荪举出的两点理由并不能证明他的观点。因为这两点理由只能说明人的感觉中确实存在着主观因素，并不能说明主观因素同客观对象毫无关系。感觉是在主、客观相互作用的过程中形成的，如果没有客观事物作对象，感觉就无从产生。这就说明：尽管感觉的形式是主观的，而其内容却是客观的；感觉中无疑包含着主、客观的矛盾，但这种矛盾会在认识的过程中得到逐步的解决。张东荪把感觉看成"不存在者"，抹杀了感觉的客观内容，夸大了感觉的主观形式，导致一种主观主义的感觉论。

基于主观主义的感觉论，张东荪否认感觉是联系主、客观的桥梁，而将它看成在认识过程中单独起作用的一元。他说："感觉是个上不在天，下不在田的中间东西。这个中间东西其本身是没有'存在的'。因此名之曰'不存在者'。就无异乎说在外界的架构上寻不着这个东西，而在内界的心理上亦追不出其来源，他只是悬空在夹层中的东西。由外界来说，他不在外，反不如说他在内；换言之，即不是外物的代表，却反是个'遮障'。"① 他把感觉看成"遮障"，切断主、客观之间的联系，为其贯彻主观主义思想路线埋下了伏笔。他关于感觉的看法固然有问题，但他的确推翻了"感觉是认识的唯一来源"的观点，强调感觉的外物不等于外物本身，并由此引出"外在根由"论。

（二）潜在的条理

张东荪认为，尽管感觉是"不存在者"，但并不意味着感觉不受外在因素的限制。他说："感觉既是一种非存在者。不过这种非存在者又好像有权强迫我们不能自由，而其实并没有外界性。"感觉本身虽没有外界性，但其背后却存在着某种制约感觉的外在因素。他把这种因素叫作"相关变化"或"外在根由"。

---

① 张东荪：《多元认识论重述》，《张菊生先生七十生日纪念论文集》，上海商务印书馆1936年版，第118页。

他说:"我们现在一方面认定感相是不存在者,而于他方面则不能不认这个非存在的感相与其背后的东西有相当的相关变化。认识的多元论于是主张外界的存在不是感相,乃是这个相关变化。"① "外在根由"或"相关变化"作为认识的来源来说,与感觉是平列的关系,也是独立的一元。但它是潜存的,不能直接体现在认识之中,它必须以感觉为中介。张东荪指出,感觉对于外物来说虽是个"遮障",但它又不是不透明的,而能透过一些微光,由此可知在感觉的背后存在着"疏落松散的外在根由";而"外在根由"亦可借助感觉体现到认识之中。张东荪的外在根由论吸收了新实在论的某些观点,从而把他信奉同唯感觉主义的实证论者区别开来,表现出一定的客观主义倾向。

张东荪同新实在主义者也有不一样的地方。在他看来,"外在根由"并不是新实在论者所说的潜存的"独立共相",只是纯粹的"条理"。他说:"只在这个相关变化上外界的存在乃能显示于我们的心上,而这个相关变化不是质料,乃是方式。换言之,所与于我们的不是内容而是条理(即秩序)。"② 他把外界的条理划分为三种:原子性、连续性和创变性。他说:"外界所有的条理是否尚有若干,我们简直无从知道,好像一重很厚的帘幕,阳光射上,不能全透。这三种(即原子性、连续性、创变性)便好像在这个帘幕上所透入的一些微光。除此以外,实在无法再透了。"③ 关于三种外界的条理,张东荪分别做了论述。

(1)原子性。张东荪认为,事物作为认识对象来说,可以分解为无数的个体或部分,这种可分性或个体性取决于外界存在的第一种条理——原子性。他强调,原子性绝不是原子、电子一类

---

① 张东荪等:《认识论》,上海世界书局1934年版,第67页。
② 张东荪等:《认识论》,上海世界书局1934年版,第49页。
③ 张东荪等:《认识论》,上海世界书局1934年版,第62页。

的物质粒子,而是指抽象意义上的结构,如时间上的"瞬",空间上的"点"。他接受物理学唯心主义者的说法,相信"物质已经消失了",表示反对唯物论的物质概念。他说:"须知所谓原子性只是在构造上有'原子的'性质而已,并非说外界确有原子其物。不但没有原子,并且亦没有电子,没有波子,所有的只是外界的构造上有分为若干单位的可能性罢了。"① 他提出"原子性"概念,以示同作为物质结构的"原子"有区别。"原子性"是个关于认识的哲学概念,并不等于承认物质的实体性或客观实在性。"原子性"概念来自新实在论的个体性原则,表示他把个体性原则纳入了外在根由论之中。他指出,从认识论的意义上说,正是因为有"原子性"条理做担保,外界事物才能构成认识对象,认识过程才能发生;倘若认识对象没有可分性、原子性,认识过程根本就不可能发生。

(2)连续性。张东荪认为事物作为认识对象,既具有可分性、个体性,又具有整体性。这种整体性取决于外界存在的第二种条理——连续性。连续性与原子性密切相关,他说:"我以为外界的条理固然有可断可能的原子性,然同时必亦有不断可能的连续性。前者是说一个东西可分为若干小块;后者是说虽可分为若干小块而依然只是个整的东西。"② 他指出,原子性与连续性相辅相成:原子性寓于连续性;连续性同时表现为原子性。他举例说,数学上两个数字好比是两个"原子",在这两个数字中间总可以插入第三个数字,可见两个数字中间有一种连续性在起作用。这种连续性使宇宙成为一个无限伸展着的整体。他提出的"连续性"概念来自怀特海,把怀特海的过程哲学纳入他的外在根由论之中。他指出,从认识论的意义上说,正是因为有"连续

---

① 张东荪等:《认识论》,上海世界书局1934年版,第52—53页。
② 张东荪等:《认识论》,上海世界书局1934年版,第55页。

性"条理做担保,认识才不是孤立,才能形成知识体系;倘若没有"连续性"条理作前提,认识便无法展开,无法由局部的认识发展到总体的认识。

(3) 创变性。张东荪认为事物是不断发展变化的,究其原因在于外界存在着第三种条理——创变性。所谓创变性就是"指有新奇发生而言。设若这个世界绝对没有新奇的东西出来,则这个世界必定亦没有变化,所以不论如何,这个世界是常在那里变化,这是毫无问题的"。"凡是变化都是有所创新,否则我们势必根本上就不承认有变化,所以我们必须另立一种条理,名之曰创变性。"① 他所说的创变性,也就是亚历山大所说的"突创"或柏格森所说的"绵延",是指无载体的纯粹流变。张东荪认为,正是这种流变,促使事物不断发生、发展,为认识提供新的内容。"创变性"条理为认识发展的可能性提供了理论上的担保。

在张东荪看来,上述三种条理作为"外在根由"来说,只是空的架构,并无实质内容,只是研究认识论不得不预设的三个前提。他自称为"泛架构主义者",并告诫读者"千万不能把这三个条理合称之为物质,以为这种主张亦有唯物论的色彩"②。他反复强调,"一切都是架构,而不是实质。而架构却不能离开我们的认识"③。这三种条理虽属"外在根由",但仍隐含在感觉之中。它对感觉虽有限制,但不妨碍感觉的主观性。他说,外在的条理如同四个点,感觉依据这四个点,可以构筑出圆形、正方形、行线、交叉线等不同的几何图形。由此可见,张东荪的外在根由论虽有客观主义倾向,但并不因此而放弃主观主义立场。总的来看,在认识来源问题上,他贯彻了一条由心到物的主观主义

---

① 张东荪等:《认识论》,上海世界书局1934年版,第60页。
② 张东荪等:《认识论》,上海世界书局1934年版,第62页。
③ 张东荪等:《认识论》,上海世界书局1934年版,第131页。

思想路线。尽管如此，他毕竟超出了丁文江唯觉主义的狭隘立场，肯定了在认识来源方面存在着先于感觉经验的客观要素。

四 如何看待"直观的格式"与"判断的格式"？

张东荪在探讨了认识的来源问题之后，接着研究了认识形成的主观条件，试图从这一角度纠正丁文江唯觉主义的简单化倾向。他指出，唯觉论者把认识完全归结为感觉是错误的，因为仅靠感觉并不能形成认识。在认识过程中，感觉属于"交界"，它的一端连着"外界"——条理或架构，另一端连着"内界"——直观的格式和判断的格式。感觉和条理仅提供认识的材料，要把材料加工成成品，必须经过内界的两种格式。

（一）直观的格式

张东荪赞同康德的观点，也认为直观的格式是先验的。他说："康德把这种先验的格式分为二，以为一种是感性的；另一种是因判断的格式而成的。我的意思亦大体上与此正同。"① 不过，他用经验论对康德的先验论做了改造。

他认为直观的先验格式有两种：一种是时空，另一种是主客。同康德一样，他认为时空不是物质存在的形式，而是人们形成经验的先决条件、认识上的自立法度。倘若没有时空格式，"则感相虽印在我们上，但并不能织成经验"②。所以，人们以感觉而感知外物必须经由时空两个格式。他强调时空只是一种主观的格式，同外界事物无关。他认为康德关于时空主观性的论证"颠扑不破"，并把相对论看成对于时空主观性的佐证。他指出："既认空时是相对的便是承认空时是属于个人经验上的。""空时既是相对的便可以说必是主观的。"时空格式的作用在于：当感

---

① 张东荪等：《认识论》，上海世界书局1934年版，第68页。
② 张东荪等：《认识论》，上海世界书局1934年版，第82页。

官提供了感觉材料之后，把它们排列成先后相继（时）、左右并列（空）的秩序，使认识对象得以确定化，从而纳入认识者主观的范围内，变为认识者的经验。

张东荪关于时空的上述看法基本上未超出康德，他对康德的补充是把"主客"也看成直观的先验形式。他认为直观的格式不是两个，而是三个："第一是空间，第二是时间，第三是能所关系（或称主客关系）。"① 他分析说，人们只要进行认识，就必须有主客双方的划分，否则便不能形成经验；在经验上从未存在着一个只有客观而没有主观的阶段。由此可见，"主客之分是'自然的'，即先验的，无理由的，不是后来由于经验造成的。若问知识中有若干先验成分，则不可不把主客列出来"②。主观与客观是认识过程中的基本矛盾之一，在这一点上，张东荪并没有看错，但他把主客之分仅仅归结为先验的格式是不妥当的，因为这势必取消认识对象的客观性。张东荪自以为把主客说成先验的直观格式是对康德统觉思想的发展，其实他的先验格式论不过是先验论与经验论的折中而已，总的来看，他并没有超过康德。

（二）判断的格式

张东荪认为，凡认识都以判断的形式出现，因此，认识形成的主观条件，除了直观的格式之外，还须有判断的格式。直观的先验格式相当于康德的先验感性，而判断的格式相当于康德的先验悟性。他把前者叫作"认识上的先验格式"，把后者叫作"名理上的先验格式"。"名理上的先验格式"包括两个方面：一个方面为静的"设准"；另一个方面为动的"相涵的关系"。张东荪所说的"设准"相当于康德所说的范畴，但他故

---

① 张东荪等：《认识论》，上海世界书局1934年版，第71页。
② 张东荪：《多元认识论重述》，《张菊生先生七十生日纪念论文集》，上海商务印书馆1936年版，第118页。

意不用"范畴"二字，另创"设准"一词，以表示他对康德的范畴论做了改造。他之所以舍弃"范畴"二字，改用"设准"，其理由是："我则为以范畴一语不及设准来得轻松，且容易把'假定'之意含蓄在内。"① 他认为"范畴"一词的规范性太强，不如"设准"灵活。从这里反映出，张东荪并不愿意做康德式的先验论者，只愿意做一个半先验论者。他对康德的范畴论做了以下几点改造。

第一，他取消了康德范畴论所包含的规律联系方面的意义，突出了设准的假设性质。他指出，设准既不是事物之间规律联系的摹本，又不是心理界的"投出"，"乃等于下棋时所用的一种规则"。康德的范畴论虽然拒绝从客观现实中引申出因果性和必然性，但毕竟承认因果性和必然性的存在；张东荪则认为设准只属于"名理界"，只具有逻辑的意义，同因果概念和必然性概念无关。这样一来，他就把康德范畴论中的唯物论因素排除了。

第二，由于设准只是方法上的假设，只具有工具的意义，因而人们根据自己的需要任意选定。既然设准是"人造的"，那么，就不必局限于康德列出的12对范畴，人们可以随意地增加或减少。据他看，至少可以列出七组36对设准。他强调设准的工具性质与假设性质，显然已由康德转向实用主义了。他自己也承认这一点，他说："在这一点上唯用论讲得很对，比康德进步得多，我就是采取他们的主张，其中席勒尤为明显，他把这些设准名之为'方法上的假设'。"②

第三，他强调设准不完全是先验的，而是半经验半先验的。他说："人类的心理中在对事物的认识上却有一种半经验半先验

---

① 张东荪：《多元认识论重述》，《张菊生先生七十生日纪念论文集》，上海商务印书馆1936年版，第106页。

② 张东荪：《多元认识论重述》，《张菊生先生七十生日纪念论文集》，上海商务印书馆1936年版，第106页。

的设准。"① 所谓"半先验",是说设准是一种普遍适用的判断格式,舍此人们无法交流思想;所谓"半经验",是说设准的选择与使用同人们的后天经验有关。设准与康德的范畴不同,它不是人类普遍的悟性格式,而是某个民族特定的认知模式。由于社会制度不同、民族不同、文化背景不同,所形成的设准也不同。在如何看待设准的性质问题上,他表示完全同意实用主义的观点。他说,刘易斯以为设准"都是社会的,文化的,与民族精神的,却不是人类普遍的。关于这一点,我是非常同意的"②。

至于"名理上的先验格式"的动的方面,张东荪指的是概念之间的逻辑关系。他把这种关系叫作"相涵关系"或"涵义"。他说:"我以为这是一切判断之基础,亦是一切推论之基础。没有涵义则任何命题不能成立。因为凡命题都是涵义的形式表示。凡判断,凡推论都基于涵义。""我们可以说涵义是逻辑之先在的基础。……因为一切分析,一切推论,一切证明必须先设有涵义的存在,然后方能推出来。"③ 他指出,形式逻辑的三条基本规则之所以有效,是因为它们都建立在概念之间的逻辑关系基础上。同一律表示概念之间的同一关系,矛盾律表示概念之间的蕴含关系,排中律表示概念之间的并列关系。他认为概念之间的逻辑关系是先验的。"单就涵义而言,我们实在无法发现他是从哪里来的。不得已我们只好把他看为最根本的,换言之,即是认识时,下判断,有分别,成思想,就非先有他不可。他不是被后起的,不是假定的,不是制成的,而乃是先验的,基础的。"④ 他认为,

---

① 张东荪:《多元认识论重述》,《张菊生先生七十生日纪念论文集》,上海商务印书馆1936年版,第108页。
② 张东荪:《多元认识论重述》,《张菊生先生七十生日纪念论文集》,上海商务印书馆1936年版,第107页。
③ 张东荪等:《认识论》,上海世界书局1934年版,第90页。
④ 张东荪等:《认识论》,上海世界书局1934年版,第93页。

概念之间的逻辑关系虽是先验的，但并不是固定不变的结构，如同新实在论者所述。他强调，概念之间的逻辑关系是变化的，人们可以根据需要自由划定。比如，我们可以说枳就是橘、鲸就是鱼；也可以说枳不是橘、鲸不是鱼。张东荪提出的"先验格式"论，基本上是康德的先验论与实用主义的经验论相结合的产物。他一方面用先验论改造经验论，另一方面又用经验论改造先验论，在主观主义的基础上谋求二者的折中与调和。

五　如何看待"经验的概念"？

张东荪认为，内界的先验格式、外界的条理和交界的感觉三方面交互作用，便形成经验性的认识。这是他关于认识形成过程的基本构想。但经验性的认识必须借助概念的形式得以保存和传达，因此，他在阐述了认识的来源、认识形成的主观条件之后，便提出多元论认识论关于概念的看法。

对于概念的看法，张东荪完全返回经验论的立场上。他认为概念不是感性认识的深化，而是对付经验的手段、工具，并表示赞成操作主义者布里奇曼的观点。他说："概念不是对于外物之写真，而却是自己对付外物的行为之总括。每一概念即代表许多的行为。这些行为连络起来成一组。每一组有一个总名，便是概念。"① 他举例说，"橘子"这一概念就是代表"可拿的""可吃的""可嗅的""甜的""可以送人的""可以供在桌子上的""可以代表立体圆形的""可以绞成汁的"……许多行为的对付。如果离开这些行为、应付，"橘子"这一概念便失去了意义。

他认为，概念只表示人们对付外物的经验态度。概念的"根据不是在外界的自然性质而乃只是我们对付其物的经验态度"。"两个东西在一类中不是因为他的固有的自然性质相同，乃是因

---

① 张东荪等：《认识论》，上海世界书局1934年版，第111—112页。

为我们对于他的经验态度相同。"① 在他看来，概念是由认识主体的经验、习惯、行为造成的；概念无非是一套习惯动作的定型。总之，概念只是"经验的概念"，概念在行为中形成，反过来又指导行为，始终都与经验联系在一起。他说："我以为概念（即观念）之构成是由于行为：我们把许多行为结为一组遂成一个概念。所以每一概念代表一组的反应行为。这种行为的一组，因为由习惯而变为比较固定，遂可以名为一套动作之定型。每一套的定型只须有一点刺激就可以诱起其全部。所谓观念之指导作用不过如此而已。其作用完全在重复上。……若经验无重复。则一切概念皆失其效力。"② 他认为，实用主义过分夸大概念对于未来行为的指导作用，有使概念与经验相脱离的倾向。他觉得有必要纠正实用主义的这种倾向，因而把他的看法称为"过去的唯用论"，意即认识论意义上的实用主义，有别于一般意义上的实用主义。

按照张东荪的看法，概念既然是经验的产物，当然免不了主观随意性。他认为，概念是主观随意虚构的符号，并不受事物性质的制约。他说："我以为概念不仅是经验的，由总括而成的，并且只是一种符号，……所谓符号不啻说是一种类称。其中包括许多特殊的东西，但这些特殊者并不必具有一个共同的属性。只须我们对于这些东西作同样的应付，则我们便可以把这些东西总括成一个名辞。……所以这种类称并不限于代表外物的真正分类，而乃是我们的'自由归类'。"③ 他夸大概念在形式方面的主观性，否认其内容的客观性，从而得出同唯名论相近的结论。不过，他也不完全同意唯名论的说法，也采纳了唯实论的某些说法。张东荪一方面认为概念是主观制定的符号，另一方面认为这

---

① 张东荪等：《认识论》，上海世界书局1934年版，第116页。
② 张东荪等：《认识论》，上海世界书局1934年版，第117页。
③ 张东荪等：《认识论》，上海世界书局1934年版，第99—100页。

种符号的制定也不是毫无根据的,这种根据就是新实在主义所说的"关系质"。如果没有"关系质",概念对付外物的有效性便没有理论担保。他指出,实用主义把概念的真实性建立在对付外物的有效性上是对的,但实用主义没有回答这样一个问题:当我们用概念对付外物时,为什么有的外物可以接受,有的外物不能接受呢?比如,为什么"橘子"可以应付某种水果,却不是应付外形与橘子相似的石头呢?他认为新实在主义的"关系质"理论可以解决这个难题:橘子可吃,是因为橘子与人发生关系时,存在着一种"可吃"的关系质;石头不可吃,是因为人与石头发生关系时,不存在着"可吃"的关系质。张东荪强调,这种"关系质"并不是外物自身的属性,而是主、客观互相发生关系时形成的特质。他告诫读者说:"我们千万别把这种关系质认为就是外物(如橘子与石头)的本性。这关系质只是在关系中存在的。"① 造成关系质的客观原因不是外物自身,而是外界的条理。"我们至多只能说橘子具有一种可能性或使我们发生'可吃'的关系质。因此我承认外界决不是绝对无条理的。不过外界的条理却是十二分不显明,乃系在重重的遮盖中罢了。"② 他承认概念中包含着客观因素,但又对这种因素做了虚化的处理,以便使之不影响他的概念论的主观主义基调。从这里我们可以看出,他的概念论也表现出折中主义的特点:试图把实用主义和新实在主义熔为一炉,把唯名论与唯实论熔为一炉。

六 如何看待"以心为本位的中间阶段论"?

张东荪在《多元认识论重述》一文中对他的认识论思想做了这样的总结:"我们的知识,实是一个最复杂的东西。其中有幻

---

① 张东荪等:《认识论》,上海世界书局1934年版,第117页。
② 张东荪等:《认识论》,上海世界书局1934年版,第117页。

影似的感相；有疏落松散的外在根由；有直观上的先验格式；有方法上先假设的设准；有自然而然分成的主客；有推论上的先验名理基本律；更有由习惯与行为而造成的所谓'经验的概念'。凡此都是就一个人心为本位而言。"① 基于这个结论，他声称说"多元认识论"也可称为"中间阶段论"。这种学说的特点是：对于"能知"的一端和"所知"的一端，皆存而不论；只在能知与所知中间一段做文章。

能知一端的为"真内我"，所知一端的为"真外物"，这二者都是绝对不可知的；而中间一端则是相对可知的。人的认识过程，就是通过条理、概念、设准、格式等环节，获得有相对性的知识。对于张东荪的"多元认识论"或"中间阶段论"，本书做如下几点评判。

第一，以主观主义为基调。张东荪明确表示，多元认识论以人心为本位。照他看来，真外物既然绝对不可知，亦可认为其没有，于是，一笔勾销了外物的客观实在性。这样一来，他的认识论只能在主观范围内做文章。条理被说成主观范围内的客观因素，设准、格式被说成主观的认识形式，至于概念则被解释为主观形成的符号和对付行为的经验态度。他以主观主义为线索把各个认识环节联系起来。他似乎也否认"真内我"的存在，其实只是把它泛化到全认识过程中去了。他声称，知识是人造的，是由主体投射出去的。他说："关于外界的事物的知识，是把感觉背后的刺激加以编制与解释的。即并非那些刺激的本来面目。直言之，即只是在内界造成了以后而投到外界去，以为是如实存在于外界的。而究其实乃只是一个'造成者'。"② 又说："人类真是

---

① 张东荪：《多元认识论重述》，《张菊生先生七十生日纪念论文集》，上海商务印书馆1936年版，第118页。
② 张东荪：《多元认识论重述》，《张菊生先生七十生日纪念论文集》，上海商务印书馆1936年版，第119—120、128页。

个怪物。自己造成了许多东西，自己又用理论去解释他，又有时去破坏他。闹来闹去，依然在自己所造者中翻筋斗。"① 在这里，他把人心说成知识的源头，变相地肯定了"真内我"的唯一性。

第二，带有怀疑论的色彩。张东荪把认识局限在主观范围之内，切断它与外物的联系，从而也就失掉了判断认识真假的客观标准。他认为一切知识都是相对的，无可靠性可言。"感觉未必可靠，而理论亦然。"② 广而言之，"一切常识与文化乃至科学哲学莫不如此。都是其作用在于自己骗自己。须知这个骗乃是真骗"③。由主观主义走向怀疑论，这是张东荪的必然归宿。在认识来源问题上，他引入先验的、客观的因素；在认识形成问题上，他正确地指出认识主体的主观能动作用，这都在一定程度上克服了唯觉主义的偏狭性。但是，在真理观方面他没有取得任何进展。在现代中国，哲学家热衷于认识论问题的研究，本意在于为科学知识寻求坚实可靠的哲学基础；当张东荪得出一切知识不过都是"真骗"的时候，他显然违背了哲学家的初衷。

第三，尽管张东荪努力用先验论、新实在论补充实证论，但并未突破实证论的樊篱。

张东荪不赞成实证论者的唯觉主义观点，将条理、设准、格式等引入认识论。他的"中间阶段论"对"真外物"与"真内我"存而不论，把认识局限在主、客观的紧密联系上。其实，他所说的"中间阶段"也就是实证论所说的经验事实。关于认识对象的主观主义和现象主义观点、关于概念的工具主义和唯名主义观点、关于真理的相对主义和怀疑主义观点，他同实证论者都没有什么原则区别。

---

① 张东荪等：《认识论》，上海世界书局1934年版，第117页。
② 张东荪等：《认识论》，上海世界书局1934年版，第108页。
③ 张东荪等：《认识论》，上海世界书局1934年版，第129页。

总的来看，张东荪尽管对唯觉主义表示不满，实际上却没有超出经验论的范围。他在中国现代哲学史上第一个发现了唯觉主义的简单性和偏狭性，并试图用多元论理论予以纠正，这是他做出的理论贡献。但是，他好像一位不高明的医生，只是诊断出病情，却开不出医病的良方。他的多元认识论并没有提出多少独创性的见解。正如他自己所承认的那样，他是一个折中论者。他的多元认识论发表之后，哲学界对他毁誉不一。除了唯物主义者对他加以批判外，一些唯心主义者也指责他理论混乱。不过，也有人对他的学说表示欣赏。孙道升在《读张先生认识论所感》中写道："张东荪先生这本认识论，量虽不多，就质来说，我以为他的价值实可以与白克莱的《视觉新论》先后媲美。"无论是毁，还是誉，都说明他的多元认识论在当时有一定影响，并构成中国现代哲学发展史的一个重要环节。

第五节　金岳霖的客观主义知识论

金岳霖没有像张东荪那样采取主观主义路线，而是采取客观主义路线研究认识论问题。他借鉴新实在论的理论思维成果，确认外物的客观存在，强调意念的双重作用，论述思议原则和归纳原则的理论担保性质，分疏真理的定义与标准，试图纠正实证论中唯觉主义、归纳主义、怀疑主义和相对主义的偏向。

一　其人其书

金岳霖（1895—1984），字龙荪，1895年生于湖南长沙。他从小熟读四书五经，受传统文化的熏陶，为他的思想发展打下了基础。金岳霖的父亲是一位有革新思想的洋务派官员，当过东北边陲漠河金矿的总办。他让金岳霖进入教会学校长沙雅礼中学学习，接受新式教育。金岳霖天赋惊人，聪慧好学，记忆力强，以优异成绩提前从雅礼中学毕业。

  1911 年，金岳霖报考北京清华学堂高等科（清华大学的前身），顺利地被录取。在清华，他学习英语、自然科学、人文科学等课程，为他成为哲学家打下良好的基础。1914 年，金岳霖公费赴美留学。开始学商业，但他不感兴趣，后转学政治学。在写作博士论文时，他选择的题目是"格林政治思想研究"。格林既是一位信奉自由主义的政治学家，又是一位对大陆理性主义和英国经验主义皆有研究的哲学家。在研究格林思想的过程中，金岳霖接触到了休谟的思想。1920 年取得博士学位后，他来到英国继续留学。他自述："到英国后，我的思想也有大的转变。我读了休谟的书。英国人一向尊称他为头号怀疑论者。……就这样我比较集中地读了我想读的书，从此我进入了哲学。"① 此后，他开始进入对休谟哲学问题的沉思中。"起先我总觉得他了不得，以后才发现他底毛病非常之多。虽然如此，他以流畅的文字讨论许多他自己无法解决的问题，一方面表示出他底出发点太窄，工具太不够用，任何类似的哲学都不能自圆其说。"② 形成这种认识之后，他决定在哲学领域做深入的研究。他离开伦敦大学，来到剑桥大学，向执教于此的罗素和摩尔学习。罗素和摩尔是反对黑格尔主义的代表，促进了英国经验论哲学的觉醒。罗素对金岳霖的影响极为重要，他读了罗素的《数学原理》一书，使他认识到"哲理之为哲理不一定要靠大题目，就是日常生活中所常用的概念，也可以很精深的分析，而且精深的分析也就是哲学"。他从此走上了以分析为工具的研究哲学的道路，西方哲学家的理论，皆成为他的研读对象。1925 年底，金岳霖回到中国，此时，他已

---

  ① 刘培育：《金岳霖的回忆与回忆金岳霖》，四川教育出版社 1995 年版，第 45 页。

  ② 金岳霖：《论道》，商务印书馆 1987 年版，第 1 页。

在国外度过了近十年。1925年，他开始在清华任教，接替赵元任讲授逻辑课。从此，他便把学术研究的重点放在哲学和逻辑学上。1931年，金岳霖有机会到美国进修一年，在哈佛大学师从谢非教授学习逻辑学。

1926年，金岳霖受校方委托，组建清华大学哲学系。刚刚成立的哲学系只有他一名教授，也只招到一名学生。一师一生，号称一系。他的开山弟子就是著名的逻辑学家沈有鼎。金岳霖亲自讲授西洋哲学和逻辑学，请梁启超讲授儒家哲学。在1929年以前，金岳霖一直担任哲学系主任。1929年以后，他虽辞去这一职务，仍旧是该系当之无愧的学术带头人。在哲学上，金岳霖比较欣赏摩尔和罗素的新实在论，因而他希望把清华哲学系办成"东方剑桥学派"。哲学界的同行戏称他是"中国的摩尔"。在这一思想的指导下，清华大学哲学系会聚了张申府、冯友兰等一批有新实在论倾向的哲学家。

新实在论是五四时期传入中国的。五四时期，梁启超等人组织了一个以研究哲学为主的"尚志学会"，他们请英国哲学家、当时还是新实在论者的罗素到中国讲学，使新实在论在中国传播开来。但当时影响不算太大，比不上实用主义和柏格森主义。到20世纪30年代，一些在国外接受新实在论影响的学人回国，他们当中有金岳霖、冯友兰、张申府等，使新实在论者的力量加强，思想影响在大学中越来越大，并且超过了实用主义和柏格森主义。新实在论主张"中性实体"说，认为世界上最根本的存在既不是物质，也不是精神，而是"中立的要素"，这种观点同实证论有接近的地方。新实在论与实在论不同的地方在于，反对自我中心主义，主张共相独立存在，重视概念的作用，承认绝对真理。在更广泛的意义上，新实在论虽然也可以归入实证哲学思潮的范围，但不能等同于一般的实证论。它除了强调认识来源于经验之外，同时还承认知识的对象——概念的真实性和实在性。新实在论较好地解决了经验论与唯理论的对立，这是实证主义所无法解决的。这些观点有助于中国现代哲学家克服实证论的现象主义、主观主义、唯觉主义、怀疑主义、相对主义偏向，故而金岳霖选择新实在论作为参照系，并非偶然。新实在论对金岳霖的影响确实比任何哲学都大，但他绝不是这种哲学的稗贩者。他是一位善于独立思考、具有思想原创力的哲学家。对于他来说，新实在论仅仅是思想材料而已，并非他思想的全部。贺麟中肯地指出："金先生及冯先生虽多少受了些英、美新实在论的影响，然而他们主要的志趣，是在于自己创立哲学系统。"①

为了办好清华大学哲学系，金岳霖真是全力以赴，先后为学生开设过哲学概论、知识论、形而上学、西洋哲学、逻辑学、洛克哲学、休谟哲学、罗素哲学、康德哲学、哲学问题、数理逻辑等10多门课程。他一边执教，一边从事哲学和逻辑学研究，取得宏富的学术成果。1937年，为了满足教学的需要，他编纂出版了《逻辑》一书。这是中国人写的第一本系统介绍形式逻辑的教科书。1944年，金岳霖的《论道》一书出版，该书沿用中国传统哲学的许多重要范畴、概念并赋予其新的含义，这是他熔中西学于一炉的尝试。这本关于哲学本体论的专著体大精深，但因文字艰涩，出版几年之后学术界才逐渐发现它的价值。贺麟在《当代中国哲学》中称赞《论道》是一部最有独创性的玄学著作。几乎在写作《论道》的同时，金岳霖开始写《知识论》，系统地研究认识论问题。在中国现代哲学史上，最肯下功夫研究认识论的专业哲学家，非金岳霖莫属。在抗日战争时期，他写完《知识论》一书，可惜在一次躲避空袭时不慎丢失，几年的心血付诸东流。他又花了十几年的时间，到1948年再次写出。可是因为当时正值新中国成立前夕，商务印书馆虽然接受了金岳霖的书稿，已不可

---

① 贺麟：《五十年来的中国哲学》，辽宁教育出版社1989年版，第83页。

能及时出版了。直到1983年这部70万字的哲学巨著才由商务印书馆正式出版，并以此纪念金岳霖从事哲学和逻辑学教学与研究56周年。这本《知识论》是20世纪中国现代哲学史上最有分量、部头最大的认识论专著，无人可以望其项背。金岳霖颇有感慨地说："《知识论》是我花精力最多、时间最长的一本书。"① 金岳霖的理论，实际上是要探求科学知识的可靠性问题，他一方面接续着西方哲学传统，另一方面也力图以中国的思想和方法来解决这一问题。这实际上是西方哲学问题在中国的独立发展。它区别以儒家哲学为道统的新儒学方法，把西方哲学的问题视为一种普遍的问题来研究，使中西得以对话，而不是将西学或中学视为各异的相区别的东西加以糅合。

1949年新中国成立以后，金岳霖改变自己多年形成的哲学信仰，真诚地接受马克思主义哲学。1952年全国大专院校调整，只保留北京大学一个哲学系。他担任当时全国唯一的哲学系的系主任。1956年加入中国共产党并任中国科学院哲学社会科学部学部委员、哲学所副所长，还曾担任全国政协委员、民盟中央常务委员、中国逻辑学会理事长、中国逻辑与语言函授大学名誉校长等职务。新中国成立以后金岳霖把逻辑学作为理论研究的重点，主编《逻辑通俗读本》《形式逻辑》作为高等学校的教科书。他还发表许多逻辑学方面的论文，培养出一大批专攻逻辑学的人才。目前中国逻辑学界有许多著名的专家都出自他的门下。

金岳霖的主要著作有：《逻辑》《论道》《知识论》《罗素哲学》，主编《形式逻辑》。著作收录四卷本《金岳霖文集》，甘肃人民出版社，1995年出版。

在20世纪中国现代哲学史上，金岳霖是大家公认的少数具有思想原创力的哲学家之一。他以中西结合的胸怀和创见力，形

---

① 金岳霖：《知识论》，商务印书馆1983年版，第2页。

成了自己的哲学体系，试图用中国现代哲学家的理论思考方式，解决长期困扰西方哲学家的知识论难题。

二 主观主义说得通吗？

金岳霖主张把知识的来源追溯到外物，反对停在感觉上。从这种观点出发，他批评了主观主义知识论。主观主义知识论者把知识的来源归结为主观感觉，把感觉当成知识论的出发点，金岳霖把他们的思路叫作"唯主的出发方式"。他分析说，主观主义知识论在理论上至少遇到两个不可克服的困难：其一，从主观感觉出发无法推论或"建立外物之有，无法获得实在感或真实感"。许多主观主义者曾幻想从感觉中推导出外物，例如贝克莱由感知推导存在，罗素把外物说成由感觉形成的"逻辑构造"，等等，结果都失败了。金岳霖指出，这条路是走不通的。因为感觉是变化不定的，此时的感觉不同于彼时的感觉，从变化不定的感觉中不可能推导出具有稳定性的外物。其二，由感觉出发"得不到真正的共同的客观和真假"。感觉者的感觉都是特殊的，此人的感觉不同于彼人的感觉，因此人们无法形成关于对象的共同的认识。倘若每个感觉者都以各自的感觉为尺度判别真假，各自有各自的标准，那就意味着失掉判断真假的客观标准，无真实感可言。总之，按照主观主义知识论，既无法建立外物，也无法形成知识。感觉是特殊的，而知识是一般的，从特殊的感觉中永远得不到一般性的知识。这是一个无法解决的矛盾。

金岳霖指出，主观主义的知识论其实是一种"自我中心论"，至少是一种"人类中心论"。实际上，研究知识论不能局限在任何知识者的立场上，应当超越这种局限性去研究"客观的知识"。"客观"一词在金岳霖知识论中有特定的含义。金岳霖把知识者感觉到的世界叫作"有观的自然世界"。"有观的自然世界"是"无观的本然世界"的一部分。他认为，知识者并不限于人类；

任何有感觉的生物类如猴子、牛等，都可以成为知识者即认识主体。倘若有比人类还高级的感觉类，他也可以成为知识者。每一感觉类的感知都不相同：人所见非牛所见，牛所见非猴所见。例如，面对一块红布，人见了可能没有任何表示，猴子见了则表示欢喜，牛见了则表示愤怒。每一感觉类中每一分子得到的感觉也不相同：你所见非我所见，我所见非你所见。但是，感觉类中的分子既然是同类，在他们不同的感觉中肯定蕴含着大体相似的认识结构，因而可以形成共同的"类观"。他把这种"类观"叫作"客观"。他说："如果甲觉中的甲 m 对于 X 所得的呈现是类型的呈现，则此呈现为客观的。"① 各感觉类之间虽然没有共同的"客观"，但所面临的本然世界毕竟是一个，因此认识是可以沟通的。人虽不能见牛之所见，但可以知牛之所知。

金岳霖在《论道》中表明了他的"元学态度"，在《知识论》一书中表明了他的"知识论态度"。在本体论方面，他借鉴了新实在论的理论思维成果，提出以"道，式—能"为框架的本体论学说；在知识论方面，他也借鉴了新实在论的理论思维成果，提出客观主义的知识论理论。在金岳霖看来，新实在论较好地解决了经验论与唯理论的对立，又兼有经验论与唯理论的长处；而实证论者无论在经验论上还是概念论上，都存在着严重的缺陷。实证论者坚持唯觉主义，把感觉经验视为认识的唯一源泉，但他们无法解决如何从感觉经验上升到具有普遍性、必然性的知识的难题。在概念论上，实证论者的错误在于否认概念的抽象性。金岳霖认为，康德关于范畴的先验性的说法为解决这一问题提供了思路。他采纳了康德关于范畴具有先验性的说法，却没有把范畴归结于先验的来源。在金岳霖看来，概念与范畴既有先验性，又有后验性：前者是指概念具有规范"客观的所与"的作

---

① 金岳霖：《知识论》，商务印书馆1983年版，第147页。

用,后者是说概念与范畴归根结底还是来源于经验。这样,他就把经验论与唯理论两大思潮的理论思维成果综合起来了。至此,金岳霖已经显示出自己的理论个性,并且在知识论方面突破了实证主义的局限。

金岳霖强调,在研究知识论时,应当抱着"片面地忘记我是人适所以冷静我底态度",意思是说,应当站在客观主义的立场上,而不是站在主观主义的立场上,考察知识的来源及其形成过程的问题。实证论者认为知识来自感觉经验,金岳霖并不反对。他也承认感觉经验是"知识底大本营",不过在他看来,仅仅靠感觉经验还不能形成知识,应当充分估计到"意念"在认识形成过程中所起的作用。他把感觉经验提供的材料叫作"所与",认为所与必须纳入意念结构之后,才能形成知识。他这样概括《知识论》一书的基本思想:"本书底主旨是以经验之所得还治经验,或以得自官觉者还治官觉。知识者实在是以所与摹状所与,在多数所与中抽出意念以为标准,然后引用此标准于将来的所与,以为接受将来的所与底方式。"① 围绕这条主旨,金岳霖系统地论述了知识的来源、意念在知识形成过程中的作用、知识可靠性的依据、衡量真假的标准等问题,从认识论角度全面检讨实证哲学的缺陷,构筑客观主义的知识论体系。

三 "所与"为何是"客观的呈现"?

丁文江基于唯觉主义,强调感觉经验是认识的唯一来源。张东荪修正了他的看法,指出感觉为"不存在者",仅仅是"显现的所与",不是认识的全部来源;在感觉经验之外,还有"潜在的所与",可称为"外在根由"或"条理"。张东荪固然比丁文江进了一步,但他强调"外在根由"只是空的架构,仍然无法说

---

① 金岳霖:《知识论》,商务印书馆1983年版,第688页。

明知识的确定性和客观性，不能从根本上扭转实证论者的主观主义倾向。同张东荪相比，金岳霖再前进一步，径直承认知识的终极来源是客观的外物，而不是空的架构。他认可外物的客观性、真实性、确定性，从根本上推翻了实证论者在认识来源问题上的主观主义原则。在金岳霖看来，外物独立存在，不以认识者的认识与否为转移。只有承认外物的客观实在性，才算找到了建构知识论唯一可靠的立脚点。他说："在实在主义的立场上，'有独立存在的外物'是一不可怀疑的命题。"① "本书直接承认这一命题。"② 为什么这一命题不可怀疑？他提出三点理由。

第一，"被知的不随知识底存在而存在"③。认识对象是客观存在的实体，不是认识者感官的产物。他的这个论点是针对一切主观主义知识论而发的。主观主义知识论者认为，认识的立脚点不是外在事物，而认识者的主观感觉；外物没有独立的实在性，它是由感觉经验派生出来的，例如贝克莱曾提出"存在就是被感知"的观点。金岳霖不赞成这种说法，他指出，"存在"与"被感知"之间没有必然的联系：某物存在与否，不以感觉者的感知为转移。感觉者没有感知到某物，只能说明感觉者没有同该物发生关系，但这并不影响该物的实在性。基于这种分析，他得出的结论是："'有外物'这一命题和'有官觉'这一命题至少同样可给我们以真实感，这两个命题都是知识论所需要的。"④ 二者缺一不可，去掉其中任何一个都无法说明知识的来源。

第二，"对象底性质不是官觉者所创造的"。既然外物是独立存在的，外物具有的性质当然也是独立存在的。感觉者感知外物并不是把感觉的性质强加到外物身上。外物的性质非"知识者的

---

① 金岳霖：《知识论》，商务印书馆1983年版，第119页。
② 金岳霖：《知识论》，商务印书馆1983年版，第121页。
③ 金岳霖：《知识论》，商务印书馆1983年版，第99页。
④ 金岳霖：《知识论》，商务印书馆1983年版，第76页。

意志所能左右、修改、产生"①。

第三，外物"各有其自身的绵延的同一性"。外物作为一个个体来说，不是感觉的堆积，也不是一大堆属性的总和。它自身具有实体性和相对的稳定性。某物与他物的关系不断地改变，某物与感觉的关系也不断地改变，但该物的实体性质不会因此而发生变化。金岳霖把这叫作"自身的绵延的同一性"。他举例说，某人在书画店买一幅画，他把此画带回家，再打开一看，此画绝不会变为另外一副模样。这就说明画具有"绵延的同一性"。

那么，知识者的感觉能否认识外界对象？金岳霖的看法是肯定的。他认为"所与是客观的呈现"，知识者感觉到的内容可以同外界对象相一致。他把感觉划分为三种类型：一类叫作"野觉"，即知识者处在不正常状态下形成的感觉，如发高烧、喝醉酒时形成的幻觉，色盲的视觉，都属于这一类；一类叫作"梦觉"，即知识者在睡梦中形成的感觉；一类叫作"正觉"，即知识者在正常状态下形成的感觉。野觉和梦觉当然不能正确地感知外物，但"正觉"的感知同外物应当是一致的。他说："我们称正觉底呈现为'所与'以别于其它官能活动底呈现。所与就是外物或外物底一部分。所与有两方面的位置，它是内容，同时也是对象；就内容说，它是呈现，就对象说，它是具有对象性的外物或外物底一部分。内容和对象在正觉底所与上合一；在别的活动上这二者不必能够合一，例如我想象在伦敦底朋友时，内容是一事，对象是另一件事。就所与是内容说，它是随官能活动而来，随官能活动而去的，就所与是外物说，它是独立于官能活动而存在的。"② 这说明"所与"是把知识者同外物联系起来的可靠桥梁，它的一头连着认识对象，另一头连着认知主体。通过"所

---

① 金岳霖：《知识论》，商务印书馆1983年版，第103页。
② 金岳霖：《知识论》，商务印书馆1983年版，第130—131页。

与",外界对象转化为认识的内容,所以说"所与是客观的呈现"。基于上述分析,金岳霖得出"所与是知识底材料"的结论。他说:"所与是正觉底呈现,所以正觉是供给知识底材料底官能活动。任何知识,就材料说,直接地或间接地根据于正觉。日常的知识如此,科学的知识也是如此。"① 从外物到"所与",再到知识,这就是金岳霖关于知识来源问题的基本观点。他承认外物自身的客观性,强调外物是认识的最终来源,强调"所与"是联系认知对象与认知主体的中介,贯彻了客观主义的思路,从而同主观主义划清了界限。

金岳霖承认外物的实在性,把感觉看成主、客体之间的桥梁,同唯物主义反映论有相近之处,但不能归结为唯物论的反映论。金岳霖把他的观点叫作"呈现说",以示与反映论有区别。当时他觉得,唯物论的反映论在理论上有困难。按照反映论的说法,感觉是主观对客观的反映,是对外物的摹写。尽管摹本和原本在本质上是同一,但二者毕竟是有区别的;那么,怎么能够证明二者的同一性呢?当时的金岳霖不赞成反映论,把这种学说叫作"因果说"或"代表说"。所谓"因果说",即反映论把客观对象看作引起主观认识的原因,把主观认识看作结果;所谓"代表说",即反映论把客观对象当作原本,把主观认识解释为对原本的摹写。他这样质疑反映论:摹本在主观方面,原本在客观方面,如此说来摹本与原本似乎是两个个体;那么,怎么能证明摹本与原本在原则上是同一的?那时的金岳霖还不理解摹本与原本之间的辩证关系,因而对反映论产生一些误解。按照金岳霖的呈现说,正觉感觉到的内容与外界对象没有任何区别,完全是一个东西的两个方面。由于他取消了摹本与原本之间的差别,其后果是混淆了主观与客观的界限,使外物的客观实在性变得模糊起来。

---

① 金岳霖:《知识论》,商务印书馆1983年版,第185页。

金岳霖的呈现说取消了主观与客观之间的矛盾,带来的另一个后果就是无法划清真实的感觉与错误的感觉之间的界限。按照他的说法,正觉永远是外物的正确呈现,绝不会有错误。事实上并非如此。比如,一根筷子在空气中是直的,一半插在水中看起来是弯的。如果这两种正觉都是正确的话,那么,势必带来这样一个问题:筷子自身到底是直的,还是弯的?对于这个问题,金岳霖无法用正觉说做出有说服力的解释。

四 怎样纳"所与"于"意念图案"?

丁文江在认识论方面坚持唯觉主义,没有对认识形成过程做出任何说明。张东荪比丁文江深刻一些,看到了直观的格式和判断的格式对感觉材料的加工作用,但仍旧把概念看成应付实在的经验性的符号,对概念在认识形成过程中所起的作用,认识也没有到位。如何看待概念(金岳霖称为意念)在认识过程中的作用?这是金岳霖要解决的问题。他没有直接批评丁文江和张东荪,但在对实证哲学奠基人休谟的检讨中,间接地批评了他们。在他看来,休谟研究认识论的工具"过于简约",因为在休谟那里只有"意象",而没有"意念"。金岳霖所说的"意念",即通常所说的"概念"。金岳霖认为"意念"和"概念"两个术语是有区别的:"概念"一词只能在逻辑学的意义上使用,不能在知识论的意义上使用;在知识论的意义上只能使用"意念"这个词,不能用"概念"这个词。照他看来,"意念"是不甚清楚的、不甚精确的、不甚严格的概括,与逻辑学中所说的概念不完全一样。因此,他采用"意念"一词,而不用概念这一术语。他认为,知识者在认识过程中收容与应付所与的工具是"意念",而不是逻辑学意义上的"概念"。他对休谟的批评,对丁文江和张东荪来说,也是适用的。为了克服实证论者"只有意象而无意念"的局限,金岳霖从意象论推进到意念论,追问认识形成的前提条件，创立了意念双重作用的理论。

金岳霖认为，所与只是知识的来源，所与本身还不是知识。要从感性的所与上升到理性的知识，必须对它进行加工，这叫作"所与底收容与应付"。所谓"收容"，是指知识者把所与转化为知识的内容；所谓"应付"，是指知识者根据得到的知识而采取的行动。例如，某人在战场上听到炮声就跑，他听到炮声，是对所与的收容；而跑则是对所与的应付。收容与应付交相为用，"一官觉者不能收容，他也不能应付；他不能应付，他也不能表示他底所与已经为他所收容"①。

知识者收容与应付的工具很多，如习惯、记忆、想象、相信、语言、意志等皆是，但最主要的工具还是"抽象的意念"。意念对所与的收容与应付，表现在两点：一是"摹状"，一是"规律"。

他解释说："所谓摹状，是把所与之所呈现，符号化地安排于意念图案中，使此所呈现的得以保存或传达。""意念"与"意象"不同。意象是图画式的，意念是符号化的。换言之，意念是抽象的，而不是具体的。每个意念都不是孤立的，都与其他意念相联系而结成"意念图案"。把意念引用于所与，也就是把所与纳入意念图案之中，使之得以保存或传达。这就叫作"符号化的安排"。他举例说，假如某人看见一个东西后，做出"这是橘红色之物"的判断，其实就是用"橘红色"这一意念摹状他所接受的"所与"。"橘红色"不是一个孤立的意念，它的一端是红色，另一端是黄色。这三种颜色形成一意念图案，即"红—橘红—黄"，橘红是红、黄的居间色。用"橘红"摹状所与，就是把所与纳入"红—橘红—黄"的意念图案。所与被知识者纳入意念图案中之后，便转化为他经验中的事实，他可以用摹状的方式把此

---

① 金岳霖：《知识论》，商务印书馆1983年版，第186页。

事转告别人。例如，甲向乙传达"这是橘红色之物"这一经验事实，若乙不明白何谓橘红色，甲可以对乙说：橘红色就是比红色浅、比黄色深的颜色。这样，乙就会由不懂变懂了。金岳霖指出，摹状在传达知识时很重要。听者不懂时必须举例子，举例子就是摹状。

金岳霖又说："所谓规律，是以意念上的安排，去等候或接受新的所与。"① 他所说的"规律"与通常含义不同。"规"是"规定"的意思，"律"是"范围"或"约束"的意思，"规律"其实就是"规范"的意思。意念的规范作用就是以固定的意念图案为工具去接受或安排新的所与，有如法官引用法律条文给罪犯量刑。法律条文上有"杀人者死"的规定，这条规定没有告诉法官罪犯是否杀了人，只是说如果罪犯杀了人，就可以判处他死刑。金岳霖还把意念的规范作用比作收发员分发信件。每个单位有一个信箱，这些信箱相当于"意念"；待分的信件相当于"新的所与"，收发员把属于每个单位的信件放进该单位的信箱里，就完成了对信件的规范。意念具有超前性，但它并不积极地去规范所与，只是消极地等候所与。它"不是规定所与如何呈现，它所规定的，是我们如何接受"②。

金岳霖强调，意念的摹状作用和规范作用是不能分开的。二者之间的关系如同左右、上下、因果一样，紧密地联系在一起，失掉一方，另一方也不复存在。分开来说，无规范就不能摹状。因为摹状是意念上的安排，这种安排同时就是规范。可见规范是摹状的必要条件。反过来说，无摹状不能规范。如果只是规范不摹状，意念太抽象，无法起到传达知识的作用。总而言之，"意念不规律，它不能摹状，不摹状，它也不能规律。二者交相为

---

① 金岳霖：《知识论》，商务印书馆1983年版，第336页。
② 金岳霖：《知识论》，商务印书馆1983年版，第336页。

用，意念才成其为意念"①。

金岳霖认为，意念既有先验性，又有后验性。就其摹状作用来说，它是后验的，因为摹状必须以所与为前提；如果没有所与，也就无"状"可摹。就其规范作用来说，它具有先验性。"无论所与以后如何呈现，我们底办法已经决定了。这就是意念底先验性。"② 意念是先验与后验的统一。

正因为意念具有后验性和先验性两个方面，所以它能"得自所与又还治所与"。所谓"还治"，即对所与进行加工整理。金岳霖指出，所与是动态的感性之流，它源源不断地涌来，处于变动不居的状态。意念则是静态的认知结构，意念的数量在知识者的头脑中可以不断增多，但意念本身无所谓加减。"意念根本不能变的，它根本无所谓变与不变。它是抽象的，普遍的。"③ 因此，以意念还治所与，"实在是以不变治变"，即把动态的所与组织到静态的意念图案之中，从而形成知识。意念图案有大纲，有细则。大纲是指时间、空间、性质、关系、东西、事体、变、动等最一般的意念，知识者认识任何对象都要动用它们，所以称为"大纲"。他所说的大纲也就是指最普遍的认识范畴。细则是指床、桌子等具体的经验性意念，在这些意念的帮助下，知识者获得具体的知识。知识者获得的知识也要靠意念的帮助才能保存下来。意念之间存在着逻辑关联，知识者依据逻辑关联形成判断，掌握认识对象的含义。金岳霖把通常认识过程中形成的判断叫作"意思"，把逻辑学中的判断叫作"命题"，"命题"是最精确的"意思"。

总之，照金岳霖的说法，认识过程就是知识者以意念为工具

---

① 金岳霖：《知识论》，商务印书馆1983年版，第382页。
② 金岳霖：《知识论》，商务印书馆1983年版，第402页。
③ 金岳霖：《知识论》，商务印书馆1983年版，第304页。

把握客观的所与，将所与转化为知识的过程。知识者掌握的意念越多、越精确，他摹状和规范所与的本事就越大，他的知识就越丰富。人类知识的总量是不断增加的，知识总量的增加就表现在不断地提出新的意念，不至于对新的所与毫无办法。金岳霖这样描述新意念的形成过程：当知识者遇到从未见过的所与时，开始时可以用负意念安排它，做出"这不是某某"的判断；随后即进入正意念上的安排，用新发明的 X、Y、Z 等名字称谓它。"我们会把它翻来覆去，彼此互相比较，我们会得一套新的意念，而这一套的意念或新得的意念也摹状也规律。"① 显然，他对新概念是如何形成的解释过于简单，但他力图在知识论中贯彻发展的观点，这是合理的。关于新概念是如何形成的问题，被罗素称认识论或知识论研究中的难题，金岳霖对此问题的探索尽管不算成功，但还是富有启发性的。

金岳霖提出的关于概念双重作用的理论，应当说是一位中国现代哲学家的理论创新，既不能归结为经验论，也不能归结为唯理论，其实是对两者的综合或超越。从西方哲学的视角看，他提出这一理论，意在纠正休谟经验论的偏颇。在休谟的知识论中，由于只有"意象"而没有"意念"，因而无法对知识的形成过程做出合理的解释。金岳霖接受休谟的理论教训，充分地估计到概念在认识形成过程中的能动作用，突破了经验论的局限。从中国现代哲学的视角看，他突破了丁文江的唯觉主义和张东荪的经验主义的狭隘眼界，在知识论研究方面取得重大进展。金岳霖主张经验与理性并重。他说："这两方面兼重，就表示我们不但注重经验，而且注重理性。说所与中本来有形形色色，这这那那，种种等等，就表示我们注重经验，官觉者得到意念底根据就是这些。说所与本来无名'，在官觉者以意念去接受所与之后，所与

---

① 金岳霖：《知识论》，商务印书馆1983年版，第405页。

对于官觉者有意念上的秩序，就是说我们注重理性；我们实在是纳所与于意念结构之中。使所与对于官觉者得到一种条理化。"①由此反映出，金岳霖试图辩证地看待所与和意念的关系，看待感性和理性的关系，看待经验和概念的关系，从而把经验论和唯理论综合起来。但是，他未能完全达到这一目标。他把意念看成固定的认知模式，对概念的理解有些僵化，从而导致先验论和形而上学的倾向。他对认知结构的静态分析比较深刻，但没能从动态角度分析考察"具体概念"的形成和运动，对理性认识由抽象到具体的发展过程似乎未做出有说服力的阐释。

五　怎样把握思议原则和归纳原则？

在考察完知识的来源及其形成过程等问题之后，金岳霖进一步研究了知识的可靠性问题。以意念为接收工具收容与应付所与形成的知识是否靠得住？金岳霖提出并研究知识的可靠性问题，也是针对实证论的思想局限而发的。按照实证论的观点，人们关于事实的知识都是从感觉经验归纳而来的，由归纳而来的知识都是或然的，并不具有必然性。尽管人们相信"明天太阳还会从东方升起"，但没有理由断言"明天太阳一定从东方升起"。金岳霖推翻了实证论者的这种观点。他认为知识的可靠性是没有问题的，因为思议原则与归纳原则可以为知识提供"理论上的担保"。前者是知识可靠性的先天必要条件；后者是知识可靠性的先验充分条件。

思议原则又叫"思议底基本的规律"，是指形式逻辑中的同一律、排中律和矛盾律。他认为"同一，排中，矛盾三原则，的确比其他的逻辑命题，来得基本"②。这三条原则"是摹状底摹状

---

① 金岳霖：《知识论》，商务印书馆1983年版，第630页。
② 金岳霖：《知识论》，商务印书馆1983年版，第414页。

和规律底规律",任何意念离开它们都不能发挥摹状与规范所与的作用。思议原则本身不直接摹状所与,也不直接规范所与,换句话说,它不是接受所与的方式,"然而它是意念所以能成为接受方式底条件"①。为什么说思议原则是意念所以能成为接受方式的条件呢?金岳霖没有从认识论的角度予以说明,而是从本体论的角度予以说明。他认为本体界中的"能"是现存世界材料方面的本原,"式"是形式方面的本原,能与式的离合变化构成现存世界中各种事物的生灭变化。从"道,式—能"的本体论来看,"式就是逻辑底泉源"②。他说:"式可以说是逻辑本身,普通所谓逻辑常相,似乎只是表示逻辑底工具而已。"③ 追本溯源,同一、排中、矛盾三原则根基于本体界的"式",唯其如此,它们才具有先天的有效性。正因为思议原则具有先天的有效性,所以依据思议原则而成立的意念也就获得"理论上的担保",从而经过意念的安排,由"所与"形成的知识也就有了可靠性。

对于三条思议原则的规范作用,金岳霖逐一做了分析。

首先,他指出,同一律是意念之所以成其为意念的最基本的条件。他说:"三思议原则之中,同一原则的确基本。最显而易见的说法,是说它是意义可能底最基本的条件。"④ 任何意念必须遵循这一规则才会有确定的含义。他举例说,倘若父可以不是父,子可以不是子,那么,"X是Y的父亲"或"Y是X的儿子"这两句话,都成了没有意义的废话。同一律就是保障父必是父,子必是子,一句话必有该句话所表述的意思。某意念或某句话遵守同一律不必有意义,可是违背同一律肯定不会有意义。同一律保证意念有确定的外延与内涵,从而使意念起到摹状和规范

---

① 金岳霖:《知识论》,商务印书馆1983年版,第409页。
② 金岳霖:《论道》,商务印书馆1987年版,第21页。
③ 金岳霖:《知识论》,商务印书馆1983年版,第408页。
④ 金岳霖:《知识论》,商务印书馆1983年版,第414页。

所与的作用。

其次，排中律是最基本的推论原则。他说："排中律是一种思议上的剪刀，它一剪两断，它是思议上最根本的推论。"① 知识者接受所与之后，要用意念做出"他是甲"或者"他不是甲"的判断，以表明自己获得某种知识。"他是甲"与"他不是甲"二者必取其一：如果说"他是甲"，就不能同时说"他不是甲"；反之亦然。说某"所与"是甲，就是以甲意念接受该"所与"；说某"所与"不是甲，就是以非甲的意念如乙、丙、丁……接受该"所与"。正因为有排中律作为理论担保，知识者才可能总有办法接受新的"所与"，不断地从一意念推导出其他意念。

最后，矛盾律是最基本的排除原则。他说："矛盾原则是排除原则，它排除思议中的矛盾。矛盾不排除，思议根本就不可能。"② 他认为矛盾律从反面强调意念必须遵守逻辑。矛盾是"思议底限制"，同思议不相容。凡是有矛盾的意念都是不可思议的，违反逻辑的，因此理所当然地不能成为接受"所与"的方式。矛盾律并不能保证在思议过程中不出现矛盾，它只表明：一旦出现矛盾，就不可能再形成认知结构。因为"结构根本不能有矛盾，有矛盾则非结构"。所以，在认识过程中必须排除有矛盾的意念，保留无矛盾的意念。只有无矛盾的意念才能成为接受"所与"的方式。

金岳霖认为，思议原则作为先天的逻辑规范来说，也是"所与底必要条件"。他说："所与底可能也靠逻辑命题为必要条件。"③ 他强调，先天的思议原则之"先"，不是时间上的在先，而是逻辑上的在先，是以之为先决的、必要的条件的意思。先天

---

① 金岳霖：《知识论》，商务印书馆1983年版，第415页
② 金岳霖：《知识论》，商务印书馆1983年版，第416页。
③ 金岳霖：《知识论》，商务印书馆1983年版，第407页。

的思议原则同经验事实无关，因而"先天"又区别于"先验"。先天的思议原则不规定所与如何呈现，只规定所与倘若呈现就不能受到它的制约。这样看来，思议原则一方面是意念之成为意念的必要条件；另一方面又是"所与"之成为可能的必要条件。综合起来说，"先天的命题也是经验之所以可能底必要条件。这就是说，必先承认这样的命题，然后经验才可能。否则经验不可能。所谓承认这些命题，就是承认这些命题是真的，假如这些命题不是真的，所与既不可能，我们当然不能有经验"①。推而论之，只有承认思议原则是真的，知识才有可能。换言之，思议原则永真便是知识可靠性的理论保障。

金岳霖对同一律、排中律、矛盾律在知识论中的地位十分重视。他对这三条规则的作用所做的分析，相当深刻、透辟。但是，他把这三条本来属于思维形式方面的具体规则抬高到本体论的高度看待，显然是不妥当的。不过，也应当看到，金岳霖的这种学术思想在中国现代哲学史上也有积极的意义。在 20 世纪 30 年代至 40 年代，形式逻辑作为一门思维科学传入中国的时间还不长，人们对这门科学的了解还不够，甚至产生一些误解。有些人曾把形式逻辑当成形而上学批判，全盘否定这门科学的价值。在这种情况下，金岳霖重视逻辑在知识论中的作用，有助于人们克服对形式逻辑的误解。

金岳霖又提出，先天的思议原则虽然是知识可能的充分条件，但并不是知识可能的必要条件，因为它们不能积极地作用于"所与"。他认为，知识的可靠性除了要靠先天的思议原则来担保之外，还须靠先验的归纳原则来担保。前者是知识可靠性的充分条件，后者是知识可靠性的必要条件；前者是消极的，后者是积极的，可以保证知识的总量不断地增加。金岳霖对"先天"与

---

① 金岳霖：《知识论》，商务印书馆 1983 年版，第 406 页。

"先验"做了严格的区分。先天是关于知识的分析成分,与经验无关;先验是关于知识的归纳成分,它虽然从总体上看不能脱离经验,但在任何具体经验之先。他给"先验"下的定义是:"如果我们有某某形式,无论所与以后如何呈现,我们可以用此形式为经验底接受底方式,则此某某形式为先验的形式。"① 先验形式担保经验能够继续下去,使知识者不断获得新的知识。他认为归纳原则就是这样的形式。归纳原则是永真的先验原则。"只要经验继续,归纳原则总是真的。"②

金岳霖分析说,之所以有人怀疑归纳原则的永真性,是因为他们错误地把归纳原则同归纳得出的结论混为一谈。他指出,由归纳得出的结论是"历史的总结",当然可以被否定的例证推翻;而归纳原则是"如果——则"式的普遍命题,这是不能被否定的例证推翻的。他强调,"归纳原则不是从归纳得来的原则"③。否定的例证出现,恰好说明知识者原有的意念不足以应付和安排新的所与,从而激发他们寻找新的意念。例如,欧洲人在没有发现黑天鹅之前,以为所有的天鹅都是白的;后来发现了黑天鹅,推翻了"所有的天鹅都是白的"的结论。唯其如此,欧洲人的意念就更丰富了,增加了"黑天鹅"的意念。

金岳霖指出,归纳原则是同时间联系在一起的,只要时间不会停住,归纳原则的永真性就不会动摇。他说:"我们当然没有纯理论上的理由担保时间不会打住。可是,这一假设也只是可以思议的而已,我们没有任何理由表示时间会打住。"④ 在事实上,时间是不会打住的,这就说明归纳原则至少在事实上是永真的。因为没有纯理论上的理由担保时间不会打住,所以归纳原则永真

---

① 金岳霖:《知识论》,商务印书馆1983年版,第397页。
② 金岳霖:《知识论》,商务印书馆1983年版,第424页。
③ 金岳霖:《知识论》,商务印书馆1983年版,第451页。
④ 金岳霖:《知识论》,商务印书馆1983年版,第449页。

性是先验的而不是先天的。

关于如何从归纳中得出普遍性的知识的问题历来是知识论研究中的难题。休谟长久为此问题所困扰，最后竟得出"归纳总是由特殊到特殊，永远无法得到普遍性知识"的结论。金岳霖提出"归纳原则永真"的理论，是想化解休谟的困惑。他对"归纳原则永真"的证明，发前人所未发，在理论上是新颖而独特的。但是按照他的理论，由归纳得出的结论虽具有普遍性，可仍是或然的，而不是必然的。金岳霖只从量的角度思考归纳问题，没能从质的角度深思，这大概是他失败的原因。要说明归纳得来的结论具有必然性，首先必须承认客观事物之间具有本质的、必然的联系，这才是解决这一难题的关键。

六 怎样把握知识的真假定义和标准？

按照金岳霖的知识论，知识者以意念为工具，遵循思议原则和归纳原则，接受和安排"所与"，最后形成知识。知识以意思或命题的形式保存下来或表达出来，由意思或命题组成复杂的理论系统，构成人类知识的大厦。那么，这个大厦是否具有真理性？这是任何知识论研究者都不能回避的问题。胡适关于这个问题的答案是否定的，他认为一切知识都是应付实在的工具，都是一些假设，不可认作天经地义的信条。在他看来，"有用即真理"，只有此时此地的真理，没有绝对的、客观的、普遍的真理。丁文江尽管没有正面回答这个问题，但实际上也是抱着否定的态度。例如，他认为科学上的所谓"公例"，只是说明人们观察事实的方法，若不适合于新发现的事实，随时可以改变，并不具有必然性。这就是说，人类知识的大厦中只有相对的真理性，不存在什么绝对真理。张东荪也否认人类知识大厦的真理性，声称一切文化知识的作用都在于"自己骗自己"。他们在这个问题上的相对主义、怀疑主义倾向是显而易见的。金岳霖要想突破实证论的局限，必须走出相对主义和怀疑主义的误区，对知识真理性做出肯定的回答。在回答这个问题时，他采取了绝对主义与相对主义相结合的办法。从绝对的意义上说，他承认有衡量知识真假的定义；从相对的意义上来说，他承认有判断知识真假的标准。

　　什么是衡量知识真假的定义？金岳霖从"道，式—能"的本体论出发解答这个问题。他认为，衡量知识真假的定义来自"固然的理"（又称"共相底关联"）。他给真命题下的定义是："普遍的命题，如果是真的，表示自然律，或者利用我们在论道书中所用的术语，它表示或肯定固然的理。"① 这就是说，凡是符合"固然的理"的命题都是真命题，否则就是假命题。金岳霖强调，关于知识真假的定义的问题，在知识论中很重要，因为"论知识就是论真"。所以，他的知识论体系以此问题为落脚点。金岳霖主张在研究哲学问题时，把本体论同知识论区别开来，采取不同的态度。在没有涉及真理问题之前，他一直是这样做的；而一旦涉及真理问题，他就不能不把二者联系在一起了，因为有什么样的实在观，必然有什么样的真理观。实证论者不承认实在的确定性，从而导致相对主义的真理观。金岳霖之所以能够在真理观方面走出相对主义误区，同他的本体论学说有直接关系。在他的本体论学说中，"固然的理"是永真的，这种永真性，同认识者是否认识它，并没有关系。"固然的理"或"共相底关联"构成绝对真理体系，借用冯友兰的话说，就好像一部"无字天书"，至于认识者能否读懂这部天书，那是另外一回事。

　　金岳霖从他的本体论出发，给知识的真假下了定义，不过这个定义是纯理论性质的，在认识过程中并没有可操作性。所以，只有关于知识真假的定义还不够，还应当找到在认识过程中判断知识真假的手段。金岳霖把在认识过程中判断知识真假的手段叫

---

① 金岳霖：《知识论》，商务印书馆1983年版，第751页。

之一。

所谓"有效"是指判断者的假设与所断定的事实相符合的情形。他说:"断定者也许有在假设之下所应有的行为或思想。如果这行为没有事实上的障碍,或思想没有不一致的情形,这假设就暂时地局部地有效。"① 他举例说,某人到火车站接朋友,根据以往的经验,火车经常晚点,于是他假设这次火车也不会正点,便比列车时刻表规定的时间晚半小时到车站,火车果然未正点到达,这表明他的假设是有效的。金岳霖认为,有效不必真,然而无效必定假,因此"有效"也可作为衡量符合与否的辅助标准。

所谓"一致"是指某一命题与多数命题之间彼此无矛盾。命题之间的一致并不表明命题的真假,真的命题可以一致,假的命题也可以一致。尽管如此,"然而与一真命题一致的命题的确是真命题"。从这个意义上说,"一致"能成为衡量真假的辅助标准。

金岳霖是从理论和经验两个方面入手解决知识真假问题的。他从"道,式—能"的本体论出发,给真命题下了一个绝对的定义,用"固然的理"界说真命题;又借鉴经验论的符合、有效、一致说作为衡量符合的相对标准。他的定义包含着承认客观真理的正确性,而他的标准包含着反对独断论的合理性。令人遗憾的是,他未能把理论与经验、绝对与相对统一起来,始终未找到命题同"固然的理"相符合的途径。根据他的三条标准,只能判定哪些命题是假的,还不能判定哪些命题是真的。他把知识的真理性放在本然世界,而知识者得到的却是经验中自然世界的知识。那么,知识者如何才能由此岸到达彼岸?这是金岳霖未能解决的问题。金岳霖承认有客观真理是对的,但"人的思维是否具有客观的真理性,这并不是一个理论的问题,而是一个实践的问题。

---

① 金岳霖:《知识论》,商务印书馆1983年版,第925页。

人应该在实践中证明自己思维的真理性,即自己思维的现实性和力量,自己思维的此岸性"①。金岳霖脱离社会实践,试图在纯理论范围内解决真理的标准问题,是行不通的。至此,金岳霖知识论的弱点就暴露出来了。

金岳霖是中国现代哲学史上少数具有思想原创力的哲学家之一,他的思想之深邃,分析技术之高超,学术视野之开阔,理论系统之严谨,哲学体系之庞大,都是令人钦佩的。他接着中国传统哲学讲,但并不"照着讲"。他强化了中国传统哲学的薄弱环节,深入研究知识论问题,取得了较大的进展;他继承中国哲学的优秀传统和民族风格,表达了现代进步知识分子的精神追求。他继承了传统,也超越了传统。他的哲学又是接着西方哲学讲的,但也不是"照着讲"。他作为一个中国哲学家,有自己独到的学术见解。他循着理性与经验并重的新思路,成功地突破了实证哲学的局限。从这个意义上看,他似乎更接近西方现代哲学家。金岳霖不但在中国现代哲学史上占有重要位置,即便在整个人类哲学的进程中也占有一席之地。

---

① 《马克思恩格斯选集》第1卷,人民出版社1973年版,第16页。

第十章　中国马克思主义哲学

中国马克思主义哲学思潮，把理论重心放在人对于世界的实践关系上，以"中国社会如何改造？"为核心话题。中国马克思主义者运用马克思主义的立场、观点、方法，发扬中国传统哲学注重实践的优良传统，掌握了认识世界的有效工具和改造社会的锐利武器，找到了改造旧中国、建立新中国的正确路径。在中国马克思主义哲学的指导下，中国社会和中国哲学均实现了由传统到现代的伟大变革。

第一节　概述

19世纪末20世纪初，马克思主义在全世界范围内走向高潮，也影响到处于社会大变革过程中的中国。一些先进的中国思想家在向西方寻找思想武器的时候，把马克思主义学说介绍过来，给古老中国的思想界吹进了一股新风。马克思主义哲学根植于中国哲学和革命实践的土壤，逐步完成中国化的进程。这从根本上改变了中国人的精神面貌。

一　马克思主义传入中国

中国思想界接触马克思主义的历史可以追溯到19世纪末20世纪初。1899年，来华的美国传教士李提摩太，与蔡尔康合译的

《大同学》一文,发表在广学会主办的《万国公报》上。在这篇文章中提到马克思的名字,中国学者从此知道了马克思的名字,但还不知道马克思学说的具体内容。1903年,《浙江潮》杂志出版了日本学者幸德秋水著《社会主义神髓》的中文译本,中国学者从该书第一次得知恩格斯的名字。1902年,梁启超在《新民丛报》第18号上发表《进化论革命者颉德之学说》,对马克思作了简要的介绍:"麦喀士(即马克思),日耳曼人,社会主义之泰斗也。"后来他又在《二十世纪之巨灵托辣斯》一文中介绍说,马克思是"社会主义之鼻祖,德国人,著述甚多。"大概梁启超对马克思的了解仅限于此,他无法向读者具体介绍马克思的学术思想。最早接触到马克思学说的人,当数革命派思想家朱执信。1906年,他在《民报》第2号上,发表长文《德意志社会革命家小传》,论及马克思和恩格斯,介绍他们的事迹和思想观点,还节译了《共产党宣言》中的一大段文字。这是关于马克思和恩格斯论著的最早的中文版本。不过,朱执信对马克思主义的理解并不到位。例如,他把"全世界无产者联合起来",居然译为"四海之内皆兄弟也"。中国无政府主义者在《天义报》上发表了《共产党宣言》的片断译文。其中有恩格斯1888年为《共产党宣言》英文版写的序言,有第一章《资产者与无产者》中的部分内容。不过,无政府主义者并不了解马克思主义的理论实质,在按语中竟然把马克思主义与无政府主义混为一谈。同朱执信一样,他们也未真正接受马克思主义。

中国人接受马克思主义思想影响的历史固然可以追溯到19世纪70年代,但马克思主义真正传入中国,却开始于五四时期。在五四运动之前,一些资产阶级学者虽然接触到马克思主义,但他们囿于资产阶级的视野,不可能真正把马克思主义介绍到中国来。当时中国社会尚没有形成接受马克思主义的社会条件和思想条件,直到五四时期,这样的条件才逐渐形成了。其中最重要的一条是：中国工人阶级作为一支独立的政治力量，登上了历史舞台。

在五四运动前后，中国的社会性质虽然没有发生根本性的变化，但当时政治经济形势却发生了很大变化。由于当时欧美帝国主义国家忙于第一次世界大战，暂时放松了对中国的经济侵略，使中国民族资本主义得到了一个迅速发展的机会。"1914年到1919年间，中国资本新设厂矿共379家。以棉纺织业而言，1915年有工厂12家，纱锭五十四万余枚。1919年工厂增加到29家，纱锭六十五万九千余枚。1920年的本国棉纱产量比1912年增长三倍以上。再以面粉业而言，1914年以前，面粉每年都入超，从1915年起变为出超，1918年至1921年每年出超200万担到300万担。全国面粉厂从1913年到1921年由四十多家发展到一百二十多家（其中有少数外国资本的工厂）。1920年的面粉产量比1912年增长四倍以上。其它如缫丝、火柴、造纸、卷烟、肥皂、制革等轻工业也有了新的发展。重工业在半殖民地的中国是很难得到发展的，但在这一时期也有一定程度的增长。1917年上海成立了和兴钢铁公司，1919年杨子机器公司在汉口设立炼铁厂。中国机械采煤量（帝国主义控制下的各矿产量除外），1913年为五十四万多吨，1919年增加到三百一十二万多吨。"①

由于民族工业的发展，中国工人阶级的队伍壮大起来。在辛亥革命时期，中国产业工人大约有60万人，而到五四运动前夕，迅速增长到200多万人。随着工人阶级的成长，中国工人运动也有了很大的发展。据不完全统计，从1912年到1919年短短的几年时间里，有记载的罢工，多达130余次。在五四运动期间，工人阶级发挥了主力军作用。1919年6月3日，上海工人阶级率先

---

① 北京师范大学历史系中国现代史教研室编：《中国现代史》上册，北京师范大学出版社1983年版，第8页。

发动声势浩大的政治大罢工，声援学生的爱国运动。京奉铁路唐山工人、京汉铁路长辛店工人、九江工人纷纷响应，都举行了罢工和游行示威。南京、天津、济南、长沙、汉口、杭州、芜湖、无锡、吉林等城市也举行了各种形式的爱国活动。由于中国工人阶级参加五四运动，对取得斗争的胜利，起了决定性作用，迫使当局不得不释放被捕的学生。从积极参加五四运动这件事情看，中国工人阶级已经由自发状态转为自觉状态。在五四运动时期，中国工人阶级作为一支独立的政治力量登上历史舞台，担负起领导中国新民主主义革命的历史使命。中国工人阶级由自发走向自觉，这使得中国具备了接受马克思主义的社会基础。正是因为有了这样的社会基础，工人阶级的"圣经"——马克思主义，才有可能在中国迅速地传播开来。

以五四运动为标志性事件，中国民主主义革命划分为新旧两个阶段。五四运动以前为旧民主主义革命阶段，以中国资产阶级为领导者。在孙中山先生的领导下，旧民主主义革命所做的最值得称道的事情，就是推翻统治中国长达数千年之久的封建帝制，建立了中华民国，使民主共和观念深入人心。中华民国建立以后，张勋复辟、袁世凯帝制均以失败告终，表明中国历史发展的趋势已经不可逆转。令人遗憾的是，中华民国建立后并没有改变中国半封建半殖民地的社会性质。从这个意义上说，旧民主主义革命没有取得成功。中华民国建立初年，中国的情况不是变好了，而是变得更糟了。袁世凯窃取辛亥革命成果，逼迫孙中山辞掉临时大总统的职务。他坐上了大总统的位置以后还不甘心，得寸进尺，做起了当洪宪皇帝的美梦。辛亥革命的成果，就这样被他轻而易举地窃取了。有人赋诗，扼腕慨叹："无量黄金无量血，可怜购得假共和。"旧民主主义革命的这种结局，成为中国近代思想动向的拐点。在此之前，"在一个很长的时期内，即从一八四〇年的鸦片战争到一九一九年的五四运动的前夜，共计七十多年中，中国人没有什么思想武器可以抗御帝国主义。旧的顽固的封建主义的思想武器打了败仗了，抵不住，破产了。不得已，中国人被迫从帝国主义的老家即西方资产阶级革命时代的武器库中学来了进化论、天赋人权论和资产阶级共和国等项思想武器和政治方案，组织过政党，举行过革命，以为可以外御列强，内建民国。但是这些东西也和封建主义的思想武器一样，软弱得很，又是抵不住，败下阵来，宣告破产了"①。事实证明，这些东西救不了中国。先进的中国人从民国初年的乱局中体味出：英国和日本式的君主立宪制的道路在中国行不通，法国式的民主共和制的道路同样也行不通，必须寻找新的思想资源。于是，一些新式知识分子把目光投向中国传统思想，选择了现代新儒家的道路；另一些新式知识分子仍旧寄希望于西学，选择了全盘西化的道路；更多的新式知识分子则把目光投向马克思主义。他们从这种批判资本主义的新思想中，找到改造中国社会的武器，于是坚定不移地选择了马克思主义的道路，选择了俄国十月革命的道路。他们坚信：只有马克思主义才能救中国。

  在五四运动前后，中国新式知识分子队伍无论在数量上还是在质量上都有很大的改观。从人数上看，一大批留学日本的学人回国，从中国自己办的新式学校中也走出数量可观的毕业生。从质量上看，有一批在欧美取得高学历的学人回到祖国。由于对西方文化了解得比较深了，中国人发现西方文化并非尽善尽美，也存在诸多弊端。特别是经历了第一次世界大战以后，人们对这种弊端看得更为清楚，逐步破除了对西方文化的迷信，形成独立思考的能力，开始重新思考中国的出路问题。五四新文化运动的深入开展，促进了人们的思想解放，进一步唤起了人们追求真理的热情。那时知识界的思想十分活跃，突破原来的视界，不再唯西

---

① 《毛泽东选集》第4卷，人民出版社1991年版，第1513—1514页。

方资产阶级学者马首是瞻。这为马克思主义在中国的传播提供了思想条件。

正当中国已具备了这两个条件的时候，俄国十月革命胜利的消息传来了。十月革命的胜利揭开了人类历史发展的新纪元，在全世界的范围里提高了马克思主义的威信，使中国人民受到极大的鼓舞。先进的中国人从旧民主主义革命屡屡失败的教训中认识到，中国已不能再走西方资本主义的老路，必须另辟蹊径。"十月革命一声炮响，给我们送来了马克思列宁主义。十月革命帮助了全世界的也帮助了中国的先进分子，用无产阶级的宇宙观作为观察国家命运的工具，重新考虑自己的问题。走俄国人的路——这就是结论。"① 于是，中国现代思想史的发展，很快从五四新文化运动，转变为马克思主义的宣传运动。从新文化运动的倡导者和参与者的队伍中，走出第一批中国马克思主义者。

马克思主义传入中国的途径有三条。第一条途径是日本。中国早期的马克思主义者如李大钊、陈独秀、李达等人都有留学日本的经历，晚一些的艾思奇也曾留学日本。他们受日本马克思主义学者河上肇等人的影响，通过日文接受马克思主义。回国以后，他们便成为中国最早的马克思主义的传播者。第二条途径是苏联。1921年以后，在共产国际的帮助下，中国共产党成立。为了帮助中国共产党培养干部，苏联共产党在莫斯科建立东方劳动者共产主义大学。这时，苏联成为马克思主义传入中国的主渠道。瞿秋白、张太雷、刘少奇、任弼时等人都曾在苏联工作或学习过，通过苏联的渠道成为马克思主义者。第三条途径是欧洲。20世纪初，一大批中国学生到欧洲勤工俭学。在这些留学生当中，有相当多的人接受了马克思主义。他们通过与国内的联系，扩大了马克思主义在中国的影响。1920年，蔡和森参与组建"勤

---

① 《毛泽东选集》第4卷，人民出版社1991年版，第1471页。

工俭学励进会"（后改为"工学世界社"），接受了马克思主义。他同国内的陈独秀、毛泽东保持书信联系，影响到国内思想界。1922年6月，"旅欧中国少年共产党"（后改为"中国共产主义青年团旅欧支部"）成立，赵世炎、周恩来、邓小平、李富春、聂荣臻、李维汉都是该支部的成员。他们回国后，皆成为中国马克思主义者队伍中的中坚力量。当然，通过这三个途径接受马克思主义的中国人毕竟是少数，大多数人还是在国内通过阅读中文译本，成为马克思主义的接受者。

在接受马克思主义的过程中，中国马克思主义者逐步摸索到的一条基本经验是：要使马克思主义在中国得到发展，必须扎根于中国文化的土壤；否则，它不可能在中国发芽、生根、开花、结果。中国早期的马克思主义者虽然不能一下子就认识到马克思主义同中国文化相结合的必要性，但由于他们具有良好的中国传统文化的素养，仍旧对他们接受马克思主义哲学发生了潜在的影响。例如，李大钊在介绍唯物史观的时候，经常引用中国哲学中的思想材料。20世纪30—40年代，中国马克思主义者越来越清晰地认识到把马克思主义同中国文化结合起来的必要性。艾思奇运用人民大众喜闻乐见的形式和通俗易懂的语言，表达马克思主义哲学原理，取得很大的成功。郭沫若、侯外庐、吕振羽、杜国庠、赵纪彬等学者运用马克思主义的观点和方法研究中国固有的思想，也为促进马克思主义同中国文化相结合做出了贡献。

毛泽东从青少年时代起就接触大量的中国古代文化典籍，长期以来形成良好的中国哲学的素养，因而他能够得心应手地把马克思主义哲学的基本观点同中国哲学的思想材料结合起来。他一方面运用马克思主义的观点对中国哲学遗产加以清理和总结，批判地继承和发扬中国哲学的优良传统；另一方面则运用中国哲学的思想材料说明马克思主义的观点，使之带有浓厚的中国气派和鲜明的中国特色。他在《致陈伯达》（1939年2月1日）、《致张闻天》(1939年2月20日、22日)等书简中,运用马克思主义的立场、观点、方法评述老子、孔子、墨子的学说,赋予新的思想内涵。例如,孔子曾提出"名不正则言不顺,言不顺则事不成"(《论语·子路》)的命题,毛泽东运用马克思主义的哲学观点,对这一命题作了新的解释。他指出,这一命题"作为哲学的整个纲领来说是观念论,……但如果作为哲学的部分,即作为实践论来说则是对的,这和'没有正确理论就没有正确实践'的意思差不多。如果孔子在'名不正'上面加了一句:'实不明则名不正',而孔子就不是观念论了,然而事实上不是如此,所以孔子的体系是观念论;但作为片面的真理则是对的,一切观念论都有片面的真理,孔子也是一样"①。在这里,毛泽东对中国哲学史上的资料作了辩证的分析,既有批判,又有继承,使之焕发出新的光彩,从而有力地推进了马克思主义哲学中国化的进程。毛泽东把中国传统哲学中的哲学命题如实事求是、一分为二等,提升到马克思主义的理论高度,做出新的解释,赋予其现代的内涵。中国马克思主义者在中国文化的语境中讲马克思主义,讲出了中国风格,讲出了中国气派。

　　在接受马克思主义的过程中,中国马克思主义者逐步摸索到另一条更为重要的基本经验是:要使马克思主义在中国得到发展,除了扎根于中国文化的土壤之外,还必须扎根于中国社会实践的土壤,运用马克思主义解决中国革命和建设中的实际问题。马克思主义几乎在传入中国的同时,就开始了同中国社会实践相结合的过程。先进的中国人在民族危机之际接触到马克思主义,一开始就把它视为救国救民的真理来对待,并没有把它看成普通的学理。用马克思主义之矢,射中国革命事业之的,乃是中国马克思主义者坚定的信念。马克思主义在俄国的传播,有一个比较

---

① 《毛泽东书信选集》,人民出版社1984年版,第144页。

充分的理论准备时期；而在中国则没有这样的时期。中国人出于实践的需要，接受了马克思主义；在运用马克思主义指导中国社会实践的过程中，逐步加深对马克思主义的理解，并且在实践探索中进一步发展马克思主义。注重理论与实践的紧密结合，乃是马克思主义在中国传播史和发展史的一个鲜明的特点。中国马克思主义者既是马克思主义的接受者，也是马克思主义的发展者。

二 中国选择马克思主义哲学的逻辑必然性

马克思主义哲学传入中国并且迅速发展成为中国现代哲学的主线，不是偶然的，而是有其历史必然性的。我们只能理解或解释历史，不可以假设历史。诚然，既成的历史事实的确有偶然性，但不能归结为偶然性。中国选择马克思主义，这一个人所共知的历史事实，对此显然不能用偶然性来解释。应当承认，这取决于必然性，取决于历史和逻辑的统一。历史科学就是要揭示这种逻辑的必然性。

拯救民族、摆脱落后、寻求发展，是中国哲学从传统转向近代乃至现代的动因，也是近现代中国哲学与传统中国哲学的区别之所在。传统哲学比较关注社会的稳定，即所谓"治国平天下"，而不大关注社会的发展。为了解决中国哲学发展理论思想资源不足的问题，向西方寻找真理成为先进中国人的主要选择，进化论哲学一度成为中国近代哲学的主旋律。1919年以后，中国哲学发展进入现代阶段。中国现代哲学以进化论哲学为理论起点，三大思潮都是接着这一话题讲的。新的哲学理论主要是要解决如何造就新人、如何促进中国社会形态转型的问题，解决"中国向何处去"的问题。

按照"物竞天择，适者生存"的观点，生物个体为发展的主体。这种观念被搬到社会历史领域，便形成社会达尔文主义。社会达尔文主义的霸权话语导致了人文主义精神的扭曲。孙中山已发现社会达尔文主义的弊端，他提出关于人性与兽性关系的学说，强调人类社会发展并非仅仅以个体竞争为动力，群体互助同样也是社会发展的动力。他的着眼点已从个体竞争论转向群体互助论。对群体互助和道德价值的关注引发了现代新儒家哲学思潮。传统儒家以维护社会群体和道德理念为宗旨，现代新儒家对这一传统抱有深深的同情与敬意，他们接续这一传统，倡导社会的和谐和每个社会成员的社会责任，主张本心、道德自我或道德形上为本体来安顿价值体系，谋求儒学的现代转折，推动中国式的思想启蒙运动。中国近现代发生的启蒙运动与西方近代发生的启蒙运动相比较，有着明显的不同。西方的思想启蒙运动是在市场经济有了一定程度发展的基础上进行的，以反对封建主义为宗旨；中国式的思想启蒙运动则是在列强的打压之下，被动展开的。中国式的思想启蒙运动，既要反对封建主义，还要反对帝国主义，于是便出现启蒙运动同救亡运动交织在一起的情形。中国式的思想启蒙运动，主要表现为民族意识的觉醒，而不像西方那样表现为个性解放。在中国，启蒙的主体为民族群体，而不是个体，与西方的启蒙运动有很大的不同。现代新儒家虽然有维护群体的意向，但他们彰显的道德主体，实际上还是着眼于个体，并非群体。正是由于这个原因，他们的学说无力解决民族动员问题和社会重建的问题，无力解决社会发展取向的问题，简言之，无力解决"中国向何处去"的问题。据实而论，现代新儒学只能算是一种说法，并不能成为一种做法。它只能影响小众，而不能影响大众，不能成为一种足以改造社会的精神力量。

　　由于进化论以实证科学为基础，因此助长了实证哲学思潮的发展。严复在引进进化论的同时，也引进了实证论。许多进化论者同时也是实证论者，如赫胥黎、斯宾塞；许多实证论者也都以进化论为依据从事哲学思考，胡适曾赞扬杜威是进化论时代的"哲学革命家"。古代中国哲学虽然没有实证论的传统，但进化论的传入使现代中国实证哲学思潮的发展成为可能。中国的实证哲学思潮看重社会的发展，看重知识的增长，比新儒家更贴近时代的精神需求。他们举着科学、民主的旗帜，致力于启蒙运动，社会影响力也比新儒家大得多。但是，他们心目中的主体依然是个体，是"优秀的少数人"。他们强调启蒙的目的仅在于"把自己造成有用的材料"，并不关心民族动员、社会重建等重大问题，其影响力也不可能超出所谓"知识精英"的小圈子。至于如何促进民族意识的觉醒，实证哲学思潮无能为力。按照实证哲学的思路，依然解决不了"中国向何处去"的问题。

马克思主义哲学也是在进化论出现以后问世的崭新的社会发展理论。它与社会达尔文主义不同之处在于，没有简单地把生物进化的规律搬到社会历史领域，而是发现了社会历史自身发展的规律性，创立了历史唯物主义。正如恩格斯在马克思墓前的演说中指出的那样，这是马克思做出的重大理论发现。

马克思主义哲学是重视社会发展的学说，为中国社会从传统的农业文明迈入现代的工业文明指引了方向，为中国社会发展提供了精神动力，这对于中国现代化发展是非常必要的理论指导。马克思主义在肯定资本主义社会化大生产的历史合理性的同时，也指出资本主义制度中社会化大生产与资本家所有制之间的矛盾，得出资本主义社会将被共产主义社会所取代的结论。这对处于发展中国家行列的中国来说，是一个极大的鼓舞。它帮助先进的中国人看到了未来，看到了希望，看到了自己的后发优势，从而树立起赶超西方发达国家的信心。自 1840 年鸦片战争以来，先进的中国人一直把西方发达国家视为自己的老师，希望从他们那里得到真理，实现振兴中华、求强求富的发展目标。然而，残酷的现实无情地告诉人们：这种善良的愿望没有可行性。西方列强并不希望中国成为资本主义国家，只希望中国永远成为他们的殖民地、半殖民地，因此，他们不可能成为中国人的良师益友。

正当先进的中国人深感困惑的时候,俄国十月革命获得胜利,揭开了人类历史发展的新纪元,给中国人民指出了新的路向,使中国人民受到极大的鼓舞。中国人民从旧民主主义屡屡失败的教训中认识到,中国已不能再走西方资本主义的老路,必须改弦更张。在"中国向何处去"的问题上,以中国共产党为领导的中国人民选择马克思主义哲学为理论指导,显然比现代新儒家和实证论者正确得多、高明得多。

按照马克思主义的社会组织理论,社会并不是单个社会成员的集合,每个成员都隶属于某个社会集团。马克思主义重视社会成员的阶级性,而不是个体性。这种理论对于中国人民处理救亡与启蒙交织在一起的难题,具有十分重要的指导意义。它帮助中国人民认识到:启蒙的主体和救亡的主体就是广大的人民群众自己,并不是所谓"先知先觉"。依据马克思主义的社会组织理论,中国共产党人发现,人民群众才是中国革命的主力军,必须对人民群众尤其是无产阶级进行启发和教育,帮助他们认识自身的力量,提高革命觉悟,发挥革命的主动性和创造历史的主体作用。在马克思主义社会组织理论的指导下,中国共产党人发现了在救亡条件下启蒙主体的群体性,突破了现代新儒家和实证论者把启蒙主体只看成个体的狭隘眼界。总而言之,只有在马克思主义哲学的指导下,中国人民才找到了挽救民族危亡的正确道路,找到了思想启蒙的正确道路。中国马克思主义哲学成为中国现代哲学的主线,这是逻辑的必然,也是历史的必然。

三 中国马克思主义哲学思潮的发展历程

在五四新文化运动时期,马克思主义哲学开始传入中国,从此,开始了中国马克思主义哲学思潮的发展历程。这一思潮的发展历程,大体上可以概括为三个阶段,即对唯物史观的传播和理解阶段、对马克思主义哲学体系的规范化传播和理解阶段、马克思主义哲学中国化阶段。

　　五四新文化运动期间，李大钊、陈独秀相继完成了从激进民主主义到共产主义的转变，并成为中国第一批马克思主义哲学的传播者和理解者。马克思主义哲学的创立是从建立唯物史观开始的，马克思主义哲学在中国传播，也是从唯物史观开始的。中国早期马克思主义者，首先注意到唯物史观的鲜明特色，结合中国社会的实际加以传播和理解，启动了中国马克思主义哲学思潮的发展历程。李大钊发表《我的马克思主义观》《马克思的历史哲学》《唯物史观在现代史学上的价值》等论著，介绍唯物史观的基本理论，阐述他对这一新学说的理解。陈独秀也在《新青年》和《每周评论》上发表《社会主义批评》《马克思的学说》《二十世纪俄罗斯的革命》《劳动者的觉悟》等文章，表示接受马克思主义的哲学立场，并且依据自己的理解，概括出唯物史观的要点。他们从唯物史观中找到批判旧的社会制度的思想武器，找到解决"中国向何处去"问题的理论指南。他们依据人民群众创造历史的观点和阶级斗争学说，同形形色色的改良主义作斗争，唤起无产阶级和广大劳动人民群众的觉悟和热情，迎来了大革命的高涨局面。在他们的带动下，形成了马克思主义在中国的第一次传播高潮。

　　但是，唯物史观毕竟不是马克思主义哲学的全部内容。如果仅限于唯物史观，而不从马克思主义哲学体系的高度加以把握，很难深刻领会这一学说的精神实质。按照这个逻辑，中国马克思主义者很快便拓宽了理论视野，迈入对马克思主义哲学体系规范化传播和理解阶段。1921年中国共产党成立以后，马克思主义在中国的传播由自发走向自觉。在中国共产党的领导下，形成了马克思主义在中国的第二次传播高潮。在第二次高潮中，瞿秋白首先注意到辩证唯物主义的重要性，开启了对马克思主义哲学体系规范化传播和理解的新阶段。他翻译出版苏联学者郭列夫著《新哲学——唯物论》，介绍辩证唯物主义，并且在该书的附录中阐述他对马克思主义理论体系的理解。瞿秋白指出，辩证唯物主义、唯物史观、经济学说和科学社会主义构成马克思主义完整的理论体系。他还发表《自由世界与必然世界》《实验主义与革命哲学》等文章，在批判错误的学术观点的同时，阐述辩证唯物主义的基本思想。1927年大革命失败以后，中国马克思主义者认真总结经验教训，进一步加强了传播马克思主义的力度，形成了马克思主义在中国的第三次传播高潮。这时，大量马克思主义经典著作翻译成中文，一些苏联学者编写的马克思主义哲学教科书也介绍到中国来，为中国马克思主义者掌握辩证唯物主义与历史唯物主义的有机联系、掌握马克思主义哲学体系提供了必要的条件。在第三次传播高潮中，李达编写的《社会学大纲》造诣最高。该书不仅全面绍述马克思主义哲学的全部内容，而且系统论述马克思主义哲学各个部分、各个原理、各个范畴之间的内在联系，从而把马克思主义哲学作为一个完整的体系展现在中国人民面前。艾思奇编写的《大众哲学》，在正确理解马克思主义哲学体系的基础上，运用人民大众喜闻乐见的形式和通俗易懂的语言表达出来，扩大了马克思主义哲学的社会影响。《大众哲学》是当时最受欢迎的马克思主义哲学普及读本，许多青年通过读这本书接受马克思主义，走上革命道路。李达编写的《社会学大纲》和艾思奇编写的《大众哲学》，标志着中国马克思主义者基本上完成了对于马克思主义哲学体系的规范化传播和理解的任务。

到20世纪30年代，马克思主义哲学已经成为中国哲学界影响最大的哲学。当时就有人指出："1928年至1932年短短的时期中，除了普罗文学的口号而外，便是唯物辩证法和唯物史观之介绍。这是新书业的黄金时代。在这时，一个教员或一个学生书架上如果没有几本马克思的书总要被人瞧不起的。"[①] 大量事实证

[①] 谭辅之：《最近的中国哲学界》，《文化建设月刊》1937年第3卷第6期。

明，马克思主义哲学在现代中国是受到普遍欢迎的。

马克思主义哲学并不是书斋里的学问，而是无产阶级和广大劳动人民群众行动的指南。中国马克思主义者刚接触马克思主义哲学的时候，对马克思主义哲学的实践品格就有所认识，就开始把它同中国革命实践结合起来。但是，他们掌握马克思主义哲学，毕竟有个从知之不多到知之较多、从知之不深到知之较深的过程。在起初阶段，中国马克思主义者不能不花费很大精力学习和研究马克思主义的基本理论，不能不把弄清学理作为重点。20世纪30年代以后，中国马克思主义者基本上完成了对于马克思主义哲学体系的规范化传播和理解的任务，主要精力逐渐转向把马克思主义哲学理论同中国革命实践相结合上，迈入中国化阶段。

毛泽东哲学思想是马克思主义哲学中国化的标志性成果。以毛泽东为首的中国第一代无产阶级革命家，结合中国革命的实践，创造性地应用和发展了马克思主义哲学，形成有中国风格、中国气派的马克思主义哲学理论——毛泽东哲学思想。在毛泽东哲学思想中，实事求是的思想路线集中体现出辩证唯物主义的基本精神；关于矛盾的学说紧紧抓住唯物辩证法的核心与实质；关于实践的学说揭示认识发展的辩证过程；"从群众中来，到群众中去"的群众路线和工作方法，把历史唯物主义和辩证唯物主义有机地结合在一起。毛泽东哲学思想是中国共产党人集体智慧的结晶，为马克思主义哲学思想宝库增添了新的财富。它的诞生，表明中国共产党人终于找到了一条在中国推进马克思主义哲学向前发展的正确道路。

在中国现代各种哲学思潮中，中国马克思主义哲学思潮的影响最为广泛、最为深远，从根本上改变了中国人的思想面貌，称其为中国现代哲学的主流，可谓实至而名归。在中国马克思主义哲学的指导下，中国人民获得新民主主义革命的胜利，建立了新中国；在中国马克思主义哲学的指导下，中国人民找到了建设有中国特色的社会主义的正确道路。中国马克思主义哲学以其理论上的魅力和实践上的成功，赢得广大人民群众的信赖，已经成为十几亿中国人的共同信念。

马克思主义哲学——辩证唯物主义和历史唯物主义传入中国之后，逐步同中国哲学相会通，同中国社会实践相结合，开始了马克思主义哲学中国化的进程，也开始了中国哲学现代化的进程。在中国马克思主义的正确指导下，中国社会发生了翻天覆地的变化；沿着马克思主义指引的方向，中国哲学也发生了根本的变革。

第二节　李大钊和陈独秀对唯物史观的传播与理解

先进的中国人接受马克思主义哲学，是从接受唯物史观开始的。李大钊、陈独秀、李达、蔡和森、毛泽东、瞿秋白、恽代英、张太雷等一大批早期共产主义者都曾为传播唯物史观做出过贡献，其中为首的，是李大钊和陈独秀二人。

一　其人其书

（一）李大钊

李大钊（1889—1927），字守常，河北乐亭人。他出生不久，父亲就病逝，"在襁褓中，即失怙，既无兄弟，又鲜姊妹，为一垂老之祖父教养成人"①。他的少年时代是在艰难困苦中度过的，常常靠典当挪借度日，勉强完成学业。1907年，他考入天津北洋政治专科学校，1913年毕业后留学日本，成为早稻田大学政治专业本科生。留日期间，他掌握了日、英两门外语，读了许多关于

---

① 《李大钊文集》下卷，人民出版社1984年版，第888页。

社会主义学说的著作。他曾组织"神州学会",从事反对袁世凯的斗争,写出《国民之薪胆》《厌世心与自觉心》《民彝与政治》等文章。

1916年,为了推动反袁运动,他放弃学业,毅然回国。回国后,历任北京《晨钟报》编辑、北京大学经济学教授兼图书馆主任。他参加《新青年》编辑工作,积极投入五四新文化运动。1918年,他发表《法俄革命之比较观》,标志着他已从激进民主主义者转变为马克思主义者。在《布尔什维主义的胜利》《新纪元》等文章中,他为俄国十月革命高唱赞歌,表达了以俄为师的意向。他先后在北京大学、北京女子高等师范学院、北京师范大学、中国大学等高校开设史学思想史、史学要论、社会主义运动史、唯物史观研究、社会学等课程,传播马克思主义学说。他发表的《我的马克思主义观》,堪称中国人写得最早的研究马克思主义的论著。

1920年他在北京组织共产主义小组,并着手筹建中国共产党。1921年中国共产党成立后,他负责北方局工作,领导北方工人运动和学生运动。国共合作以后,他担任国共两党北方委员会的主要领导人,工作更加繁忙,几乎无暇坐下来深入进行理论研究。1927年4月6日遭奉系军阀张作霖逮捕,4月28日在北京被杀害。著作编为《守常文集》、《李大钊选集》、《李大钊文集》(上、下)。

(二)陈独秀

陈独秀(1879—1942),安徽怀宁人。他幼年随祖父学习中国经典,生活在慈母的呵护和严苛的祖父的管教中。1896年,17岁的陈独秀考中秀才。第二年,他抱着慰藉寡母的动机,到南京参加科举考试,不过,他并没有认真答卷,只是在考场内冥想了一两个钟头,就交卷了。此后,他决定放弃科举考试,不再专门研习典籍,转而选择学习康有为、梁启超等新思想家的著作。1897年,陈独秀有感于甲午战争的惨败,觉得中国必须建立强大的海军，于是写成《扬子江形势论略》一文。文中才华横溢，爱国之情溢于言表。他从此名扬四方，被誉为"皖城名士"。

从1900年到1915年，他先后4次东渡日本。在日本，他接触到人权学说、达尔文进化论等思潮，并且积极从事反清活动。1902年，他在安庆组织"青年励志学社"，首先提出了"科学与民主"的口号。从1904年到1905年，陈独秀在安徽芜湖创办《安徽俗话报》，宣传民主自由思想。在他看来，国民愚昧，缺乏关于民主和科学的起码知识，是造成辛亥革命失败的重要原因之一。为了开启民智，为了唤起国民的觉悟，他于1915年6月回到上海，创办《青年杂志》，1916年《青年杂志》更名为《新青年》，拉开新文化运动的序幕。

1920年以后，陈独秀接受马克思主义，与李大钊等人发起组建中国共产党，成为中国共产党创始人之一。曾担任中国共产党第一至第五次代表大会总书记。在中国能否不经过资本主义而进入社会主义的问题上，陈独秀与共产党其他领导人的看法不同。他认为，资本主义是社会进化的必经阶段，消灭北洋军阀后，共产党应让国民党执政，发展资本主义，然后再进入社会主义。这就是陈独秀提出的"革命取消论"。1929年，陈独秀被开除党籍。1932年他被国民党政府逮捕。获释后陈独秀不再参与政治事务，于1942年在四川江津病逝。著作编为《独秀文存》、《陈独秀文章选编》（上、中、下）。

二 李大钊接受唯物史观的思想底色是什么？

在李大钊的论著中，引用了大量的中国哲学史上的资料。这表明他对中国传统哲学十分熟悉。例如，李大钊在《原人社会于文字书契上之唯物的反映》一文，运用大量的中国文化史上的资料，说明社会存在决定社会意识的原理。在《时》一文中，他还引用庄子的"朝菌不知晦朔，蟪蛄不知春秋""吾生也有涯，而知也无涯"等名句,用以说明主观认识的局限性。良好的中国哲学的学养,对于李大钊接受和理解唯物史观,显然是有帮助的。中国传统哲学的精华,可以说构成他理解和接受唯物史观的第一道底色。

李大钊十分重视中国传统哲学的自强不息的精神,写了《青春》《"今"》《新的!旧的!》等文章,在新时代阐发这种哲学精神。他赞成金圣叹对"周易"的解释,在《青春》一文中引用金氏的话说:"周其体也,易其用也。约法而论,周以长住为义,易以变易为义。双约人法,则周乃圣人之能事,易乃大千之变易。大千本无一有,更立不定,日新、日日新、又日新之谓也。圣人独能以忧患之心周之,尘尘刹刹,无不普遍,又复尘尘周于刹刹,刹刹周于尘尘,然后世界自见其易,圣人时得其常,故云周易。"① 依据周易的动态的、有机的宇宙观,李大钊提出崇尚青春的宇宙观。他写道:"宇宙无尽,即青春无尽,即自我无尽。此之精神,即生死骨肉、回天再造之精神也。此之气魄,即慷慨悲壮、拔山盖世之气魄也。惟真知爱青春者,乃能识宇宙有无尽之青春。惟真能识宇宙有无尽之青春者,乃能具此种精神与气魄。惟真有此种精神与气魄者,乃能永享宇宙无尽之青春。"② 李大钊提出的崇尚青春的宇宙观,当然还没有达到唯物史观的高度,但其思想方向同唯物史观是一致的:都着眼于未来,都对人类历史的前景充满信心。当李大钊进一步探索历史发展的基础和动力的时候,合乎逻辑地成为唯物史观的接受者。

中国传统哲学以"人"为主题,唯物史观也以"人"为主题。唯物史观所说的"社会存在",即"人"的具体存在,其主旨在于探索人类社会发展的一般规律。由于中国传统哲学与唯物

---

① 《李大钊选集》,人民出版社 1959 年版,第 66—67 页。
② 《李大钊选集》,人民出版社 1959 年版,第 67 页。

史观在哲学主题上存在着一致性,这为有深厚中国哲学学养的李大钊接受唯物史观提供了便利。李大钊从人生哲学的角度契入,接受唯物史观。他认为历史观和人生观是紧密地联系在一起的。他说:"在此无始无终,奔驰前涌的历史长流中,乃有我,乃有我的生活,前途渺渺,后顾茫茫,苟不明察历史的性象,以知所趋向,则我之人生,将毫无意义,靡所适从,有如荒海穷洋,孤舟泛泊,而失所归依。故历史观者,实为人生的准则,欲得一正确的人生观,必先得一正确的历史观。"① 李大钊在深入思考人生观问题的时候,扬弃了中国传统哲学抽象的人的观念,把视角转向具体的人,"不求其原因于心的势力,而求之物的势力"。他认识到,对于具体的人来说,其本质特征并不是圣贤所说的德性,而是生产劳动。他说:"我觉得人生求乐的方法,最好莫过于尊重劳动。一切乐境,都可由劳动得来,一切苦境,都可由劳动解脱。……劳动为一切物质的富源,一切物品,都是劳动的结果。"② 至于历史发展的原因,"乃以其内部他自己进化的最高动因,就是生产力"③。他关于人生观和历史观的看法,已经超出了中国传统哲学的范围,跨入了唯物史观的门槛。

他对唯物史观基本思想的理解是:"他教吾人以社会生活的动因,不在'赫赫'、'皇矣'的天神,不在'天亶'、'天纵'的圣哲,乃在社会的存在的本身。一个智识的发见,技术的发明,乃至把是等发见发明致之于实用,都是像我们一样的社会上的人人劳作的结果。这种生活技术的进步,变动了社会的全生活,改进了历史的阶段。这种历史观,引导我们在历史中发见了我们的世界,发见了我们的自己,使我们自觉我们自己的权威,

---

① 《李大钊选集》,人民出版社1959年版,第287页。
② 《李大钊选集》,人民出版社1959年版,第160页。
③ 《李大钊选集》,人民出版社1959年版,第160、186页。

知道过去的历史,就是我们这样的人人共同造出来的,现在乃至将来的历史,亦还是如此。"① 从这里我们可以看出李大钊的思想变化:他不再在"民彝之智察"等理性的观念中寻找历史的动因,也不再在"吾人的生命"等非理性的意志本体中寻找历史的动因,而是从社会存在本身寻找历史的动因,确立了社会存在决定社会意识的哲学立场。

李大钊接受了唯物史观以后,实现了对于中国传统哲学历史观的突破。李大钊在《史观》一文中说:"中国自古昔圣哲,即习为托古之说,以自矜重:孔孟之徒,言必称尧舜;老庄之徒,言必称黄帝;墨翟之徒,言必称大禹;许行之徒,言必称神农。此风既倡,后世逸民高歌,诗人梦想,大抵慨念黄、农、虞、夏、无怀、葛天的黄金时代,以重寄其怀古的幽情,而退落的历史观,遂以隐中于人心。其或征诛誓诰,则称帝命;衰乱行吟,则呼昊天;生逢不辰,遭时多故,则思王者,思英雄。而王者英雄之拯世救民,又皆为应运而生、天亶天纵的聪明圣智,而中国哲学家的历史观,遂全为循环的、神权的、伟人的历史观结晶。"② 他列举唯心史观在中国哲学史上的种种表现,目的在于为唯物史观的传入扫清思想障碍。毋庸讳言,李大钊作为中国早期的马克思主义者,不可能充分地认识到马克思主义哲学同中国哲学相结合的必要性;但也应当看到,中国哲学的确对他接受和理解唯物史观发生了潜在的影响。

如果说中国传统哲学的精华是李大钊理解和接受唯物史观的第一道底色的话,那么,中国近代哲学中的进化论和启蒙主义等新思潮,可以说构成了他理解和接受唯物史观的第二道底色。

李大钊在接受唯物史观之前,曾经是进化哲学的信奉者。他

---

① 《李大钊文集》下册,人民出版社1984年版,第764页。
② 《李大钊选集》,人民出版社1959年版,第290—291页。

认为"天演之迹,进化之理"乃自然界和人类社会的普遍规律。他说:"大实在的瀑流永远由无始得实在向无终的实在奔流。吾人的'我',吾人的生命,也永远合所有生活上的潮流,随着大实在的奔流,以为扩大,以为继续,以为进转,以为发展。故实在即动力,生命即流转。"① 那么,如何看待人类社会进化发展规律的特殊性呢?进化论无法正确回答这个问题。有的进化论者直接用生存竞争解释人类社会现象,宣扬社会达尔文主义,成为霸道哲学的鼓吹者。当李大钊接触到唯物史观以后,思想有了变化,开始把自己同进化论者区别开来。他不再像一般进化论者那样,仅仅用生存竞争解释人类社会发展的原因,而是从"社会存在"中寻找人类社会发展的原因。他接受了唯物史观中社会存在决定社会意识、经济基础决定上层建筑的观点,认识到人类社会发展的根本动力"乃以其内部促他自己进化的最高动因,就是生产力"②。不过,李大钊对唯物史观的理解仍然带有明显的进化论的痕迹。他从进化论的角度把握马克思主义理论体系,在《我的马克思主义观》中写道:"马氏社会主义的理论,可大别为三部:一为关于过去的理论,就是他的历史论,也称社会组织进化论;二为关于现在的理论,就是他的经济论,也称资本主义的经济论;三为关于将来的理论,就是他的政策论,也称社会主义运动论,就是社会民主主义。""他的这三部理论,都有不可分的关系,而阶级竞争恰如一条金线,把这三大原理从根本上联络起来。"③ 过去、现在、未来以及竞争等,都是进化论常用的术语,从这里可以清楚地反映出李大钊由进化论转到唯物史观的思想轨迹。

---

① 《李大钊选集》,人民出版社1959年版,第95页。
② 《李大钊选集》,人民出版社1959年版,第186页。
③ 《李大钊选集》,人民出版社1959年版,第176—177页。

启蒙主义构成李大钊理解和接受唯物史观的第三道底色。李大钊作为新文化运动的领袖之一，当然是启蒙主义思潮的推动者。他"掊击专制政治之灵魂"，向往"青春之国家"，主张以"民彝"作为现代政治的基础。李大钊在接受唯物史观之前，同其他启蒙主义者一样，不乏激情，但思想武器陈旧。中国启蒙主义者所用的思想武器，基本上是从西方近代思想武器库中搬来的自由主义、个性解放等启蒙学说，并没有考虑到中国的国情。产生于西方启蒙时期的自由主义，以个人为本位，以自由为核心价值，反对专制主义，对于推动西方社会转型发挥了重要作用。然而，"橘生淮南则为橘，生于淮北则为枳"，把这种理论原原本本地搬到20世纪的中国，却起不到同样的作用。中国社会的转型一方面需要解决主体自觉的问题，另一方面还要解决业已破产的社会如何重建的问题，情况比西方社会转型复杂得多。中国启蒙主义者片面强调个体性原则，轻视群体性原则，可能有助于传统社会的解构，却无助于新型社会的建构。

李大钊接受了唯物史观以后，突破了中国启蒙主义者的思想局限，找到了思想启蒙的新武器。他不再把个体视为启蒙的主体，而把劳苦大众看成启蒙的主体。他指出，劳苦大众"真正的解放，不是央求人家'网开三面'，把我们解放出来，是要靠自己的力量，抗拒冲决，使他们不得不任我们自己解放自己；不是仰赖那权威的恩典，给我们把头上的铁锁揭开，是要靠自己的努力，把他打破，从那黑暗的牢狱中，打出一道光明来"①。正如冯契所说，在李大钊的这段论述中"包含有中国共产党人所十分重视的群众观点"②。李大钊把唯物史观同中国近现代哲学的启蒙思潮有机地结合起来，提出"物心两面的改造，肉灵一致的改造"

---

① 《李大钊选集》，人民出版社1959年版，第226页。
② 冯契：《中国近代哲学的革命进程》，上海人民出版社1989年版，第286页。

的启蒙诉求。他说:"我们主张以人道主义改造人类精神,同时以社会主义改造经济组织。不改造经济组织,单就改造人类精神,必致没有结果。不改造人类精神,单就改造经济组织,也怕不能成功。我们主张物心两面的改造,灵肉一致的改造。"① 这种启蒙诉求的终极目标就是实现世界大同。"现在世界进化的轨迹,都是沿着一条线走,这条线就是达到世界大同的通衢,就是人类共同精神联贯的脉络。……这条线的渊源,就是个性解放。个性解放,断断不是单为求一个分裂就算了事,乃是为完成一切个性。脱离了旧绊锁,重新改造一个普通广大的新组织。一方面是个性解放,一方面是大同团结。这个性解放的运动,同时伴着一个大同团结的运动。这两种运动,似乎相反,实则相成。"② 他依据唯物史观,把"个性解放"同"大同团结"内在地统一起来,把个体性原则同群体性原则内在地统一起来,不再片面地突显个体性原则。他的启蒙诉求具有强大的凝聚力和感召力,为成立中国共产党、为动员广大人民群众、为发展壮大革命队伍提供了坚实的学理支撑。

三 李大钊如何理解唯物史观?

中国传统哲学和中国近代哲学的精华仅仅是李大钊接受和理解唯物史观的底色,促使他接受唯物史观的根本原因还是现代中国社会实践的需要。他接受唯物史观,主要目的在于以马克思主义为指导,找到一条改造中国社会的正确道路。

首先,李大钊运用经济基础与上层建筑、生产力与生产关系的原理,对中国近代以来的社会结构的变化作了初步的分析,从而明确了中国新民主主义革命的性质和任务。

---

① 《李大钊选集》,人民出版社1959年版,第195页。
② 《李大钊选集》,人民出版社1959年版,第416页。

李大钊没有仅仅从学理的角度接受唯物史观，而是紧密地结合中国革命的实践来加以理解和运用。他对唯物史观基本思想的理解是："喻之建筑，社会亦有基础与上层。基础是经济的构造，即经济关系，马氏称之为物质的或人类的社会的存在。上层是法制、政治、宗教、艺术、哲学等，马氏称之为观念的形态，或人类的意识。"① 依据这种理解，他分析说，中国的农业经济和大家庭制度构成"二千年来的社会的基础构造"，支配中国人精神的孔门伦理，则是这一基础的"表层构造"。自从帝国主义侵入中国以后，中国原来的经济基础遭到破坏，于是，"孔门伦理的基础就根本动摇了"，已"不能适应中国现代的生活"。他从唯物史观中找到批判旧的思想观念、旧的社会制度的锐利武器，把五四新文化运动提到新的水平，正确地把反对帝国主义和封建主义列为新民主主义革命的两大基本任务。在唯物史观的指导下，李大钊对中国革命的性质和任务的认识得以深化，从感性认识上升到理性认识。他对唯物史观的理解，为中国共产党人确立新民主主义革命基本路线提供了理论基础。历史已雄辩地证明：没有唯物史观的传入，没有李大钊等中国共产党人结合中国革命实践对唯物史观的理解和运用，就不可能确立新民主主义的基本路线，就不可能赢得新民主主义的胜利。

其次，李大钊运用阶级斗争理论学说，明确了"根本改造"中国社会制度的方向，认识到武装斗争是中国新民主主义革命的主要手段。

辛亥革命虽然以武装斗争的手段推翻了封建帝制，建立了中华民国，但中国面貌并没有因此而发生根本的变化。一个清廷小皇帝被推翻了，却冒出了许多个土皇帝。军阀连年混战，生灵涂炭，民不聊生；"中华民国"流于形式，被军阀玩弄于掌股之中；

---

① 《李大钊选集》，人民出版社1959年版，第293页。

政客们为非作歹,丑闻不断:社会状况甚至不如帝制时期。在这种情况下,有相当一部分知识分子对武装斗争失掉信心,怀疑暴力革命的正当性,于是,形形色色的改良主义思潮开始在思想界流行起来。其中影响较大的有新村主义、基尔特社会主义、村治主义、实用主义。各种改良主义拿出的方案虽然不同,但其共同之处是反对武装斗争。实用主义者胡适1919年8月在《新青年》上发表《多研究些问题,少谈些"主义"》一文,讥讽中国马克思主义者说:"空谈好听的'主义',是极容易的事,是阿猫阿狗都能做的事,是鹦鹉和留声机都能做的事。"对此他表示愤慨,宣称:"这是自欺欺人的梦话,这是中国思想界破产的铁证,这是中国社会改良的死刑宣言!"① 依据实用主义,胡适反对高谈"主义"之类的抽象名词,反对高谈"根本解决"之类的大话,主张只研究"人力车夫的生计"之类的具体问题。胡适这番言论表达了改良主义者的共同态度:反对马克思主义的阶级斗争学说和暴力革命论,选择改良主义的道路。

李大钊依据唯物史观,坚决回击改良主义者的挑战。他在《再论问题与主义》中说:"依据马克思的唯物史观,社会上的法律、政治、伦理等精神的构造,都是表层的构造。他的下面,有经济的构造作他们的基础。经济组织一有变动,他们都跟着变动。换一句话说,就是经济的解决,是根本的解决。经济问题一旦解决,什么政治问题、法律问题、家庭制度问题都可以解决。可是专取这唯物史观(又称历史的唯物主义)的第一说,只信这经济的变动是必然的,是不能免的,而于他的第二说,就是阶级竞争说,了不注意,丝毫不用这个学理作工具,为工人联合的实际行动,那经济的革命,永远不能实现,也不知迟了多少时期。"②

---

① 《胡适文存》第一集,黄山书社1996年版,第250—252页。
② 《李大钊选集》,人民出版社1959年版,第233—234页。

李大钊十分重视马克思主义的阶级斗争学说和暴力革命论,将此摆在"第二说"的位置。他认为只有采用阶级斗争、暴力革命的手段才能从根本上改变当时中国的社会状态。在这里,他初步表达了中国共产党人"枪杆子里面出政权"的思想。

最后,李大钊依据人民群众在历史上伟大作用的原理,把人民群众看成中国新民主主义革命的主力军。

依据唯物史观,李大钊指出,应当充分"认识民众势力的伟大",因为一切反动派"不遇民众的势力则已,遇则必降伏拜倒于其前;不犯则已,犯则必遭其殄灭"①。基于这种认识,李大钊主张对人民群众尤其是无产阶级进行启发和教育,帮助他们认识自身的力量,提高革命觉悟,发挥革命的主动性和创造历史的主体作用,"赶快联合起来,应我们生活上的需要创造一种世界的平民的新历史"②。中国民主主义革命的先行者孙中山曾长期为找不到革命的动力而苦恼。他多次寄希望于军阀,然而军阀一个个地都背叛了他,不得不多次吞下失败的苦果。中国共产党人运用唯物史观帮助他解决了这个难题。孙中山接受共产党人的帮助,提出"联俄、联共、扶助农工"三大政策,把旧三民主义发展成为新三民主义,促成第一次国共合作,掀起了轰轰烈烈的大革命运动,开创了新民主主义革命的新局面。

李大钊对唯物史观的理解,在今天看来,正如鲁迅所说,"当然是未必精当的"。由于他当时对辩证唯物主义尚缺乏了解,理论深度不能不受到限制。例如,李大钊的思想中还保留着克鲁泡特金互助论的残余,有时也夸大地理环境的作用。但是,他的"遗文却将永存,因为这是先驱者的遗产,革命史上的丰碑"。他对唯物史观的传播和理解,标志着中国无产阶级主体意识的自

---

① 《李大钊选集》,人民出版社1959年版,第330页。
② 《李大钊选集》,人民出版社1959年版,第338—340页。

觉，为中国共产党的成立做了理论准备，为中国马克思主义哲学思潮的发展奠立了基础。

四 陈独秀如何理解唯物史观？

陈独秀接受马克思主义比李大钊略晚一些。大约在 1920 年前后，他从激进的民主主义者转变为早期的马克思主义者。他对唯物史观的理解，没有像李大钊那样深入系统，但抓住了最基本的观点，有提纲挈领的特点。他把唯物史观归纳为两大要点："其一，说明人类文化之变动。大意是说，社会生产关系之总和为构成社会经济的基础，法律、政治都建筑在这基础上面。一切制度、文物、时代精神的构造都是跟着经济的构造变化而变化的。经济的构造是跟着生活资料之生产方式变化而变化的。不是人的意识决定人的生活，倒是人的社会生活决定人的意识。其二，说明社会制度之变动。大意是说，社会生产力和社会制度有密切的关系，生产力有变动，社会制度也要跟着变动，因为经济的基础（即生产力）有了变动，在这基础上面的建筑物自然也要或徐或速的革起命来，所以手臼造出了封建诸侯的社会，蒸汽制粉机造出了资本家的社会。一种生产力所造出的社会制度，当初虽助长生产力发展，后来生产力发展到这社会制度（即法律、经济等制度）不能够容他更发展的程度，那时助长生产力的社会制度反变为生产力之障碍物，这障碍物内部所包涵的生产力仍是发展不已，两下冲突起来，结果，旧社会制度崩坏，新的继起，这就是社会革命；新的社会制度将来到了不能与生产力适合的时候，他的崩坏亦复如此。"① 他概述了生产力与生产关系、经济基础与上层建筑的矛盾运动，说明了社会革命发生的必然性。

---

① 《陈独秀文章选编》中册，生活·读书·新知三联书店 1984 年版，第 193—194 页。

李大钊在传播唯物史观时,分别绍述了社会基本矛盾学说、阶级斗争学说和无产阶级专政理论;陈独秀则把这两个观点联系起来,予以整体性、综合性的说明,以便使中国人民对唯物史观能够有一个比较完整的概念。他指出,社会基本矛盾的运动必然以阶级斗争的方式表现出来:当一种旧的社会制度成为生产力发展的障碍时,占统治地位的腐朽阶级不会自动退出历史舞台,而是千方百计地维护自己手中的政权,维护既得的经济利益。在这种情况下,代表生产力发展方向的新兴阶级必须采用阶级斗争的手段夺取政权,改变旧制度占统治地位的情形,扫除生产力发展的障碍,建立新的生产关系。过去资产阶级同地主阶级斗争是这样,现今无产阶级同资产阶级斗争,依然是这样。陈独秀引证马克思在《法兰西内战》和《哥达纲领批判》中的话说:"劳动阶级要想达到自己阶级之目的,单靠掌握现存的国家是不成功的。""由资本主义的社会移到社会主义的社会之中间,必然有一个政治的过渡时期。这政治的过渡时期,就是劳工专政。"① 他认为,阶级斗争、无产阶级专政都是唯物史观中的重要观点,对于中国革命事业有不可替代的指导意义。

陈独秀对唯物史观基本思想的理解虽不能说很深入,但大体上是正确的。但是,他似乎仅限于从学理的角度领会唯物史观的基本观点,没有像李大钊那样紧密结合中国革命实践理解唯物史观,因而中国化程度不高。不过,应当看到,由于他是五四新文化运动的旗手,拥有广大的读者群,在当时的社会影响比李大钊大。因此,他接受唯物史观对于新文化运动转变为马克思主义的宣传运动,具有重要的意义;对于扩大唯物史观的社会影响,具有任何人不能比拟的作用。

同李大钊相比,陈独秀的特长不在于理论研究方面,而在于

---

① 《陈独秀文章选编》中册,生活·读书·新知三联书店1984年版,第198页。

发动群众方面。以唯物史观为指导，他对中国革命的性质有了新的认识。在他看来，当今时代的中国革命，不能再采用法兰西模式，而必须采用俄罗斯模式。他在《二十世纪俄罗斯的革命》一文中指出："十八世纪法兰西的政治革命，二十世纪俄罗斯的社会革命，当时的人都对他们极口痛骂，但是后来的历史学家，都是把他们当作人类社会变动和进步的大关键。"陈独秀在接受唯物史观之前，曾经选择法兰西模式，积极投身旧民主主义革命；接受唯物史观以后，毫不犹豫地选择了俄罗斯模式，成为新民主主义初期的重要领导人。

他认识到，唯物史观是发动群众进行社会革命最锐利的武器。为了把唯物史观灌输到人民群众中，他付出极大的努力。1919年6月8日，他在《每周评论》上发表了《立宪政治与政党》《吃饭问题》等文章，明确表示拒斥议会道路，宣称"立宪政治与政党，马上都成为历史上过去的名词了"。从唯物史观看政治，陈独秀有了新的认识："什么是政治？大家吃饭要紧。"他把人民生计放在首位，看成政治活动的基础。要解决"吃饭问题"，仅靠政治家显然是不够的，必须动员人民群众积极参与。陈独秀的这种看法影响深远，在大革命时期凝练为一句流行的口号："劳工神圣。"

1919年12月1日，陈独秀在《新青年》第7卷第1号上发表《本志宣言》，明确表示放弃旧民主主义诉求，"对于一切拥护少数人私利或某一阶级利益，眼中没有全社会幸福的政党，永远不忍加入"，申明自己的新立场是："我们主张的是民众运动，社会改造。"从这篇宣言反映出，陈独秀开始由旧民主主义者转变为马克思主义者。

依据唯物史观，陈独秀把发动群众的重心由知识群体转向工人阶级。他深入到中华工业协会、中华总工会等工会团体中，了解情况，创办刊物，宣传唯物史观。在他的努力下《劳动界》

《伙友》相继创刊，与《新青年》共同构成马克思主义理论宣传阵地。1920年，陈独秀将在5月1日出版的《新青年》第7卷第6号设计为《劳动节纪念号》（以下简称《纪念号》），增加篇幅，有400页之多，是平时页码的两倍多。其中有孙中山、蔡元培等名人的题字，也有普通工人的题字，还有30多幅反映工人现状的照片。《纪念号》的发刊词是李大钊撰写的《五一运动史》，介绍五一劳动节的来历，号召中国工人阶级也要像欧美工人阶级那样，为实现8小时工作制而斗争。陈独秀发表了两篇文章，题目分别是《劳动者的觉悟》和《上海厚生纱厂湖南女工问题》。《纪念号》全文刊发《俄罗斯苏维埃联邦共和国劳动法典》，刊发苏俄第一次对华宣言。苏联政府在《宣言》中明确宣布：废除沙皇俄国与日本、中国及协约国各国所缔结的一切秘密条约，废除俄国在中国的一切特权。正如蔡和森所说，陈独秀出版《劳动节纪念号》，标志着他已完成了由旧民主主义者到马克思主义者的转变。蔡和森指出，陈独秀创办的《新青年》，以《纪念号》出版为标志，明显区别为两个阶段。第一个阶段以宣传美国思想为主，逐渐转向俄国思想。"仲甫同志倾向社会主义以后，就由美国思想变为俄国思想了，宣传社会主义了。不过在过渡期间的文章，社会革命的思想是有了，杜威派的实验主义也是有的。"到了第二阶段，"才完全把美国思想赶跑了"。蔡和森的说法符合陈独秀当时的思想实际。

　　李大钊和陈独秀努力宣传唯物史观，为中国共产党成立奠立了坚实的理论基础。他们依据刚刚接受的马克思主义，着手在中国创建共产党组织。1920年8月，中国共产党上海发起组正式成立，推选陈独秀担任书记。1921年召开中国共产党第一次代表大会，宣告中国共产党正式成立。从中国一大到四大，陈独秀连续5年当选为中国共产党的最高领导人。由于陈独秀对马克思主义理解得还不够深刻，理论准备不够充分，并且没有很好地解决马克思主义同中国革命实践相结合的问题，所以为他后来犯路线错误埋下了伏笔。

第三节 瞿秋白对辩证唯物论的传播与理解

李大钊和陈独秀都曾在日本留学过，他们都是借助日文或日文的中译本接受马克思主义的。精通俄文的瞿秋白在苏联学习和工作多年，从另外一个渠道接受马克思主义。他对马克思主义哲学的了解更为全面，不再限于介绍唯物史观，而更进一步拓展到辩证唯物主义。瞿秋白对马克思主义哲学的理解，达到了新的深度。

一 其人其书

瞿秋白（1899—1935），原名霜，江苏常州人。他出生在一个家道见衰的官宦之家，从小受良好教育，5岁便入舅父坐馆的私塾读书。1917年考入北京俄文专修馆，主要学习俄语，同时自修文学和哲学，"做以文化救中国的工夫""为研究哲学不辍"。1919年11月，他和郑振铎等人创办《新社会》旬刊，宣传新思想、新学说，投身于新文化运动。

1920年，参加李大钊组织的马克思学说研究会，开始接受马克思主义，对于如何改造中国社会有了新的认识。同年，应北京《晨报》之聘，以特派记者的身份到苏联采访，向国内介绍十月革命以后苏联的情况。在苏联期间，他努力学习马克思主义理论，深入实地调查，写了《饿乡纪程》和《赤都心史》两本报告文学集以及一系列专题报道，向国内介绍十月革命后俄国的真实情况。1922年，他在莫斯科加入中国共产党。同年11月，他担任中共代表团的翻译，出席了共产国际第四次代表大会。入党后他担任莫斯科共产主义劳动大学助教兼任理论课翻译。

1923年回国后，他担任《新青年》季刊和《前锋》的主编，同时参与《向导》的编辑工作。6月，出席中国共产党第三次代表大会，参与大会宣言起草，当选为中央委员。同年秋任上海大学教务长兼社会学系主任，讲授现代社会学、社会哲学等课程。任教期间瞿秋白写了许多讲义、文章，出版许多译著，堪称在中国比较系统、比较全面绍述辩证唯物主义的第一人。他撰写了《社会哲学概论》《现代社会学》《社会科学概论》《唯物论的宇宙观概说》等著作，翻译了郭列夫著《新哲学——唯物论》。1924年出席国民党第一次全国代表大会，参与改组国民党和建立统一战线。从1927年到1928年春，他主持中央领导工作。1931年由于受到王明等人的排斥，离开中央领导岗位。1933年到中央根据地。1935年2月，被国民党军队逮捕。敌人用尽酷刑，妄图逼瞿秋白投降。他坚贞不屈，充分表现出共产党人大无畏精神。同年6月18日，他高唱着《国际歌》和《红军歌》，英勇就义。著作编为《瞿秋白文集》《瞿秋白选集》，一些政论文章收入《六大以前——党的历史资料》一书。

二　马克思主义传播在中国怎样掀起第二次高潮？

1921年，中国共产党成立。在党的领导下，马克思主义哲学的传播，开始由自发变为自觉。中国共产党主办的理论刊物有《向导》、《新青年》季刊、《前锋》和《中国青年》等，一些革命的群众组织在党的领导下也创办了许多刊物。此外，党还创办了好几种报纸，如《热血日报》《血潮日报》，等等。其中瞿秋白主编的《热血日报》最为有名，这是中国共产党历史上的第一份党报。1921年，中国共产党建立了人民出版社和上海书店，陆续出版发行了马克思主义丛书。中国共产党还利用国共合作的机会，把上海大学改造成马克思主义理论教育的基地和培养干部的基地，在该校设立社会科学系。瞿秋白担任社会科学系主任，担任主讲教师的皆为共产党人。除了瞿秋白讲授《社会科学概论》《社会哲学概论》《现代社会学》之外，蔡和森讲授《私有财产和家族制度起源》，萧楚女讲授《外交问题》，杨贤江讲授《青年问题》。他们的讲稿整理成书，形成比较系统的教材体系。张太雷、邓中夏、恽代英、任弼时等人都曾在该校任教。他们为传播马克思主义、为培养党的干部作出很大贡献。在中国共产党的领导下，形成马克思主义在中国传播史上的第二次高潮。

中国共产党成立以后，很快就成为一支重要的革命力量。1924年，孙中山接受中国共产党人的帮助，在广州主持召开中国国民党第一次全国代表大会，将旧三民主义发展成为实行"联俄、联共、扶助农工"三大政策的新三民主义，改组中国国民党。中国共产党人陈独秀、李大钊、毛泽东、瞿秋白、林伯渠、谭平山等24人以代表的身份出席大会，形成第一次国共合作的大好局面。许多共产党人以个人身份加入国民党，担任重要职务，参与北伐战争，掀起了大革命高潮。中国共产党人利用统一战线的有利条件宣传马克思主义，运用马克思主义解决中国革命的实际问题，迅速扩大了马克思主义在革命队伍中的影响。中国共产党组织广大党员学习马克思主义，统一思想，加强理论建设和组织建设，动员广大人民群众，凝聚革命力量。除了少数国民党右派之外，大多数国民党人对马克思主义都抱着同情理解的态度。这为马克思主义第二次传播高潮的形成，提供了广泛的社会基础。

三 瞿秋白如何把握马克思主义理论体系？

中国早期的马克思主义者大都有留学日本的经历，他们对马克思主义体系的理解受日本的理论界影响比较大。那时日本理论界，对马克思主义体系的理解并不全面，通常把马克思主义体系概括为唯物史观、经济学说和科学社会主义三个组成部分，当时中国大多数学者，无论是赞成马克思主义的，还是不赞成马克思主义的，都受到日本理论界这种观点的影响，甚至对马克思主义研究较深的李大钊也不例外。李大钊试图用进化论中过去、现在、未来的时间链条把马克思主义体系整合起来，同日本理论界三大部分平列的观点相比，要深刻一些，但李大钊的说法毕竟不够准确，并不完全符合马克思主义的思想实际。在苏联学习和研究马克思主义多年的瞿秋白，似乎没有受到日本理论界的影响。他对马克思主义理论体系有新的认识和理解。

瞿秋白在《马克思主义之概念》一文中阐述了早期中国马克思主义者对马克思理论体系的理解。他指出，马克思主义理论体系由四部分组成：一是互辩律的唯物论，二是历史唯物论，三是经济学说，四是科学社会主义。这四部分不是平列的关系而是有内在联系的完整理论体系。瞿秋白同其他早期马克思主义者不一样的地方在于，他认为互辩律唯物论（瞿秋白对辩证唯物主义的称谓）在马克思主义理论体系中处在基础的地位。他指出，"这是马克思主义的最根本的基础，就是所谓马克思主义的哲学"，是"解释宇宙一切现象的方法总论，总合各科学的方法而说明人类知识能量的认识论"。至于唯物史观和经济学说，则是马克思主义哲学在社会科学中的运用；科学社会主义则是马克思在通过研究资本主义社会得出的结论。总而言之，互辩律唯物论是马克思主义总的宇宙观和统一的方法论，唯物史观和经济学说是在具体研究领域的展开，科学社会主义则是马克思主义形成的最初动机和最终目标。瞿秋白通过这种对于马克思主义理论体系的新认识，帮助读者得到对于"马克思主义"一词的正确概念，不至于认为马克思主义就限于唯物史观及其经济学说。

瞿秋白所说的"互辩律唯物论"（有时他也采用音译"第亚历克蒂"），是他对辩证唯物主义的称谓。他不喜欢"辩证唯物主义"这个从日文套用过来的译名，想创立一个新的译名。无奈

"辩证唯物主义"的称谓，早已经在中国思想界流传开来，成为约定俗成的通用哲学术语，无法再变更。瞿秋白的互辩律唯物论的提法，虽然没有得到广泛的认同，但还是把新哲学接受者的注意力引到辩证唯物主义方面。列宁把马克思主义理论体系概括为哲学、政治经济学、科学社会主义三个组成部分，在俄国学习多年的瞿秋白，不会不知道，但他没有介绍列宁的三分说，而是独创性提出四分说。四分说的基本观点同列宁是一致的。也许是针对中国理论界存在的忽视辩证唯物主义的倾向，他才把辩证唯物主义单独突出介绍。他强调："马克思主义是对于宇宙、自然界、人类社会之统一的观点，统一的方法。何以马克思主义的宇宙观及社会观是统一的呢？因为他对于现实世界里的一切现象，都是以'现代的'或互辩的（Dialectic）——即第亚历克蒂的唯物论观点去解释。这是马克思主义的最根本的基础，就是马克思的哲学。"① 瞿秋白对于马克思主义理论体系的新认识，纠正了李大钊的三分法的缺陷，标志着中国马克思主义者的理论水平达到了新的高度。鉴于中国理论界对唯物史观已有所了解，而对辩证唯物主义还不十分熟悉，瞿秋白便担负起了介绍辩证唯物主义的重担，成为中国哲学界系统绍述辩证唯物主义的第一人。

四 瞿秋白如何理解辩证唯物主义？

瞿秋白在《社会哲学概论》一书中，从"哲学之唯物论唯心论"讲起，论及宇宙的本原及其演化、生命的发展历程，阐述物质与意识的关系，概述唯物辩证法的三个基本规律。在《现代社会学》一书中，更为具体地绍述唯物辩证法的规律和范畴，并详细论证"社会科学中的根本方法就是互辩的唯物主义"。他翻译了多

---

① 瞿秋白：《唯物论的宇宙观概说》，《新哲学——唯物论》附录，霞社校印本1941年版。

篇苏联学者介绍唯物辩证法的论文，翻译郭列夫著《新哲学——唯物论》一书。这本书把历史唯物主义和辩证唯物主义整合为一个整体，表述通俗易懂，对于中国人初步了解马克思主义的基本内容很合适。在此书译本的附录中，有瞿秋白撰写的《唯物论的宇宙观概说》一文，表达他对马克思主义哲学体系的理解。瞿秋白还发表《自由世界和必然世界》《实验主义与革命哲学》等文章，参与"科学与人生观论战"，运用辩证唯物主义观点批判实用主义、自由意志论等资产阶级的学术观点，扩大马克思主义哲学的理论影响。

瞿秋白对辩证唯物主义的理解和绍述，侧重于以下几方面内容。

(一) 关于哲学基本问题

恩格斯在《路德维希·费尔巴哈和德国古典哲学的终结》中说："全部哲学，特别是近代哲学的重大的基本问题，是思维和存在的关系问题。……哲学家依照他们如何回答这个问题而分成了两大阵营。凡是断定精神对自然界说来是本原的，从而归根到底承认某种创世说的人（而创世说在哲学家那里，例如在黑格尔那里，往往比在基督教那里还要繁杂而荒唐得多），组成唯心主义阵营。凡是认为自然界是本原的，则属于唯物主义的各种学派。"[①] 按照苏联哲学界的理解，思维和存在的关系问题被概括为哲学的基本问题。可是，在瞿秋白以前，早期的中国马克思主义者对此并不了解。瞿秋白改变了这种状况，在中国现代哲学史上首次明确地表述了哲学基本问题。他在《社会哲学概论》中写道："人若想哲学问题，——就是他想组合一更稳固的'宇宙念'（Contemplatiodc Monde）——他立刻就遭到的难题：'我'与'非我'的关系，'认识'与'实质'以及'灵魂'与'自然'

---

① 《马克思恩格斯选集》第 4 卷，人民出版社 1995 年版，第 223—224 页。

的关系。……直到如今,这一问题还是哲学中的根本问题。""凡以客观为出发的,——只要他是一贯的思想家,有这勇气一直推究下去,——他必成唯物论中之一派。而以主观为出发的,——便是唯心论中之一派。"① 依据哲学基本问题,瞿秋白把各种哲学划分为唯心主义和唯物主义两大阵营。他认为,唯心主义是一种错误的哲学理论,予以严厉的批判。他指出,有的唯心主义者纯粹以个人主观意识的"独在论"(唯我论)为出发点,提出主观唯心主义学说;有的唯心主义者以"绝对精神"为出发点,提出客观唯心主义学说:他们的共同本质都是认为思维或意识为第一性的,而存在或物质为第二性的,歪曲了世界的本来面貌。主观唯心主义者认为,世界上除了我的意识之外,什么都不存在;客观唯心主义者虽然"超个人意识",还是把物质世界看成精神的派生物。"超个人的意识之学说,最巩固的就是黑智耳(黑格尔)和塞林(谢林)的学说他们的'绝对精神'就是一种超个人的意识,——其中似乎能包含主观与客观、精神与自然界。然而塞林的见解以为宇宙只是这一精神的'自念'。黑智儿的哲学系统里所谓'绝对的'逻辑过程很重要,所以宇宙是这一'绝对精神'的'自想'——逻辑过程。实际上是一样的。"②

瞿秋白对唯心主义哲学产生的根源作了分析。其一,有历史的原因,由于人们的认识能力受到历史条件的限制,而形成唯心主义的错误认识。在人类初期,人们还不能科学地解释各种自然现象,以为有神灵在支配着世界。"既然信仰宇宙为某一神灵所创造,即此便是以主观为出发点的各种哲学系统之基础,而这种信仰本来就不期而然地引导到'客观之存在受主观的规定'等类的学说。"因此,"凡是与唯物论相对抗的哲学,都是由初民的万

---

① 《上海大学史料》,复旦大学出版社1984年版,第268—269页。
② 《上海大学史料》,复旦大学出版社1984年版,第283—284页。

物有灵论里出来的"①。其二，有社会的原因，由于社会生活现象十分复杂，人们无法把握自己的命运，只得求助于神灵的保佑，于是形成唯心主义的错误认识。"社会生活日益复杂，各社会间交通日益繁多，往往骤然暂时归之于神归之于上帝。""一民族之内的斗争，各民族之间的战争，以及通商事务里，常常发现以前所引为不可能的事，而大家所期望的事反不能实行。这种状况更可巩固对于'天神力量'的信心，而增长依赖天力援助的倾向。"② 从上述瞿秋白关于哲学基本问题的理解和绍述中反映出，他对哲学基本问题的第一个方面，即思维与存在或精神与物质何者为第一性的问题，把握得比较到位；而对哲学基本问题的第二个方面，即思维与存在或精神与物质的同一性问题，把握得还不够到位。他对唯心主义关于思维与存在的同一性的某些合理的内核并没有作出具体的分析；对唯心主义产生的认识论根源认识得也不够深刻。唯心主义产生的一个重要的认识论原因就是把认识上的曲线简化为直线，把认识过程中的某一阶段加以夸大，导致思想方法上的片面性。例如，中国共产党内的教条主义者之所以犯路线错误，都同认识上的片面性有关。瞿秋白关于哲学基本问题的提法，主要是介绍性，由于革命工作紧迫，不容许他做深入细致的理论研究。

(二) 关于世界的物质统一性原理

基于对哲学基本问题的理解，瞿秋白特别突出辩证唯物主义坚持的唯物主义立场，着重绍述世界的物质统一性原理。依据辩证唯物主义，他指出，世界在本质上是物质的，宇宙间的一切事物和现象，归根到底都是物质的具体表现。"全宇宙只是统一的物质之种种组织或混和的方式。"整个宇宙就是物质无限多样性

---

① 《上海大学史料》，复旦大学出版社1984年版，第272页。
② 《上海大学史料》，复旦大学出版社1984年版，第274页。

的统一。物质既不能被创造，也不能被消灭。世界的多样性其实不过是物质从一种形态转化为另一种形态而已。"各种物质并且经常地在变动、转动、变化之中。……物质并不消灭，也不发生，只是时常改变自身的组织形式罢了。这就是物质不灭的原理。"①

从世界的物质统一性原理出发，瞿秋白对生命和意识或精神作了唯物主义的说明。他指出，生命是物质在自然界发展到一定阶段的表现形态，是蛋白质体的存在方式。"凡有生命的必有蛋白质体；凡蛋白质体不再溃败的过程中必发现生命。当然还必须其他的化学成分，才有持久的活的机体；然而单为生命之发现，却并不需其他成分；其他成分的需要，只在于变成蛋白质而持续此生命。最低等的生物实在仅仅是蛋白质球，然而他们却已有生命之表现。"② 至于意识或精神，则是物质长期的、高度的发展的产物，也是"一种特别组织的物质"的属性。"精神不能外乎物质而存在；物质却能外乎精神而存在，物质先于精神；精神是特种组织的物质之特别性质。——物质当然是宇宙间一切现象之根本。"③ "自由人的脑经（一种特别组织的物质）能思想。没有这种物质，便没有思想，没有意识。"④ "无论什么样的思想，决不是一个人的创造或想象，我们的一切知识都从外物所给的经验得来的，就是纯粹抽象的算术亦是现实世界的反映。"⑤

在瞿秋白之前，中国早期马克思主义者比较注意马克思主义哲学理论中与现实政治斗争联系比较紧密的内容，希望从中得到指导中国革命实践的思想武器，而对于世界的物质统一性原理之类抽象的理论问题，则关注不够。瞿秋白纠正了新哲学接受者的

---

① 《上海大学史料》，复旦大学出版社1984年版，第298页。
② 《上海大学史料》，复旦大学出版社1984年版，第298页。
③ 《上海大学史料》，复旦大学出版社1984年版，第341页。
④ 《上海大学史料》，复旦大学出版社1984年版，第300页。
⑤ 《上海大学史料》，复旦大学出版社1984年版，第341页。

这一不足之处。关于世界的物质统一性原理，应该说是马克思主义哲学中最抽象、最远离现实生活的内容之一；但却是马克思主义哲学大厦的一块基石，是马克思主义观察和分析一切问题的根本前提。从瞿秋白对这一原理的绍述反映出，中国马克思主义者的理论水平已有相当大的提升。瞿秋白没有完全沿袭苏联哲学界的讲法，还力图对这一原理做中国式的诠释，使之体现出中国特色。在他看来，唯物主义原理对于中国人来说，不仅仅是一种世界观，更为重要的是一种思想方法。在中国创世说没有成为主流观点，情况与西方有所不同：其一在西方的语境中讲唯物主义，有一个主要目的，就是清除基督教创世说的影响，清除唯心主义的影响；其二在中国的语境中讲唯物主义，主要任务则是掌握从实际出发的思想方法。瞿秋白强调说："以物质基础的考察，实际情况的调查，来与我们的理论相较，是非正误立刻便可以明白。因为精神现象发生于物质现象，而物质是可以实际按察的。——这就是唯物主义。"[①] 在这里，他已提出理论联系实际的原则，为中国共产党确立实事求是的思想路线奠立了基础。

瞿秋白在阐发物质观的时候，还吸收了康德和拉普拉斯的星云说，从总体上突破了机械唯物主义物质观的局限。关于宇宙的起源，他在《社会哲学概论》中做了这样的描述："无限的空间里回旋着巨大的云雾似的大气，那时是最早的宇宙。此等'集体'（Lamasse）是物质之最早的形式。""这种'云雾集体'，因为其中各'尘体'互相吸引，渐渐凑紧，于是日益浓厚；又因'尘体'的动及互相击触而生'热'——所以那'云雾集体'也一天热似一天。如此经过许多时间，而'集体'乃渐放射成'光'。'云雾'便变成更团聚更热烈动转不已的瓦斯球，能放光。此瓦斯球体动转的力量愈益增大；于是因离心力的作用而抛出许

[①]《上海大学史料》，复旦大学出版社1984年版，第288页。

多小球体；小球体亦同样旋转不已，就变成行星和卫星。"瞿秋白对于物质概念的理解，基本上符合马克思主义的哲学精神。但是，他毕竟是第一位绍述辩证唯物主义的中国哲学家，对马克思主义哲学精神的领会尚不够深刻，不够到位。他比较重视辩证唯物主义的唯物主义性质，而没有突出其辩证法性质，没有把唯物主义与辩证法紧密地结合在一起。他对物质概念的理解还存在着不准确之处，例如，他说："物质不过是'电'的种种表现而已。电子的各种结构，形成各种元素之原子；各种元素原子互相结合而成各种不同的组合，构成各种物质之分子。人身大地星球及宇宙，无不使这些原子分子所组成——分子原子之于宇宙，正犹砖瓦之于房屋。"① 显而易见，按照他的这种理解，并无法划清辩证唯物主义与旧唯物主义之间的界限。

（三）关于唯物辩证法的三大规律

尽管瞿秋白没有做到把唯物主义与辩证法紧密地结合在一起，但对马克思主义辩证法还是予以高度的重视。他作为在中国绍述辩证法基本思想的第一人，对唯物辩证法的三大基本规律作了比较系统的阐发。

关于对立统一规律，按照瞿秋白的理解，其基本意思是说，事物的矛盾普遍存在，矛盾的独立双方相互转化，可以说乃唯物辩证法"最基本原理"。他说："物的矛盾及事的互变便是最根本的原理，——没有矛盾互变便没有动；没有动便没有生命及一切现象。"② "所以'斗争'与'矛盾'（趋向不同的各种力量互相对抗）——足以规定变动的历程。"③ 瞿秋白已认识到：唯物辩证法的特点是强调矛盾的普遍性，强调对立统一规律贯穿在运动发

---

① 瞿秋白：《唯物论的宇宙观概说》，《新哲学——唯物论》附录，霞社校印本 1941 年版。
② 《上海大学史料》，复旦大学出版社 1984 年版，第 306 页。
③ 《上海大学史料》，复旦大学出版社 1984 年版，第 352—353 页。

展的全过程。这种理解比较准确地把握住了唯物辩证法的核心与实质。至于矛盾如何相互转化以及如何引起运动发展并且规定运动发展方向，瞿秋白还未来得及做进一步的论述，从这一点来看，他的理解还是初步的。但是，这种理解毕竟突破了朴素辩证法的局限。在中国古代哲学中，朴素辩证法的思想资源十分丰富，但大都停留在经验描述之上，未上升到普遍规律的高度。瞿秋白接受唯物辩证法之后，把两种资源有机地结合在一起，正确地把对立统一规律理解为唯物辩证法的"最根本规律"，标志着中国人辩证思维水平提升了一大步。瞿秋白的这种观点，为毛泽东后来在《矛盾论》中把对立统一规律解释为唯物辩证法的精髓，提供了前提。

　　至于质量互变规律和否定之否定规律，在瞿秋白看来，都是对立统一规律的进一步展开。他指出，在矛盾双方的相互作用下，事物向前发展有两种形式或状态，一种是数量的变化，一种是质量的变化。量变是质变的必要准备，质变是量变的最终结果。"宇宙及社会里的一切发展，——就是数量变更的渐渐积累，而数量的变，到一定程度，必定突变为质量的变。"① 瞿秋白把事物发展过程中的多次质变理解为"连环不断的否定"，由质量互变规律进一步讲到否定之否定规律，不过他没有展开来论述。瞿秋白对唯物辩证法三大规律的理解尽管比较简单，但基本上符合马克思主义哲学的原意。值得注意的是，他并没有把三大基本规律平列起来，而是视为完整的体系。瞿秋白说："宇宙的根本是物质的动，动的根本性质就是矛盾——是否定之否定，是数量和质量的互变。"② 唯物辩证法的矛盾观既可以解释自然现象，也可以解释社会现象。"社会现象亦是如此。资产阶级剥削无产阶级，

---

① 《上海大学史料》，复旦大学出版社1984年版，第307页。
② 《上海大学史料》，复旦大学出版社1984年版，第309页。

而无产阶级却因此而扩大。资本主义与社会主义相反，而资本主义愈发达，社会主义的革命愈容易成功。无产阶级行独裁制，而他的独裁却正所以取消他自己，——消灭一切阶级。"他的这种理解是正确的，也是深刻的，没有照搬照抄苏联哲学界的说法。当时苏联哲学界比较流行的看法是，唯物辩证法的三条基本规律之间没有主从之分，瞿秋白没有接受这种看法。他认为，对立统一规律乃最主要的一条，而质量互变规律和否定之否定规律则是对立统一规律的展开。瞿秋白之所以形成这种看法，恐怕同中国传统哲学的影响有关系。中国哲学比较重视对立统一规律，强调"一阴一阳之谓道"，很少论及质量互变规律和否定之否定规律。瞿秋白的这种看法启迪了毛泽东。毛泽东在《矛盾论》中作了进一步的阐发，突出对立统一规律在唯物辩证法中的地位。

除了介绍唯物辩证法三大规律之外，瞿秋白对必然与自然之间的辩证关系也有较深的认识。他说："人在自然界及社会关系里考察得种种事物的因果的联系，这种联系名之曰公律。人类能脱离自然界及社会关系的束缚而日趋于自由（自由处置事物），正因为他能渐渐发见此等公律。所谓'自由'并不在于想象里的不受自然律之支配，而在于探悉这些规律，运用之以达自己的目的。"在科学与人生观论战中，他发表《自然世界与必然世界》一文，运用自由与必然辩证统一的观点批驳张君劢宣扬的自由意志论。

瞿秋白对辩证唯物主义的理解和绍述，对于中国人了解和掌握辩证唯物主义的基本精神和基本内容有很大帮助。但是，当时中国共产党毕竟尚处于幼年时期，瞿秋白接触马克思主义哲学的时间不长，并且承担着大量的工作，无暇从事深入的研究，使他对辩证唯物主义的理解难以深入。毋庸讳言，他对辩证唯物主义的了解还是初步的，难免有不准确的地方。例如，在物质观上，还没有完全划清辩证唯物主义与旧唯物主义之间的界限。限于当时的历史条件，瞿秋白对辩证唯物主义的本质特征尚没有充分地掌握。但是，应当承认，瞿秋白在中国马克思主义哲学发展史上起到了承上启下的作用。早期中国马克思主义者对马克思主义哲学的理解往往局限在历史观领域，而瞿秋白则全面地把握马克思主义哲学体系，推进了理论深度和广度，这是"承上"；瞿秋白对马克思主义哲学的初步介绍，为李达和艾思奇系统、全面、规范地介绍辩证唯物主义和历史唯物主义打下了基础，这是"启下"。

第四节　李达和艾思奇对新哲学的绍述与推广

瞿秋白对马克思主义哲学的传播和理解，将重点放在辩证唯物主义方面，比起李大钊、陈独秀仅限于传播和理解唯物史观来，向前迈了一步。但是，瞿秋白还不能划清辩证唯物主义与旧唯物主义之间的界限，理解上存在着一些偏差。这种缺陷在李达和艾思奇那里得到了弥补。他们比较全面和系统地介绍苏联马克思主义哲学教科书体系，对于辩证唯物主义和历史唯物主义的基本内容，做了规范化的阐述，并且致力于通俗化推广工作。

一　其人其书

(一) 李达

李达 (1890—1966)，号鹤鸣，湖南零陵人。他出生在偏僻农村的一个佃农家庭，从小尝尽生活的艰辛。1913 年考取留日公费生，入东京第一高等师范学习理科。在留学日本期间，他接受了马克思主义，翻译《唯物史观解说》等介绍马克思主义哲学的书籍，并在国内出版。五四时期，他在国内报刊上发表《什么叫社会主义》《社会主义的目的》《陈独秀与新思想》等文章，是科学社会主义思想在中国的最早传播者之一。

1920年，参加上海共产主义小组，参与筹建中国共产党。1921年出席中国共产党第一次全国代表大会。曾担任《共产党》月刊主编、《新时代》杂志主编、湖南自修大学校长。北伐战争期间任国民革命军政治部编审委员会主席。大革命失败后与党脱离联系，在国民党统治区先后担任上海政法学校、暨南大学、北平法商学院、中国大学、朝阳大学等多所高校的教授，努力研究和宣传马克思主义，尤其是马克思主义哲学。他被进步学生誉为红色教授，视为学习的榜样。他与友人共同创办昆仑书店，独自创办笔耕堂，出版马克思主义理论著作和宣传革命的通俗读本。他撰写了《社会学大纲》《经济学大纲》《货币学概论》和《社会进化史》等著作，大约有150万字。曾经为冯玉祥讲授辩证唯物论，对他的思想变化有很大的影响。

新中国成立后，他重新加入中国共产党，先后担任中央政法干部学校副校长、湖南大学校长、武汉大学校长等职务，当选为中国科学院社会科学部常委、中国哲学会会长。主要著作有《现代社会学》《中国产业革命概观》《社会之基础知识》《经济学大纲》《社会学大纲》等，收录《李达文集》，人民出版社出版。

（二）艾思奇

艾思奇（1910—1966），原名李生萱，云南腾冲人。他的父亲李曰垓参加过同盟会，曾担任过云南军政府的军政次长、护国军第一军秘书长。父亲不希望儿子再走自己走过的路，打算让艾思奇到日本留学，学习工科。1927年艾思奇到东京后，对哲学发生浓厚兴趣，阅读了培根、斯宾诺莎、康德、黑格尔的著作，最后接受了马克思主义哲学。1928年因病回国，1930年再次东渡，考入福冈高等工业学校。这时期他对马克思主义哲学的信念更加坚定。他曾对朋友说："我总想从哲学中找到一种对宇宙人生的科学真理，但古代哲学都说不清楚，很玄妙，最后读到马克思、恩格斯的著作，才豁然开朗，对整个宇宙和社会的发展，有了一个比较明确的认识和合理的解释。"①

1931年"九一八"事变后,他放弃学业,毅然回国,在上海《读书生活》担任编辑。从此,他开始致力于马克思主义哲学的普及宣传工作。1935年加入中国共产党。1937年到延安,在抗日军政大学、陕北公学任教,从事马克思主义哲学的研究和宣传工作。在延安期间,毛泽东很器重他,时常和他在一起讨论哲学问题。毛泽东仔细阅读艾思奇著《哲学与生活》一书,作了摘录,送艾思奇。毛泽东在信中写道:"我读了得益很多,抄录了一些,送请一看是否有抄错的。其中有一个问题略有疑点(不是基本的不同),请你再考虑一下,详情当面告诉。今日何时有暇,我来看你。"1938年毛泽东提议成立"延安新哲学会",请艾思奇和何思敬担任负责人。

新中国成立后,他历任中共中央高级党校哲学教研室主任、副校长等职务,当选为中国科学院哲学社会科学学部委员、中国哲学学会副会长,受聘为北京大学教授。主编高等学校哲学教科书《辩证唯物主义历史唯物主义》。主要著作有《大众哲学》《哲学与生活》《历史唯物论·社会发展史》《辩证唯物主义纲要》等,收录《艾思奇文集》,人民出版社出版。

二 马克思主义传播在中国怎样掀起第三次高潮?

1927年,轰轰烈烈的大革命失败了。失败的原因和教训是什么?中国革命的出路在哪里?这些问题亟须向马克思主义哲学请教。这样,就为它在中国的传播提供了强大的实践动力,从而又形成了马克思主义哲学在中国传播史上的第三次高潮。1927年以后,一大批马克思主义的原著被译成中文。李铁声节译《〈哲学

---

① 转引自《中国现代哲学人物评传》上卷,中共中央党校出版社1991年版,第339页。

的贫困〉底拔萃》，发表在上海《思想月刊》1928年第2—3期，内容为马克思著《哲学的贫困》的第1—2章，介绍唯物辩证法。恩格斯著《费尔巴哈论》（今译《路德维希·费尔巴哈和德国古典哲学的终结》）的中译本由上海南强书局出版，该书还在附录中有五篇马克思、恩格斯关于唯物辩证法的译文，内容为《关于费尔巴哈论纲》《〈自然辩证法〉札记和片断》的节译。1930年11月，上海江南书局出版恩格斯著吴黎平译《反杜林论》的全译本，后来多次再版。上海亚东图书馆出版程始仁编译的《辩证法经典》，收录马克思、恩格斯、列宁有关唯物辩证法的论述10篇。被列宁誉为"辩证法经典"的《资本论》也有许多章节译成中文，开始与中国读者见面。在这一阶段，马克思主义哲学在中国的传播趋向于规范化、通俗化，一些苏联哲学界有影响的马克思主义哲学教科书被介绍过来。其中有李达、雷中坚合译西洛可夫、爱森堡合著的《辩证法唯物论教程》，艾思奇、郑易里合译米丁著的《新哲学大纲》，沈志远译米丁著的《辩证法唯物论与历史唯物论》。在这三部译著中，沈志远译本影响最大，直到新中国成立初期仍是中国人学习马克思主义哲学的主要读本。郭湛波在《近五十年中国思想史》中，这样描述当时马克思主义哲学在中国传播的情况："中国自一九二七年社会科学风起云涌，辩证唯物论的思想大有一日千里之势。"

在传播马克思主义哲学方面，当时一些党外的哲学家也做出了自己的贡献。例如，早年信仰生命哲学的李石岑在20世纪30年代转向辩证唯物主义，在哲学论战中运用马克思主义哲学观点批驳各种反对唯物辩证法的错误言论。他在《哲学概论》第四篇"新唯物论"中介绍了对立统一、质量互变、否定之否定等三大规律。1933年3月，为纪念马克思逝世50周年，上海青年会举办"科学的社会主义讲座"，李石岑在白色恐怖之下讲演《科学的社会主义哲学》，介绍辩证唯物论，表现出极大的理论勇气。

蔡元培、章乃器、陈望道等著名学者也公开宣传马克思主义理论，在社会上产生了很大影响。张岱年从1932年到1934年连续发表了《辩证法的一贯》《辩证唯物论的知识论》和《辩证唯物论的人生哲学》等多篇论文，介绍辩证唯物主义。他认为，"辩证唯物论的知识论是实践的知识论"；而辩证唯物论的人生哲学则是"科学、革命的人生哲学"。大量事实证明，马克思主义哲学在现代中国是受到普遍欢迎的。正如艾思奇所说：1927年以后，"唯物辩证法风靡了全国，其力量之大，为二十二的哲学思潮所未有"①。就连反对唯物辩证法的张东荪也不得不承认："这几年来坊间出版了不少关于唯物辩证法的书。无论赞成与反对，而辩证法闯入哲学界总可以说是一个事实。"②

三　李达怎样使新哲学规范化？

中国的马克思主义哲学家除了翻译苏联的哲学读本之外，自己也写了许多关于马克思主义哲学体系的教科书或通俗读物。其中有吴亮平编著《辩证法唯物论与唯物史观》、李达著《社会学大纲》、艾思奇著《大众哲学》、沈志远著《现代哲学的基本问题》、张如心著《哲学概论》、陈唯实著《通俗哲学讲话》和《新哲学体系讲话》、胡绳著《辩证法唯物论入门》等。在这些著作中，李达著《社会学大纲》理论水平最高，可以说是20世纪30—40年代在中国对新哲学做规范化论述的典范之作。这本书是1936年李达在国民党统治区担任大学教授时写成的。为了避免官方找麻烦，他没有使用"辩证唯物主义和历史唯物主义"之类的书名，而使用了《社会学大纲》这样一个比较隐晦和含混的书名。该书所讲的内容，同书名并没有直接的相关性，其实就是一

---

① 《艾思奇文集》第1卷，人民出版社1987年版，第66页。
② 张东荪：《唯物辩证法论战》，民友书局1934年版，第135页。

本讲新哲学的教科书。

该书 40 多万字，分为五篇。第一篇比较详尽地介绍唯物辩证法的各条原理，占整书一半篇幅。李达首先追溯了唯物辩证法形成和发展的历史，说明它是人类认识史所固有的，是全人类共有的精神财富。他之所以强调唯物辩证法的普遍意义，目的在于化解中国人的陌生感，为中国人顺利接受马克思主义哲学找到衔接点。

他指出，唯物辩证法是一种科学的世界观，正确地回答了哲学基本问题，说明了世界的统一性及其发展的过程性。从世界观的意义上说，唯物辩证法就是辩证唯物主义。这种世界观认为"世界是永远运动的，永远各部分之间有极其复杂的相互作用"[①]。按照李达的这种解释，辩证唯物主义世界观也是一种动态的世界观。很明显，他的这种解释已经打上了中国传统哲学的烙印。李约瑟在《中国科学技术史》中谈到中国哲学的特色时说："当希腊人和印度人很早就仔细地考虑形式逻辑的时候，中国则一直倾向于发展辩证逻辑。与此相应，在希腊人和印度人发展机械原子论的时候，中国人则发展了有机的宇宙的哲学。"中国哲学讲究"天地之大德曰生"，崇尚健动，以动态的眼光看待世界、看待人生，认为世界是生生不息、流迁不止的运动过程，不存在任何一成不变的东西。这种世界观同唯物辩证法具有天然的亲和力。李达抓住了这一点，从"世界是运动过程"的观点入手，向中国人介绍辩证唯物主义世界观，消除人们的陌生感，使其比较容易被接受。

中国传统哲学虽然把世界解释为运动过程，毕竟没有形成清晰的物质概念，因而有必要提升到现代哲学的理论高度。针对这种情况，李达指出，辩证唯物主义世界观既看到世界的运动性，

---

① 李达：《社会学大纲》，笔耕堂书店 1937 年版，第 165—166 页。

也看到世界的物质性。对于物质概念，李达做了这样的解释："人们在其社会的实践过程中，每日无数亿次接触于自然界的千差万别的物质的物体。这些物质的物体，在其质的构造上各具有其特殊性。但在这些千差万别的物质的物体中，我们可以发现一个极普遍的规定：即它们都是离开我们的意识而独立存在的，同时它们又都是我们感觉的源泉。""这最一般的规定，就是：物体的总体，客观现实性全体，都离开我们的意识而独立存在，同时又是我们感觉的源泉。辩证唯物论把这种属性，叫做物质。"① 李达的解释包括四层意思。

第一，从特殊与一般的角度看，物体属于特殊性的概念，而物质属于一般性的概念；

第二，从局部与总体的角度看，物体是局部性的概念，而物质是总体性的概念；

第三，从具体与抽象的角度看，物体是具体的概念，而物质是抽象性的概念；

第四，物质既相对于物体而言，又相对于意识而言，物质是意识的源泉。

李达的上述解释，同列宁关于物质的定义完全一致。他明确地把"物质"与"物体"两个概念区分开来，纠正了瞿秋白在物质观上不够准确的地方，不会再把物质与"电子"混为一谈。这表明中国马克思主义者的哲学理论水平有了很大的提高。李达阐发辩证唯物主义的物质观，对于中国传统哲学来说，可谓是一种发展。中国传统哲学比较强调世界的运动性，而对世界的物质性强调得不够充分。李达对辩证唯物主义物质观的准确论述，克服了朴素唯物主义的局限性，标志着中国人的哲学理论思维已经达到现代哲学的水准。

---

① 李达：《社会学大纲》，笔耕堂书店 1937 年版，第 107 页。

既然世界是一个生生不息的物质运动过程，那么，接下来的问题是物质运动的原因是什么呢？沿着这一思路，李达做进一步的哲学追问，引出唯物辩证法的第一条规律：对立统一规律。"唯物辩证法主张自己运动的源泉，是一切存在物的内在的矛盾性。从原子起，到人类社会生活的最复杂的现象，到人类的思维为止，一切事物或现象，都各具有其内在的矛盾。"李达指出，唯物辩证法既是一种新式的世界观，也是一种新式的方法论。唯物辩证法作为一种新式的方法论，以"对立统一的法则"为核心。所谓对立，是指矛盾的双方有斗争性的一面，双方存在着差异，相互否定，彼此之间存在着此消彼长的排斥情形。从哲学的意义上说，矛盾、对立、斗争、差异、否定、排斥都是同等程度的概念。不过，对立只是矛盾双方之间的一种关系，并不是全部关系。矛盾双方同时构成另一种关系，那就是统一。所谓统一，是指矛盾着的双方共同构成矛盾体，失掉一方，另一方也不复存在。矛盾双方互相渗透，地位互相转换，促使矛盾得以解决并引发新的矛盾运动。李达解释说："对立物的统一、同一或互相渗透，是有条件的、暂时的、相当的矛盾；成为发展源泉的对立物的互相排斥及互相否定，是无条件的、永久的、绝对的矛盾。唯物辩证法要在相当的东西中认识绝对的东西，即是要在对立物的互相渗透之中，认识对立物的斗争，才能认识现象由一种形态到他种形态的转变。"① 李达主张全面把握矛盾双方的对立统一关系，既要看到统一中的对立，又要看到对立中的统一。他的这种理解无疑是深刻的、准确的。

从发展的角度看，对立统一法则展开来，便是"由质到量的转变的法则"。李达指出，任何事物的发展，都是质变与量变的对立统一。"所谓由量到质的转变，就是说，事物在其发展过程

---

① 李达：《社会学大纲》，笔耕堂书店1937年版，第172页。

中由于量的变化而引起质的变化。对象之量的变化,依据于与它本身的界限。同样,质在一定瞬间,也由对象之量的变化的界限所限制。对象之量的变化,影响与对象之质的方面。特定的对象,到一定瞬间为止,它仍是和原来一样的东西。但对象之量的变化,达到一定的阶段,就使特定的质发展到最后的界限,要求质的变化,使这特定的质转变为别种质。"① 任何事物的发展总是由量变转化为质变,由旧质转化为新质。由量变到质变,再由质变到量变,循环往复,构成世界无限运动发展的图景。通过对质量互变法则的解说,李达表达了辩证唯物主义的发展观。

　　从发展的角度看,对立统一法则还作为"否定之否定的法则"而展开。李达指出,事物的发展不可能是一条直线,往往是螺旋式的上升。唯物辩证法解释事物发展的曲折性,将其概括为否定之否定法则。否定之否定法则也是对立统一法则的具体化。"事物在其矛盾的发展过程中,下级的发展阶段,准备它自身的自己否定的阶段,即准备转变为对立物的、新的较高的阶段。这就是后起阶段克服先行阶段的否定。这个否定,在这两个阶段中间找出内在的联系,在后起阶段上保存先行阶段的积极的成果。但是第二阶段由于新的对立而推移到后起的第三阶段时,事物的发展,就把最初低级阶段的一定的特征和性质,再行重演,而在外观上这第三阶段好像再回到第一阶段。可是发展的过程因后来的发展,变得更为丰富,把那些重演的性质和特征在较高的基础上再生出来,于是当作全体看的发展过程,就描成螺旋线而发展。这样,第一阶段被第二阶段所否定,第二阶段又被第三阶段所否定。这第二的否定是否定之否定。这种采取否定之否定的过程而发生的法则,叫做否定之否定的法则。"② 在日本帝国主义加

---

① 李达:《社会学大纲》,笔耕堂书店1937年版,第193—194页。
② 李达:《社会学大纲》,笔耕堂书店1937年版,第205页。

紧入侵中国、民族危亡愈益深重之际，李达这样绍述否定之否定法则，对于提振民族自信心、树立中国必胜的信念，具有积极意义。

至于唯物辩证法三大法则之间的关系，李达的看法同瞿秋白大体是一致的。他说："对立统一法则，是辩证法的根本法则，是它的核心。这个根本法则，包摄者辩证法的其余的法则——由质到量及由量到质的转变法则、否定之否定的法则、因果性的法则、形式与内容的法则等。这个根本法则，是理解其他一切法则的关键。"① 李达的这种看法，直接影响毛泽东。可以说，高度重视对立统一规律，乃中国马克思主义者的一贯传统。

对于唯物辩证法的基本范畴，瞿秋白只论及自由与必然关系。李达的理论视野比瞿秋白更为宽阔，他认为，除了自由与必然之外，唯物辩证法的基本范畴还有本质与现象、内容与形式、必然性与偶然性、现实性与可能性、法则与因果性，等等。每对范畴之间的关系，也都体现"对立统一的法则"。李达还强调，唯物辩证法也是认识论和逻辑学，科学地说明认识的发展过程中感觉与概念之间的矛盾展开；实践是主观与客观统一的基础；判断与推理、分析与综合、归纳与演绎都是辩证思维的具体方法。

《社会学大纲》从第二篇到第五篇绍述历史唯物主义的基本原理。第二篇阐述历史唯物主义的论纲，阐明历史与方法的统一关系。李达指出，历史唯物主义的根本论纲就是社会存在决定社会意识。历史唯物主义的全部内容，可以说都是对这个论纲的展开说明。"所谓社会的存在规定社会的意识，就是说：我们人类生活在社会之中，第一重要的事情，是取得物质的生活资料来维持自身的存在。所以人们在从事政治生活及其他精神生活之前，必须先满足衣食住等项的需要。这类生活资料的生产，以及一个

---

① 李达：《社会学大纲》，笔耕堂书店1937年版，第176页。

时代的经济发展的阶段,就形成了社会的基础。其他国家机关,法律见解,艺术及宗教表象等,都是在这个基础之上发展起来的上层建筑。这些上层建筑物,都是要受那个基础所规定,所说明。"① 在20世纪20年代的五四时期,李大钊、陈独秀以及李达本人在中国传播唯物史观,都曾介绍过社会存在决定社会意识的原理,但没有明确意识到这就是历史唯物主义的根本论纲。到20世纪30年代,李达首次把社会存在决定社会意识的原理概括为历史唯物主义的根本论纲,表明中国马克思主义者的理论水平有了进一步的提升。

从社会存在决定社会意识这条历史唯物主义的根本论纲出发,李达在该书第三篇从分析生产力与生产关系的矛盾入手,解说"社会的经济构造"。他指出,所谓生产力,是指在生产过程中劳动力、劳动手段与劳动对象相结合而形成的制造物资的能力;而生产关系则是指人们在生产过程中所结成的相互关系。"生产关系是与特定发展阶段上的社会的生产力相适应的。因为生产关系与生产力,是不可分离的结合着,生产力是生产关系的内容,生产关系是生产力发展的形式。在生产关系与生产力之对立的统一过程中,生产关系常对生产力斗争,而生产力对于生产关系占优位。""生产力是不断的向前发展的,适应与生产力的特定发展阶段,就成立特定发展阶段的生产关系的体系。"② 生产力决定生产关系的观点,在五四时期就已经被介绍到中国来,而对二者之间辩证关系的论述,则是李达的理论贡献。他正确地把生产力视为内容,把生产关系视为形式,借助唯物辩证法范畴摆正生产力与生产关系之间的关系,并且用二者之间的矛盾展开,解释人类社会发展的动力。

---

① 李达:《社会学大纲》,笔耕堂书店1937年版,第394页。
② 李达:《社会学大纲》,笔耕堂书店1937年版,第396页。

在论述社会的经济基础之后，李达把话题转向上层建筑领域。由于《社会学大纲》写于中国社会大变革时期，写于民族民主革命时代，适应当时的理论需要，李达用更多的篇幅阐述历史唯物主义关于上层建筑的论点。他把上层建筑区分为两个组成部分：一部分叫作"社会的政治建筑"，另一部分叫作"社会意识形态"。该书的第四篇专题解说"社会的政治建筑"，重点绍述列宁所概括的阶级定义和历史唯物主义的国家理论。李达指出，国家是社会分裂为阶级之后的必然产物。"当社会分裂为阶级时阶级间必然因利害关系而引起阶级冲突。阶级冲突发生以后，无生产手段的阶级，势必侵犯生产手段的独占，因而有破坏已成秩序的危险，为维持并扩张经济的剥削的可能性起见，不能不利用特殊势力，设法保持自己的地位，而其当作镇压多数无生产手段的阶级的最有力的武器，即是国家。"他明确地把现有国家视为剥削阶级统治被压迫阶级的工具，为被压迫阶级投身于推翻剥削阶级统治的斗争，提供理论上的支持。

该书第五篇专题解说"社会意识形态"的性质和特点。李达指出，意识形态作为"上部构造"的组成部分，受到"经济构造"的制约，但有相当的独立性。李达还对先资本主义、资本主义和社会主义的意识形态作了具体的分析。

他原计划写第六篇《中国社会的研究》，因忙于《经济学大纲》的写作，未能完成。

脱党后的李达，有比较充裕的研究时间，可以专心致志地研究新哲学，因而有条件达到前所未有的理论深度。综观《社会学大纲》一书，具有以下特色。

第一，从人类认识发展史的视角看马克思主义哲学，阐明新哲学的产生，乃一次伟大的哲学变革。李达指出，"人类认识的历史，包括着从原始时代起至现在为止的人类对于客观世界的认识过程，所以当我们追溯唯物辩证法的历史准备时，不能不追溯到原始时代的人类的认识","唯物辩证法,是唯一科学的世界观。这个世界观,是摄取了人类认识的全部的成果而积极地创造出来的东西。所以我们在研究唯物辩证法的一般原理时,必须站在历史主义的立场上,……指出这个哲学是人类认识史的总计、总和与结论"①。他用了一整章的篇幅回顾西方哲学史,尤其是德国古典哲学的历史,以大量的、翔实的史料证明:马克思主义哲学的诞生,标志着人类哲学思想发展迈入新阶段。在这一章中,表现出李达十分开阔的理论视野和扎实的哲学史方面的学识,在广度和深度上均超过了当时传入中国的苏联哲学教科书。

第二,系统、完整地理解新哲学体系,力求把辩证唯物主义同历史唯物主义有机地统一起来。李达强调:"唯物辩证法是科学的历史观与科学的自然观的统一,而两者统一的基础,是社会的——生产的实践。我们在前段的说明中,可以看出创始者们之哲学的实践的活动,首先是从社会的——历史的领域,即政治的——实践的领域开始的。我们可以说,创始者们首先阐明了历史领域中的辩证法,其次由历史的辩证法进到自然辩证法,而在社会的实践上统一两者以创造出科学的世界观的唯物辩证法。"② 他的这种看法是独到的,抓住马克思主义哲学的理论实质,有别于苏联哲学教科书的提法。自从斯大林在《联共(布)党史》的第四章第二节《辩证唯物主义和历史唯物主义》的提法出现后,苏联哲学界就奉为圭臬,几乎都以"辩证唯物主义"和"历史唯物主义"的形式表述马克思主义哲学体系。大多数马克思主义哲学的解释者通常把辩证唯物主义理解为"对自然现象的看法和研究",认为这是马克思主义哲学的第一原理,而把历史唯物主义说成"辩证唯物主义原理在社会历史研究领域中的推广和应用"。这种

---

① 《李达文集》第2卷,人民出版社1981年版,第10页。
② 《李达文集》第2卷,人民出版社1981年版,第56页。

观点有意无意地割裂了马克思主义哲学体系的完整性，将其解释成存在着逻辑先后顺序的两个部分。李达没有受到这种成见的束缚，而是独立思考，大胆创新，独辟蹊径。他没有采取通常那种"辩证唯物主义和历史唯物主义"的表述方法，将新哲学体系称为"唯物辩证法"，这恐怕出于他对马克思主义哲学的整体性的独到见解。

第三，正确看待认识和实践的关系，力求把辩证法与认识论有机地统一起来。李达认为马克思主义哲学既是辩证的唯物论，也是实践的唯物论。实践作为哲学认识论范畴，包含着劳动、物质生产和社会斗争等内涵，它规定着表象、概念等的精神生产，规定认识的具体发展历程。他指出，旧唯物论的一个根本缺陷就是不懂得实践是认识发展的原动力，不懂认识发展的辩证法，因而无法说明认识的具体性、过程性以及真理的相对性与绝对性之间的辩证关系。马克思主义哲学把实践看成认识发展的杠杆，看成认识的出发点和源泉，看成认识发展的契机和检验真理性的标准，阐明了认识过程的辩证法，克服了旧唯物论的缺陷。基于这种观点，李达把该书第四章的标题定为《当作认识论和论理学看的唯物辩证法》。

李达对马克思主义哲学体系的理解，比较深刻、比较系统、比较准确；他对马克思主义哲学的绍述，观点正确，准确深入，条理清晰，表述规范，对于中国人民完整、准确地接受马克思主义哲学有很大帮助。这也正是李达写作该书的主旨。他在该书第四版的序言中深情地写道："中国社会已经踏进了伟大的飞跃的时代，我无数同胞都还在壮烈的牺牲着，英勇的斗争着，用自己的血和肉，推动着这个大飞跃的实现，创造着这个大时代的历史。这真是有史以来空前的大奇迹！可是，战士们为要有效的进行斗争的工作，完成民族解放的大业，就必须用科学的宇宙观和历史观把精神武装起来，用科学的方法去认识新生的社会现象，去解决实践中所遭遇的新问题，借以指导我们的实践，这一部《社会学大纲》是确能帮助我们建立科学的宇宙观和历史观，并锻炼知识的和行动的方法。因此，我特把这书推荐给战士们之前。"毛泽东同志对于此书评价很高，称赞它是中国人写的第一本马克思主义哲学教科书。他读此书十几遍，写了几万字的眉批。此书对于毛泽东哲学思想的形成和发展，无疑具有相当大的影响。由于历史条件的限制，此书也有不足之处，如对中国革命的具体问题涉及较少，受苏联哲学教科书的影响较大，有"照着讲"痕迹，原创性不够突出，但不能因此而抹杀李达卓越的理论贡献。

四 艾思奇怎样通俗化推广新哲学？

马克思主义哲学与旧哲学的区别在于，它不再仅仅是在书斋里的学问，而是人民群众手中的锐利思想武器。它的受众，不能局限在知识精英的范围里，还包括广大的人民群众。在对新哲学做规范化阐述方面，李达做得最出色；而在推广新哲学方面，做得最出色的则是艾思奇。

到20世纪30—40年代，中国马克思主义者加大了马克思主义哲学的宣传力度。艾思奇写的《大众哲学》，运用人民大众喜闻乐见的形式和通俗易懂的语言，表达新哲学的基本原理，取得了很大的成功，可以说是把新哲学通俗化的典范之作。

1934年春，艾思奇在《申报》流通图书馆读书指导部工作，负责书面解答读者提出的各种问题。针对一些普遍性的问题，他和李公朴商定在《申报》开辟《读者问答》专栏。在这一专栏的基础上，创办《读书生活》杂志，李公朴任主编。艾思奇除了担任编辑工作以外，还负责撰写"哲学讲话"和"科学讲话"两个栏目的文章。他撰写的"哲学讲话"，每期一讲，累计24讲，1935年结集成书出版，书名为《哲学讲话》。1936年2月，该书遭到国民党政府的查禁。同年6月，艾思奇做了较大的修订后，书名改为《大众哲学》（第4版），再次出版后，很受读者热烈欢迎，到1949年以前，竟出了32版之多，称得上是畅销书、常销书。许多进步青年，就是在读了《大众哲学》之后，树立新哲学信念，踏上了奔向延安之路。

尽管《大众哲学》的基本内容取自苏联哲学界编纂的新哲学教科书，但并没有局限于教科书体例。由于艾思奇把这本书的读者，定位为普通的新哲学爱好者，并非专业的哲学工作者和学习者，故而突出以下三个特点。

第一，通俗性。《大众哲学》首先突显的是"大众"二字。为了便于普通读者接受，艾思奇做的第一件事，就是从破除人们对哲学的神秘感入手。他在《大众哲学》的开头告诉读者："哲学并不神秘。"那么，人们为什么觉得哲学神秘呢？艾思奇分析，有两方面原因：一是对哲学了解不够，二是被某些唯心主义哲学家搞昏了头脑。"我们平时以为哲学非常神秘，一方面固然由于我们亲近哲学的机会太少，同时，观念论哲学者的混乱，也不能不负一大部分责任。"[①] 他把哲学区分为两种类型：一种是唯心主义者讲的旧哲学，这种哲学脱离实际、脱离生活，不能不搞得神秘、晦涩、难懂；另一种是马克思主义者讲的新哲学。这种新哲学贴近实际、贴近生活，并不神秘。他说："在这里我们仍不能忘记，哲学本身也是从日常生活的基础里发生的，所以我们不能把所研究的看做凝固了的死的规范，还应该随时随地应用到生活的实践中，与生活中的一切互相印证，也许我们可以由我们的生活中找到新发现，能促进已知道的哲学系统，而使之发展，进步。要这样，我们才可以在哲学中，愈更深刻地认识到最切实

[①] 《艾思奇文集》第1卷，人民出版社1987年版，第134页。

的，最不神秘的事物本身的真理。"① 艾思奇的这种看法，对于破除人们对哲学的神秘感、提升学习新哲学的兴趣，无疑会有很大的帮助。

为了便于读者接受，艾思奇在表述新哲学的时候，尽量使用通俗的日常用语。例如，他从卓别林和希特勒的区别谈起，阐述感性认识与理性认识之间的矛盾；从砸核桃这件事情，谈到实践观。他突显通俗性，但没有因此而影响深刻性和准确性。正如李公朴在编者序所说："'通俗会流于庸俗'的怀疑，在这里得到了一个反证。""这本书是用最通俗的笔法，日常谈话的体例，溶化专门的理论，使大众的读者不必费很大气力就能够接受，这种写法，在目前出版界中还是仅有的贡献。"②

第二，时代性。《大众哲学》虽然没有直接号召青年人投身革命，但通过阐述新哲学，揭示了中国共产党必胜的道理，符合当时时代的要求，为青年人指出了方向。这本书不是书斋里的读本，而是解决进步青年饥渴的精神食粮。艾思奇在此书第四序言中写道："我写这本书的时候，自始至终，就没有想到要它走到大学校的课堂里去。如果学生还能'安心埋头开矿'，'皇宫里的金色梦'没有'被打断了'的时候，如果他们没有'醒过来''发觉教科书对于生活上急待解决的问题毫不中用'的时候，那我只希望这本书在都市街头，在店铺内，在乡村里，给那失学者们解一解智识的饥荒，却不敢妄想一定要到尊贵的大学生的手里，因为它不是装潢美丽的西点，只是一块干烧的大饼。"③《大众哲学》凝结着鲜明时代精神，为大众读者认识世界和改造世界提供了思想武器，为马克思主义哲学掌握人民群众提供了一条具

---

① 《艾思奇文集》第1卷，人民出版社1987年版，第135页。
② 李公朴：《〈哲学讲话〉编者序》，见生活·读书·新知三联书店1979年版艾思奇著《大众哲学》，第2—3页。
③ 《艾思奇文集》第1卷，人民出版社1987年版，第283—284页。

体可行的路径。著名诗人贺敬之把此书同党报《新华日报》、党刊《解放》相提并论,皆盛赞为"我们的火炬"。他在一首诗中这样写道:

> 传递着,传递着,我们的火炬——
> 啊!我们的《新华日报》,
> 我们的《大众哲学》,
> 我们的《解放》周刊,
> ……

第三,系统性。《大众哲学》虽然是一本大众化的通俗读物,篇幅不长,只有十几万字,但却提纲挈领地概述了新哲学的基本观点。在这本书里,艾思奇简要地把辩证唯物主义概括为本体论(世界观)、认识论、方法论三个构成部分。在《本体论(世界观)》这一章,他指出,哲学的根本问题"就是主观与客观怎样发生关系的问题。"辩证唯物主义对此的回答是:"宇宙间一切千变万化的现象,都是物质自己运动的过程。""物质运动的每一种形态,都有一定的限制、一定的规则。"① 他正确地说明了主观与客观、物质与运动、物质与规律之间的关系,阐述了辩证唯物主义世界观的主要之点。

在《认识论》这一章,他阐述了辩证唯物主义的反映论。他指出,外部世界是可知的。"我们认识一切,都是在主观与客观的统一中实现的",都是主观对客观的反映。"从感性到理性,从理论到实践,又从实践得到新的感性,走向新的理性,这种过程,是无穷地连续下去,循环下去,但循环一次,我们的认识也

---

① 《艾思奇文集》第1卷,人民出版社1987年版,第486页。

就愈更丰富。"①他的这种表示与《实践论》的表述，大体上是一致。《大众哲学》出版于《实践论》之前，有可能是毛泽东参考的读本。

在《方法论》这一章，他讲述了辩证法的三个基本规律，即矛盾统一律、质量互变律和否定之否定律。他指出："矛盾的统一，是动的逻辑的第一条法则。"他以雷峰塔倒塌为例，说明量变引起质变的道理。当地民众出于迷信心理，以为雷峰塔的砖能避邪，于是你偷一块，他偷一块，使雷峰塔处在量变阶段；久而久之，量变导致质变，雷峰塔不能不轰然倒塌。至于否定之否定规律，则揭示了矛盾发展过程中螺旋式上升的规律性。"世界上的一切事物，都依着肯定—否定—否定之否定（或正、反、合）的三个阶段发展的。"②他对现象与本质、形式与内容、法则与因果、必然性与偶然性、可能性与现实性等对范畴也都作了通俗的讲解。在马克思主义哲学通俗化方面，艾思奇取得了很大的成绩，扩大了新哲学的社会影响。已故的中国人民大学石峻教授介绍，艾思奇著《大众哲学》不仅在新哲学爱好者中有广泛的影响，即便在哲学专业的本科生当中，也拥有众多的读者。他用两件亲身经历的事情说明这一点。第一件事情是，他曾给哲学专业本科生留一作业题：选择你最喜欢的哲学书，写一篇读书报告。作业收上来以后发现，大多数同学选的哲学书并不是大学指定的教材，也不是西方哲学名著，竟然是艾思奇写的《大众哲学》！由此可见，此书在同学心中的地位何等高！第二件事情是，1937年抗日战争全面爆发，北京大学被迫南迁。为了便于运输，学校决定把学生手中的书集中起来，统一运送。在登记书目时发现，几乎每个同学都有一本《大众哲学》，由此可见，该书在同学中

---

① 《艾思奇文集》第1卷，人民出版社1987年版，第186页。
② 《艾思奇文集》第1卷，人民出版社1987年版，第222页。

间的影响力何等大！《大众哲学》出版的数量惊人，可能是那个时代最畅销的哲学书之一，深受广大青年人的欢迎。思奇在致力于马克思主义哲学通俗化的同时，也注意到马克思主义哲学中国化的问题。在抗日战争时期，他发表了《哲学的现状和任务》《论中国的特殊性》等文章或小册子，驳斥假马克思主义者叶青"马克思主义不能中国化"的谬论，阐明了马克思主义中国化的内在根据、方法原则和实现途径。他指出，马克思主义在内容上的一般性、国际性同形式上的特殊性、民族性是统一的，而不是对立的。"在世界上还有各种各样民族和国家界限的存在的现在，马克思主义是不能不依各民族不同的发展条件而采取不同表现形式的，它决不会成为全世界一致的国际形式直接表现出来。"① 因此，马克思主义哲学必须中国化，也能够中国化。基于这种认识，艾思奇成功地运用人民大众喜闻乐见的形式宣传马克思主义哲学，为普及马克思主义哲学做出了很大的贡献，他所做的马克思主义哲学通俗化的工作，促进了马克思主义中国化的进程，在现代中国哲学史上功不可没。

第五节　郭沫若、侯外庐对新哲学的学术运用

在20世纪20年代，李大钊是中国最早接受唯物史观的思想家，也是最早运用唯物史观研究中国历史的思想家。但因他过早地为中国革命献身，未能深入下去。到20世纪30年代以后，郭沫若和侯外庐等新哲学的接受者的理论水平有更大的提升，他们既接受唯物史观，也接受辩证唯物主义。他们沿着李大钊开辟的研究方向，更为深入、更为具体地研究中国传统学术，取得了更大的成绩。在学术研究领域，他们坚持马克思主义的立场、观

---

① 《艾思奇文集》第1卷，人民出版社1987年版，第486页。

点、方法，有许多新的发现。他们从事这种研究，既有学术意义，也有实践价值。一方面可以消除中国人对于马克思主义的陌生感，促进中国人对马克思主义的接受和理解；另一方面可以促进马克思主义与中国文化相结合，推动马克思主义中国化进程。

一　其人其书

（一）郭沫若

郭沫若（1892—1978），现代学者，马克思主义理论家。学名开贞，笔名有沫若、鼎堂等。四川乐山人。出身于书香之家，自幼熟读古籍，喜读《庄子》。1914年到日本留学，入九州帝国大学学习医学，1923年获医学学士学位。留学期间他参加五四新文化运动，著有新诗集《女神》。毕业后弃医从文，希望以文学为武器"鼓动起热情来改造社会"。

郭沫若在日本学习医学，从中懂得了近代的科学研究方法，同时也初步接受了马克思主义的哲学观点。他在《十批判书》后记中说：

> 在日本的学生时代的十年期间，我取得了医学士学位，虽然我并没有行医，也没有继续研究医学，我却懂得了近代的科学研究方法。在科学方法之外，我也接受了近代的文学、哲学和社会科学。尤其辩证唯物论给了我精神上的启蒙，我从学习着使用这个钥匙，才认真把人生和学问上的无门关参破了。我才明白了做人和做学问的意义。①

1923年，郭沫若的学生时代结束。当时中国大革命的浪潮逐渐高涨，郭沫若决定回国贡献自己的力量，1926年参加北伐战

---

① 郭沫若：《十批判书》，东方出版社1996年版，第489页。

争。1928年，他因局势所迫，又不得不旅居日本。"亡命生活又是十年，在日本人的刑士与宪兵的双重监视之下，我开始了古代社会的研究。为了研究的彻底，我更把我无处发泄的精力用在了殷虚甲骨文字和殷、周青铜器铭文的探讨上面。"① 1930年他出版的论文集《中国古代社会研究》，就是初步运用唯物史观的指导，依据翔实的史料和透辟的分析，证明中国古代社会的发展完全符合马克思、恩格斯揭示的历史发展规律。此后，他又出版了《甲骨文字研究》《殷周青铜器铭文研究》《两周金文辞大系考释》《卜辞通纂》等著作，进一步深化和丰富了他的研究成果。抗日战争时期，郭沫若回国参加抗日救亡运动，出任重庆政府政治部第三厅厅长，后来改任文化工作委员会主任。在这段时间，他克服战争时期的重重困难，仍然坚持研究古代中国社会和先秦的学术思想。尽管受到重庆政府的种种限制，他仍取得了丰硕的成果。1945年他出版了《青铜时代》和《十批判书》两部有分量的学术著作。在前一本书中，他在充分占有第一手资料的基础上，得出的结论是：中国在殷商、西周以至春秋时期，处于奴隶制社会阶段；在后一本书中，他评述了儒家、墨家、道家、法家、名家、杂家等先秦时期的主要学派，并且以儒学为研究重点。

1926年，他出任广东大学文科学长，并投身于大革命。曾应毛泽东之邀到农民运动讲习所讲课，担任国民革命军总政治部副主任。1927年加入中国共产党。他是马克思主义哲学在中国的传播者之一，曾翻译马克思和恩格斯合著《德意志意识形态》、马克思著《艺术的真实》等经典著作。他运用马克思主义观点和方法研究中国古代社会和传统学术思想，撰写出《中国古代社会研究》《青铜时代》《十批判书》等著作。1949年新中国成立后历

---

① 郭沫若：《十批判书》，东方出版社1996年版，第489页。

任中央人民政府委员、政务院副总理兼文化教育委员会主任、中国科学院首任院长兼哲学社会科学部主任、中国科技大学首任校长、中国人民保卫世界和平委员会主席、中日友好协会名誉会长、全国人民代表大会常务委员会副委员长等职务。学识渊博，著作宏富，编入《郭沫若全集》，共17卷。

（二）侯外庐

侯外庐（1903—1987），现代学者，马克思主义理论家。原名兆麟，又名玉枢，号外庐。以号行世。山西平遥人。出身于书香之家，自幼习读四书五经，接受传统文化教育。五四时期通过阅读《新青年》等进步刊物，接受新思潮的影响。1922年到北京求学，入北平大学法学院学习法律，同时在师范大学兼修历史学。1925年结识李大钊，接受马克思主义，投身于爱国学生运动。曾担任秘密刊物《下层》的主编。1927年去法国勤工俭学，入巴黎大学。1928年在巴黎加入中国共产党，担任中国旅法语言组支部书记，并且着手翻译《资本论》。1930年经由莫斯科回国，先后在哈尔滨政法大学、北平大学、师范大学任教，讲授唯物史观、经济学等课程。1941年，他在郭沫若《中国古代社会研究》一书的基础上，运用唯物史观研究中国古代社会，出版《中国古典社会史研究》（再版更名为《中国古代社会史论》），证明中国古代确实存在过奴隶社会。他运用马克思主义的观点和方法研究中国思想史，相继出版了《中国古代思想学说史》《中国近世思想学说史》等著作。1946年他与罗克汀合著《新哲学教程》，讲述了马克思主义哲学原理。1949年新中国成立以后历任政务院文教委员会委员、北京师范大学历史系主任、西北大学校长、中国科学院哲学社会科学部委员、中国科学院历史所副所长、所长等职务，主持编写多卷本《中国思想通史》以及《中国近代哲学史》《宋明理学史》等著作。曾当选为第一、二、三、五届全国人大代表和第六届全国政协委员、常委。

二 郭沫若为什么对儒学既同情又批评？

五四新文化运动时期掀起"打孔家店"的风潮以来，学术界中启蒙的思想家往往把对封建专制主义的厌恶，迁怒于儒家，常常会对儒学做出全盘否定性的评价，把儒学说得一无是处。他们对儒家以外的学派，还有一些同情感，而对儒家没有任何同情感可言，只是当作口诛笔伐的靶子。这种研究方式，被毛泽东称为形式主义的思想方法，即认为好就是绝对的好，坏就是绝对的坏。中国早期的马克思主义者李大钊、陈独秀等人接受了唯物史观以后，对儒家的看法有了一些改观，试图对儒学做历史主义的分析，不再做全盘否定。例如，陈独秀承认孔学具有历史的合理性。"孔子生于古代宗教思想未衰时代，其立言或假古说以申己意。西汉儒者，更多取阴阳家言以诬孔子，其实孔子精华，乃在祖述儒家，组织有系统之伦理学说。宗教、玄学，皆非所长。其伦理学说，虽不可行之今世，而在宗法封建时代，诚属名产。"① 陈独秀在《孔子与中国》中写道："孔子的第二价值是建立君、父、夫三权一体的礼教。这一价值，在二千年后的今天固然一文不值，并且在历史上造过无穷的罪恶，然而在孔子立教的当时，也有它相当的价值。"② 在这里，他试图把孔子思想放到特定的历史环境中，对其做出冷静的、中肯的评价。不过，由于陈独秀没有掌握辩证唯物主义的思想方法，还没有对儒学做辩证的分析。他只肯定儒学具有历史的合理性，并不肯定儒学具有现实的合理性，未能从根本上改变对儒学的否定态度。

由于郭沫若掌握了辩证唯物主义思想方法，理论视野自然比陈独秀更为开阔。他走出形式主义误区，率先扭转风气，第一个

---

① 《陈独秀文章选编》上册，生活·读书·新知三联书店1984年版，第211页。
② 《陈独秀文章选编》上册，生活·读书·新知三联书店1984年版，第526页。

站出来，用辩证的、同情的眼光看待儒学，大胆地对儒学做出肯定性的评价。为此，他发表了《王阳明礼赞》《中国文化之传统精神》《论中德文化书》等一系列文章，表明了一个马克思主义史学家对孔子和儒家文化的态度。他对那时颇为流行的全盘否定儒学价值的批孔文章，十分不满，认为"未免太厚诬古人而欺示来者了"。在他看来，孔子和他当时所崇拜的德国文学家歌德一样，都属于世界上少有的"球形"天才。他在给宗白华的信《论诗（二）》中写道：

> 孔子要说他是政治家，他有他的"大同"主义；要说他是哲学家，他也有泛神论的思想；要说他是教育家，他有他的"有教无类"、"因材施教"的动态的（Kinetisch）教育原则；要说他是科学家，他本是个博物学者，数理的通人；要说他是艺术家，他是精通音乐的；要说他是文学家，他有他简切精透的文学。便单就他文学上的功绩而言，孔子的存在，是很难推倒的；他删诗书，笔削春秋，使我国古代的文化有个系统的存在。①

基于这种认识，郭沫若开诚布公地宣称："我们崇拜孔子！"不过，他郑重声明，他虽崇拜孔子，但不可与近代盲目的、顽固的、守旧的尊孔派同日而语。他声明，他所崇拜的孔子，"是兼有康德与歌德那样的伟大的天才，圆满的人格，永远有生命的巨人。"② 在他看来，儒家文化在历史上有一个发展演变的过程，不能把孔子和后期的儒家混为一谈。就以孔子为代表的儒家文化而

---

① 郭沫若：《论诗（二）》，见郭沫若著《文艺论集》上海光华书局 1935 年版，第 334 页。

② 郭沫若：《中国文化之传统精神》，见《创造周报》第 2 号，1923 年。

言，其实与希腊文化一样，"同为人世的"，"当为动而非静"。他说："孔子的人生哲学正是以个人为本位，它的究竟是望人人成为俯仰无愧的圣贤，能够博施于民而能济众。"至于中国民族以后几千年来的"贪懒好闲的陈痼，以及目前利欲熏蒸的混沌"，则是佛教思想传入中国后以儒家为代表的"固有文化久受蒙蔽"所致。①

郭沫若进一步指出，对儒家思想要作具体的分析，孔子本人与后儒有着很大的区别。他说："自汉武之后，名虽尊儒，然以帝王之利便为本位解释儒书，以官家解释为楷模而禁人自由思索。后儒研读的儒家经典不是经典本身，只是经典的注疏。后人眼目中的儒家，眼目中的孔子，也只是不识太阳的盲人意识中的铜盘了。儒家的精神，孔子的精神，透过后代的注疏凹凸后尽是已经歪变了的。"所以，后来的"崇信儒家、崇信孔子的人只是崇信的一个歪斜了的影像"②。在这里，郭沫若一方面承继了五四时期"打孔家店"的积极的理论思维成果，肯定批判官方化了的儒学的必要性；另一方面又纠正了这一思路的偏激之处，主张在"打孔家店"的同时，还要"救出孔夫子"，按照平民化的要求，重新诠释儒家思想。对于后期的儒家和儒学，郭沫若只崇信王阳明一个人。在他看来，只有王阳明"所解释的儒家的精神，乃至所体验的儒家的精神，实即是孔门哲学的真义"③。

不仅如此，郭沫若还把以孔子为代表的儒家思想与当时流行的社会主义思潮进行了比较。他得出的结论是：孔子和王阳明的思想"出入无碍，内外如一，对于精神方面力求全面的发展，对

---

① 郭沫若：《论中德文化书》，见《创造周报》第5号，1923年。
② 郭沫若：《王阳明礼赞》附论二《新旧与文白之争》，《郭沫若全集》（历史编）第3卷，人民出版社1982年版，第76—82页。
③ 郭沫若：《王阳明礼赞》附论二《新旧与文白之争》，《郭沫若全集》（历史编）第3卷，人民出版社1982年版，第76—82页。

于物质方面也力求富庶","与近代欧西的社会主义寻出了一致点"①。基于这种认识,他表示:"我自己是肯定孔子,肯定王阳明,而同时更是信仰社会主义的。我觉得便是马克思与列宁的人格之高洁不输于孔子与王阳明,俄国革命后的施政是孔子所说的'王道'。"②在此基础上,郭沫若认为,中国人"在个人的修养上可以体验儒家精神努力于自我认定。识扩充以求全面发展,而在社会的兴革上则当依社会主义的指导努力吸收科学文明的恩惠,使物质的生产力增加,使物质的分配平等,使各个人的精神得以遂其全面发展"③他甚至主张把马克思请进"文庙",与孔子互称"同志",把孔子的"大同"理想,与马克思创立的共产主义学说进行交流和对话,使二者融会贯通。他相信,孔子的思想与马克思的见解,绝不构成敌对关系。④ 郭沫若在这里提出了一个很有创意的观点:他认为马克思主义与儒家思想的精华是可以融合在一起。不过,这种融合并不是把马克思主义降低到儒家的水平,而是把儒家思想的精华提升到马克思主义的高度,使之获得时代意义。

郭沫若在《十批判书》的后记中申明,他之所以对儒家做出肯定性的评价,并非有意袒护儒家,而是通过客观、公正、深入、科学地研究了大量的史料之后,得出的公正的结论。他写道:

"儒家"那样一个名词,便是非科学的东西。秦、汉以

---

① 郭沫若:《王阳明礼赞》附论二《新旧与文白之争》,《郭沫若全集》(历史编)第3卷,人民出版社1982年版,第76—82页。
② 郭沫若:《王阳明礼赞》附论二《新旧与文白之争》,《郭沫若全集》(历史编)第3卷,人民出版社1982年版,第76—82页。
③ 郭沫若:《王阳明礼赞》附论二《新旧与文白之争》,《郭沫若全集》(历史编)第3卷,人民出版社1982年版,第76—82页。
④ 郭沫若:《马克思进文庙》,《郭沫若全集》(文学编)第10卷,人民出版社1985年版,第161—162页。

后的儒者与秦、汉以前的已经是大不相同，而秦、汉以前的儒者也各有派别。不加分析而笼统地反对或赞扬，那就是所谓主观主义或公式主义。因为你的脑筋里面先存了一个既成的观念，而你加以反对或赞成，你所如何的只是那个观念而已。假如要说我有点袒护孔子，我倒可以承认。我所见到的孔子是由奴隶社会变为封建社会的那个上行阶段中的前驱者，我是在这样的意义上"袒护"他。我的看法和两千多年来的看法多少不同。假使我错了，应该举出新的证据来推翻我的前提。拘守着旧式的观念来排击我的新观念，问题是得不到解决的。但我也实在鼓起了很大的勇气。①

总之，他对孔子及其思想的肯定，并不是盲目崇信的主观结论，而是科学研究、分析之后，所得到的合乎客观实际的结论。

郭沫若的这些看法，到了20世纪30—40年代他转向马克思主义之后，又有了进一步的发展。在这一时期，他先后发表了《先秦天道观之进展》《驳〈说儒〉》《青铜时代》《十批判书》等一系列著作，对孔子和儒家等先秦思想进行了更为深刻的反思。他以新哲学为指导，把孔子放到特定的历史环境中加以考察。在他看来，孔子所处的春秋时代，乃古代中国由奴隶制社会到封建制社会转折的大变革时期。在这一历史时期，"士"这样一个特定的社会阶层十分活跃。在各种各样的士当中，尤以读书的学士影响最大，于是大家竞争着来学做士，遂成为一种社会风气。"孔子和墨子那两大读书帮口，便是在这样的风气中形成的。既有多数的人要靠着读书帮口，自然有孔、墨这样的大师，靠着读书来铺张自己的场面了。孔子有弟子七十二，墨子有弟子百八十人，这些数目大概都是可靠的。孔子是宋人的私生子而生于

---

① 郭沫若：《十批判书》，东方出版社1996年版，第502页。

鲁，自称'少也贱'，后来做到鲁国的大夫；墨子是鲁国贱人，后来也做到宋国的大夫。"① 孔墨两家竞长争高，相互辩难，成为当时的"显学"。那么，应当怎样评价儒墨两家呢？郭沫若认为，凡是促进社会改革的思想家，都是应当予以肯定的；反之，则应当予以否定。用这个标准来衡量，郭沫若肯定了儒家，却否定了墨家。在《孔墨的批判》中，他认为墨子是同情公室而反对私门的人，所提出的种种主张，其实是在替统治者出谋划策，所以并不值得称道。与墨子形成鲜明的对照，"我们要说孔子的立场是顺乎时代的潮流，同情人民解放的"②，他不赞成学术界比较流行的"是墨非孔"说，独出心裁地提出"是孔非墨"说。

对于新的评判标准，郭沫若说："法官是依据法律来决定是非曲直的，我呢是依据道理。道理是什么呢？便是人民本位的这种思想。……我之所以比较推崇孔子和孟轲，是因为他们的思想在各家中是比较富于人民本位的色彩。"③ 他认为，在孔子的思想中包含着"以人民为本位"的精华。"孔子的基本立场既是顺应着当时的社会变革的潮流的，因而他的思想和言论也就可以获得清算的标准。大体上他是站在代表人民利益的方面的，他很想积极地利用文化的力量来增进人民的幸福。"④ 孔子"以人民为本位"思想，集中体现在他倡导的"仁"的观念上。郭沫若考证，"仁"是春秋时代的新名词，在春秋以前的古书里，在金文和甲骨文里，都找不到这个字。"仁"字虽未必是孔子创造出来的，但它特别为孔子所重视，并且构成他思想体系的核心，乃不争的事实。郭沫若引证了《论语》中孔子关于仁的大量论断，得出的结论是："仁的含义是克己而为人的利他的行为。简单一句话，

---

① 郭沫若：《十批判书》，东方出版社1996年版，第67页。
② 郭沫若：《十批判书》，东方出版社1996年版，第85页。
③ 郭沫若：《十批判书》，东方出版社1996年版，第506页。
④ 郭沫若：《十批判书》，东方出版社1996年版，第87页。

就是'仁者爱人'。""他的'仁道'实在是为大众的行为。"① 郭沫若高度评价孔子的仁学，认为孔子发现了人，主张每一个人不仅要把自己当成人，也要把别人当成人。孔子的这种人道主义思想顺应着奴隶解放的潮流，具有进步的历史意义。除了仁学以外，他对孔子实事求是的学习态度、注重教化的礼乐思想、"不语怪力乱神"的怀疑精神等，都表示充分的肯定。尽管郭沫若对孔子抱着同情的态度，但他并不讳言孔子的历史局限性。例如，孔子肯定人类中有"生而知之"的天才，郭沫若认为这是错误的观点。他肯定孔学的正面价值，但并不赞成"复兴孔学"，因而与所谓"新儒家"有原则区别。照他看来，时至今日还抱着"新儒家"的迷执，不啻是"恐龙的裔孙——蜥蜴之伦的残梦"。他郑重地声明："我所采取的是历史唯物主义的立场，在这个立场上我仿佛抬举了先秦儒家，因而也就有人读了我的书而大为儒家扶轮的，那可不是我的本意。"②

需要指出的是，郭沫若基于对孔子和儒家文化的同情理解，就很难做到他自己反复申明的实事求是原则和力求客观的态度，有时难免会有溢美之词，有牵强的解释与不恰当的评论。例如，把孔子客观上有利于人民的一面，夸大为代表人民利益；把孔子"民可使由之，不可使知之"中的"可"与"不可"，解释为"能够不能够"，并认为"就是'百姓日用而不知'的意思"，从而否认孔子有愚民思想；对孔子学说中的君子与小人之议、上智与下愚之论、重男轻女之说等，不是避而不谈，就是曲意回护。所有这些方面，无异都表明郭沫若在运用新哲学阐释孔子和儒家学说的时候，还有不少的工作没有做到位。

在20世纪30—40年代，郭沫若立足于马克思主义哲学立

---

① 郭沫若：《十批判书》，东方出版社1996年版，第88—89页。
② 郭沫若：《十批判书》，东方出版社1996年版，第522页。

场，首先站出来对儒学表示同情，大胆肯定儒学的现代价值，对于扭转一味批孔的偏激心态起到了一定的作用。但是，郭沫若关于儒学的看法，感情色彩比较重，这限制了他研究的理论深度。侯外庐等人弥补了这一不足，运用新哲学的思想方法，对儒家思想作了比较深入、比较客观的研究，取得了更新的研究成果。

三　侯外庐怎样看待儒学？

1946年，侯外庐出版了《中国古代思想学说史》一书，发表了他关于先秦儒学的研究成果，评述了孔子、子思和孟子、荀子等儒家大师的学术思想。

该书的第五章《孔墨显学主潮论上：方法论之异同》和第六章《孔墨显学主潮论下：学说体系之异同》评述了儒家创立者孔子的儒学思想。侯外庐认为，孔子与墨子在春秋时期并称显学，表明两家在中国古代思想史上占有十分重要的地位。他采取儒墨对比的研究方法，概述了孔子儒学思想的学说价值、理论特色和基本内容。侯外庐认为，孔子在中国学术发展史上是一个承前启后的人物，是中国传统学术思想的当之无愧的奠基人。"孔子一方面是前无古人在中国学术史上创立了'学问'的基础，然而另一方面则又是前随古人（述而不作，信而好古），在中国学术史上继承着文化传统。由前者而言，孔子是一个国民资格的智者，教育家，所以知识的一般问题是由他合法则地提出；同时由后者而言，孔子是一个周代的维新人类之继承者，理想者，所以知识的局限问题，由他原则地理想化，他和希腊哲人的显族时代历史，相似而实未可同类。"① 从"承前"的角度看，孔子是以往传统学术思想的集大成者；从"启后"的角度看，孔子是春秋以

---

① 侯外庐：《中国古代思想学说史》，上海文风书局1946年版，第88页。

来中国学术传统的奠基人。孔子一身兼有两种角色，相比较而言，侯外庐更为重视孔子的"奠基人"角色，强调孔子是"周代的维新人类"的代表。侯外庐对孔子学术思想作这样的定位，一方面同神化孔子的尊孔派划清了界限；另一方面也同鬼化孔子的批孔派划清了界限，显示出他独到的、客观的、辩证的眼光。侯外庐明确表示不赞成"打倒孔家店"的口号，他批评说："过去所谓'打倒孔家店'的人（如北大教授吴虞）是有见于流而无见于源。"① 这一口号的偏激之处在于：没有把孔子思想放到当时特定的历史环境中加以考察，一概抹杀孔学的历史价值，把后世儒学的种种流弊，统统记在孔子的头上，这是不公平的。

侯外庐指出，在知识论方面，孔子的贡献特别值得注意。"在知识危机的时代，他的知识论确是中国有价值的传统。""在客观上高扬了人类的能创精神。"② 据侯外庐研究，孔子的知识论涉及认识主体和认识内容两个方面。他使用中国哲学的术语，把认识主体称为"能思"，把认识内容称为"所思"。在认识主体方面，孔子从"国人"的独特视角出发，以批判的眼光看待当时动荡的社会现实，表达了改造社会的愿望；正是受到"国人"视角的局限，孔子在认识内容方面不能不是"君子"式的，不能不徘徊于新旧之间。侯外庐对孔子知识论的评述，既看到其中合理的内核，也不讳言思想局限，应当说是相当中肯、相当全面的。

侯外庐把孔子的学说体系概括为三个组成部分：一是孔子的社会批判及其理想，也就是他的礼学。"孔子对于春秋社会的变异，以礼断为丧亡之世，这一批判的客观价值是后期儒家所未能

---

① 侯外庐：《中国古代思想学说史》，上海文风书局1946年版，第117页。
② 侯外庐：《中国古代思想学说史》，上海文风书局1946年版，第95—96页。

发展的，尤其汉代儒学把这一传统都丧失殆尽。"① 二是孔子的人类认识及其道德观，也就是他的仁学。"孔子言'仁'的心理学普及，仅就这个方面来研究，仁乃人类性超时代的道德概念，但这同时亦说明了春秋末年人类的新观念，因为它产生于人类的变异时代。"② 三是孔子的天道观。孔子的天道观比较复杂，他一方面对"主宰之天"表示怀疑；另一方面仍旧保留着宿命论的色彩。"在历史变异中，孔子是变风变雅以后的第一个哲人，他继承古代悲剧思想的部分，客观上说明了春秋的灭亡（术语谓之丧亡），但在其附保留的方法论方面，又没有否定命运。因此，他的命论，不在由上面上的'降命'，而在由下面上的'知命'与'畏命'。客观的社会制度，在孔子学说中是没有歪曲的（理想部分是主观的）。"侯外庐结合春秋时代的历史现实，对孔子天道观的两重性做出了令人信服的解说。

至于孔子的哲学倾向，侯外庐的看法是徘徊于唯物主义和唯心主义之间，带有二元论的性质。由孔子学说可以走向唯物主义，也可以走向唯心主义。孔子以后，儒家思想便向两个不同的方向发展，分化为思孟学派和荀子学派。

该书的第八章《儒家思孟学派及其放大了的儒学》评述了子思和孟子的儒学思想。侯外庐认为，子思把孔子思想引向神秘主义方向，提出"中庸思想的形而上学"。"孔子把西周的'天人合一'的宗教思想，还诸人伦思想，子思则把人伦思想扩大而为更广泛的宗教思想，所不同者，西周是以先王配天，子思则以孔子配天。"③ 孟子则把孔子的仁学提升到性善论的高度，形成唯心主义的人性理论。"孟子的性善论是孔子的'能思'与道德情操的

---

① 侯外庐：《中国古代思想学说史》，上海文风书局1946年版，第125页。
② 侯外庐：《中国古代思想学说史》，上海文风书局1946年版，第127页。
③ 侯外庐：《中国古代思想学说史》，上海文风书局1946年版，第204页。

放大，他所放大的唯心论，与孔子论'学'，距离颇远。"① 尽管侯外庐把孟子儒学定性为唯心主义，但他并不因此而否定其中的合理内核，对孟子敢于批评战国的失政及其"政得其民"的主张予以充分的肯定。

该书的第十一章《中国古代思想底综合者荀学》评述了荀子的儒学思想。侯外庐认为，荀子沿着唯物主义方向发展了孔子的学说。例如，孔子基于经验论对"主宰之天"表示怀疑，可是仍保持着"对于自然现象的宗教残余"；荀子则清理了这种残余，明确提出"天行有常"的唯物主义自然观。在孔子那里，"正名"思想从属于伦理学，没有独立的逻辑性质；荀子"虽然仍采用了孔子的'正名'的术语，而实质上则已变成了唯物论性质的范畴。"② 针对孟子的性善论，荀子提出性恶论。侯外庐认为，荀子性恶论否认先天良知的存在，包含着唯物主义的因素，因而性善论与性恶论的对立实则反映出唯物主义与唯心主义的对立。侯外庐在评价荀子思想的唯物主义倾向时，注意到了评价尺度的客观性和准确性，并没有不适当地拔高。他明确地指出，荀子"不是一个彻底的唯物论者，相反地，在他的哲学史，一般儒家的唯心论，尚占据着优势。所以，荀子哲学的特征，在于他的儒学的体系，充分吸收了唯物论的成果，而不是说是完全以唯物论的根据出发"③。

侯外庐关于先秦儒学的研究有三个特点：一是把儒学放到当时的历史环境中考察，贯彻历史主义原则；二是把孔子、孟子、荀子的思想联系起来考察，全面、准确、辩证地把握儒家思想的发展脉络；三是努力发掘儒学中的"唯物主义"因素，贯彻取其

---

① 侯外庐：《中国古代思想学说史》，上海文风书局1946年版，第218页。
② 侯外庐：《中国古代思想学说史》，上海文风书局1946年版，第274—275页。
③ 侯外庐：《中国古代思想学说史》，上海文风书局1946年版，第279页。

精华，去其糟粕和古为今用的原则。他对荀子的评价显然比对孟子的评价要高一些。由于受到当时从苏联传入中国的哲学教科书的影响，侯外庐不适当地给孟子戴上"唯心主义"的帽子，给荀子戴上"唯物主义"的帽子。他似乎过分夸大了孟荀之间的对立，而割裂了二者之间的联系，有值得商榷之处。但总的来看，他对各自思想特点的把握，还是比较准确的。

郭沫若和侯外庐运用新哲学的思想方法研究中国传统学术，特别是儒学，提出许多创新性的见解。他们一方面提升了中国传统学术的研究水平；另一方面找到了马克思主义哲学与本国文化相结合的途径。从他们的研究实践中，我们可以得到以下两点启示。

第一，在20世纪50年代以前，中国马克思主义者根据当时政治斗争的需要，曾经把批判儒学当作一项重要的任务，但他们并未放弃重新诠释儒学的努力。他们批儒可以振聋发聩，他们释儒同样发人深省。

第二，从发展趋势上看，他们对儒学态度逐渐从批判过渡到同情，从以清理思想糟粕为主过渡到以提留思想精华为主。应当说这种转折是正常的、合理的。批儒具有思想转折的性质，可以采取思想运动的方式进行，而释儒却是一项细致研究工作，不可能一蹴而就，也不可能采取思想运动的方式，那是不可能奏效的；只能运用冷静的头脑进行科学的探讨和辩证的分析，才有可能做出中肯的评估。

释儒是一项远比批儒更艰巨得多的任务，要完成这项任务，需要几代人的努力。在1949年以后，如果我们能沿着郭沫若、侯外庐开辟的方向往前走，或许会早些完成释儒的任务。可惜，由于受"左"的思潮的干扰，我们竟走了几十年的弯路。这里的教训难道不应该认真反思吗？过去，人们总觉得，批儒合乎马克思主义原理，而同情地释儒则是违背马克思主义原理，这种误解现在应该纠正了！

第六节 毛泽东哲学思想的中国特色

中国马克思主义哲学思潮发展的轨迹，大体上经历了四个环节。第一个环节侧重于传播和理解唯物史观，以李大钊、陈独秀为代表；第二个环节侧重于传播和理解辩证唯物主义，以瞿秋白为代表；第三个环节是对新哲学体系的规范化和通俗化的传播和理解，以李达、艾思奇为代表；第四个环节则是马克思主义哲学的中国化，以毛泽东为代表。在马克思主义哲学中国化方面，上述中国马克思主义哲学家实际上都不同程度地做了一些工作，不过，全面致力于此环节的思想家，则是毛泽东。

一 其人其书

毛泽东（1893—1976），字润之，湖南湘潭人。幼年读过私塾，1918年毕业于湖南长沙第一师范学校后，到北京大学图书馆担任助理员。在北大，他参加了哲学会、新闻学会，接受李大钊、陈独秀等人的影响，积极投身于五四新文化运动。1919年，他领导新民学会在长沙参加示威游行，声援北京学生运动。他创办《湘江评论》，发表《民众大联合》等文章，推动了湖南省的学生运动。

毛泽东也是中国最早的马克思主义接受者之一。1920年末到1921年初，他在给蔡和森的信中写道："唯物史观是吾党哲学的根据。这是事实，不像唯理史观之不能证实，而容易被人动摇。"他接受了马克思主义以后，建立了湖南共产主义小组，并出席1921年召开的中国共产党第一次代表大会。他先后当选为中央委员、政治局候补委员、政治局委员；历任中共湘区委员会书记、中央组织部部长、中国工农红军第一方面军总政治委员等职务。党的"八七"会议纠正了陈独秀右倾机会主义路线错误以后，他在井冈山创立工农红军和革命根据地。1935年遵义会议以后，结束王明"左"倾教条主义在党中央的统治，开始担任党中央的主要领导工作，先后担任中央书记处书记、中共中央军事委员会主席、中央委员会主席和中央政治局主席。

新中国成立后，当选为中央人民政府主席、中华人民共和国主席、全国政协名誉主席、中国共产党主席、中央军委主席。主要著作编为《毛泽东选集》《毛泽东文集》《毛泽东书信集》。

二　马克思主义传播怎样迈入中国化阶段？

毛泽东特别重视马克思主义中国化问题，特别重视研究包括中国哲学在内的中国历史文化遗产。他在《新民主主义论》中说："中国的长期封建社会中，创造了灿烂的古代文化。清理古代文化的发展过程，剔除其封建性的糟粕，吸收其民主性精华，是发展民族新文化提高民族自信心的必要条件；但是决不能无批判地兼收并蓄。"① 他在《中国共产党在民族战争中的地位》中再次指出："学习我们的历史遗产，用马克思主义的方法给以批判的总结，是我们学习的另一项任务。我们这个民族有数千年的历史，有它的特点，有它的许多珍贵品。对于这些，我们还是小学生。今天的中国是历史的中国的一个发展；我们是马克思主义的历史主义者，我们不应当割断历史。从孔夫子到孙中山，我们都应当给以总结，承继这一份珍贵的遗产。"② 毛泽东正确地把中国文化遗产区分为精华和糟粕两部分，主张取其精华，去其糟粕，批判地加以继承。他认为，只有把中国文化的优良传统融汇到马克思主义体系之中，才会形成中国化的马克思主义；而只有中国化的马克思主义，才能成为指导我们事业的理论

---

① 《毛泽东选集》第2卷，人民出版社1991年版，第707—708页。
② 《毛泽东选集》第2卷，人民出版社1991年版，第533—534页。

基础。

毛泽东集中全党的智慧,把马克思主义的基本原理同中国革命实际情况结合起来,用马克思主义的世界观和方法论来指导解决中国革命和建设的具体问题,形成了具有鲜明特色的中国马克思主义哲学——毛泽东哲学思想。毛泽东哲学思想不是在书斋里构想出来的,而是在革命和建设实践中锤炼出来的。第一次国内革命战争失败以后,毛泽东及时总结历史教训,摒弃教条主义的思维方式,排除"左"、右倾机会主义路线的干扰,以马克思主义的哲学理论为指导,深入地分析中国社会的基本性质,找到了"农村包围城市"这一符合中国国情的正确道路。针对教条主义、主观主义倾向,毛泽东写出哲学论著《反对本本主义》。他特别强调"纠正脱离实际情况的本本主义",大力倡导"向实际情况作调查",明确地提出把马克思主义的理论同中国实际情况相结合的原则。这篇文章是毛泽东哲学思想初步形成的标志。到抗日战争时期,毛泽东哲学思想更加成熟。毛泽东成功地运用辩证唯物主义的思想方法对抗日战争的进程作了科学的预测,写出《论持久战》一文。抗日战争的实际进程完全验证了毛泽东的预见。1937年,毛泽东发表了《实践论》和《矛盾论》,这是毛泽东哲学思想成熟化的标志。"两论"紧紧抓住认识与实践、主观与客观的关系,把唯物论与辩证法有机地统一起来,对中国革命的实践经验作了深刻的哲学概括和总结,对党内产生主观主义错误倾向的认识论根源作了全面、透辟的分析,从而创造性地发展了马克思主义哲学思想。从抗日战争时期到社会主义建设初期,毛泽东把马克思主义哲学应用于军事、政治、文化、经济等方面,系统地阐明辩证唯物主义的思想路线、军事理论、社会革命理论、党的建设理论、思想方法和工作方法、经济建设理论,等等,使毛泽东哲学思想得以多方面地展开。

三 毛泽东思想哲学创新之处何在?

毛泽东哲学思想是马克思主义哲学中国化的第一个成功的范例。具有深厚中国哲学素养的毛泽东，在革命和建设实践过程中，创造性地运用和发展了马克思主义哲学。他的哲学思想既属于马克思主义哲学体系，又批判地继承了中国哲学的优良传统，使之获得现代理论形态。

第一，毛泽东哲学思想确立了以实事求是为特色的辩证唯物主义世界观。在马克思主义哲学传入中国前，中国哲学尚停留在以元气本体论的水平上；而历史观方面，唯心史观掌控主流话语。马克思主义哲学传入中国并且逐渐中国化以后，这种情形有了改观。毛泽东的贡献在于，他不但在理论上坚持了彻底的唯物主义原则，而且把这一原则贯彻到实践之中。他依据唯物史观，从生产力的发展和人民群众是历史的创造者的角度分析社会历史，并且把这一观点与中国固有的思想材料结合起来，形成有中国特色的哲学概括。他主张从客观存在的事实出发，寻找社会运动过程中固有的规律性，从而形成真理性的认识，并且以这种认识指导我们的社会实践。他从马克思主义出发，对中国传统哲学中实事求是的哲学精神做了全新的诠释："要使马克思列宁主义的理论和中国革命的实际运动结合起来，是为着解决中国革命的理论问题和策略问题而从它找立场，找观点，找方法的。这种态度，就是有的放矢的态度。'的'就是中国革命，'矢'就是马克思列宁主义。我们共产党人所以要找这根'矢'，就是为了要射中国革命和东方革命这个'的'的。这种态度，就是实事求是的态度。'实事'就是客观存在着的一切事物，'是'就是客观事物的内部联系，即规律性，'求'就是我们去研究。我们要从国内外、省内外、县内外、区内外的实际情况出发，从其中引出固有的而不是臆造的规律性，即找出周围事变的内部联系，作为我们行动的向导。"① 他站在马克思主义哲学的立场上,一方面继承和发扬中国哲学的优良传统,把它提升到新的理论高度;另一方面也把中国哲学的精华充实到马克思主义思想宝库中,推进了马克思主义哲学的中国化进程。经过毛泽东诠释以后,实事求是便成为中国马克思主义者的世界观和方法论精髓,便成为中国共产党指导革命和建设的思想路线。

第二,毛泽东哲学思想中的矛盾学说,实现了中国朴素辩证法和马克思主义辩证法的紧密结合,使唯物辩证法成为现代中国人的基本的思维方式。毛泽东在《矛盾论》中所阐发的辩证法,既体现了马克思主义辩证法的基本原则,又带有鲜明的中国特色,实现了西方哲学和中国哲学辩证法思想的融会贯通。他继承中国哲学重视对立统一规律的传统,吸收瞿秋白和李达的理论思维成果,对唯物辩证法的三条规律做出中国化的理解。他强调,三条规律不是平列的关系,其中对立统一规律为核心,其余两条则是对立统一规律的展开。关于对立统一规律的中国式的表述,就是相反相成。他在《矛盾论》中说:"我们中国人常说:'相反相成。'就是说相反的东西有同一性。这句话是辩证法的,是违反形而上学的。'相反'就是说两个矛盾方面的互相排斥,或互相斗争。'相成'就是说在一定条件之下两个矛盾方面互相联结起来,获得了同一性。"② 毛泽东所阐发的辩证法,已经不是那种沉湎于范畴及其转化的纯粹概念的辩证法,而是对实际事物进行分析操作的实践辩证法。这种辩证法注重研究内因与外因、主要矛盾与次要矛盾、质与量、前进与后退、得与失的矛盾运动,具有鲜明的现实性品格。它同中国革命的战略与策略内在地结合起来,发挥着指导实践的巨大作用。例如,在抗日战争时期,毛泽

---

① 《毛泽东选集》第3卷,人民出版社1991年版,第801页。
② 《毛泽东选集》第1卷,人民出版社1991年版,第333页。

东运用辩证法思想提出了持久的战略方针，并通过中国和日寇敌我双方矛盾关系的具体分析，科学地预测了抗日战争发展的全过程。在解放战争时期，毛泽东运用军事辩证法揭示敌我双方力量对比的发展变化，制定正确的战略策略，仅用几年的时间就赢得了全国性的胜利。毛泽东成功地运用辩证法指导革命实践，极大地提高了马克思主义辩证法的威信，使之深入人心，成为当代中国人认识世界和改造世界的锐利思想武器。

第三，毛泽东哲学思想以"实践论"和"矛盾特殊性"为核心，吸收中国哲学史上知行观的合理因素，从实践和中国自身的特殊性出发，深刻阐述辩证唯物主义认识论的内涵。毛泽东撰写的《实践论》，可以说是马克思主义哲学与中国传统哲学相结合的典范。《实践论》的副标题是《论认识和实践的关系——知和行的关系》，认识和实践的关系是来自西方哲学的概念表述，而知与行的关系则属于中国哲学的范畴系统。毛泽东以中国的表达方式全面地阐述马克思主义认识论，使之具有中国的气派和中国的风格，更容易为中国人所接受。在《实践论》中，毛泽东不仅分析了认识和实践、感性认识和理性认识的辩证关系，而且概括出"实践、认识，再实践、再认识"的知行统一观。他在《实践论》的结尾写道："通过实践而发现真理，又通过实践而证实真理和发展真理。从感性认识而能动地发展到理性认识，又从理性认识而能动地指导革命实践，改造主观世界和客观世界。实践、认识、再实践、再认识，这种形式，循环往复以至于无穷，而实践和认识之每一循环的内容，都比较地进到了高一级的程度。这就是辩证唯物论的全部认识论，这就是辩证唯物论的知行统一观。"① 这一创造性的提法，既符合马克思主义哲学的基本原则，又凸显了中国哲学的"重行"传统。毛泽东把"重行"的观点同

---

① 《毛泽东选集》第 1 卷，人民出版社 1991 年版，第 296—297 页。

马克思主义哲学改造世界的理论结合起来，同社会发展理论结合起来，正确地指出：当全人类都能自觉地改造自己和改造世界的时候，那就是共产主义时代的到来。与实践论相联系，毛泽东很重视研究中国自身的社会运动的特殊性，强调马克思主义基本原理必须同中国革命和建设的实践相结合，反对照搬照抄的教条主义态度。没有毛泽东的这一思想，显然不能找到中国革命的特殊道路，也不能找到有中国特色的社会主义建设事业发展模式。

第四，毛泽东哲学思想把哲学与社会运动、与群众路线结合起来，吸收中国哲学中民本思想的合理因素，把哲学化为广大人民群众手中的武器，实现了理论与实践的紧密结合。从历史唯物主义的角度来看，认识从实践中来又到实践中去的过程，就是从群众中来又到群众中去的过程。他在1958年撰写《工作方法六十条》，其中第三十六条中写道："概念、判断的形成过程，推理的过程，就是'从群众中来'的过程；把自己的观点和思想传达给别人的过程，就是'到群众中去'的过程。"毛泽东既把唯物论与认识论内在地统一起来，又把认识论同历史观统一起来，真正把辩证唯物论与历史唯物论诠释为一个完整的体系。毛泽东要求领导者必须贯彻群众路线的工作方法，把马克思主义哲学落实到工作实践中。他对中国共产党的历史经验，做了这样的总结："在我党的一切实际工作中，凡属于正确的领导，必须是从群众中来，到群众中去。这就是说，将群众的意见（分散的无系统的意见）集中起来（经过研究，化为集中的系统的意见），又到群众中去作宣传解释，化为群众的意见，使群众坚持下去，见之于行动，并在群众行动中考验这些意见是否正确。然后再到群众中集中起来，再到群众中坚持下去。如此无限循环，一次比一次更正确、更生动、更丰富。这就是马克思主义的认识论。"[①] 毛泽东

[①] 《毛泽东选集》第3卷，人民出版社1991年版，第899页。

哲学思想绝不是书斋里的学问，而是亿万人民群众的行动指南。理论一经掌握了群众，便会化为极大的物质力量——毛泽东哲学思想充分地证明了这一点。从这个意义上说，毛泽东哲学堪称人民群众的哲学，堪称走出了课堂和理论家的狭小圈子、蕴藏着改造世界的物质力量的哲学。

  毫无疑问，毛泽东哲学思想作为马克思主义哲学中国化的成功范例，它的历史作用是巨大的。在毛泽东哲学思想的指引下，中国人民赢得了民主革命的胜利，在社会主义建设中也取得了很大的成就。但是，由于长期以来"左"的思潮的冲击，使毛泽东哲学思想的发展受到了限制。有一些"左"的观点，如过分强调意识形态的反作用，强调"以阶级斗争为纲"等，曾被人们误认为毛泽东哲学思想，遂造成了思想上的混乱。我们应当把毛泽东哲学思想同毛泽东晚年的错误区别开来，绝对不能因毛泽东晚年的错误而怀疑毛泽东哲学思想的正确性。尽管毛泽东是一位伟大的马克思主义者，但他也不能不受到历史条件的局限。由于中国社会发育的特殊性，从漫长的封建社会进入半殖民地半封建社会，缺乏社会化大生产的实践基础，缺乏世界交往的优势，缺乏民主和法制的建设，缺乏现代化的观念和活动方式，这些因素不可避免地限制了晚年毛泽东的理论视野。这些思想限制的负面影响只有在充分显示之后，才能为人们所认识。当中国历史进入新时期的时候，邓小平把马克思主义哲学中国化推向新的发展阶段，形成了当代中国的马克思主义哲学——邓小平理论。继邓小平之后，中国共产党新的领导集体继往开来、与时俱进，又提出"三个代表"重要思想、科学发展观和习近平新时代中国特色社会主义思想，进一步推进了马克思主义中国化的进程。马克思主义哲学中国化代表着未来中国哲学的发展方向，随着具有中国特色的社会主义事业的发展，中国化进程将不断地向前推进。

四 中国哲学怎样完成现代变革？

马克思主义哲学的产生"在人类认识史上起了一个空前的大革命"①，在哲学史上实现了前所未有的变革。马克思主义哲学传入中国后，在20世纪逐渐成为占主流地位的哲学形态，极大地改变了中国思想界的面貌，这对于有着数千年哲学和文化传统的中国人来说，是一件前所未有的事情。以毛泽东哲学思想为代表的中国马克思主义哲学的形成和发展，标志着中国哲学实现了现代变革，揭开了中国哲学史的新篇章。

产生于古代社会的中国传统哲学，尽管包含着丰富的朴素唯物主义和辩证法思想要素，培育了中国哲学的优良传统，但不能不受到当时社会历史条件的限制。由于古代社会以农业生产为主，自然经济占主导地位，生产规模狭小，科学发展水平不高，限制了哲学家的视野。在这种情况下形成的中国传统哲学，还不可能揭示整个世界的普遍联系和普遍规律，更不可能揭示社会历史的发展规律。中国近代哲学虽然促使中国传统哲学转型，但由于社会变化急促、思想资源不足，并未形成完整系统的哲学理论形态，并未促成中国哲学的变革。直到马克思主义哲学传入中国，中国哲学的变革才告完成。这种变革集中体现在毛泽东哲学思想中。

马克思主义哲学是人类历史上最科学、最完备、最革命的哲学理论，是全世界无产阶级和广大劳动人民谋求解放的思想武器，当然也是中国无产阶级和广大劳动人民谋求解放的思想武器。它同中国社会实践相结合，同中国固有的思想资源相结合，形成了有中国特色的马克思主义哲学。中国化马克思主义哲学的出现，意味着中国一切旧哲学的终结，意味着中国哲学发生根本

---

① 《毛泽东选集》第1卷，人民出版社1991年版，第303页。

变革。中国马克思主义哲学既是对旧的唯心主义和形而上学的批判和超越，也是对朴素唯物主义和辩证法的发展和升华，使之发生质的飞跃。在毛泽东哲学思想中，中国哲学的现代变革主要体现在以下几点。

第一，从朴素唯物主义到现代唯物主义。中国古代的气一元论虽然本质上是一种唯物主义的宇宙观，但是还没有形成科学的物质范畴。"气"作为物质性存在，往往被赋予"神妙莫测"的功能，带有直观和猜测的性质，没有实证科学方面的依据。"气"不能正确地说明从低级到高级的多种物质运动形式及其相互关系。中国人在接受了马克思主义哲学的物质观以后，克服了这种素朴性，把物质理解为标志着客观存在的哲学范畴，并且把人类的物质实践也理解为一种具有客观实在性的对象性活动。这样的理解，不仅正确地解决了物质对于意识的独立性、根源性问题，解决了意识对于物质的依赖性问题，而且克服了旧唯物主义者"对对象、现实、感性，只是从客体的或者直观的形式去理解"的缺点，为自然观与历史观的统一、本体论与认识论的统一、唯物论与辩证法的统一，奠立了现代唯物主义的基础。毛泽东在《矛盾论》中写道："我们承认总的历史发展中物质的东西决定精神的东西，是社会的存在决定社会的意识；但是同时又承认而且必须承认精神的东西的反作用，社会意识对于社会存在的反作用，上层建筑对于经济基础的反作用。这不是违反唯物论，正是避免了机械唯物论，坚持了辩证唯物论。"① 毛泽东哲学思想把前现代的中国哲学提升到现代唯物论的高度，实现了自然观与历史观、本体论与认识论、唯物论与辩证法的统一，实现了由朴素唯物主义到辩证唯物主义、由唯心史观到唯物史观的哲学变革。

第二，从自发辩证法到自觉辩证法。中国古代哲学家从经验

---

① 《毛泽东选集》第 1 卷，人民出版社 1991 年版，第 326 页。

事实的观察中认识到矛盾的普遍存在，形成了以阴阳为核心的自发辩证法思想，使辩证思维成为中国哲学的一种精神特质。但是，自发辩证法毕竟没有脱离经验形态，没有从理论的维度概括出思维规律来。它虽然也能给人以智慧的启迪，但难以成为具有普遍性的方法论原则。中国人在接受了马克思主义的唯物辩证法之后，掌握了对立统一规律、质量互变规律和否定之否定规律，掌握了一系列唯物辩证法的范畴，使辩证思维从经验形态上升到理论形态，并且自觉地运用到改造客观世界和科学研究的实践中。这种变化，既是对马克思主义辩证法的丰富与发展，也是对中国哲学辩证思维的理论升华。在辩证法方面，毛泽东把宇宙观与方法论统一起来，把主观辩证法与客观辩证法统一起来，标志中国哲学达到了前所未有的理论高度。他指出，宇宙观就是方法论。"这个辩证法的宇宙观，主要地就是教导人们要善于去观察和分析各种事物的矛盾的运动，并根据这种分析，指出解决矛盾的方法。"① 方法论就是认识论和实践论。"什么方法呢？那就是熟识敌我双方各方面的情况，找出其行动的规律，并且应用这些规律于自己的行动。"② 至于主观辩证法，则是客观辩证法的反映。"人的概念的每一差异，都应把它看作是客观矛盾的反映。客观矛盾反映人主观的思想，组成了概念的矛盾运动，推动了思想发展，不断地解决了人们的思想问题。"③ 从这些精辟的论断反映出：毛泽东哲学思想的出现，标志着中国哲学已经达到自觉辩证法的高度。

第三，从直观反映论到能动的革命的反映论。中国古代哲学家十分重视心物、知行之辨，朴素而直观地认识到知依赖于行、

---

① 《毛泽东选集》第1卷，人民出版社1991年版，第304页。
② 《毛泽东选集》第1卷，人民出版社1991年版，第178页。
③ 《毛泽东选集》第1卷，人民出版社1991年版，第306页。

主观必须符合客观，遂形成注重实事求是的精神特质。但是，他们常常把"行"局限在个人的道德践履和日常生活的狭隘范围，而看不到人民群众的社会实践才是联结主观和客观的真正桥梁。中国人在接受了马克思主义的认识论之后，对基于社会实践的辩证唯物主义知行统一观有了新鲜的、全面的、深刻的了解。毛泽东将中国哲学中注重实事求是的精神，提升到现代哲学的理论高度，进一步发扬光大，使之同马克思主义紧密地结合在一起。他对"实事求是"做出新的解释，确立中国共产党的思想路线。他把实践放在第一位，告诫党的干部从事任何工作，都要贯彻"一切从实际出发""理论联系实际"的原则。他在《整顿党的作风》中写道："真正的理论在世界上只有一种，就是从客观实际抽出来又在客观实际中得到了证明的理论，没有任何别的东西可以称得起我们所讲的理论。"① 毛泽东创立"能动的革命的反映论"的新理论，提出关于群众路线的新观点，把辩证唯物主义和历史唯物主义统一起来。毛泽东哲学思想既是对马克思主义哲学的发展，也是对中国哲学的发展。

第四，从"通古今之变"的传统历史观到唯物史观。中国古代哲学家有"今胜于古"的历史进化观念，也有其损益因革的社会变革学说，并且对古今之变的动因和主体力量、社会历史发展的规律也进行了探讨，已有若干历史唯物主义思想的萌芽。然而总的来看，中国传统历史观是非科学的，没有摆脱唯心史观的束缚，因而不可能正确地揭示社会历史发展的规律性。中国人在接受了马克思主义哲学以后，突破了过去那种"退落的循环的历史观"，也超越了中国近代思想家的进化历史观，树立了推动人类社会发展的唯物主义历史观。毛泽东在《唯心历史观的破产》中指出："自从中国人学会了马克思列宁主义以后，中国人在精神

---

① 《毛泽东选集》第3卷，人民出版社1991年版，第817页。

上就由被动转入主动。从这时起，近代世界历史上那种看不起中国人，看不起中国文化的时代应当完结了。伟大的胜利的中国人民解放战争和人民大革命，已经复兴了并正在复兴着伟大的中国人民的文化。"① 中国共产党人以唯物主义历史观为指导，正确地看待社会历史发展的动因、主体和规律性，掌握了观察中国的命运的新工具，真正解决了"中国向何处去"的问题。毛泽东在《中国社会各阶级的分析》《新民主主义论》等论著中，运用历史唯物主义的基本原理，科学地分析了中国社会的性质、经济结构、阶级关系和主要矛盾，解决了新民主主义革命的任务、对象、动力和途径等问题。在毛泽东思想的指导下，开创了中国历史的崭新局面。

第五，从传统的圣贤、君子人格到全面发展的新人。中国古代哲学家重视理想人格的培养，重视人的道德价值和精神境界的提升，形成了以人为本的精神特质。但是，在他们身上也存在着脱离社会实践的倾向，对伦理学上的自觉原则强调得过多，而对自愿原则重视不够。中国人在接受了马克思主义关于人的解放和人的全面发展的学说之后，克服了传统人格理论的缺陷，对人性、人的价值和人的自由问题进行了新的探讨，形成了新的认识。李大钊提出了"大同团结和个性解放统一"的社会理想，毛泽东则在《为人民服务》《纪念白求恩》等论著中对新式理想人格作了系统的论述。在他看来，白求恩可谓是新式理想人格的典范。"我们大家要学习他毫无自私自利之心的精神。从这点出发，就可以变为大有利于人民的人。一个人能力有大小，但只要有这点精神，就是一个高尚的人，一个纯粹的人，一个有道德的人，一个脱离了低级趣味的人，一个有益于人民的人。"② 中国马克思

---

① 《毛泽东选集》第4卷，人民出版社1991年版，第1516页。
② 《毛泽东选集》第2卷，人民出版社1991年版，第660页。

主义者依据历史唯物主义基本原理，把自由人格的实现和社会的发展进步有机地统一起来，以培养有理想、有道德、有文化、有纪律的社会主义新人为人格目标，在新时代发扬光大了中国哲学以人为本的精神。

余论：续写新篇

中国现代哲学发端于五四时期，到1949年为止，走过30年的发展历程，已经成为历史。但中国哲学没有成为历史，仍旧保持着发展的态势，已迈入当代中国哲学的新阶段。中国当代哲学究竟应当如何讲？这无疑是一个宏大的话题，不是本书可以回答得了的。但是，我们不妨先思考一下：讲中国当代哲学的基本点在哪里？笔者认为，讲中国当代哲学，应当把握住两个基本点：第一个基本点是先哲已取得的理论思维成果，倘若离开这个基本点，就谈不上"中国"二字；第二个基本点则是当下建设有中国特色社会主义的社会实践，倘若离开了这个基本点，就谈不上"当代"二字。从第一点来看，当代中国哲学理应接着中国现代哲学传统讲；从第二点来看，当代中国哲学理应讲出新意。余论以"续写新篇"为主题词。

第十一章　接着讲

当代中国哲学是指中国哲学传统在现时代的新开展，是指能够指导现时代中国人精神生活的活学问。中国的现代化事业需要当代中国哲学提供精神支撑和理论指导，世界性的哲学问题需要当代中国哲学做出回应，这两种需求将有力地推动当代中国哲学的发展。当代中国哲学不是历史上某种哲学理论的复兴，而是当代中国人在当下社会实践基础上所进行的精神创造。只有当代中国人，才能讲当代中国哲学。换句话说，当代中国人才是讲当代中国哲学的主体。中国哲学传统并不是指历史留下来的遗迹，而是指现时代中国人对已有思想资源的开发和利用。"传统"中的"传"是个动词，意思是说，我们可以根据自己的精神需要，对先哲留下的思想资源做出的选择、诠释和发挥。对于已有的思想资源，能否"传"下去，"传"下哪些内容，不"传"哪些内容，取决于我们自己，并不取决于先人。先人已经成为历史，不再拥有创造力，有创造力的是依旧活着的人。从这个意义上说，传统不属于既定的过去时，而属于正在形成中的现在时，乃至未来时。简言之，传统不是死的，而是活的，时代性是它的题中应有之义。"传统"中的"统"是个名词，是指中华民族精神、文化共识以及核心价值观，并不是以往儒家所标榜的道统，也不是现代新儒家所标榜的"道德形上学"。按照生命科学的说法，基因可能变异，但不能抛弃；同样道理，哲学基因可能变异，也不可以抛弃。当代中国哲学对中国哲学传统既有继承，也有发展。所谓继承，是指延续、弘扬优良传统；所谓发展，是指突破原有的传统，增加新的内涵。讲当代中国哲学，不能照着中国现代哲学讲，而应当接着中国现代哲学讲。所谓"接着讲"，就是从以往的理论思维成果出发，利用以往的思想资源搭建我们自己的精神世界，找到属于我们自己的讲法。

第一节 坚持正确方向，把握发展契机

马克思主义哲学已经成为现代中国哲学的主线，这是不可否认的事实。当代中国哲学接着现代中国哲学讲，首先就应当接着这条主线讲。发展当代中国哲学，必须坚持马克思主义这一正确的方向。

马克思主义哲学从 20 世纪初传入中国，至今将近 90 年了。它同中国的社会实践结合在一起，同中国固有的哲学思想资源结合在一起，已经成为当代中国哲学的理论基础。马克思主义哲学的出现，标志着人类哲学思维的重大变革。马克思在《费尔巴哈论纲》中指出："哲学家们只是用不同的方式解释世界，而问题在于改变世界。"[①] 马克思主义哲学的创立，宣告"解释世界"的哲学时代已经成为历史，实践哲学开始发挥主导作用。中国马克思主义哲学思潮的发展历程，完全验证了这一点。令人遗憾的是，当代中国的哲学教育，没有很好地发扬中国马克思主义哲学注重实践的优良传统，学院化倾向相当严重。由于受苏联哲学教科书的影响太深，对此似乎没有充分地注意到马克思关于新哲学的论断，编纂的哲学教科书大都停留在"解释世界"的理论水平上。我们不能再沿用"以苏解马"的模式了，应当解放思想，敢

---

① 《马克思恩格斯选集》第 1 卷，人民出版社 1995 年版，第 61 页。

于独立思考，直接领悟马克思主义哲学的精神实质，提高我们的哲学理论思维创新能力。正如汤一介教授所说："马克思主义哲学虽属西方哲学，但近一个世纪以来它在中国发生着特殊的重大影响，这是谁都承认的。中国当代哲学家的任务，就是要把它中国化，解决中国哲学和中国社会的问题，并能和当代西方马克思主义哲学家对话，使马克思主义哲学中具有中国哲学的因素，以适应中国社会的发展，为人类社会做出贡献。"① 当代中国哲学应当沿着中国化、时代化、大众化的方向，发扬现代中国马克思主义哲学的优良传统，力求取得更新的理论思维成果。

注重实践历来是中国哲学的优良传统，发扬这种传统可以消解我们对马克思主义哲学的陌生感。马克思主义哲学作为一种实践哲学，对于近代以来的西方哲学来说，是个突破；对于中国哲学来说，却可以产生共鸣。中国现代哲学史表明：注重实践是马克思主义哲学与中国哲学的结合点；中国哲学的现代化进程与马克思主义哲学的中国化进程是同步进行的。当代中国哲学的进一步发展，仍然应当延续这一正确方向。

出于实践的需要，中国人接受了马克思主义哲学；在运用马克思主义哲学指导中国社会实践的过程中，逐步加深对马克思主义哲学的理解；在实践探索中，进一步发展马克思主义哲学。马克思主义哲学传入中国后，同中国社会实践相结合，同中国固有文化传统相结合，已经形成中国化的马克思主义哲学——毛泽东思想、邓小平理论、"三个代表"重要思想、科学发展观和习近平新时代中国特色社会主义思想。在毛泽东思想的指导下，中国取得了新民主主义的胜利；在邓小平理论的指导下，中国找到了有中国特色社会主义的发展道路。在"三个代表"重要思想和科学发展观的指导下，开创出社会主义现代化事业快速发展的大好

---

① 王中江、李存山主编：《中国儒学》第一辑，商务印书馆2006年版，第14页。

局面。在习近平新时代中国特色社会主义思想指导下,党和国家的事业取得历史性成就、发生历史性变革,中华民族伟大复兴迎来光明前景。事实证明,中国马克思主义哲学的主导地位是历史形成的,它是20世纪中国哲学最辉煌的理论思维成果。在当代中国哲学中,马克思主义哲学仍将占有主导地位,这是不容置疑的。长期以来,由于受到"左"的思潮干扰,教条主义者把马克思主义同中国哲学对立起来,看不到二者之间的兼容性,这是极其错误的。中国所需要的马克思主义绝不是教条,而是具有普遍性的基本原理。这种基本原理既需要同中国社会实践相结合,也需要同中国文化传统相结合。这两个"结合",缺少哪一个都不行。

以马克思主义为主导的现代中国哲学,现在正面临着一个很好的发展机遇。我们抓住这个机遇,可以开创中国哲学的新局面。

首先,中国改革开放事业的发展积累了许多成功的经验,为当代中国哲学的发展提供了必要的前提。在邓小平理论的指导下,我国的经济有了连续多年高速度的发展,找到了一条在经济比较落后的国家建设社会主义的正确道路。中国改革开放事业的成功必然促进当代中国哲学的发展,要求我们从理论上总结概括实践经验,论证党的基本路线的哲学基础,回答新形势提出的新问题。这无疑会不断推动当代中国哲学的向前发展。

其次,世界局势的巨变对于马克思主义来说既是一次严峻的挑战,又是一次发展的机会。自1989年以来,世界局势发生了引人注目的急剧变化,东欧和苏联相继改变了社会政治制度,国际共产主义运动落入低潮。面对这种巨变,中国共产党人没有惊慌失措,也没有因此而动摇共产主义必然胜利的坚定信念。这种巨变向我们深刻地揭示了人类历史发展过程的曲折性和复杂性,也向我们提出了捍卫、坚持和发展马克思主义哲学的重大任务。

东欧和苏联之所以会发生如此巨大的变化，有许多经验教训值得认真总结，有许多理论问题需要思考研究。中国的哲学理论工作者应当承担起这一重大历史使命，勇敢地迎接挑战，抓住发展机会，尽快地使中国化的马克思主义哲学理论更加完善，为促使国际共产主义运动早日走出低谷，做出自己应有的贡献。

最后，现代科学技术的飞速发展必然推动哲学的发展，当代中国哲学应该把握发展的契机，对人类做出更大的贡献。在当今时代，科学技术面临着新的飞跃，从而改变人们的哲学思考方式。西方那种"征服自然"的观念已过时，马克思主义哲学关于人的全面发展的思想，中国哲学中关于人与自然和谐相处的思想，已经越来越引起人们的注意。这一切都充分地表明：中国化的马克思主义哲学将会有广阔的发展前景，或者说当代中国哲学将会有广阔的发展前景。

第二节 回应中国实证哲学，化理论为方法

除了马克思主义哲学外，中国实证哲学思潮也可以成为当代中国哲学的一个接点。在 20 世纪前 50 年，尽管中国实证哲学发展不充分，但毕竟还不失为一种有较大影响的思潮，在思想界保持着与中国马克思主义哲学、现代新儒家鼎足而立的地位，与之并称三大思潮。20 世纪 50 年代以后，实证哲学在港台地区还保持着相当的影响力，而在大陆的历史却已经终结了。

长期以来，由于受"左"的思潮影响，人们把中国实证哲学当成错误甚至反动的思想加以拒斥，这是不正确的。党的十一届三中全会以后，学术研究走上正轨，人们才摒除偏见，开始认真研究这一在现代中国颇具影响的文化现象，力图对其做出正确的评价。中国实证哲学思潮代表人物的著作得以重新整理出版，学术界也出现了一批研究成果。

在西方哲学界,近年来人本主义抬头,实证主义不再时髦,已经走上下坡路。实证主义、科学主义、科技理性或工具理性常常成为人们批评的对象。在各种批评面前,实证论者自己似乎也有些底气不足。众所周知,逻辑实证主义是西方实证主义最成熟的产物,但逻辑实证主义在20世纪50年代已趋于衰微,割裂科学与哲学关系的企图不得不宣告破产。在对待哲学与科学的关系问题上,逻辑实证主义的众多支持者实际上离开了原来的方向。在今天,这种哲学不仅提不出重大的、有影响的论点,而且在很大程度上丧失了自信,并愿意承认"形而上学"存在的合理性,不得不承认,那种把哲学从科学中分离出来变成一种专门的技术学科的说法,实在是一种无稽之谈。

值得注意的是,西方哲学界贬抑实证主义、科学主义的风气,也吹到中国哲学界。有些喜欢跟风的人,时常发表文章,对实证哲学进行口诛笔伐。笔者认为,在如何看待实证哲学的问题上,我们不必跟在西方人的后面亦步亦趋,因为我们的情况与他们不一样。在19世纪初,西方哲学界就有人发起"批判形而上学"运动,实证主义一时颇为流行。实证主义作为"形而上学"的对立物,越来越极端化,而今已经走入死胡同。于是,以"拒斥形而上学"出名的实证主义,反而遭到人们的拒斥。实证哲学在中国的情形与西方不同,它先天不足,后天不利,没有经过长足发展,更谈不上极端化了。所以,我们不能把西方批判实证主义、批评科学主义的观点照搬照抄过来。在"左"的思潮占主导地位的时候,实证哲学作为一种非马克思主义哲学,只能充当"反面教员"的角色,无人去挖掘其中的合理因素。今天虽然"左"的思潮不再占主导地位,可是我们对实证哲学的研究,尚处于起步阶段,研究得还不够透彻、不够深入。

以马克思主义哲学为主线的当代中国哲学,绝不是狭隘的学派,它不会拒绝一切有价值的思想,其中自然包括实证哲学阐发的有价值的思想。中国马克思主义哲学也不是封闭的体系，它将永远处在不断发展的过程中，而同非马克思主义哲学进行对话和互动，是它发展所需的必要条件之一。从这个意义上说，研究中国实证哲学思潮在当今中国仍有积极的意义。当代的中国哲学可以不采用中国实证哲学思想家的讲法，但不能放过他们触及的重要哲学理论问题。这个重要哲学理论问题就是：如何培育适应中国现代化事业的需要的工具理性？中国马克思主义哲学作为认识工具，同工具理性是相容的。我们可以在马克思主义哲学的指导下，找到在当代中国培育工具理性新的、正确的讲法。当代著名马克思主义哲学家冯契教授，提出的"化理论为方法"的主张，可能就是这样一种讲法。他作为金岳霖的学生，已经突破了老师原有的思路。1957年，他同老师彻夜长谈，探讨如何发展辩证唯物主义认识论。他事后回忆说："正是那次讨论，使我明确了一点，为要把认识论的研讨引向深入，我应该从老师自己肯定为'讲对了'的地方出发，沿着辩证唯物主义的路子前进。这些发挥当然不一定是金先生自己的主张，但我以为，如果我的发挥中有某些合理成分，那便可以说明金先生著作是富于生命力的。"①

第三节　回应现代新儒家，化理论为德性

促进中国的现代化事业发展的精神动力，既来自工具理性，也来自价值理性。中国实证哲学思潮触及的重大理论问题，是如何培育适应中国现代化事业所需要的工具理性；而现代新儒家触及的重要哲学理论问题，则是如何培育适应中国现代化事业的需要的价值理性？诚如冯契教授所说，当代中国哲学一方面需要

---

①　华东师范大学哲学系编：《理论、方法和德性——纪念冯契》，学林出版社1996年版，第61页。

"化理论为方法",培育工具理性;另一方面也需要"化理论为德性",培育价值理性。他说:"哲学理论,一方面要化为思想方法,贯彻于自己的活动,自己的研究领域;另一方面又要通过身体力行,化为自己的德性,具体化为有血有肉的人格。只有这样,哲学才有生命力,才能够真正说服人。过去的大哲学家如孔子、墨子都有这种要求,马克思主义哲学更是要求如此。"① 从这个角度看,现代新儒家思潮也不失为讲当代中国哲学的一个节点。西方现代化模式存在的一个明显缺陷,就是片面夸大工具理性、消解价值理性,造成二者之间的失衡。由此带来的后果是:随着现代化的实现,而人却变成了"单向度的人"。在科学主义的掌控之下,实现了现代化的西方人,竟然失落了意义的世界或价值的世界。我们搞的现代化事业是后发型的,而后发的优势就在于可以接受西方现代化过程中的经验和教训。

从某种意义上说,现代新儒家思潮的出现,乃对科学主义思潮做出的回应。现代新儒家致力于儒学的现代转化,努力培育现代化所需要的价值理性,取得了一些理论成果,但他们并没有完成此项任务。在他们关于儒学现代转化的哲学思考中,所关注的重点往往是个体意义上的人,并非中华民族群体。在民族精神向度上,他们并没有取得值得称道的进展。现代新儒家建构的各种本体论学说,可以说都是对儒家伦理普适性所作的本体论证明,试图为现代人安顿价值,找到"安身立命之地"。他们的价值本体论,大都有浓重的理想主义色彩,希望人们认同这个价值的本体界,克服价值虚无主义,对治失落意义世界的现代病,提升恪守儒家伦理的自觉性,提升社会责任感,从而形成良好的社会秩序,促进人类社会的良性发展。他们价值本体论,大都有浓重的准宗教的色彩,希望自己的学说发挥"以哲学代宗教"的作用。

---

① 冯契:《认识世界和认识自己》,华东师范大学出版社1996年版,第20—21页。

他们的愿望无疑是美好的，但是，他们的构想毕竟是抽象的，毕竟脱离了人们的生活世界。因此，能否真的获取人们的普遍认同，便成了问题。在普通人的眼里，这样的本体界恐怕只有欣赏的价值，实际上却是可望而不可即的海市蜃楼。现代新儒家强调儒家伦理的普适性，强调儒学实行现代转化的可能性与必要性，这无可厚非，问题在于：儒家伦理的普适性是否一定要借助某种本体论来证明？笔者认为，儒家伦理的普适性的根据应当到中华民族的数千年的社会发展史中去找，应当在社会实践、生活实践中得到证明，而不必费尽心机地到形而上的本体界中去寻觅。

如何开发儒学思想资源，用以培育现代化所需要的价值理性？这不是现代新儒家的专门话题，而是有普遍意义的公共话题。关于这个话题，现代新儒家的讲法只是一种讲法，绝不是唯一的讲法。我们在马克思主义的指导下，可以找到新的讲法，创立当代儒学的新形态。笔者主张把"现代新儒学"同"现代新儒家"两个概念区别开来。"现代新儒学"当然包括"现代新儒家"，但不仅限于"现代新儒家"，它的外延比"现代新儒家"大得多。无论站在怎样的学术立场，无论抱着怎样的学术观点，只要是从现时代的视角研究儒家思想、诠释儒家思想、发掘其时代价值的学问，都可以构成"现代新儒学"的组成部分。郭沫若、侯外庐等现代中国马克思主义学者，运用马克思主义的立场、观点、方法研究儒家思想，努力寻找促使儒学实行现代转化的新途径，努力寻找儒学适合现时代新的表达方式，试图促进人类精神文明的发展，帮助人们建设适应时代要求的精神家园。他们的学术思想，也属于"现代新儒学"的范围。这意味着，现代新儒学思潮虽然发端于现代新儒家，但并不仅仅局限于现代新儒家。现代新儒家已经成为历史，而现代新儒学仍在参与创造历史。我们不必以"当代新儒家"自诩，但可以讲出当代新儒学。张岱年先生是著名的马克思主义哲学家，并不是现代新儒家，但他对现代新儒学思潮发展，发挥了独特的推动作用。他在多次学术会议上讲，时至今日，尊孔的时代已经过去了，批孔的时代也已经过去了，现在进入了研究孔子的新时代。他所说的"研究"，即从新的视角、以同情的态度诠释儒学，就是建构同新时代相适应的新儒学。张岱年写了《孔子哲学解析》《关于孔子哲学的批判继承》《孔子与中国文化》《评"五四"时期对于传统文化的评论》《孔子的评价问题》《儒学奥义论》等多篇文章，阐述他关于儒学的新见解。

综上所述，本书认为，当代中国哲学具有广阔的发展前景。当代中国哲学接着中国现代哲学讲，仍会以马克思主义哲学为主线。中国哲学的现代化进程与马克思主义哲学的中国化进程是同步的，马克思主义在中国已经生根、开花、结果，成为中国哲学不可缺少的组成部分，成为指导我们事业的理论基础。可以预见，一个以马克思主义为主导、葆有鲜明中国特色、适应现代化和全球化大趋势、回应中国实证哲学思潮和现代新儒家思潮触及的重大理论问题的当代中国哲学，将会活跃在世界哲学论坛之上。我们对中国马克思主义哲学的光明前途充满信心，对当代中国哲学的光明前途充满信心。

第十二章　讲新意

现代中国哲学家留下的理论思维成果，还只是我们讲当代中国哲学的"流"，还不是"源"。"源"应当是当下的社会实践。同中国现代哲学家所处的时代相比，当今时代已经发生了翻天覆地的变化。因此，"接着讲"远远不够，还必须"讲新意"，把时代精神和民族精神内在地统一起来。当代中国哲学是民族性与时代性的统一，是一门发展中的学问。它不是某种哲学的翻版，必须集中体现出当下时代精神的精华，为建设社会主义精神文明提供理论基础。建设社会主义精神文明，不能指望"返本开新"，也不能指望"全盘西化"，必须立足于我们自己的理论创新。

第一节　适应现代化，走自己的路

当代中国哲学必须适应中国奔向现代化的大趋势。当代中国哲学伴随着中国的现代化进程发展，理所当然应成为现代化事业的思想动力和精神支撑。可是，由于受"左"的思潮的影响，由于研究方法的落后，由于受到各种条条框框的束缚，在前些年，当代中国哲学似乎没有很好地发挥这种作用。

关于中国哲学传统与现代化的关系，学术界有两种对立的观点。一种观点认为，二者是不相容的，中国哲学传统对于现代化只有负面作用，只有清除这种负面影响，才能推进现代化进程。

马克思·韦伯发现西方资本主义现代化与新教伦理有密切关系，认为新教伦理为资本主义的发展提供了精神动力。他把儒家伦理同新教伦理加以比较，得出的结论是儒家伦理无助于资本主义的形成和发展。由于受到西化思潮和"左"的思潮的影响，把中国哲学传统视为现代化阻力的观点长期在思想界占统治地位。有相当多的人把中国没有实现现代化的原因归咎于中国哲学传统，热衷于发动一次又一次的反传统的思想运动。在"文化大革命"期间，反传统的呼声达到了顶点。可是，这样做的结果，非但没有推动中国现代化的进程，反而把国民经济推到了崩溃的边缘。就在我们不遗余力、大反传统的时候，曾受中国哲学传统影响的"亚洲四小龙"，不但没有反对中国哲学传统，反而成功地利用中国哲学传统中的思想资源，实现了现代化的目标。事实雄辩地证明：那种把中国哲学传统与现代化对立起来的观点，显然是站不住脚的。

另一种观点认为，中国哲学传统可以成为现代化的直接前提，这就是现代新儒家"由内圣开出新外王"的说法。这种看法的合理性在于，肯定中国哲学传统与现代化兼容，推翻了把二者截然对立起来的偏见，但缺少历史事实方面的根据。如果正视历史事实的话，应当承认，从中国固有的哲学传统，的确没有"开出"原发型的现代化。中国的现代化事业是从学习西方起步的，这是一个不争的事实。西方原发型现代化是一种十分复杂的社会历史现象，它的出现有体制的原因，有生产力水平的原因，有历史机遇的原因，不可能仅仅用某种哲学理论来解释。如果硬把现代化现象归结为某种文化形态，恐怕已经落入文化决定论的窠臼。对此，笔者不敢苟同。

在看待中国哲学传统与现代化之间的关系的时候，我们遇到的问题，恐怕不是能否从中国哲学传统中开出现代化的问题，因为这个问题历史已经做出了结论，再作学究式的讨论，没有什么实际意义。我们面临的真正问题是：中国选择了后发型的现代化道路之后，能否从中国哲学传统中找到精神动力？能否找到一条有中国特色的现代化之路？尽管中国的现代化事业是从学习西方起步的，但不等于说一定要采用西方的发展模式。现代化不等于西化。道理很简单，因为历史从来不可能再现，此为其一；其二，西方的现代化模式并不是理想的模式，已暴露出诸多"现代病"。西方的后现代主义者，大概都可以看作"现代病"的诊断者。不过，他们仅限于"看病"而已，并未开出医治的药方。在中国，"全盘西化"是行不通的，我们必须探索符合中国国情的、有特色的社会主义现代化发展道路。中国的国情当然包括中国哲学在内。我们应当从中国哲学讲究自强不息、实事求是、以人为本、道德价值、和谐团结的思想资源中，寻找现代化事业所需要的精神支撑和理论指导。事实证明，中国哲学传统不是现代化的阻力，而是现代化的动力。体现时代精神的当代中国哲学有助于社会主义市场经济的发展，有助于民主法制建设，有助于科学技术的发展，有助于构建社会主义的和谐社会。

第二节　适应全球化，拓展发展空间

当代中国哲学的发展，既要适应中国现代化的大趋势，也要适应全球化的大趋势。当代中国哲学已经成为现今世界哲学论坛的组成部分，应当在世界哲学论坛上有自己的声音，回应全球性的哲学问题。

随着信息时代的到来，国际社会的交往越来越频繁，联络越来越快捷，地球似乎变"小"了，被人们形象地称为"地球村"。在这种情况下，哲学思考不可能再局限于本民族、本国度的范围，全球化已成为必然的大趋势。在这种语境中，许多西方哲学家感觉到，西方原有的哲学思想资源已经不够用了，开始把目光投向中国哲学，重视对中国哲学思想资源的开发和利用，希望在双方的对话中激发新的哲学智慧。海德格尔很看重老子的思想，在同日本哲学家的《在通向语言的途中》讲话记录中，他对东方的"非概念性语言和思维"表示钦佩。他重新思考本源性问题，很可能受到老子"无"的思想的启发。环保主义者在纠正西方人"征服自然"的错误观念时，常常引证中国哲学"天人合一"的理论。由联合国教科文组织主导的"第二次世界伦理会议"，高度重视儒家哲学，把"己所不欲，勿施于人"写进了《世界伦理宣言》。哈贝马斯在访问上海期间，向他的中国同行表示，希望中国哲学在推动世界哲学发展上发挥更大的作用。

哲学是民族精神的精华，也是时代精神的精华。在全球化的语境中，讲当代中国哲学绝不能仅限于中国的国度，也要对世界性哲学话题作出回应。当代中国哲学应当站在新时代的潮头，倾听时代的最强音，关切时代大潮中的社会变革，随着时代的变化而改变自身的理论形态。

第一，立足于实践，着眼于创新。

社会实践是哲学理论赖以生存和发展的土壤。倘若离开社会实践，哲学便成为无源之水、无本之木，哪里还谈得上发展？当代中国哲学的创新，必须以全球性的社会实践为根基，研究全球化时代、信息时代、后冷战时代出现的新问题，创造出当今时代所需要的新理论、新观念、新方法。当代中国哲学不是哲学史，必须讲新鲜的哲学话语；不能只是重复西方人说过的话，一定要有自己的声音，有时代的声音，有独立的话语权。以往的哲学家属于他们所处的时代，不可能回答当今时代所出现的问题。正如邓小平所说："马克思去世以后一百多年，究竟发生了什么变化，在变化的条件下，如何认识和发展马克思主义，没有搞清楚。绝不能要求马克思为解决他去世之后上百年、几百年所产生的问题提供现成答案。列宁同样也不能为他去世以后五十年、一百年所产生的问题提供现成答案的任务。真正的马克思列宁主义者必须根据现在的情况，认识、继承和发展马克思主义。"① 他所说的"现在的情况"，就是指当下的社会实践；他所说的"发展"，就是指理论创新。当代中国哲学应当勇敢地肩负起理论创新的责任。

第二，强化问题意识，找到突破口。

哲学是一门思考的学问，而思考必须以问题为起点。倘若不发现问题，不提出问题，不思考问题，不拿出解决问题的方案，哲学便失去了存在的意义。找到了当今时代问题之所在，便是找到了推进哲学发展的突破口。马克思说："问题就是公开的、无畏的、左右一切个人的时代声音。问题就是时代的口号，是它表现自己精神状态的实际的呼声。"② 在当今时代，一些令人普遍感到困惑的世界性哲学问题，吸引了全人类的目光，成为各国哲学家研究的共同课题。例如，在高速发展的情况下，如何处理人与自然的关系？在国际交往越来越密切的情况下，如何建立世界伦理？在科技理性与价值理性失衡的情况下，如何重建价值世界或意义世界？在生活节奏越来越快的情况下，如何排解人们在精神上的焦虑？在市场经济条件下，如何处理个体与群体的关系及个体之间的关系？如何从后现代的视角看待当今社会发展中出现的问题？如何纠正科学主义的偏颇？当代中国哲学将以自己的方式探索这些问题，从而找到自身的生长点。

第三，会通多种资源，探索新路径。

当代中国哲学的发展，是在前人基础之上的发展，不能离开人类数千年积累的思想材料。当代中国哲学可开发利用的思想材料有三种：一是马克思主义经典作家留下的文本，二是中国哲学

---

① 《邓小平文选》第3卷，人民出版社1993年版，第291页。
② 《马克思恩格斯全集》第40卷，人民出版社1982年版，第289—290页。

家留下的文本，三是西方哲学家留下的文本。发展当代中国哲学离不开这三种文本，但也不能拘泥于这三种文本。恩格斯说："世界不是既成事物的集合体，而是过程的集合体。"① 同样道理，当代中国哲学也不是这三种文本的集合体，而是当代中国人思想过程的集合体。"打通中、西、马，成就一个我。"这是发展当代中国哲学所应选择的路径。

  随着全球化时代的到来，随着世界性哲学问题的出现，当代中国哲学在世界范围内获得广阔的发展空间。中国哲学特别关注人生问题和价值问题，似乎更贴近当今时代世界哲学的主题。中国哲学历来重视道德价值问题，可能对价值世界或意义世界的重构会有帮助。我们应当抓住这一历史机遇，推动当代中国哲学的发展，为人类文明做出更大的贡献。

---

① 《马克思恩格斯选集》第 4 卷，人民出版社 1995 年版，第 244 页。

主要参考书目

《艾思奇文集》，人民出版社1981年版。

《陈独秀文章选编》（上、中、下），生活·读书·新知三联书店1984年版。

《胡适文存》（1—4集），黄山书社1996年版。

《康有为全集》，中国人民大学出版社2007年版。

《李达文集》，人民出版社1981年版。

《李大钊文集》，人民出版社1999年版。

《李大钊选集》，人民出版社1959年版。

《梁启超哲学思想论文选》，北京大学出版社1984年版。

《梁漱溟全集》，山东人民出版社1989年版。

《毛泽东选集》，人民出版社1991年版。

《牟宗三先生全集》，台北联经出版公司2003年版。

《瞿秋白文集》，人民出版社1991年版。

《瞿秋白选集》，人民出版社1985年版。

《孙中山全集》，中华书局2006年版。

《孙中山选集》，人民出版社1981年版。

《谭嗣同全集》（增订本），中华书局1981年版。

《唐君毅全集》，台湾学生书局1991年版。

《熊十力全集》，湖北教育出版社2001年版。

《严复集》，中华书局1986年版。

《饮冰室合集》，中华书局 1989 年版。

《章太炎全集》，上海人民出版社 1999 年版。

陈独秀：《独秀文存》，安徽人民出版社 1987 年版。

陈庆坤：《中国近代启蒙哲学》，吉林大学出版社 1988 年版。

丁冠之、肖万源编：《中国近代著名哲学家评传》（下册），齐鲁书社 1983 年版。

丁守和、殷叙彝：《从五四启蒙运动到马克思主义的传播》，生活·读书·新知三联书店 1963 年版。

冯契：《中国近代哲学的革命进程》，上海人民出版社 1989 年版。

冯契主编：《中国近代哲学史》，上海人民出版社 1989 年版。

冯友兰：《三松堂全集》，河南人民出版社 2000 年版。

冯友兰：《三松堂学术文集》，北京大学出版社 1984 年版。

冯友兰：《中国现代哲学史》，广东人民出版社 1999 年版。

高平叔编：《蔡元培哲学论著》，河北人民出版社 1985 年版。

郭湛波：《近五十年中国思想史》，山东人民出版社 1997 年版。

何干之：《近代中国启蒙运动史》，上海生活书店 1938 年版。

贺麟：《文化与人生》，商务印书馆 1988 年版。

贺麟：《五十年来的中国哲学》，辽宁教育出版社 1989 年版。

贺麟：《哲学与哲学史论文集》，商务印书馆 1990 年版。

侯外庐主编：《中国近代哲学史》，人民出版社 1978 年版。

黄美真等编：《上海大学史料》，复旦大学出版社 1984 年版。

金岳霖：《论道》，商务印书馆 1987 年版。

金岳霖：《知识论》，商务印书馆 1983 年版。

李泽厚：《中国近代思想史论》，人民出版社 1979 年版。

李泽厚：《中国现代思想史论》，东方出版社 1987 年版。

李振霞、傅云龙主编：《中国现代哲学人物评传》（上下卷），中共中央党校出版社 1991 年版。

李振霞：《中国现代哲学史》（上下册），红旗出版社 1986 年版。

李振霞主编：《当代中国十哲》，华夏出版社 1991 年版。

李振霞主编：《当代中国哲学 40 年》，华夏出版社 1997 年版。

吕希晨、王育民：《中国现代哲学史》，吉林人民出版社 1984 年版。

吕希晨编著：《中国现代资产阶级哲学思想述评》，吉林人民出版社 1982 年版。

石峻、任继愈、朱伯山：《中国近代思想史讲授提纲》，人民出版社 1955 年版。

宋志明、孙小金：《20 世纪中国实证哲学研究》，中国人民大学出版社 2002 年版。

宋志明、赵德志：《现代中国哲学思潮》，中国人民大学出版社 1992 年版。

宋志明：《现代新儒家研究》，中国人民大学出版社 1991 年版。

宋志明：《中国近现代哲学四论》，中国社会科学出版社 2012 年版。

宋志明：《中国现代哲学通论》，中国人民大学出版社 2008 年版。

王尔敏：《中国近代思想史论》，社会科学文献出版社 2003 年版。

许全兴、陈战难、宋一秀：《中国现代哲学史》，北京大学出版社 1992 年版。

袁伟时：《晚清大变局中的思潮与人物》，海天出版社 1992 年版。

袁伟时：《中国现代哲学史稿》（上卷），中山大学出版社1987年版。

张君劢、丁文江等：《科学与人生观》，山东人民出版社1997年版。

张立文、默明哲编：《中国近代著名哲学家评传》（上册），齐鲁书社1982年版。

张汝伦编：《理性与良知——张东荪文选》，上海远东出版社1995年版。

张文儒、郭建宁主编：《中国现代哲学》，北京大学出版社2003年版。

［美］周策纵：《五四运动：现代中国的思想革命》，江苏人民出版社1996年版。

后　记

　　1974年，我以"工人阶级理论队伍骨干"的身份，参加由吉林大学哲学系与吉林炭素厂共同组建的《中国哲学史》编写组，着手编写中国哲学史。后来又陆续获取中国哲学史专业硕士学位和博士学位。毕业留校后，我继续从事中国哲学史教学与研究工作，长达数十年之久，现已退休。从1974年算起，我治中国哲学四十多年，自以为有些心得。在这些年里，我出版了三十几本书籍，发表了二百五十余篇论文。在这些论著里，堪称代表作的，也就两本。严格地说，这两本书都不是写出来的，而是讲出来的。一本是《中国古代哲学通史》，以我多年积累的、给哲学本科生上课的讲稿为基础，整理而成，内容关于中国古代哲学史，可谓对于"前天"的表述，2016年由中国青年出版社出版；另一本就是此书，以我多年积累的、给硕士生和本科生上课的讲稿为基础，整理而成，内容关于中国近现代哲学史，可谓对于"昨天"的表述。从"今天"看来，无论"前天"，还是"昨天"都已变为历史，变为中国哲学史的组成部分。两书皆以"中国哲学史"为主语，前后相继，互为姊妹篇。两书合在一起，算是我对中国哲学史的一种整体理解。迄今为止，凭借一己之力，在中国大陆完整表述中国哲学史的书并不多见。据我所知，冯友兰先生著有六册《中国哲学史新编》，另有一册《中国现代哲学史》，共81章；冯契先生著有三册《中国古代哲学的逻辑发展》，另有一册《中国近代哲学的革命进程》。除了冯友兰、冯契二位老前辈外,我大概是写完中国哲学史的第三人。

我觉得,写中国哲学史似乎不应当以朝代更迭的历史自然顺序为基本线索,而应当以中国哲学史自身的逻辑开展为线索。本着这种看法,我没有采用通行的表述模式。我认为,目前可以表述的中国哲学史,有古代、近代、现代。暂时不包括当代,也就是不包括1949年以后。关于古代,我写过《中国古代哲学通史》;关于近代和现代,合在一起写,就是《中国近现代哲学通史》一书。

按照冯友兰先生的说法,有"本然的哲学史",有"写的哲学史",本书显然属于后者。我也努力地贴近"本然的哲学史",无奈因学力不逮,未必如愿。本书既然是一种"写的哲学史",难免有所谓"解释学的偏差",存在着诸多不妥之处,敬祈读者批评指正。

本书的出版,得到中国人民大学哲学院的资助,责任编辑朱华彬老师付出许多辛劳,为本书增色颇多,在此一并表示衷心感谢。

叹曰:

  舞文弄墨伏案牍,著书立说几十部。
  学田耕耘殷勤事,敝帚自珍在心悟。

宋志明
2019 年记于
中国人民大学宜院二楼思灵善斋